일본은 우리의 적인가

일본은 우리의 적인가

초판 1쇄 인쇄·2021년 5월 27일
초판 1쇄 발행·2021년 6월 3일

지 은 이·이덕훈
펴 낸 이·황정필
펴 낸 곳·실크로드

책임편집·이서정
편   집·한석란, 박선영, 박소민
디 자 인·오선아
마 케 팅·황정필
관리·제작·김신기, 정지수

주   소·경기도 파주시 문발동 511-2, 3층
전   화·031-955-6333~4
팩   스·031-955-6335
등록번호·제406-251002010000035호
이 메 일·silkroad6333@hanmail.net

ISBN 978-89-94893-42-6 03910
책값은 책표지 뒤에 있습니다.

이 책은 실크로드가 저작권자와의 계약에 따라 발행한 것이므로 저작권법에 따라 무단 전재와 복제를 금합니다.

이 도서의 국립중앙도서관 출판예정도서목록(CIP)은 서지정보유통지원시스템 홈페이지(http://seoji.nl.go.kr)와 국가자료종합목록 구축시스템(http://kolis-net.nl.go.kr)에서 이용하실 수 있습니다.

붓의 문화와 칼의 문화의 대립

일본은 우리의 적인가

이덕훈 지음

실크로드
silkroad

차 례

들어가는 말 _ 8

PART 1   일본은 정말 우리의 적인가?

1 왜 우리는 일본인을 싫어하나? _ 16

나의 은사님, 후지모리 교수의 교훈 | 과거사를 잊기에는 너무 깊은 상처

2 근·현대사에서의 한·일 관계 _ 26

이승만의 평화선과 일본 어부 구속 | 경제 우선 논리 내세운 한·일 국교 정상화 | 김대중 납치사건과 한·일 갈등 해결 | 한·일 지도자로 상호 방문한 나카소네와 전두환 | '통석의 념'이라, 공개 사과한 아키히토 천황 | 고노 담화와 무라야마 담화의 성과 | 노무현과 고이즈미의 셔틀 외교 | '새로운 한·일 파트너십 김대중-오부치 공동 선언' 발표 | 이명박 독도 방문, '대일 프렌들리'에 조롱으로 화답한 일본 | 위안부 문제의 최종적, 불가역적 해결 선언 | 문재인, 아베, 트럼프 등장과 위안부 합의 파기 | 큰 흐름 속에 작은 것은 덮고 큰 것을 보자

PART 2   한·일 갈등의 본질은 무엇인가?

1 한·일 갈등은 문화 충돌인가? 문명 충돌인가? _ 84

한·일 관계, 왜 본국 중심으로 결정내렸나? | 반달리즘―자문화 중심주의로 문화 파괴 운동 폐해 드러나 | 신의 나라를 만든 일본의 칼의 윤리의 폐불훼석(廢仏毀釈) | 한국의 반달리즘과 역 반달리즘―위안부 상징인 평화의 소녀상 건립 | 내셔널리즘의 충돌은 불가피했나

2 극단적 한·일 관계를 어떻게 보아야 하나? _ 107

한국은 일본에 어떤 존재였나? | 한국과 일본, 과거의 두 나라가 아니다 | 가나야마 주한 일본 대사의 한국을 위한 헌신

PART 3 정한론征韓論과 탈아론脫亞論으로 한국 정벌에 나서다

1 왜 일본인은 편협적 내셔널리즘에 강한가? _ 122

일본의 편협적 내셔널리즘의 원형–경술국치 | 임진왜란 후 일본과 조선의 인식 변화 | 히데요시의 신무기 조총과 항왜(降倭) 사야가 | 두 번의왜란, 조선 민간인 납치 | 임진왜란 당시 서양인 선교사 루이스 프로이스

2 붓의 윤리와 칼의 윤리의 대립 _ 157

임진왜란으로 등장한 의병 | 조선 민간인에서 시작된 일본 유교의 등장 | 일본에 정착한 조선인 | 일본에서의 붓의 윤리와 칼의 윤리의 충돌 | 아라이 하쿠세키와 조태억의 갈등

PART 4 붓의 리더십과 칼의 리더십 경쟁

1 선악 기준인 붓의 윤리, 승패 기준인 칼의 윤리 _ 192

칼과 붓의 윤리에서 생존 전략 | 진검승부 정신과 대의명분의 정신 | 붓의 문화의 리더십

2 붓의 윤리 아래 한국의 리더십 스타일 _ 204

한국의 지도자들은 어떤 리더십을 발휘하나 | 한국의 경영자들의 리더십 스타일

3 칼의 윤리 아래 일본의 리더십 스타일 _ 220

일본 경영자들의 리더십 스타일 | 일본 전국 시대의 리더십 | 전국 시대 3인의 영웅과 일본적 마인드 | 우에스기 겐신과 다케다 신겐

PART 5 지금도 남아 있는 무사 문화

1 일본에 존재하는 무사 문화 _220

칼의 윤리에서 등장하는 21세기의 일본 문화 | 칼의 윤리 표현, 붓의 윤리 표현 | 칼의 윤리에서의 남성 권력과 여성 권력

2 무사 문화 속에 싹튼 일본의 세습적 직업 _262

세습 의원인 현대의 다이묘 국회의원 | 낙하산 인사의 고질적인 관료주의 | 가업을 잇는 세습 문화의 전통 | 남성 주방장과 식칼로 대변되는 칼의 윤리

3 칼의 윤리 아래 전통 기업 존속 _275

프로의 정신적 경지를 지키려는 직분 의식 | 100년 넘는 전통 기업의 유명세 | 이주 노동자들의 등장 | 무사 문화에서 싹튼 집단 조직의 문화 | 무사와 벚꽃의 칼의 윤리, 선비와 사군자의 붓의 윤리

PART 6 황국사관으로 제국 식민지론을 키우다

1 전형적 칼의 윤리를 실천한 후기 미토학파와 존왕양이 _290

권위는 천황, 권력은 막부–존왕경막(尊王敬幕) | 존왕경막에서 존왕양이로 | 존왕론과 국체의 존엄성을 부르짖다 | 나마무기 사건과 존왕양이, 일군만민론으로

2 세계 문화유산 등재로 한·일 갈등에 섰던 군함도 _299

군함도의 세계문화유산 등재 | 쇼카손주쿠의 산업 혁명 유산목록

3 아베의 영원한 스승, 요시다 쇼인과 제자들 _307

정한론 주창자들의 스승, 요시다 쇼인 | 요시다 쇼인과 쇼카손주쿠의 존재 의미 | 죽어서 부활한 요시다 쇼인의 사상과 문하생

4 선비적 쿠데타, 조선의 갑신정변 _317

무코가오카 김옥균묘와 카이군지 | 아오야마 공원의 김옥균 묘 | 김옥균 암살과 능지처참 | 김옥균의 죽음과 붓의 윤리의 쿠데타

5 씨 없는 수박 우장춘과 한국인의 애환 _ 330

우장춘 박사 기념관과 아버지 우범선 | 명성왕후 시해와 암살 배후자 우범선 | 일본에서 만든 '명성황후를 생각하는 모임' | 우장춘의 귀국과 조국에 대한 속죄 | 두려움과 분노의 명성황후 암살의 단상

6 최후의 아리랑과 조선인 가미카제 특공대 _ 343

구로다 후쿠미와 가미카제 | 가미카제 미쓰야마 히로부미의 탁경현(卓庚鉉) | 조선인 가미카제의 삶과 죽음

PART 7   한·일 관계, 새로운 정립이 필요하다

1 한·일 갈등, 칼의 윤리에 반응하는 붓의 윤리 _ 364

남을 침범하려는 사상은 우리 적이다 | 과거만 이야기하는 한국, 미래만 이야기하는 일본 | 야스쿠니 신사 참배 거부 | 그들만의 리그, 야스쿠니 신사와 요시다 쇼인

2 급물살 타는 일본의 우경화와 경제 정한론 _ 377

3 인종차별은 공소시효없는 인류의 죄악 _ 383

인종차별 상징 인물들의 동상 철거 | 인권을 역행하는 아픔의 현장, 코 무덤

4 승부로 결정하는 칼의 윤리-명성왕후 시해와 박근혜 _ 394

박근혜 대통령과 명성황후 | 15엔 50전(十五円五十錢, 쥬고엔 고짓센) | 호랑이보다 더 무서운 순사

5 일본을 제대로 알고서 극복하자 _ 402

6 탈일(脫日), 이제는 일본에서 탈피하자 _ 407

들어가는 말

    한·일 국교 정상화 이후 최악의 한·일 관계로 치닫는 현재 상황을 보면서 과연 한국에 일본은 어떤 존재였으며, 일본에 한국은 어떤 존재였는가를 돌아보게 된다. 약 30여 년간 일본을 연구한 결과, 이러한 현 상황 앞에서 좀 더 미래 지향적 가치로 보려면 '과연 우리에게 일본은 적인가, 친구인가?'라는 주제로 접근할 때 일본이 눈에 들어온다.

    '적을 알고 나를 알면 백 번 싸워도 위태롭지 않다(知彼知己, 百戰不殆).'는 손자병법의 전략처럼 우리가 일본을 제대로 알아야 그들이 적인지 아닌지 냉철하게 살펴볼 수가 있다. 우리는 일본을 얼마만큼 알고 있는가? 정말 쉽게 말하기 어렵다. 우리는 이웃 나라인 일본에 침략과 식민 통치를 받아온 뼈아픈 역사적 상황만으로도 일본을 향한 편협하고 비우호적인 감정이 앞섰던 것도 사실이다. 우리의 역사, 문화, 정치, 경제를 논할 때 과거사 없이는 일본을 접하기 어려웠고, 그런 과거사 집착으로 정확하게 일본을 보기 어려운 것도 현실이다.

'적을 알지 못하고 나를 알면 한 번 이기고 한 번 진다(不知彼而知己, 一勝一負).' 이것이 현재 한·일 양국의 갈등을 적확하게 표현하는 대답이다. 우리가 과거사 접근으로 일본을 외교적으로 이긴 적이 있는가? 일본 역시 한국에 과거사를 향한 반성 없는 미래 접근에서 외교적으로 이긴 적이 없다. 한·일 양국이 마찬가지이다. 현재의 한·일 갈등은 출구 없는 막막한 미로이다. 그러면 이대로 계속 가야 하는가? 한·일 양국은 서로 잘 알고 대응한다고 하면서도 잘 알지 못했고 대응도, 전략도 모두 미비했다.

과거사만 이야기하는 한국과, 과거사 무시하고 미래만 이야기하는 일본. 일본은 1965년 한·일 협정으로 과거사를 완전히 청산했으니 미래로 가자고 하고, 한국은 과거사를 청산한 것이 없다고 하며 미래로 나가지 못한다. 우리는 과거의 아픈 역사 때문에 일본을 평가하는 데 냉철하고 정확하게 바라볼 여유를 갖지 못했고 최근에는 감정적인 과거사 대응과 '일본 때리기'로 접근하고 있다.

전략적으로 정확한 일본 평가가 요구되는 시기이다. 일본의 장점을 보고 일본을 칭찬하면 친일파로 몰거나 토착왜구라고 평가한다. 아직은 우리가 일본이라는 덫과 늪에 빠져 있다고 생각한다. 이 점은 일본도 똑같다. 과거와는 달리 한국을 향한 찬사와 존대는 완전히 사라졌고 서점에 가면 많은 한국 비판서와 혐한 서적이 주를 이룬다. 한국 비판이야말로 일본의 미래 역할인 것처럼 한·일 협력이란 단어조차 사라진 지 오래다. 필자는 2020년 연구년으로 일본에 체류하면서 한·일 양국이 대척점에서 서로를 향해 치닫는 갈등을 정리해 보았다.

일본은 승패의 논리인 칼의 윤리를 행사해 왔고, 한국은 대의명분과 선악의 논리인 붓의 윤리를 표현하며 한 치 양보 없이 맞서는 갈등을 이어가는 대결 구도에서 벗어나지 못하고 있음을 알았다. 일본 체류 중에 한국을 칭찬하거나 우호적인 일본 매스컴은 거의 본 일이 없다. 다만 코로나를 두고서는 K 방역에 관해 일부 학자들이 우리의 대응을 칭찬하는 것을 보고 붓의 윤리를 지향하는 학자들의 마인드는 변하지 않음을 인식하였다.

끝없는 갈등으로 치닫는 한·일 양국의 현 상황을 보며 일본에서 공부했던 필자 입장에서는 한·일 관계의 물줄기를 트는 작업의 일환으로 붓의 윤리를 실천하는 한국과, 칼의 윤리를 행동으로 옮기는 두 나라를 냉철하게 돌아볼 필요성을 느꼈다.

한국이 일본을 극복하려면 우선 일본을 제대로 알아야 한다는 게 나의 지론이다. 일본을 바로 알려면 감정적 접근을 앞세우기보다 냉철한 비판 정신을 갖고 일본을 제대로 판단한 다음 그들을 극복하는 자세를 키워야 할 것으로 보았다.

그래서 이 책에서는 붓의 윤리와 칼의 윤리를 실천하는 두 나라를 돌아보고, 특히 일본인이 칼에 윤리에 순응해 살았던 점을 역사, 정치, 경제, 문화 등의 측면에서 살펴봄으로써 제대로 일본을 아는 작업에 한 발자국 더 나가기를 바랄 뿐이다. 우리의 문화와는 사뭇 다르고, 더 나가 우리로서는 이해되지 않는 일본 문화를 알아내려는 노력을 보인다면 현재 일본과의 갈등을 푸는 열쇠를 찾아낼 것이다. 어떤 면에서는 근본적으로 우리와 다른 문화적 토대 위에서 살아온 그들을 제대로 읽어낸다면 우리의 일본 대응 방법도 발전할 수 있을 것으로 본다.

우리는 떳떳해질 필요가 있다. 이제 더는 들어주지도 않는 일본에게 사과 요구를 하지 말고 오히려 일본이 우리에게 사과하게 만드는 지혜를 찾아내야 한다. 우리가 아무리 "반성하라, 사과해라~" 해도 과거사를 모르는 대다수 일본인은 한국을 귀찮은 존재! 성가신 이웃!으로 생각한다. 우리도 더는 그런 대우를 받을 필요도 없다. 그들의 몰염치함, 무책임함을 자각하게 하여 그들이 우리에게 사과하도록 만드는 전략이 필요할 때다. 그러기 위해서는 정말로 일본을 제대로 알아야 한다.

일본이 반성하지 않고 사과하지 않는다면 우리도 사과하라고 더는 요구하지 말아야 한다. 역사적으로 대국大國은 과거의 잘못을 알고 반성함으로써 한 단계 발전해 왔다. 일본이 반성하지 않겠다면 일본은 스스로 대국임을 포기한 것이니 무리하게 요구하지 말고 전 세계가 판단하게 놔둬야 한다.

오히려 우리가 대국으로 가기 위한 일본 대응의 새로운 모델이 필요하다. 그동안 감정으로만 접했던 일본 문제를 타파할 접근 방법을 찾아내야 한다. 그런데 누구나 이 말은 쉽게 한다. 그렇다면 묻고 싶다! 이러한 한·일 관계를 타파할 열정을 우리는 갖고 있는가? 일본에 침략을 당했다는 분노를 지녔지만, 우리의 분노를 새로운 열정으로 이끌어 가게 할 전략을 갖추고 있는가 말이다.

되돌아보면 이웃 국가인 한·일 양국은 서로의 실수를 용서하지 않았고 서로의 손을 잡으려고 하지 않았다. 양국의 비교는 어렵고 정교하여 많은 시간과 투자를 할애하여야 하는데, 양국은 굳이 비교 연구를 할 필요성을 못 느끼고 주장을 내세우다 보니 돌아올 수 없는 늪으로 간 것이 아닌가 하는 아쉬움이 있다.

무엇보다도 중요한 것은 일본은 실제로 배상을 했으니 과거사가 완전히 청산되었다는 금전 중심의 승패 논리(칼의 윤리)로 한국인에게 거슬리게 다가왔다는 것을 모른다. 즉, 대의명분이 중요한 붓의 윤리에서는 실제로 일본에 침략당한 것만으로도 분한데 사죄는커녕 돈 몇 푼으로 '해결 끝'이라는 분위기를 만드는 일본을 우리가 받아들이기 어렵다. 여기에서도 선악의 논리인 붓의 윤리와 승패 논리인 칼의 윤리가 부딪친다.

붓의 윤리에서 칼의 윤리를 평가하는 측면에서 이 책을 집필했다. 한·일 갈등을 탈피하여 새로운 길을 가야만 되는데 그러기 위해서는 우선 서로의 심정을 표현하는 것이 중요하고 서로를 이해하여 손을 잡고 화해의 길로 가야만 한다. 이웃 국가를 모르면 아시아를 모르고 아시아를 모르면 세계를 알 수 없다. 이웃 나라와의 외교에서 실패하면 아시아의 외교도, 글로벌 외교도 존재하지 않는다. 일본 역시 마찬가지다. 외교가 국가 이익이라는 큰 틀이 아니라 국내 정치로 채색돼서 움직이면 제대로 굴러갈 수 없다.

이 책이 나오기까지 많은 분에게 감사드린다. 무엇보다도 필자를 동경으로 가도록 조언해 주신 은사 게이오대학 명예교수 고 후지모리 마츠오 교수(코로나로 사망)와 필자의 게이오대학 동기인 게이오대학 후지사와 캠퍼스의 야나기마치 이사오 교수에게 깊은 감사를 보낸다.

그리고 일본 체류 중 많은 도움을 준 ㈜ THE JOA 추광호 사장과 한·일교류협회회 임상빈 이사장에게 감사를 보내고 동경의 NKN 천경파 대표의 보살핌, 논문 자료 섭외 및 조사 등에 편의를 제공한 WISE FOREST의 홍래완 대표에게도 심심한 감사를 드린다.

게이오대학으로 연구년을 갔지만 코로나로 인해 게이오대학을 갈 수가 없어 동경의 에비스惠比寿역 근처의 아자부 커피, 맥도널드 등에서 노트북으로 집필을 하였고 귀국해서는 파스쿠치에서 많은 시간을 보내며 집필에 전념하였다. 아무쪼록 필자의 조그마한 노력이 양국의 우호적 관계와 교류를 위한 보탬이 되기를 기대하며, 코로나를 이기려는 우리 모두에게 응원의 마음을 전한다..

동경의 아자부 커피에서 시작한 집필을
대전의 한 파스쿠치에서 끝내면서
저자 이덕훈

PART 1

●

일본은
정말
우리의
적인가?

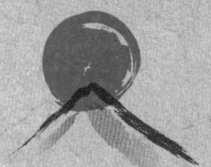

국제 관계는 결국은 돈이고 힘이다. 돈이 있고 힘이 있으면 사과하지 말래도 사과할 것이고 힘이 없고 돈이 없으면 절대 사과하지 않는다. 이것이 세계의 외교력이고 정치력이다. 논리도 중요하나 세계의 흐름은 돈이 힘이 된다. 정권이 바뀔 때마다 한국 정부는 일본 정부에 진심 어린 사과를 요구해 왔다. 하지만 반복되는 망언과 논란은 정치인을 넘어 일반 국민의 반일 감정까지 자리 잡게 만들었다. 한국에서 "저 사람은 일본놈 같아."라는 표현은 진실하지 않다는 의미가 포함되어 있다. 거꾸로 일본에서는 한국의 정권이 바뀔 때마다 사과를 요구하는 '사과 피로증'을 호소하며 한국의 인식이 나빠졌다. 이러한 반일反日은 혐한嫌恨으로 이어졌다. 한국도 이제는 서로 냉철할 필요가 있다. 상대방의 좋은 점만 보면 한·일 양국은 대단한 나라이다. 그리고 일본이 한국을 무시해서 이득을 얻은 것이 없고 한국도 일본을 반대해서 우리가 득을 본 적은 한 번도 없다. 임진왜란 때도 그렇고 경술국치 전후의 분위기도 그렇고 이제는 냉철하게 일본을 보고 알고 행동하여야 한다. 그렇다! 역사는 하나의 큰 물줄기이다. 이 물줄기를 막거나 다른 곳으로 돌리려면 쉽지 않다. 특히 한·일 역사와 한·일 관계 흐름의 역사 물줄기도 몇 년이나 몇 사람에 의해 변화되지 않는다. 양국 관계의 흐름을 천천히 다 함께 서로 인식하며 물줄기의 흐름을 바꾸도록 한국과 일본이 노력하여야 한다.

1
왜 우리는
일본인을 싫어하나?

4년간의 대학 총장 직책을 마치고 일본 지방대학에 연구년을 가서 여유 있게 보내려 했었다. 게이오대학의 석·박사 과정 지도 교수였던 은사^{恩師} 후지모리 미츠오 교수와 상의했더니 이제는 한·일 관계에서 좀 더 보람있는 일(무슨 일인지 모르겠지만 아마도 저술 활동인지 모른다)과 연구를 했으면 좋겠다고 조언하셨다. 자주 만나고 싶으니 한 달에 한 번씩 만나 토론하자고 하며 게이오대학을 추천하였다. 필자의 정년도 얼마 남지 않아 학자 인생의 연구를 마무리하려고 모교인 게이오대학으로 연구년을 갔다. 이번 연구년에 코로나 영향도 있어서 많은 일본을 만나지는 못했지만 나름대로 의미 있는 일본인을 만났는데 그중에 한 일본인 K의 질문이 아직도 뇌리에 박혀 있다.

처음 만났을 때 "그런데 왜 한국인은 일본인을 싫어하나요?"라는 당혹스러운 질문에 침을 삼켰다. 이런 내용으로 언성이 높아지면 만남 자체가 후회스러워지기 때문이다. 그러나 이런 질문일수록 냉정하게 대답할 필요가 있다.

15년 전 같았으면 필자도 흥분해 임진왜란 때 침략하여 조선인 남녀노소를 학살하고 코를 수집한 코 무덤, 그리고 일본으로 납치한 피로인被擄人 문제 등과 명성황후 시해 사건, 대한제국 병합 등을 말했을 것이다. 이제는 그런 대답이 일본인에게 의미가 없다는 것을 알고 있기에 다음과 같이 대답했다.

"많은 한국인은 일본인을 좋아하지만 일본 정치인들이 한국을 무시하거나 한국 침략사를 부인하면 한국인들은 싫어할 수밖에 없다."

영국과 아일랜드 사이의 역사를 이야기하며, "영국인은 역사를 전혀 기억하지 못하는 데 반해 아일랜드인은 결단코 잊지 않는다."라는 말을 예로 들으니, 일본인 K는 납득하며 일본 정치인의 무지함을 대신 사과를 하였다. 2주 뒤에 다시 만나자며 K의 부인이 욘사마(배용준)의 팬이고 딸은 현빈을 좋아한다고 하며 이 선생 이야기를 듣고 한국이 다시 좋아졌다며 일반 한국인들이 일본인을 싫어하지 않는다는 말에 기분이 좋아졌다고 했다.

어떻게 이런 상황이 되었는가? 한국을 싫어한다는 일본의 감정이 일본 내각부가 연말에 공표한 외교에 관한 여론조사(2019년 조사)에 여실히 나타나 있다. '한국에 친밀감을 느끼지 않는다.'로 대답한 일본인이 71.5%가 되어 1978년 조사 이래 최악이었다.

돌이켜보면 2018년 이후 매듭이 풀리지 않은 과거사 문제로 한·일 양국의 대립이 표면화되면서 한국에서 위안부나 징용공 등의 역사 문제가 일본 측의 경제 제재로 나오자 한국 측이 한·일 사이의 지소미아 파괴를 통고하며 역사 문제에서 경제 문제, 정치 문제로 이어져 한·일 양국은 '이웃사촌'에서 '이웃 웬수'로 탈바꿈하고 있다. 안타깝다. 양국의 매스컴에서는 서로를 비방하는 발언과 서로를 정당화하는 인사들의 출현으로 일반 시민들까지 어색한 관계로 이어졌다.

　일본은 항상 1965년에 '한·일 협정'에서 이미 해결된 사항을 한국 측에서 다시 문제로 삼고, 사죄와 배상을 요구해 온다고 주장한다. 2015년에 일본 정부는 한국 정부와 위안부 문제를 '불가역적'이라며 역사적 합의에 도달했는데 한국의 문재인 정부는 이것을 파괴했다면서 국가 간의 약속을 더욱 중시해 받아들여야만 한다고 주장한다. 일본에서는 "국가 간의 약속을 파기하는 한국은 무조건 나쁘다."라는 논조가 정착하며 "일본뿐 아니라 동맹국 미국도 일본과 같은 의견이다."라는 기류이다 보니 한국에 호의적이었던 일본 시민들도 여기에 동감하였다는 것이 아쉽다. 지금의 일본 분위기는 과거의 친한 분위기에서 반한 또는 혐한 분위기로 이어지고 있다. 한·일 관계의 갈등은 어떻게 풀어야 하나? 가끔 서양인들은 한·일 갈등을 보며 독일과 프랑스, 영국과 프랑스를 예로 들면서 화해의 필요성을 이야기한다.

　물론, 독일과 영국, 독일과 프랑스도 전쟁의 경험이 있어 서로 감정은 좋지 않지만 어느 정도 앙금은 풀고 있다. 우리는 독일과 프랑스의 관계도 아니다. 어쩌면 독일과 폴란드의 관계와 비슷하다. 우리가 분해하는 것은 일본을 한 번도 침략하지 못하고 매번 침략당하는 상황이었다는 점이다. 그러함에도 일본은 사과는커녕 칼의 논리를 들이대며 "졌을 때는 깨끗하게 항복해야 하며 그것이 분하면 힘을 길러야지 힘도 없으면서 매일 반대하는 것은 국가 간에 옳지 않다."는 논리를 내세우니 더는 이 관계를 풀기가 어려워진다. 침략했던 나라와 침략당한 나라 사이에는 말로 표현하기 복잡하고 어려운 감정이 있는데, 특히 침략한 쪽에서 큰소리치거나 성의 없는 사과를 일삼을 때는 침략당한 쪽에서는 정말로 받아들이기 어렵다.

한·일 관계 파탄의 원인을 찾자면, 양쪽 모두에 존재한다. 일단 1965년 한·일 기본 조약의 해석부터가 다르다. 일본은 1910년 한·일 병합 조약을 합법으로 보고 한국은 불법으로 본다. 이것 때문에 일본은 식민지 지배를 정당화하는 경향이 있어 많은 한국인을 흥분케 한다. 식민지 피해자들에 대해서도 일본은 "개인 배상 청구권은 인정하나 그것을 국가가 외교적으로 보장하는 것은 안 된다."고 하고, 한국은 "정부 간의 배상이 끝났다는 것은 동의하지만 그 당시 논의되지 않았던 문제와 개인적 배상은 아직 남아 있다."는 입장이다. 이는 공식 입장을 대충 추린 것으로, 실제로는 훨씬 복잡하다. 앞으로 정말 많은 연구가 필요하다.

그리고 한·일 관계에서 가장 많이 등장하는 단어가 과거사이다. 한국의 대통령들이 취임사에서 과거사를 문제 삼지 않고 미래 지향적으로 가자는 말을 일본은 오해한 것 같다. 과거사를 문제 삼지 않겠다는 것은 이를 통해 금전적인 보상을 요구하지 않겠다는 의미이며(붓의 윤리로서는) 그렇다고 과거사를 전부 잊고 완전히 없던 일로 하자는 의미는 아니다.

일본은 박근혜 대통령 때 위안부 합의를 모든 과거를 잊는 합의로 인식해서는 안 된다. 문재인 대통령이 들어서며 위안부 소녀상 설치와 위안부 합의 철회를 했다고 한국인의 '국가 간 약속 파기'로 몰아가며 한·일 병합 등 식민지 지배 전체를 정당화하는 논리에도 찬성하기 어렵다. 한국의 지인인 변호사 K는 이러한 논리는 강도가 남의 집에서 강도질을 해 놓고 쥐꼬리만큼의 합의금을 주고 풀려나면서 "나는 이제 벌을 받았으니 모든 것은 해결되었다."고 하는 것과 같다고 한다. 그리고 피해자가 사죄를 요구하면 재판도 끝났는데 계속 자신을 불편하게 한다는 이유로 피해자를 명예훼손으로 고소를 하면서 지금까지 범행한 강도 범행 자체를 부정하는 것과 비슷하다고 하여 한바탕 웃었다.

나의 은사님, 후지모리 교수의 교훈

일본인들은 항상 한국이나 중국에 그들이 식민지 지배자로 군림해 놓고 근대화 과정에 엄청난 기여를 했다고 주장한다. 게이오대학 석사과정 중에 〈일본 경제론〉이란 수강 과목 학기말 리포트의 내용이 '일본의 근대화가 아시아 국가에 미친 영향'(약간 내용이 다를 수는 있지만 거의 비슷하다)이었다.

일본에서도 유명한 전공 교수의 메이지 유신과 근대화와 공업화 과정의 강의는 정말 많은 공부가 되었을 정도로 유익했다. 특히 패전 후 20년 만에 일본 경제의 부흥과 1964년 도쿄 올림픽에 대한 일본의 자랑은 약간 눈살이 찌푸려졌으나 그 교수는 그간 유럽과 미국 등 서양이 주도해 온 올림픽을 아시아에서 처음으로 열었다는 데에 큰 의의가 있다며 약간의 국수주의적 분위기 속에서도 통계 자료를 중심으로 이뤄진 수업이었다.

그런데 메이지 유신 후의 청일전쟁, 러일전쟁 등으로 이어지며 일본이 한국에 철도鐵道 시설과 교육 시스템을 구축해서 어마어마한 발전을 이루었다고 수업 시간에도 공공연하게 주장하였다. 국수주의적인 칼의 윤리를 내세웠으나 외국인 대학원생과 교수라는 신분과 일본어의 문제도 있고 해서 수업 시간에는 불만이 있었지만 참았다. 그러나 학기 말 필자의 리포트는 본인의 생각을 발표하라 하여 이런 내용을 썼던 것으로 기억한다.

1. 우선 한국(당시 조선)이 원하지 않는 한·일 병합을 해놓고 한국어를 없애고 한국식 이름을 일본식으로 바꾸고 내선일체라고 주장하는 것은 맞지 않는다.
2. 조선의 왕비인 명성황후를 시해하였으며 대한제국을 없애고 한국 황제를 폐하여 왕으로 격하하고 거기에다 조선인이 원하지 않는 식민지까지 해놓고 수탈 경제인 식민지 경제를 일본이 아니었으면 한국이 발전할 수 있었겠느냐 하는 논리는 맞지 않다.
3. 그렇다면 일본이 제2차 세계대전에 패전하여 만약 점령군 사령관인 맥아더가 천황 제도를 폐지하고, 일본어를 없애고 영어로 일본식 이름을 미국식 이름으로 바꾸었으면 일본인들은 좋아했겠는가?

이렇게 리포트를 제출했다. 몇 주 뒤에 이 교수는 수업 시간에 노발대발하며 "경제적으로 만약 영국이 인도인에게 한 것처럼 했으면 한국은 학교도 철도도 없었을 것이며 내선일체內鮮一體로 조선인과 일본인을 같이 했는데 이런 국가(일본)가 세계에 어디 존재하느냐?" 하였고, 필자는 "조선인이 원하지 않는 철도, 조선인이 원하지 않는 내선일체였다."고 대답하자 분위기가 이상해지며 일본 공부를 더 하지 않고 감정적으로 비판하는 것은 대학원 학생으로서 안 좋다며 필자를 일방적으로 공격하였다.(물론, 일본어 문제도 있고 학식 문제도 있었던 것은 사실이다.)

물론 〈일본 경제론〉 성적은 좋지 않게 나온 것은 예상했던 것이었지만 최근에 안 일이지만 지인인 일본인 Y도 이 과목에 성적이 아주 안 좋았다는 이야기를 들었다. 대학에서 총학생회장을 하고 당시 재일한국유학생연합회장을 맡고 있던 필자는 혈기를 앞세운 반일 감정으로 며칠 동안 잠을 못 이루다가 이런 일본에서 배울 것이 없다고 판단하여 귀국을 결정하였다.(역시 젊은 날의 붓의 윤리였던 것 같다.) 당시 지도 교수였던 후지모리 교수를 찾아가서 일본에서는 더는 배울 것이 없어 게이오대학을 그만둘 생각이라는 말을 하자 고故 후지모리 선생님은 냉정하게 이야기를 다 듣고 조용하게 말을 하였다.

"이 군李君이 게이오대학원을 그만두는 것은 전적으로 이 군의 마음에 달렸지만 그렇다면 한국인은 전부 착한 사람만 있느냐 하는 질문과 어느 한 사람 교수의 사고가 게이오대학을 대표하기 어렵고 일본인 전부의 사고라고 생각하지 않는다. 그리고 이 군의 중요한 인생이 어느 한 일본인 교수의 발언으로 바뀌는 것은 반대한다. 앞으로도 그런 일이 있을지도 모르는데 그때마다 학교를 그만두면 되느냐. 그리고 인생을 넓게 보아야 하여 순간적으로 흥분하면 안 되고 냉정하라."

이 조언에 감동해 결국 끝까지 공부할 수 있었다. 후지모리 교수에게 많은 학문적 조언을 받으며 박사 학위를 받고 한국에 귀국한 이후 5월 15일 '스승의날'에는 꼭 국제 전화로 약 30년간을 안부 인사를 드렸다. 후지모리 교수는 '스승의날'이란 것이 있다니 과연 유교 국가다운 좋은 관습이라 붓의 윤리를 칭찬하면서 덕담을 나누었다.

그러다 대학 총장이 되다 보니 전국에서 대학원 제자들과 학부 제자들이 전화로 인사해 오는 것을 받다가 아차 하여 5월 15일을 넘겼고 17일에 전화를 드렸더니 '이 군! 기다렸어요!'라는 말에 미안하여 그다음부터는 아무리 바빠도 후지모리 교수에게 먼저 전화를 드렸다. 그러면 항상 스승의날 같은 좋은 행사는 세계적으로 드문 것으로 정말 모든 나라가 이어받아야 한다며 덕담을 해 주었던 기억이 남는다. 젊은 날의 칼의 윤리와 붓의 윤리를 기억하게 한 대학원 시절이었다.

여기에서 말하는 붓의 윤리(문화)와 칼의 윤리(문화)는 조선 시대의 선비와 일본의 사무라이를 말한다. 주자학을 도입한 조선은 붓(문)을 숭상하여 무(칼)을 무시하지만 일본 무사는 전투(칼)를 직업으로 하기에 무사도는 필연적으로 생사를 넘는 규범과 도덕으로서 유교를 채택했다. 주자학은 이상理想이었으므로 붓의 윤리에서는 선악이 중심의 대상이 되었으며 일본의 무사도에는 현실에서의 승리는 아름다운 것이고 패배는 추한 것이라는 사상이 일반화되었다. 조선 선비는 선악 논리가 중요하지만 일본 무사는 선악 논리보다는 승패의 논리가 중요하다. 붓의 문화와 칼의 문화의 다른 점이다.

코로나로 2020년 3월 말에 후지모리 교수는 세상을 떠나셨다. 앞으로의 스승의날에는 조금 더 슬픈 날이 될 것 같다.

과거사를 잊기에는 너무 깊은 상처

지인인 Y를 만나 후지모리 교수의 사망을 이야기하자 본인도 충격을 받았다며 필자가 코로나로 갈팡질팡하는 모습을 보고 책을 완성하라며, 이것이 후지모리 교수의 마지막 미션이라고 충언을 해 주었다. 친한파로 유명한 Y조차 최근 한·일 갈등의 핵심은 한국에 있다는 식의 이야기를 하여 4시간 정도 토론한 적이 있다.

고노 담화-무라야마 담화-김대중-오부치 게이조 선언-고이즈미 담화로 이어지는 일본 정부 차원의 사죄 성명이나 위안부 피해자들에 대한 일본 총리의 친필 사과 친서 등으로 성의를 보인 바가 있는데, 한국의 계속된 사과 요구로 이젠 일본에서는 더는 사과하지 말자는 분위기가 확산한다고 하였다.

우선 한·일 간의 과거사 갈등과 일본의 야스쿠니 신사 참배 반대를 놓고 한국이 일본의 일이라면 무조건 반대한다고 일본인들은 화를 내지만 최근 흐름에서 보면 과거사 반성 없이 일본의 재무장화와 국수주의의 흐름, 그리고 미국의 변화 등은 우리를 불안하게 한다.

일본은 단순한 체급으로 비교해 봐도 한반도 국토의 면적(약 22만㎢, 일본 37만 7915㎢)의 1.7배에 해당하며 남한 국토 면적(10만 33.1㎢)의 3.6배에 해당하며 일본 인구(2019년 현재)는 1억 2414만 4438명으로, 남한의 인구(2020년)는 5183만 9408명으로 인구를 비교하면 일본이 2.4배로 많다. 일본은 GNP 세계 3위의 경제 대국이자 UN을 비롯한 국제 사회에 외교적으로 막대한 영향력을 발휘하는 세계적 강대국이다. 물론, 일본은 1인당 GDP는 3만 9000달러, 한국은 3만 600달러를 기록하여 일본의 78%에 해당하며, 2018년 기준으로 PPP(구매력 평가지수)에서 1인당 GDP 4만 2136달러를 기록해, 같은 기간 4만 1364달러를 기록한 일본을 앞섰다. GDP 세계 9위를 기록하며 선전했지만 2위 중국과 3위 일본은 우리가 단독으로 어떻게 해 보기는 부담스러운 상대이다. 그렇기에 우리는 큰 틀에서는 한·미 동맹으로, 작은 틀에서는 남북 관계·한·중 관계 개선을 통해 일본을 견제해 왔다.

그러므로 과거의 제국주의의 과오를 반성하지 않으며 오히려 한국을 무시하고 국수주의를 다시 드러낸다면 후에 외교적 상황이 변화할 경우, 일본이 우리(한반도)에 대한 침략을 다시 드러낼지도 모른다는 의심으로 이어지는 것은 당연하다. 그동안 일본의 조선 재 침략론은 말도 안 된다는 현실 무시의 억지 논리라는 사람도 있었지만 틈만 나면 대륙 진출을 꿈꾸는 칼의 윤리를 내세우는 무사들의 논리는 섬나라의 지정학적 특성상 미국이 약해지거나 한·미 동맹이 깨어진다면 한반도에 또다시 일본의 국수주의의 칼날이 들어올 가능성이 크다.

일본은 한국을 위협할 역량이 있음은 물론이고 현재의 흐름은 그럴 가능성이 점점 커지는 것도 사실이다. 우리가 그렇게 느끼지 않게 하려면 위안부와 징용공을 이야기할 때 형식적 사과나 배상금 같은 금전적 태도가 아니라 군국주의·제국주의로 인해 피해를 본 이웃 국가에 대한 일관된 반성과 한국인들의 정서를 이해하고자 하는 부단한 노력이 선행되어야 한다는 점이다.

오히려 '다케시마의 날' 등을 지정하면서 영토 문제로 침략 사상을 계속 드러내는 일본 정치권과 당당하게 야스쿠니 신사에 참배하는 일본 총리와 각료들을 보며 식민 지배 피해자로서 한국은 이러한 일련의 일본 정책 변화에 당연히 분노를 가질 수밖에 없다고 생각한다.

내 논리가 옳다고 할 수는 없지만, 적어도 한국과 일본과의 관계에서는 '힘이 없으면서 큰소리치는 외교'와 '진실한 성의 없는 형식적 악수 외교'로서는 해결하기 어렵다고 본다. 그리고 필자의 경험이라 모든 한국인의 느낌이라고는 말할 수 없지만(일본 콤플렉스를 잊으려고 노력했지만) 일본 식민지에서 해방되어 75년이라는 긴 세월이 흘렀는데도 75년의 세월의 현재 상황으로는 과거사를 잊기에는 너무나 짧은 시간이라는 것을 알았다.

그렇다고 해서 가만히 있어서는 안 되고 서로의 관점에 서서 한·일 관계의 실마리를 풀어야 한다. 일단 많은 만남을 통해서 과거사의 벽을 깨도록 노력하여야 한다.

2 근·현대사에서의 한·일 관계

'한·일 관계 악화 원인은 한국 탓'이라는 일본과, '한·일 관계 악화 원인은 일본 탓'이라는 관계 악화의 책임을 서로에게 전가하는 양측의 팽팽한 논리가 평행선을 그리고 있다.

광복 75년, 한·일 국교 정상화 55년을 맞은 2020년! 오랜 시간이 흘렀으나 한·일 관계는 그야말로 태풍처럼 무섭게 서로를 공격하고 있다. 그 갈등은 현재 진행형이다. 잊을 만하면 일본에서의 새로운 각료의 망언이 튀어나왔고, 야스쿠니 신사靖国神社를 참배하고 한국에 정상 회담을 요구했다.

한국 측에 잘못을 사과하는 일본 정치인이 없었던 것은 아니다. 사과한 뒤 얼마 지나지 않아 다른 정치인이 "한국은 일본의 식민지 시절을 고마워하라."는 망언을 하며, 정치인들이 상징적으로 대거 야스쿠니 신사 참배하는 행동을 일삼았다. 번복되는 표리부동한 행동으로 한국인들의 신뢰감은 무너졌다.

정권이 바뀔 때마다 한국 정부는 일본 정부에 진심 어린 사과를 요구해 왔다. 하지만 반복되는 망언과 논란은 정치인을 넘어 일반 국민의 반일 감정까지 자리 잡게 만들었다. 한국에서 "저 사람은 일본놈 같아."라는 표현은 진실하지 않다는 의미가 포함되어 있다. 거꾸로 일본에서는 한국의 정권이 바뀔 때마다 사과를 요구하는 '사과 피로증'을 호소하며 한국의 인식이 나빠졌다. 이러한 반일反日은 혐한嫌恨으로 이어졌다.

그리고 한·일 관계가 실타래를 푼 것 같으면 독도 문제로, 또 교과서 문제로 상처가 나을 만하면 위안부 문제로 상처는 다시 덧나고, 이제는 지소미아, 위안부 문제, 징용 문제, 한·일 무역 분쟁으로 곪아서 냉각 수준을 넘어 최악의 관계로 치닫고 있다. 한·일 양국에서 일부 과격분자들은 국교 단절 이야기까지 거침없이 해댄다. 한·일 관계의 악순환은 어디까지 갈 것인가? 서로가 돌아올 수 없는 외줄 타기를 하고 있다.

이승만의 평화선과 일본 어부 구속

한국은 1945년 일본으로부터 해방되면서 독립 국가로 출발하였다. 최근에는 광복光復, 해방解放이란 말의 사용에 관해서도 다소 문제가 되거나 사용자에 따라 비판적으로 언급되기도 하지만 광복인지 해방인지의 주장보다 일단은 억압된 일제 강점기에서 벗어났다는 의미로서의 해방도 나쁘지 않다고 본다.

그런데 일본의 강점기에서 벗어난 지 1주년이 되던 1946년 8월 15일,

남쪽의 한국과 북쪽의 북한에서 각각 '해방절' 기념식을 치렀다. 심지어 1948년 8월 15일 '해방절'에 '해방 제3주년 기념식'이 열리고 대한민국 정부가 수립되었다고 보도한 기사가 있을 정도인 것을 보면 남북한에 각각 정부가 수립될 때까지 8월 15일은 '해방'의 의미로 다가왔다.

1948년 초대 대통령으로 취임한 이승만은 친일파 청산을 하지 않았다는 평가도 있으나 그의 인생과 정책에서 나타난 사상은 반일이었다. 이승만은 1941년 7월 미국에서 출판한 『일본 내막기Japan Inside Out』 등을 저술하고, 상하이 임시 정부 대통령 등을 역임하며 독립 운동을 지원하고 대통령에 집권한 이후의 대 일본 정책들을 보면 반일 정책을 취하고 있었다.

이승만 정권의 반일을 대표하는 것은 평화선 선포와 일본 어선을 나포하는 등으로 일본의 압력에 강경한 정책을 취했다. 이는 식민지에서 갓 해방된 국가의 정체성에 중요한 요인으로 작용했다. 심지어 일본과 국교를 재개하라는 미국과의 정상 회담에서 아이젠하워 미국 대통령 권유를 "내가 대통령 재직 동안에는 일본과 상종하지 않겠다."라고 끝까지 거부했다. 한국 전쟁 중에는 미국이 일본군의 참전을 얘기하자 "만약 그렇게 하면 공산군보다 먼저 한국군의 총부리를 일본군에 향할 것."이라고 강력히 반대한 적도 있을 정도로 반일은 그의 인생에서 한 흐름이었다.

1952년 1월 18일 제1공화국 당시 이승만은 '인접 해양의 주권에 관한 대통령 선언'을 통해, 우리의 독도와 일본의 오키도 사이에 "한·일 두 나라 사이에 평화가 유지되기 바란다."는 의미로 평화선Peace Line을 긋고, 외국 어선이 침범하는 것을 금지했다. 세칭 이승만 라인이라고도 하며 '리 라인'Rhee Line이라고도 한다.

한반도에 인접한 해붕海棚 및 해양의 광물과 수자원을 보호·이용하기 위하여 한국이 주권을 보지保持 행사한다고 선언된 이 수역은 해안으로부터 평균 96km(약 53해리)에 이른다. 이에 따라 이 수역 내에서의 수산업과 어업은 한국 정부의 관할·감독하에 놓였다. 아울러 이 선은 일종의 방위 수

평화선

역의 성격도 겸했다. 당시 신생 독립국인 한국보다 우월한 장비를 갖춘 일본 어선이 일방적으로 동해를 휩쓸고 다녔던 어업 실태를 참고할 때, 평화선 선포는 한국 어민들의 생존권과 어족을 보호하기 위해 유용한 조치였다고 하는 사람도 많다. 하지만 이는 국제법상 문제도 아니었고, 해안선으로부터 12해리까지가 영해인데 무려 20배가 넘는 해역이 대한민국의 영해라고 주상하기엔 무리가 있었다.

그러나 이승만의 평화선으로 독도는 일본에서는 아니라고 하지만 한국 영토로 기정사실화되었고, 약 60년이 지난 현재에는 영해 등의 문제를 제외하면 유엔해양법협약과 어느 정도 유사한 면이 많아 이승만의 선견지명이 돋보이는 전략적 라인으로 평가한다.

평화선 즉 이승만 라인은 1965년 국교 정상화까지의 약 13년간 한국은 일본 어선 328척을 나포하였고 일본 어부 3929명을 감금 억류하였고 이 과정에서 일본 어부 44명이 사망하였다. 그리고 일본 정부에 감옥에 수감 중인 한국인 범죄자를 석방할 것을 요구, 일본 정부는 이 요구를 받아들여

한국인 수감자 472명에게 특별 영주권을 주고 석방하였다.[1]

한국 전쟁 중인 시기에 벌어진 최초의 일본 정치인의 망언은 '구보다 망언'이다. 한국이 한국 전쟁을 끝나고 휴전 협정이 이루어진 지 2달 반 만에 1953년 10월 5일 한·일 회담 일본 측 수석 대표인 구보다 칸이치로久保田貫一郎는 '36년간 일본 통치는 한국인에게 은혜'라는 발언을 했다. 구보다 칸이치로 망언의 내용은 다음과 같다.

"일본의 통치는 나쁜 것만 있었던 것은 아니다. 철도, 항구, 도로를 만들고 농지를 조성하였다. 당시에 대장성大蔵省은 많을 때는 2000만 엔도 투자했다. 꽤 많은 돈을 일본에서 투자한 결과 한국의 근대화가 이루어졌다. 만약, 그래도 피해를 보상하라고 한다면 일본으로서는 투자한 돈을 돌려달라고 요구할 수밖에 없다. 한국 측의 청구권과 이것을 상쇄하도록 하자. 당시 일본이 한국에 가지 않았다면 중국이나 러시아가 한국에 갔을지도 모른다. 그렇다면 한국은 더욱 나빠졌을지도 모른다."

이 망언으로 말할 것 없이 제3차 한·일 회담은 결렬됐고, 한국인의 분노를 낳아 국교 정상화는 멀어져갔으며 오히려 한국인에게 평화선은 정당화되어 한동안 한·일 국교 정상화 이야기는 사라진 것 같이 보였다.

이런 상황에 곤란해진 것은 미국이고 대對 공산주의의 전략상 냉전 체

---

[1] 일본에서는 평화선 대신에 이승만 대통령의 리 라인(Rhee Line)으로 불리며 평화선이 설치되면서 당시의 총리인 기시 노부스케(岸信介)의 출신 지역인 야마구치현(山口県)의 어부들이 한국에 많이 억류되어 있어 이것을 해결하기 위해서라도 한·일 국교 정상화는 필요했을 것으로 판단한다.

제하의 자유 진영 결속 강화가 안전 보장의 중요한 과제였기 때문이다. 그래서 미국으로서는 한·일 국교 정상화가 중요하였다. 따라서 1957년 12월 일본은 미국의 요구를 들어 구보다 발언 철회와 재한·일본 재산 청구권을 철회하였다.

이승만은 선비 집안으로 한학을 하다가 배재학당을 졸업하고 1907년 조지워싱턴대학에서 학사, 하버드대학에서 석사 학위를 받았다. 1910년 프린스턴대학에서 「미국의 영향 아래 중립론」Neutrality as influenced by the United States이라는 논문으로 박사 학위를 받았을 정도의 학자 출신 독립단원이며 대한민국 임시 대통령을 역임하였다. 이승만의 박사 학위는 한국 최초의 근대식 박사 학위인데 그는 대통령이 되어서도 박사로 불리는 것을 더 좋아하였으며, 국립서울현충원에 있는 묘비에도 '이승만 대통령'이 아닌 '이승만 박사'라고 되어있다. 그의 행동은 조선 선비의 전형으로 역대 대통령 중에서 서예를 가장 잘했다고 평가되는 붓의 윤리를 대표하는 한국의 대통령이다.

따라서 도저히 칼의 윤리로 협상을 하거나 칼의 윤리로 식민지 통치를 반성하지 않는 일본 측을 용서하기 어려웠고 반일을 내세웠던 사람으로 유명하다. 그리고 반일에다 반공을 기치로 내세웠던 이승만은 미국과의 마찰도 있었지만 일본과의 협상 때에는 한층 붓의 윤리를 강조하였다. 이승만은 대통령 시절에도 이박사李博士라고 불리고 불리기를 원했다. 전형적인 붓의 윤리를 느낄 수 있는 부분이다.

이승만은 반민족행위특별조사위원회(반민특위)를 해체하며 독립군을 잡는 데 가장 앞장선 악질 친일파 노덕술盧德述을 반공을 구실로 석방하며 이승만의 반일 정책은 재평가되었다. 노덕술이 역사의 단죄를 받는 것은 모든 한국인의 소원이었고 당시의 시대적 요구였지만 이승만은 이를 외면하여 한국인의 분노를 일으켜 그의 인기는 하락하였다.

이러한 이승만은 현실 정치에 약한 부분이 나타나 3·15 부정 선거로 인해 4·19 혁명이 일어나자 4월 26일 대통령직에서 물러났으며, 경무대를 떠나 이화장에 잠시 머물다 5월 29일 하와이로 망명하였다.

이승만은 서기西紀를 사용하지 않고 고조선의 시조인 단군왕검의 즉위년을 기원으로 한 연호인 한민족의 시조인 단군의 단기檀紀를 사용하여 민족 정신을 표방하려고 하였다. 단기檀紀는 단군이 고조선을 건국했다고 알려진 기원전 2333년을 단기 1년으로 헤아리는 연호이므로 서기 2021년은 4354년이다(2021+2333=4354). 단기는 박정희 정권이 들어서기까지 약 20년간 한국에서 사용되었던 내셔널리즘적 연호이다.

4·19 혁명 이후 허정 과도 정부에 이어 의원내각제인 제2공화국이 등장했으나 국내 문제로 일본과의 국교 정상화에 힘쓸 겨를이 없었다.

경제 우선 논리 내세운 한·일 국교 정상화

1961년 5월 16일 박정희 육군 소장과 김종필 등 정군파整軍派 장교 중심으로 이루어진 군사 쿠데타가 성공하면서 이들은 군사혁명위원회를 조직하여 입법권·사법권·행정권의 3권을 통합·장악한다고 선언했다. 군사혁명위원회의 혁명 공약은 ① 반공을 국시로 삼고 반공 태세를 재정비·강화할 것 ② 미국을 위시한 자유우방과의 유대를 공고히 할 것 ③ 민생고를 시급히 해결하고 국가 자주 경제 재건에 총력을 경주傾注할 것 ④ 국토 통일을 위하여 공산주의와 대결할 수 있는 실력을 배양할 것 등이었다.

　박정희를 비롯한 군부 세력은 한국 전쟁을 겪으면서 반공과 친미를 위주로 친미 반공 국가의 보루堡壘 역할을 자임하며 등장해 국가 경제를 위해 일본과의 국교 정상화는 필수 과제였다. 박정희는 1961년 11월 11일 케네디 대통령 초청으로 미국 방문길에 일본을 방문하였다. 그때 일본 외무성에 특별히 요청해 만주군관학교 시절의 신경新京 군관학교 교장인 나구모 신이치로南雲親一郞 육군 중장을 만나 "선생님의 지도와 추천 덕분에 육군 사관학교를 나와 여기까지 오게 되었습니다(국가재건최고회의 의장 겸 육군 대장)."라고 일본인 교장에게 깍듯이 예의를 차려 많은 칼의 윤리에 물들었던 일본인에게 친밀감을 주었다.

　일본 도착 다음 날, 기시 노부스케岸信介, 이시이 미쓰지로石井光次郎, 이케다 하야토池田勇人, 사토 에이사쿠佐藤栄作 같은 사람들과 만났다고 한다. 이 자리에서 박정희는 유창한 일본어로 "나는 정치도 경제도 모르는 군인이지만 메이지 유신 당시 일본의 근대화에 앞장섰던 지사들의 나라를 위한 정열만큼은 알고 있다. 그들 지사와 같은 뜻으로 해 볼 생각이다."라고 이야기해서 그 자리에 있던 일본인들이 놀라고 반가워했다고 한다.

　이것은 당시의 붓의 윤리에 물들어 있던 선비 문화에 익숙한 한국 정치인들은 이해하기 어려운 담화 내용이었다. 그는 당시 국가재건최고회의 의장 겸 육군 대장인 군인으로서 메이지 유신의 지사들을 생각한 것으로 판단된다. 붓의 윤리가 만연된 한국 사회에 드물게 칼(총)의 윤리인 군사 쿠데타로 등장한 현역 대장의 군인이기에 일본의 칼의 윤리를 이해하고 조정하며 타협하였다. 붓의 윤리인 한국의 일반 정치인들은 하기 어려운 결정이었다고 하겠다.

박정희는 1963년 군복을 벗고 대통령 선거에 당선되며 한·일 협정에 더욱 매진했다. 당시의 한국의 1인당 GDP는 69달러니 80달러니 하는 수준이었으니 경제가 우선이었다. 1964년 6월 30일 서울에서는 '한·일 협정 반대! 굴욕 외교와 매국노를 처단하라!' 등의 학생 데모로 1만 5000명 이상이 참여해서 치안 당국과 충돌하여 계엄령을 선포하면서까지 한·일 국교 정상화 즉 한·일 협정을 체결한 것은 다름 아닌 군인 출신 박정희였다. 지금 생각해 보면 지금도 위안부, 징용공 문제 등 일본과의 협상이 쉽지 않은데 당시에는 일제 강점기를 겪은 지 20년밖에 지나지 않았으니 정말로 힘들었던 결정이었다고 할 수 있다. 이러한 한국의 어수선한 상황에서 1962년 10월 5일 이케다 하야토池田勇人 총리가 한·일 문제, 한·일 관계는 이토 히로부미伊藤博文의 예를 따라 일본은 한국에 파고 들어가야 된다고 하여 논란이 되었고, 국교 정상화는 더욱더 멀어졌다.

1965년 2월 15일 시이나 에츠사부로椎名悦三郎 외무대신은 한국의 김포 국제공항에서 기자 회견을 하여 일본의 식민지 통치 등 과거사에 깊이 반성한다는 성명을 발표하여 한국 매스컴을 통한 여론을 향해 사죄를 했고, 가조인假調印에 큰 역할을 하였다. 1965년 6월 22일 한·일 협정에 사인함으로써 한국과 일본의 새로운 미래로의 출발이 시작되었다. 다음날 한·일 회담 타결에 즈음한 대통령 특별 담화문에서 박정희의 의지를 엿볼 수 있다.

"우리는 이 각박한 국제 사회의 경쟁 속에서 지난날의 감정에만 집착해 있을 수 없는 것이다. 아무리 어제의 원수라도 오늘과 내일을 위해 필요하다면 그들과도 손을 잡아야 하는 것이 국리민복國利民福을 도모하는 현명한 대처가 아니겠는가?"

국교 정상화를 위해 한·일 기본 조약의 실지 추진자였던 당시 초대 중앙정보부장이었던 김종필은 '반일反日보다는 용일用日이야말로 더 힘든 길'이라는 이야기를 박정희와 서로 나눴을 정도로 박정희는 용일하기 위해 국내에서는 반일을 철저히 감췄으며, 일본 측에서는 자신들과 접촉할 때는 친일이라고 착각하게 하는 언행을 보여 일본 측을 속였다.

일본인들의 이야기에 의하면 박정희는 교묘하게 일본 측의 신뢰를 얻어 한·일 기본 조약을 얻어서 일본 측으로서는 막대한 자금, 투자, 기술 공여를 받고 미국, 유럽의 원조를 기초로 경제 우선 정책을 취하였고 친일파 행동을 하여 경제 협력을 얻어내는 용일에 무척 탁월한 인물로 평가했다.[2]

하지만 당시 한·일 협정에는 일제 식민 지배의 어떤 사과나 반성의 문구가 전혀 없었기 때문에, 과거사 문제는 아직 정리되지 못했다. 한·일 협정에 반대하고 박정희로부터 가장 많이 핍박과 압력을 받았던 김대중 대통령도 박정희의 공과功過를 논하면서 한·일 국교 정상화를 높이 평가했다고 한다. 만약 1965년에 일본과의 국교 정상화를 국민의 감정대로 5년이나 10년 뒤로 미뤘다면 어떠한 일이 일어났을까? 아니면 북한처럼 아직도 국교 정상화를 하지 않았더라면 어떻게 되었을까?

박정희에 대한 평가는 사람에 따라 다르다. 독재 정치와 다카기 마사오 등 친일파로 평가하지만 적어도 당시 한일 국교 정상화는 박정희 아니었으면 어려웠을 것이다. 지금 생각해 봐도 이 부분에서 그의 평가는 대단하다고 하겠다.

....
2) 産経新聞, 2015.6.18.【日韓国交正常化５０年】, 朴正熙氏の評価、半世紀で一変 始まりは"用日"残された 反日

김대중 납치사건과 한·일 갈등 해결

1973년 8월 8일, 김대중 납치 사건이 터졌다. 1971년 4월 27일에 열린 한국의 대통령 직접 선거에서 신민당 대통령 후보로 민주공화당 후보였던 박정희 현직 대통령에 맞서 약 95만 표의 차이로 석패 당해 나름대로 선전했던 김대중은 1~2위 간의 표차가 4년 전의 제6대 대통령 선거와 비교해 상당히 좁혀져 박정희 후보와 집권 여당에 위기의식을 느끼게 하였다.

대통령 선거가 끝나고 총선 유세가 한창이던 그해 5월 지원 유세에 나선 김대중이 탄 차량과 14톤 대형 트럭이 충돌하는 사고가 발생했다. 김대중은 이 사고로 인해 골반 관절 부위의 부상으로 서거하기 전까지도 이때의 사고를 당시 박정희 정권의 암살 음모로 지목했다. 일련의 사건 사고로 인해 신변에 위협을 느낀 김대중은 교통사고 후유증과 지병 치료차 일본을 왕래했다.

동년 5월 25일에 열린 국회의원 선거인 제8대 총선에서 신민당이 204석 중 89석을 획득, 개헌 저지선인 69석을 넘기며 한층 더 박정희 정권의 위기감을 느끼게 했다. 1972년 10월 11일 일본 정계 순방을 이유로 일본으로 건너간 김대중은 며칠 뒤인 10월 17일 비상 계엄령과 동시에 10월 유신이 선포되자 미국으로 망명을 하였다.

유신 직후부터 김대중은 일본과 미국을 오가며 외신을 통해 유신 체제를 비판, 규탄하였고 1973년 7월 6일 미국 워싱턴에서 한국민주회복통일촉진국민회의(한민통)라는 단체를 조직하여 초대 의장으로 취임해 교포 사회를 중심으로 반정부 투쟁을 벌였다.

도쿄에서 '한민통' 결성을 며칠 앞둔 1973년 8월 8일, 오전 11시 민주

통일당 당수 양일동을 만나러 동경의 치요다구에 있는 그랜드 팔레스 호텔 2212호실로 간 김대중은 괴한들에게 납치拉致되어 그랜드 팰리스 호텔 2210호실로 끌려갔고 이후 동경에서 고베항으로 옮겨져 감금된 채 동해로 강제 압송되었다. 이때 일본의 해상보안청 헬리콥터가 조명탄을 터뜨리면서 위협하자 납치범들은 일본 정부에 납치 사실이 알려진 것으로 판단하여 김대중 살해를 포기했다.

우여곡절 끝에 김대중은 동경에서 납치된 후 129시간 만에 8월 13일 서울의 자택 부근에서 풀려났다. 이 사건은 한국 공권력에 의한 일본 주권 침해라는 한·일 간 외교 문제로 비화하였고 양국 관계는 교착 상태에 빠졌다. 당시의 일본 경시청은 납치 현장에 주일 한국 대사관의 1등 서기관 김동운 중앙정보부 요원의 지문을 발견했다고 밝혔다. 이에 따라 일본 정부의 양해 없이 김대중을 납치해 강제로 한국으로 압송한 것은 일본 주권을 침해한 것이라는 의견이 대두되었다.

사건 발생 석 달 후인 1973년 11월 2일, 김종필 총리는 김대중 납치 사건에 유감을 담은 박정희 대통령 친서를 일본 다나카 가쿠에이田中角榮 총리에게 전달하였고, 다나카 총리 역시 납치 사건을 더 문제 삼지 않겠다는 답신을 전달하였다. 양국 정부 모두 김대중 납치 사건을 둘러싼 진상을 은폐하기로 했고 한·일 관계의 갈등 역시 봉합되었다. 그러나 이 사건을 계기로 일본에서 반한反韓 감정이 들끓었다.

1년 뒤인 1974년 8월 15일 서울 장충동 국립극장에서는 각계 인사 1천여 명이 참석한 가운데 제29주년 광복절 행사가 진행되었다. 박정희 대통령이 경축사를 낭독하는 순간 재일교포 2세인 문세광이 박정희 대통령을 암살하기 위해 권총을 발사했고 문세광의 발포로 인해 귀빈석에 앉았던 영부인 육영수 여사는 머리에 총탄을 맞고 사망했다.

당시 박정희 정권은 영부인 육영수 여사의 사망으로 격앙되어 만약 일본이 성의 있는 조치를 취하지 않는다면 국교 단절, 대사 소환까지 포함한 정치·경제의 제반 조치를 할 것이라고 강경하게 말했다. 1974년 8월 19일 육영수 여사 장례식에 다나카 가쿠에이 일본 총리가 조문 사절로 참석하였으나 조문의 표현 부족으로 박정희 대통령은 상당히 불쾌하게 받아들였다고 한다.

권총과 문세광 여권 등이 일본과 연관되었던 정황을 보였으나 수사가 이루어지지 않자 한국은 국교 단절까지 생각하는 등 많이 불편했으나, 일본 정부가 책임을 솔직히 인정하면서 개선되었다. 그리고 9월 19일 집권당인 자유민주당 부총재인 시나 에쓰사부로가 다나카 가쿠에이 총리의 친서를 휴대하고 진사특사陳謝特使로 한국을 다녀갔다. 이 특사로 한·일 관계의 악화는 수습이 되었으며 한국 내의 반일 데모도 종식되었다. 문세광은 대법원에서 사형을 선고받았으며 1974년 12월 20일에 사형을 집행하였다.

이 시기의 다나카 가쿠에이 총리는 김대중 납치 사건과 문세광 저격 사건에서 나름대로 해결하는 모습을 보여줌으로써 사람마다 평가는 다를 수 있으나 거물 총리로서 역할을 하였다고 본다. 그러나 다나카 가쿠에이는 김대중 납치 사건도 한국과 4억 엔이라는 거액의 검은돈으로 해결했다는 말도 들었다. 따라서 김대중 납치 사건을 한국 독재 정권과 일본 금권 정치가 결탁한 추악한 '매수 외교'라는 평가가 한·일 양국에서 나왔다.

한·일 지도자로 상호 방문한 나카소네와 전두환

5·16 군사 쿠데타로 정권을 잡은 박정희는 18년간 권좌에 있으면서 반공과 친미를 강조하면서 권위주의를 계속 강화하여 나아갔다. 특히 1972년 10월에 등장한 유신 체제는 군부 정권으로 민주 정치를 억압하며 독재 정치를 심화하는 계기가 되었다. 괄목할 만한 경제 성장으로 1인 장기 집권의 정당성을 보상받으려 했지만 1979년 제2차 오일쇼크가 터지며 인플레이션 등으로 불황의 경제가 이어지며 민심은 유신 체제로부터 등을 돌렸다.

1979년 10월 26일 대통령 박정희가 중앙정보부장인 김재규에게 피살됐다. 전두환은 박정희 피살 사건 조사를 맡은 합동수사본부의 책임자였고, 막강한 정보력과 권력을 쥔 보안사의 사령관이었다. 전두환은 1979년 12월 12일 밤 7시 보안사 수사관 8명과 합동수사본부 헌병 1개 중대 60여 명을 동원해 정승화 육군참모총장을 체포하였다. 소위 12·12 사태이다. 전두환은 대통령 권한 대행인 최규하로부터 정승화 체포에 사후 재가를 받아냈다.

이렇게 정권을 잡은 전두환은 1980년 4월 중앙정보부 서리에 임명되어 보안사령관과 중앙정보부를 모두 거머쥐었다. 1980년 8월 27일 장충체육관에서 열린 통일주체국민회의 대의원 간접 선거에 무소속으로 단독 출마해 99.9 퍼센트(2,524표) 지지율로 제11대 대통령에 당선됐다. 이어 9월 1일 대통령에 취임했다. 전두환은 김대중 사건과 5·18 광주 사건으로 한·일 관계가 악화하고 80년대 초에 세지마 류조가 등장한다.

세지마 류조瀬島龍三, 1911~2007가 누구인가?

1932년 일본육군사관학교를 315명 중 차석으로 졸업(44기)하고 은시계를 받았다고 한다. 중일전쟁에 초급 장교로 참전하였다. 이후 1938년 육군대학을 수석으로 졸업(51기)하고, 천황으로부터 군도를 수여했고 1939년 만주 관동군 참모로 부임하였다. 일본으로 돌아와 태평양전쟁이 개시되자 일본 육군의 각종 작전을 입안하였다. 1945년 7월 1일 만주 관동군 참모(중령)로 다시 만주로 파견되었으나, 소련군 대일 참전 이후 소련군의 포로로 시베리아에서 11년간 수형 생활을 하였다.

1958년 석방되어 일본으로 돌아와 이토추 상사伊藤忠商事에 입사하여 능력을 발휘, 고속 승진을 거듭해 20년 뒤인 1978년 이토추의 회장으로 승진하였다. 2000년 이토추 상사의 회장에서 퇴임하였다. 야마사키 도요코山崎豊子의 소설『불모지대不毛地帶』의 모델로 알려졌다.

박정희 정권 때부터 한국과 일본의 다리 구실을 해 온 세지마 류조를 전두환은 1980년 8월에 만났다. 5·18 광주 사태로 국내외에서 민심을 잃은 전두환에게 회복할 방법으로 세지마 류조는 올림픽 개최를 제안했다. 그 뒤 전두환은 서울 올림픽 유치를 가능하게 하라는 명령을 내렸다. 나고야와 투표로 52대 27로 서울 올림픽이 결정된다. 이때 세지마 류조는 당시 일본 정부에 나고야에서 최선을 다하지 않았으면 좋겠다는 충고를 하였다는 일화가 일본에서 전한다.

이 역시 만주 인맥이다. 박정희와는 칼의 윤리로 맺어진 관계이므로 전두환 등 군부를 이해하고 도와주었던 흐름으로 인식되고 있다. 그런데 전두환 정부 시절인 1982년에는 일제 한국 침략을 '한국 진출'로, 3·1 운동을 '폭동'으로 표현한 일본의 고교 역사 교과서 문제가 대두하면서 한·일 외교적 마찰이 등장했다. 하지만 1983년 나카소네 야스히로中曾根康弘 총리가 일본 총리로서는 사실상 처음으로 방한해 반성의 뜻을 내비쳤으며 비교적 우호적 관계를 유지했다는 평가가 나온다.

여기에서도 등장하는 사람이 세지마 류조이다. 그는 나카소네 야스히로 총리 시절(1982~1987년) 임시행정개혁추진심의회 회장으로 활약했고, 나카소네 야스히로 총리의 정책 참모로 활약했던 인물이다. 이러저러한 인맥을 활용한 한·일 양국은 1983년 1월 13일 나카소네 야스히로 총리가 일본 총리로서는 처음 대한민국을 공식 방문했으며 이후 전두환 대통령은 일본에 초청을 받아 1984년 9월 6일 대한민국 대통령 자격으로 처음 일본을 방문하였다.

이때 전두환 대통령 방일은 우리나라 국가 원수로는 최초 공식 방문으로, 한·일 양국 간 새로운 우호 협력 관계의 진정한 기초를 확고하게 다지는 역사적인 의미를 지녔다. 또한 히로히토裕仁 천왕은 9월 6일(첫째 날) 저녁 만찬에서 "금세기 한 시기에 있어 양국 간 불행한 역사가 있었던 것은 진심으로 유감이며 다시는 되풀이돼서는 안 된다."라고 했으며 이러한 한국가 관련된 과거사 발언과 사과는 이때가 한·일 국교 수립 이후 처음이었다.

전두환 대통령과 나카소네 야스히로 총리, 그리고 히로히토 천황 등의 화해와 사과로 한·일 관계가 무르익을 무렵에 갑자기 1986년 7월 25일 후지오 마사유키藤尾正行 문부상은 "한·일 병합은 이토 히로부미와 조선의 고종 간에 합의로 이루어진 것."이라는 망언을 했다. 이런 발언으로 나카소네 야스히로 총리는 사임을 요구했고, 이를 거부하자 그는 한국을 배려하여 헌정 사상 세 번째로 교육부 장관에 해당하는 문부대신을 해임했다. 그는 일본을 사랑하면서도 한·일 관계에 성의를 보인 총리였다.

그는 한·일 관계에 한 획을 그은 총리로 기억될 만하고 일본 총리로서는 처음으로 한국을 방문하였고 한국의 국가 원수로서는 처음으로 일본을 방문한 전두환과는 개인적으로 친하였고 레이건-나카소네-전두환의 친밀함으로 한·미·일 공동체를 구축하는 역할을 한 거물이었다.

'통석의 념'이라, 공개 사과한 아키히토 천황

1988년 대통령 직선제로 당선된 노태우의 '북방 외교 정책'은 공산주의 국가들과의 관계를 개선하는 것이었다. 특히 1988년 서울 올림픽 개최 당시 소련과 헝가리 등 구 공산권 국가들의 참가를 계기로 본격적 외교 관계를 수립하였다. 고르바초프 등장 이후 대한민국과 소련의 관계는 차츰 해빙되었다. 1988년 하계 올림픽에 소련이 참가하였고, 노태우 정부의 북방 정책에 따라 1990년 6월 대한민국-소련 정상 회담이 열렸으며, 1990년 10월 국교가 수립되었다. 이를 계기로 러시아 항공 회사인 아에로플로트가 대한민국에 취항하였다.

공산 세계의 상징과도 같았던 소련과 국교를 맺었고, 이후 헝가리 등과 같은 다른 공산주의 국가들과도 차례로 국교를 맺었다. 냉전 이후인 1992년에는 한국 전쟁의 적성국이었던 중공中共, 중화인민공화국과도 국교를 맺는 데 성공한다. 그러나 중공과의 외교 관계 수립은 오랜 우방이었던 중화민국을 표방했던 타이완과의 관계를 악화시키는 결과를 초래했다.

한편 한국에서는 1983년 일본인 요시다 세이지吉田清治가 저술한 『나의 전쟁 범죄, 조선인 강제 연행』에서 1943년 부하 6명과 제주도 성산포에 들어가 단추공장에서 일하는 여인 16명을 위안부로 끌고 간 적이 있다고 기술하여 커다란 파문을 일어났으며, 이 책은 6년 뒤인 1989년 한국에서 번역되며 위안부 문제가 한국에서 커다란 이슈로 등장하였다.

한편 요시다 세이지의 저서 중 일부 위증 사실이 발견되며 위안부 자체를 일본에서는 없었던 것으로 인식하였다. 한국뿐 아니라 네덜란드, 인도네시아, 필리핀, 중국 등에서도 위안부 증언들이 나오며 팽팽한 줄다리기로 가는 한·일 관계에 결정적인 문제로 등장하였다.

한편 일본의 요시미 요시아키吉見義明는 일본의 역사학자이며 주오대학中央大学 상학부의 명예교수이다. 전공은 일본사이며 일본의 전쟁 책임 자료센터 공동 대표이며, 일본군 위안부 문제와 독가스 전쟁 연구자로 널리 알려졌다.

과거의 침략 전쟁을 반성하고 위안부 문제의 해결이 일본인의 새로운 자신과 긍지로 이어진다는 것이 지론이며, 위안부와 독가스전 등으로 일본군에게 피해를 받았던 경험을 한·일 젊은이들에게 전해서 이어가자는 것을 사면辭免으로 하고 있다.

특히 요시미 요시아키 교수 등 일본의 전쟁 책임 자료 센터 회원들은 위안부 문제는 일본에 의한 성노예 제도이며, 일본의 전쟁 책임을 전쟁 범죄 그리고 식민지 통치의 책임이라는 입장을 적극적으로 표명하였다. 이런 활동이 제2차 세계대전 독일에서 일어난 성폭력 문제 해명을 촉진하여 식민 지배 책임을 묻는 아프리카 사람에게 용기를 주는 등 세계에 큰 영향을 끼쳤다며 위안부 기록을 유네스코 세계 기록 유산으로 신청하려는 움직임을 보였다.

1988년 서울 올림픽을 성대히 끝냈고, 1989년 일본의 천황 히로히토가 사망하자 노태우는 일본 도쿄에서 거행되는 히로히토 천황 장례식에 공식적으로 강영훈 국무총리를 정부 부문 사절로 파견했다. 이 시기에 보통 사람들 시대를 주장하던 노태우는 민주화 바람에 힘입어 과거사 청산 요구에 흔들렸다. 1989년 2월 28일 다케시타 노보루竹下登 일본 총리는 중의원 회의에서 과거 전쟁 성격 여부는 추후 역사의 평가 문제이지만 침략적 사실을 부인할 수 없다고 해명하였다.

다음 해 1990년 5월 일본을 방문한 노태우 당시 대통령 때도 세지마 류조가 중간 역할을 하면서 아키히토明仁 천황까지 등장시킨 것은 잘 알려져 있다. 당시 일본에선 자민당을 중심으로 정치적인 이해가 걸린 문제에서 천황이 사과하게 해서는 안 된다며 신중한 대응을 요구하는 의견이 있었지만, 결과적으로 아키히토 천황은 당시 노 대통령과 만찬장에서 "우리나라에 의해 야기된 불행한 시기에, 귀국貴國(상대 국가를 높이는 말)의 사람들이 겪은 고통을 생각하면 나는 통석의 염痛惜의 念을 금할 수 없다."고 밝혔다. 일본의 아키히토 천황이 과거사와 관련해 '통석의 념'이라고 공개석상에서 한 말이었다. 이 표현은 통상적으로 쓰는 표현이 아니어서 진정성이 있느냐는 논란이 제기됐다.

가이후 도시키海部俊樹 전 총리에 따르면, 천황의 정치적 행위를 금지한 일본 헌법 규정을 따라 당시엔 "국정의 최고 책임자인 총리가 사과하면 충분하다."는 쪽으로 입장이 정리돼 있었다. 하지만 아키히토 천황이 궁내청을 통해 과거의 역사를 제대로 전하고 싶은 마음이 있음을 전해 오면서 전문가들의 조언을 수렴해 해당 문구를 정부에서 결정하여 사죄 표현인 '통석지염痛惜之念'을 받아냈다.

이것을 한국에서는 사과의 표현이 아니라고 하는 학자들도 많았으며 당시 유학 중이었던 필자도 초기에는 이런 미지근한 표현을 왜 사용했나 하며 분통을 터뜨렸으나, 천황은 일본에서 정치적 발언을 하지 못하게 되어있다는 당시의 상황을 보면 어느 정도 이해가 간다.

히로히토 천황이 6년 전 '양국 간에 불행한 과거가 있었다는 건 참으로 유감'이란 표현을 했지만, 한국 측엔 '누구의 책임인지가 불명확하다.'는 불만이 남았고, 6년 뒤인 1990년 노태우 대통령의 방일 때 더 진전된 내용을 요구했다고 전한다. 이 정도면 당시의 일본 분위기로서는 일보 전진한 사과 발언으로 보아야 한다.

특히 아키히토 천황은 그 뒤로도 한국에 대한 친근감을 드러낸 것으로 유명하다. 2001년 12월 생일 기자 회견에서는 "헤이안 시대 간무桓武 천황의 생모가 백제 무령왕의 자손이라고『속일본기續日本紀』에 쓰여 있는 것을 두고 한국과의 연을 느끼고 있다."라고 말했다. 통석의 염을 서로 양국 입장에서 해석하다 보니 앞으로는 천황이 사과하는 자리를 만들기는 쉽지 않을 것이다.

고노 담화와 무라야마 담화의 성과

1993년 2월 25일 김영삼 대통령의 문민정부가 들어서며 한국에서는 군부 청산과 독재 청산이 1차적 과제였다. 김영삼은 1993년 삼일절 기념식에 일본에 물질적 배상을 요구하지 않겠다고 하며 동년 8월에는 고노 요헤이 관방장관으로부터 위안부 동원의 강제성을 인정하게 만들었다. 친일의 비판적 평가와 함께 '역사 바로 세우기'의 일환으로 조선총독부 완전 철거가 김영삼 대통령 지시로 이루어졌고 1995년 8월 15일 광복 50주년을 기점으로 철거했다.

이즈음 6개월 늦게 일본에서도 1993년 8월 일본에서도 보수 우익 집단인 자민당 일당 지배가 무너지고 비 자민연립 정권이 들어서면서 호소카와 모리히로_{細川護熙} 내각이 등장하였다. 당시 호소카와 모시히로 총리가 '제2차 세계대전 중 일본은 침략 전쟁을 벌였으며 그것은 잘못된 전쟁'이라고 천명하였다. 한국과 중국에서도 이 발언을 높이 평가했으나 일본 관료의 망언은 사라지지 않았다.

1994년 5월 3일 일본의 나가노 시게토_{永野茂門} 법무장관은 "태평양전쟁이 침략 전쟁이라는 정의는 잘못된 것이고 난징 대학살은 날조_{捏造}이고 위안부는 당시의 공창_{公娼}이었다."는 발언으로 재임한 지 불과 11일 만에 법무장관을 사임하였다.

1994년 8월 12일 사쿠라이 신_{櫻井新} 당시 환경청장관이 "태평양전쟁은 침략 전쟁이 아니고 그 덕분에 아시아 각국이 독립할 수 있었다."고 말해 한국과 중국 정부의 강력한 항의를 받아 이틀 후 장관직에서 물러났다. 특히 광복절을 불과 3일 앞두고 이 같은 발언이 터졌다. 같은 해 10월에는 통산장관 하시모토 류타로_{橋本龍太郎}가 "태평양전쟁은 침략 전쟁이 아니라 구미 열강으로부터 아시아 제국을 구하기 위한 방어 전쟁이었다."라고 말하며 한국과 중국은 물론 아시아 국가의 자존심을 건드리는 발언도 등장했다.

조선총독부를 철거하던 중인 1995년 10월에도 당시 에토 다카미_{江藤隆美} 총무청장관이 "식민지 시대에 일본이 한국에 좋은 일도 했는데 한·일 병합을 무효라고 말하면 국제 협정은 성립되지 않는다."라고 말해 우리의 강력한 항의를 받고 곧바로 사임하는 일도 발생했다.

이때 김영삼 전 대통령이 "일본의 버르장머리를 고쳐 놓겠다."라며 강경하게 응수하자 일본의 반발을 불렀다. 당시 한국인의 대일 정서가 반영된 발언이지만, 비외교적인 대응이라는 지적도 일각에서 나왔다. 이때 일본에서는 '버르장머리'라는 순 한글 단어는 일본어로 번역하기 쉽지 않은 단어이고 '버릇'을 속되게 이르는 말로 보통 강한 자가 약한 자에게 호통칠 때 자유 사용된다고 즉시 반발하며 무례하고 상스러운 태도라고 항의하는 소동도 있었다. 이 시기는 망언과 발언 철회, 사임 등으로 이어지는 한마디로 표현하면 망언 다발 시기였다.

1995년 12월 22일 내외통신에 따르면, 북한은 이날 중앙방송을 통해 "역사적으로 정부 각료 자리에 틀어 앉은 일본 반동들은 누구나를 막론하고 과거 죄행을 미화하는 데 앞장섰다."라면서 전 총무처장관 에토 다카미江藤隆美, 전 외무장관 와타나베 미치오渡邊美智雄, 전 법무상 나가노永野茂門, 전 환경청장관 사쿠라이 신櫻井新 등의 망언을 그 예로 들었다.

북한은 일본 국회의원과 정부 각료의 거듭되는 망언이 각본에 의한 것이고 이는 일본 정부가 과거 범죄를 미청산하는 정책으로 삼는 증거라며 일제 강점기 사과와 사죄는 믿지 못한다고 주장했다. 한국에서도 천황까지 사과했으면 어느 정도 자숙해야 하는데, 이어진 일본의 망언으로 그들의 사과와 사죄는 믿지도 못하고, 믿어서도 안 될 것이라고 여겨졌다.

그러나 김영삼 정부 때는 '고노 담화河野談話, 1993년'와 '무라야마 담화村山談話, 1995년'라는 나름대로 큰 성과를 거두었다. 고노 담화는 1993년 8월 4일에 미야자와 내각의 고노 요헤이河野洋平 내각 관방장관이 발표한 담화이다.

위안부 관계 조사 결과 발표에 관한 고노 내각관방장관 담화는 고노 담화라고 약칭하여 부른다. 고노 요헤이에 내각관방장관은 1993년 일본 제국 육군이 제2차 세계대전 기간 위안부로 알려진 여성들을 군용 성매매 업소에 종사하도록 강요한 역사적 기록을 발견하고 이 같은 연구 결과를 발표했다. 일본 정부는 이때까지 여성들이 강요받았다는 것을 부정했다.

 1995년 8월 15일(일본 종전 기념일)은 일본의 역사 인식에 의미 있는 해로 평가한다. 일본 무라야마 도미이치村山富市 총리가 식민지 지배와 침략을 인정하고 공식 사죄했다. 일본의 가장 적극적 식민 지배의 사죄로 평가된다. 발표자인 무라야마 도미이치 총리의 이름을 따 '무라야마 담화'라고 한다. 그는 이 담화에서 "식민지 지배와 침략으로 아시아 제국의 여러분에게 큰 손해와 고통을 줬다. 의심할 여지없는 역사적 사실을 겸허하게 받아들여 통절한 반성의 뜻을 표하며 진심으로 사죄한다."라고 발표했다.

 당시 전문가들은 '통렬한 반성'보다는 좀 더 절실한 표현이라고 해석했는데, 우리말의 '통절(痛切, 뼈에 사무치게 절실함)'과 같은 어감으로 보면 된다는 것이라고 했다. 이는 외교적으로 일본이 그들의 식민 지배를 가장 적극적으로 사죄했다고 받아들였다. 그러나 강제 동원 피해자의 배상 문제와 군 위안부 문제 등은 언급하지 않았다.

 고노 담화와 무라야마 담화 등 나름대로 평가할 만한 담화가 등장했으나 일본 정치지도자들의 번복되는 망언은 반성과 사과의 진실성을 의심받으며 지금까지 한·일 관계의 냉각과 과거사 논란으로 이어지는 요인이었다. 일본의 침략 전쟁 미화와 강점기 시대의 영향으로 한국이 발전했다는 등의 망언은 한국인들의 자존심에 상처를 주며 용서받기 어려운 부분이었다.

 이후 일본의 모든 정권은 무라야마 담화를 계승한다고 입장을 내세웠으나 표면적이었다. 1990년대 경제 불황 이후 일본 사회가 전반적으로 보수화되면서 실질적인 무라야마 계승의 흔적은 찾아볼 수 없다. 외환 위기

직전인 1997년 9월 당시 한국의 공식 외채 약 1천200억 달러 중 약 23%는 일본 은행에서 빌린 돈이었다. 일본 은행이 한국 금융 기관에 빌려준 외채를 자금의 만기 연장 거부 및 일본 중앙은행의 외화 지원을 거부하면서 한국의 외환 위기가 시작되었다. 이유는 인도네시아와 태국에 저리로 빌려 준 돈을 회수하기 어려워서 일본 안에서도 금융 기관이 잇따라 도산하여 일본도 유동성을 확보할 필요성이 있다고 판단했기 때문이다.

재경원은 일본에 차관보를 보내 협조를 요청했으나 일본 측은 "우리는 IMF를 통해서만 지원하겠다."라며 거절했고 이것이 1997년 IMF 외환 위기 구제 금융으로 이어졌다. 일부 한국인들은 만약 이러한 상황이 박정희 정권, 전두환 정권에서 일어났다면, 한국인들이 별로 안 좋아했던 세지마 류조가 있었더라면 일본은 협조했을 것으로 판단하는 사람도 있다.

이러한 말들이 사실인가 아닌가는 차치하고 일본에 대한 우리의 원한과 분노의 감정은 일본을 따라잡는 데 신중히 써야 할 소중한 감정적 유산이다. 가슴 깊이 저장해 두었을 때 거대한 민족적 에너지로 승화될 수 있는 그 감정적 유산을 국가적 실익이 없는 오기나 순간적인 통쾌함으로 낭비하는 것은 앞으로 우리가 조심할 과제이다.

일본 자금의 만기 연장 거부 및 일본 중앙은행의 외화 지원 거부로 1997년 일본은 130억 달러를 회수했고, 11월과 12월에 집중적으로 83억 달러를 회수함으로써 외환 위기에 불을 질렀다. 1980년대 중반부터 1990년대 중반, 즉 대한민국이 OECD에 가입한 1996년까지의 대한민국은 단군 이래 최대 호황이었던 시절이었다. 그러나 1996년 무역 적자는 무려 230억 달러에 달하며 외채는 1000억 달러를 뛰어넘는 등, 이미 대내외적으로 장기적인 문제점이 내재해 있었다. 그러함에도 당시 상당수의 한국

경제학자들은 잃어버린 10년을 겪던 일본을 능가할 것이라며 장밋빛 전망을 보이기에 급급했다. 우리는 좋은 소리만 들으려고 하지 말고 싫은 소리를 들으려는 자세가 필요하다.

'새로운 한·일 파트너십 김대중-오부치 공동 선언' 발표

김대중 대통령이 1998년 10월 7일부터 10일까지 일본을 국빈 방문했다. 일본은 긴장했다. 과거의 1973년 8월 8일 김대중 납치사건으로 죽음 직전까지 갔던 김대중이었기에 혹시 이 사건을 이야기할까, 그러면 어떻게 대답하여야 할까 모두가 긴장하던 순간에 김대중은 본인의 납치 사건을 일언반구 거론하지 않았고, 과거사 문제에도 언급하지 않았다. 일본인들은 더욱 긴장했다. 의회 연설에서 혹시 그 발언이 나올까 했으나 김대중 대통령은 오히려,

"독재 정권하에서 망명 생활할 때도 사형 선고를 받고 옥에 갇혀 있을 때 지켜주고 도와준 일본 국민과 언론인, 정치인들에게 깊은 감사를 드립니다."

전혀 예상치 못한 국회 연설과 정상 회담에서 그의 행동은 일본인들에게 감동을 주었다. 그때 김대중은 목포상고 시절 은사였던 무쿠모토 이사부로椋本伊三郎 선생을 영빈관으로 모셔서 반가운 해후를 했다. 무쿠모토 이사부로는 목포상고에 3년 동안 근무하고 나중에는 주 우루과이 대사를 역임한 외교관인데 김대중 대통령이 일본인 은사의 가르침에 대한 감사 인

사를 전했다. 이 또한 김대중다운 행동이었다. 김대중은 81세 은사에게 일본어로 인사하며 고마움을 표시하는 인간적 면모를 보였다. 국적을 떠나서 사제지간의 감사와 고마움의 표시로 많은 일본인이 감동했다. 또한, 다른 대통령이라면 한사코 감추고 싶어 했을 일제 강점기의 개인사를 김대중은 과감하게 드러냈다. '도요타 다이주豊田大中'로 창씨개명한 자신의 일본식 이름까지 그대로 공개했다.

특히 천황 만찬회에서 김대중 대통령이 천황 폐하와 총리 각하라는 단어를 사용하여 한국에서는 굴욕 외교라는 문제가 없었던 것은 아니었지만 오히려 더 당당한 모습으로 비치는 김대중 대통령을 두고 일본인들도 마음을 열어 1998년 '21세기 새로운 한·일 파트너십 공동 선언'을 이루었다. 일본에서는 특히 천황에게 존경어를 표현하는 것에 관심을 가졌다.

역대 미국 대통령이나 영국 수상도 천황 폐하라고 하는데 한국만 일본 방문 시 천황 폐하라는 표현을 주저했던 것 같다. 전두환 대통령 방일과 노태우 대통령 때도 천황은 사용하였으나 천황 폐하라는 단어를 사용하지 않았는데 김대중 대통령은 천황 폐하를 사용하여 오히려 일본인들에게 더 대담하고 자신감 있음을 보여주었다. 한·일 관계에서 양국 지식인들이 가장 높이 평가한 것은 1998년 '김대중-오부치 공동 선언'이다. 당시 김대중 대통령은 오부치 총리를 만나 일본 문화 개방을 약속하는 등 파격적인 내용에 합의했다.

한·일 관계의 획기적 전환점이었던 김대중-오부치 선언은 1998년 10월 8일 당시 김대중 대통령과 오부치 케이조小渕恵三 일본 총리가 채택한 합의문으로, 당시 양국 정상은 과거사 인식을 포함해 11개 항의 '21세기의 새로운 한·일 파트너십 공동 선언'을 발표했다.

합의문에는 양국의 우호 협력 결의, 각료 간담회 설치, 대북 햇볕 정책 지지, 다자간 경제 협력 촉진 등의 내용이 담겼는데, 특히 일본이 과거 식민 지배에 대해 '통절한 반성과 마음으로부터의 사죄'를 밝힌 것은 양국이 과거 역사의 인식을 공유하고 미래 지향적으로 나아가는 데 중요한 토대가 됐다. 오부치 케이조 총리는 금세기 한·일 양국 관계를 돌이켜 보고 일본이 과거 한때 강점기 지배로 인해 한국 국민에게 큰 손해와 고통을 안겨 줬다는 역사적 사실을 겸허히 받아들이면서 이에 대해 통절한 반성과 마음으로부터의 사죄를 했다.

한·일 외교 사상 처음으로 과거사에 대한 일본의 반성과 사죄가 공식 합의 문서에 명시됐다. 한국 정부는 이 선언에 따라 일본 대중문화 개방을 단행했다. 한국에 일본 영화가 수입된 것도 이때부터다. 이 선언은 1965년 한·일 관계 정상화 이후 양국 관계를 한 단계 발전시킨 획기적인 선언으로 평가받는다. 이것 역시 김대중 아니었으면 어려웠을 것이다. 김대중 식의 감동적 화해는 지금도 많은 일본인에게 회자할 정도이다.

김대중은 담대하게 '김대중-오부치 선언'을 이끌며 아시아 거물로 등장했다. 2000년에는 김대중은 사상 처음으로 남북 수뇌 회담을 실현하는 등의 공적으로 한국인으로서는 처음 노벨평화상을 받았다. 이렇게 해서 1990년대 후반까지 한·일 관계 회복의 실마리가 풀리는 것 같았는데 2000년 들어서면서 한·일 냉각기가 다시 시작되었다.

2000년 5월 15일 모리 요시로森喜朗 총리는 '일본은 천황을 중심으로 한 신의 나라'라고 발언하며 논란이 일었다. 국민 주권의 헌법을 부정하는 극우 논리로 받아들여져 자국 내에서도 적지 않은 비난을 받았었다.

2001년 4월 26일 일본의 내각 총리대신으로 지명받은 고이즈미 준이치로 小泉純一郎 총리는 8·15 광복절을 이틀 앞두고 8월 13일 야스쿠니 신사 참배를 했다. 이듬해 이후에도 매년 야스쿠니 신사를 참배해 중국과 한국의 반발을 사면서 냉각기가 시작되었고 한국의 김대중 대통령과 중국의 장쩌민 주석과도 사이가 멀어지는 독특한 외교 정책을 펴서 유명하다. 고이즈미 준이치로의 야스쿠니 신사 참배는 우익들의 존경대상이 되면서 후임 총리들이 정치적으로 잘 안 풀리거나 한국과 중국을 간접적으로 무시하려고 할 때는 묵시적으로 참배하는 칼의 윤리의 대표적 행동이다. 마치 그동안 잊혔던 무사도 정신을 되살린 듯 일본 국내에서는 당당한 모습으로 매스컴에 등장했다. 이웃을 인정하지 않는 행동인지라 많은 한국인과 중국인들이 분노를 느껴 반일로 돌아섰다. 상당히 아쉽게 생각한다.

노무현과 고이즈미의 셔틀 외교

특히 한·일 월드컵 공동 개최로 역대 정권에서 최고의 밀월 관계였다고 평가하는 이 시기에도 김대중 대통령의 포용력 있는 일본 수용도 물거품이 되게 만든 고이즈미 준이치로는 자신의 신념과 이상을 독단적일 만큼 추진하여 야스쿠니 신사 참배, 집단 자위권 지지 등으로 한·중·일 외교에 파란을 일으켰다. 반복되는 야스쿠니 신사 참배로 한국과 중국에서 일본 우익의 대표이자 망언 제조기 등으로 인식되는 인물이다. 그러나 일본에서는 파벌 정치 철폐, 과감한 인사 단행, 성역 없는 구조 조정을 통한 경제 회복 정책, 단순하고 명쾌한 연설 등으로 정치 개혁의 기수로 여겨진다.

그는 정계의 이단자, 자민당의 돈키호테로 불렸다. 골프장과 요정 출입을 전혀 하지 않고, 주식이나 투기를 하지 않으며, 홀로 오페라와 클래식 공연에 갈 정도로 예술을 애호하고, 비서 수행 없이 한 나라의 총리가 신칸센을 타고 출장을 가는 독특한 행보를 보여 시민들에게 접근하는 총리로서의 이미지를 구축했다. 한편으로는 지나친 이미지메이킹으로 퍼포먼스 정치가라는 비판을 함께 들었다. 그의 경제 정책 역시 신자유주의 노선과 규제 완화로 사회 양극화 현상을 심화시켰다는 지적도 있다.

무엇보다 주목해야 할 것은 그의 야스쿠니 신사 참배가 총리 취임 당시의 공약이었던 점은 김대중과 장쩌민과 더 친밀하고 긴밀한 관계를 유지하지 못했다. 즉 그는 태생적으로 군국주의자는 아니었으나 한국과 중국에서 보면 우익 중심이라는 판단이 들게끔 행동하였다. 과거의 강점기 지배를 향수하는 듯한 이미지를 벗어나지는 못했으므로 한국과 중국과는 불편한 관계를 유지하였다. 일본을 이해하는 김대중이라는 최고 지도자를 만난 고이즈미 준이치로의 아마추어적 실수였다고 생각한다. 순간의 퍼포먼스는 인기는 있지만 국가 간의 갈등을 조장하기 때문이다.

특히 그의 야스쿠니 신사 참배가 계속되는 갈등을 증폭시키자 일본을 가장 이해했던 김대중까지도 그의 신사 참배에는 적극적으로 반대할 정도였다. 국교 정상화 이후의 한·일 관계에서 최고로 아쉬운 시기였다. 그러나 바로 이것이 일본의 칼의 문화이고 칼의 윤리이다. 아무리 평화롭게 손을 잡으려 해도 힘이 있다고 생각하면 야스쿠니를 핑계로 집단 자위권과 영토 문제를 들고나온다. 이것이 우익 사상이고 무사 문화의 일면이다.

한국과는 독도, 중국, 대만과는 센카쿠 열도(중국명 댜오위다오(釣魚島), 러시아와는 쿠릴 열도의 쿠나시리(國後島, 러시아명 쿠나시루(Остров Кунашир)를 주장하는 것을 보면 사방의 이웃 국가는 모두 적으로 여기니 틈만 나면 다시 무력을 찾고 만주까지 가려는 심정일까? 2019년 5월 11일 일본에서는 북방 영토에 비자 없는 교류 방문단에 동행했던 당시 일본 유신회 소속의 국회의원인 마루야마 호다카丸山穗高는 "러시아와의 전쟁으로 북방 영토를 되찾자."라고 하여 물의를 빚어 러시아와 일본 관계를 냉각시켰다. 이처럼 일본 우익은 틈만 나면 칼을 들고 이웃을 노리는 메이지의 무사들처럼 칼의 윤리를 갖고 있다. 우리 한국에게만 해당하는 이야기는 아니다. 남을 침략하려 하거나 침략한 것을 반성하지 않고 미화한다면 어느 이웃 국가가 일본을 좋아하겠는가? 이런 일본은 우리에겐 적이 된다.

나는 개인적으로 한·일 관계를 제일 악화하게 만든 계기는 김대중 대통령이 본인의 납치 사건을 없었던 것처럼 하며 많은 반대 여론에도 과거사를 논하지 않고 화해의 악수를 내밀었는데 고이즈미 준이치로가 무시하고 야스쿠니 신사 참배를 강행한 것이 큰 원인이라고 본다. 그리고 한·일 관계에 노력한 노무현의 셔틀 외교를 고이즈미가 칼의 윤리로 신사 참배를 무시해 버린 것이 결정적 원인이다. 고이즈미의 독단적인 신사 참배는 우리의 자존심을 상하게 하는 것이었으며 한·일의 화해 무드에 찬물을 끼얹는 행위였다.

이 와중에 한국에서는 2002년 12월 노무현 대통령이 당선되었고 2003년 2월 25일 대통령으로 취임하였다. 김영삼 정부 시절 5공 청문회 당시 초선 의원임에도 날카롭고 정곡을 찌르는 질문과 정치, 경제적 거물 앞에서도 차분히 질의하던 모습으로 청문회 스타로 등장했으며 이후 국민의 정부에서 해양수산부 장관을 거쳐 2002년 제16대 대통령 선거로 대통령 당선, 2003년 2월 취임하였다. 특히 노무현은 한국의 역대 대통령 중 처음으로 일제 강점기를 경험하지 않은 전후 대통령이다.

노무현과 고이즈미 준이치로는 스타일이 비슷하여 국민에게 인기가 있었으며 과거의 지도자들과는 다른 독특한 스타일로 국민에게 다가간 점이 비슷하다. 노무현은 대통령에 취임하자 불과 3개월여 만에 일본을 방문했다. 노무현의 방일 시기가 2003년 6월 6일이라 이날은 나라를 위해 목숨 바친 국군 장병들과 호국 영령들을 추모하기 위해 지정된 법정기념일인 현충일과 겹쳐서 비판을 받았으나 노무현은 미래 지향을 강조하며 언제까지 과거에 연연할 수는 없다며 일본 방문을 강행하였다.

노무현은 방일 첫날에 천황 부부와 만찬을 가졌다. 그날은 한국의 현충일이었기 때문에 일제 강점기 독립을 위해 목숨을 바친 영령도 있는데 어째서 이런 날에 일본 천황과 만찬을 하느냐며 국내 여론의 비난을 받았다.

노무현은 고이즈미 총리와의 회담 때 역사 문제를 언급하지 않고, 일본 국회에서 통과한 '유사 법안'을 두고 별다른 평가를 하지 않았다. 이와 관련 노무현은 한국의 생사존망과 관계된 문제는 북핵 문제이며, 일본과의 대화 시 역사 문제를 거의 언급하지 않고, 의견 대립을 보이지 않은 목적은 따로 있었다. 일본이 한국에서 추구하는 평화적 방식으로 북핵 문제를 해결하는 방안을 지지할 것을 바라기 때문이라고 국회에 말했다.

하필 노무현의 일본 방문 시기인 2003년 6월 6일 자민당과 연립 3당, 야당이 가세해 90%의 압도적 지지를 얻어 자위대 관련 유사 법제가 일본 국회를 통과했다. 유사 법제는 자위대의 작전을 원활히 하기 위해 행정적 지휘·협조 체계의 확립을 골자로 한다. 최소한의 '방어 전쟁'을 치를 수 있는 명분을 마련하려는 조치라고 발표했지만, 한국을 비롯한 주변국은 일본의 '군사 대국화'로 이어질 가능성을 제기하며 우려를 표시했다.

일본의 유사 법제는 2003년 6월 참의원을 통과, 6월 13일부터 시행되었다. 이로써 패전 58년 만에, 그리고 일본 정부가 1977년 '연구'라는 이름으로 검토에 착수한 이후 4반세기 만에 '전시' 대비의 국가 체제 정비를 목적으로 한 법안이 효력을 갖게 됐다. 노무현 대통령이 유사 법안과 유사 법제에 침묵한 것은 한·일 간의 미래를 내다보려는 당시의 상황을 보면 어느 정도 이해할 수 있다.

1998년 북한의 대포동 미사일 발사와 1999년 북한 선박의 출현 등으로 일본에서는 북한 위기가 급상승하였다. 이런 위기 상황에 일본 보수파들은 자위대 활동이 제약받고 전쟁 시 동원 체제를 갖추지 않은 일본 법률을 놓고 "침략 전쟁을 위한 동원은 불가하지만, 적의 공격을 받은 때는 군사적 대응이 가능해야 할 것 아니냐."는 문제를 제기해 왔다. 반대 진영은 "일본 본토가 무력 공격을 받는 상황이 있을 수 있냐. 이는 결국 군의 역할을 증대하고 전쟁을 가능하게 하려는 핑계에 불과하다."라며 반대해 왔다.

이때 노무현이 일본 방문 기간 행한 국회 연설 내용 중 일부분이다.

"존경하는 의원 여러분, 이제 그러한 시대가 다가오고 있습니다. 나의 일본 방문이 결정되었을 때 많은 사람이 제게 물어왔습니다. "과거사 문제를 어떻게 말할 것이냐?" 하는 것이었습니다. 우리는 이 문제가 얼마나 중요한 문제인지를 잘 알고 있습니다. 그러나 오늘 나는 이것을 넘어서는 말씀을 드리고자 합니다. 그것은 우리의 미래의 이야기입니다. 우리의 아이들이 살아갈 30년, 50년 후의 동북아 질서에 관한 비전입니다. 나는 한·일 양국 국민이 마음을 활짝 열고 진정한 화해와 협력의 시대를 열어나가는 데 기여하고 싶습니다. 양 국민이 과거사의 그늘에서 완전히 벗어나, 스스럼없이 교류하며 서로 돕는 시대가 하루속히 열리기를 진심으로 바랍니다. 이것이 이 시대의 양국 지도자들이 함께 풀어가야 할 최우선의 과제이자 책무라고 생각합니다."

틀림없는 말이다. 과거사를 넘어서 미래를 이야기하는 것이 더욱 중요하기 때문이다. 이때 노무현은 6월 8일 일본의 치쿠시 테츠아筑紫哲也 사회의 TBS TV 특별 프로에 출연하여 재일동포를 비롯하여 일반 시민과 교류하였던 점은 유명하다. '백인백열百人百熱 노무현 대통령과 대화'라는 프로에 출연하여 일본인 100인과 대화를 하였는데 후에 한·일 관계는 옳은 방향으로 가고 있는가에 대해 98%의 숫자가 나올 정도로 일본에서의 노무현의 인기는 대단했다.

이때 재일동포 고교생이 일본의 지역 사회에 공헌하고 싶다고 하자 노무현은 현지의 문화와 체제에 적응하여 사회에 기여하는 것이 무척 중요하다고 하여 일본인의 갈채를 받았다.

스타일이 비슷한 노무현과 고이즈미 준이치로는 '셔틀 외교'를 성사시켜, 한번은 자신이 일본 최남단 가고시마현의 이부스키시까지 날아가 북핵 문제를 논의했다. 또 한번은 고이즈미 준이치로가 제주를 찾아와 현안을 다뤘다.

한·일 셔틀 외교가 등장한 것은 2004년이다. 두 나라 정상이 격식에 구애받지 않고 상대국을 오가며 실무 형식으로 자주 만나 현안을 논의하도록 하자는 취지에서 시작됐다. 3자 중재를 뜻하는 키신저Henry Alfred Kissinger의 셔틀 외교와는 다소 달랐다. 그해 2004년 7월 노무현과 고이즈미 준이치로는 제주에서 '노타이' 차림으로 회담하고 북핵 문제 해결을 위해 두 나라가 긴밀히 협력하기로 했다. 2005년 5개월 뒤엔 노무현이 일본 가고시마를 방문했다.

그러나 고이즈미 준이치로가 야스쿠니 신사 참배를 재개하면서 셔틀 외교는 멈췄다. 노무현은 분개하며 2005년 삼일절 기념 행사에서 일본의 식민지 지배에의 명확한 사죄와 반성, 배상을 요구하며 결국에는 대일 강경 정책으로 움직였다. 고이즈미 준이치로는 노무현의 발언을 국내용이라고 일축하며 상대하지 않자 한·일 양국의 갈등은 격화되고 셔틀 외교도, 수뇌 회담도 중지되었다. 이 시기 북한의 납치 문제가 밝혀지면서 일본 여론은 고이즈미 지지로 변해 있었다.

노무현의 야스쿠니에 대한 사고는 "과거의 전쟁을 긍지로 삼고 영광스럽게 전시한다고 듣고 있다, 계속해서 전쟁과 과거 영웅을 미화하고 이것을 배운 나라가 이웃이며 이러한 나라가 경제력과 군사력을 갖고 있다, 인접국은 몇 번이나 고난을 겪었으며 국민은 미래를 불안하게 생각하지 않을 수 없다."는 취지 발언을 하며 반일의 강경 노선으로 변해 갔다.

노무현 정부 때는 2005년 3월 16일에 시마네현이 지정한 '다케시마의 날' 조례안 조정 등 독도 도발과 고이즈미 준이치로의 야스쿠니 신사 참배, 역사 교과서 왜곡 등의 파동으로 일본에게 내민 악수가 거절당하자 노무현은 강경한 반일로 돌아설 수밖에 없었다.

2005년 4월 노무현은 독일 방문에서도 일본의 안전보장이사회 상임 이사국으로서 반대를 표명해 일본뿐 아니라 전 세계가 당황했다. 이와 아울러 한국의 반일 데모는 중국까지 이어져 2005년 중국의 반일 데모는 쓰촨성, 베이징, 상하이로 이어지면서 고이즈미 준이치로의 신사 참배는 한국과 중국을 자극했으나 계속 이어졌다. 그는 북한과의 관계를 중시하여 미국과 친하기만 하면 한국은 한·미·일 안전 보장으로 저절로 딸려 오는 듯한 나라라는 인상을 남게 해서 이때 한국은 반미, 반일, 그리고 자주自主를 생각하는 계기도 되었다.

그의 이러한 정책은 2005년 오시마 쇼타로大島正太郎 주한 일본 대사로 이어져 한국 땅에서 한국인들 앞에서 독도는 일본 땅이라고 말했다. 이는 한국인을 무시하는 처사로 친일파 한국인들도 반일로 가는 계기를 만들었다.

부시-고이즈미-노무현 관계에서 고이즈미는 부시만을 상대하고 노무현을 무시하는 듯한 태도를 보여 일본과의 미래 지향적이었던 노무현은 반일의 선구자가 되었다. 이 시기에 당시 아베 신조安倍晋三 관방장관은 2006년에 위안부는 언론이 만들어 낸 허구이며, 위안부는 있었지만, 군이 강제로 끌고 간 적이 없으며 관리만 했을 뿐이라는 망언을 했다. 특히 인권 변호사로 유명한 노무현은 한·일 관계를 열심히 발전시키려고 앞장섰던 대통령이다. 이런 한·일 미래 지향을 주장했던 노무현이 반일로 돌아섰던 것은 일본으로서도 다시 생각해 보아야 한다.

천황으로 호칭하고 셔틀 외교 등을 주장하며 헌신적으로 한·일 관계에 매진했던 노무현의 호의적 붓의 윤리를 무시하며 고이즈미 준이치로는 비웃고 승패의 칼의 윤리로 대항하였다. 무사는 항상 칼을 두 자루 차고 있는 것처럼 일본 정치인들도 두 자루 칼을 갖고 있다고 생각하면 된다. 하나의 칼은 평화를 위해서 버리더라도, 또 하나의 칼은 항상 갖고 있다는 것을 잊어서는 안 된다. 일반 일본인들은 그렇지 않지만 선악의 논리인 붓의 윤리에서 자란 한국인들은 일본과의 타협이 쉽지 않다. 왜냐면 일본인은 승패의 논리로 다져진 칼의 윤리에서 자랐기 때문이다.

이명박 독도 방문, '대일 프렌들리'에 조롱으로 화답한 일본

한국에서는 이명박이 대통령으로 당선되어 2008년 취임하면서 그동안 막혔던 한·일 관계에 새로운 기운이 등장했다. 이명박은 대통령 당선 그날, 알렉산더 버시바우Alexander Vershbow 주한 미국 대사와 시게이에 도시노리 重家俊範 주한 일본 대사를 회견하고 미국과의 동맹 관계를 강화하며 한·일 관계를 복원할 것을 약속하였다. 동시에 이명박은 취임 후 첫 방문국을 미국과 일본으로 정했다.

이명박은 대통령 당선인 신분이던 2008년 1월 외신 기자 클럽 간담회에서 "성숙한 한·일 관계를 위해 사과나 반성이라는 말을 하고 싶지 않다."라고 하여 일본 정부의 적극적 호응을 받아 2008년 2월 이명박 대통령 취임식에는 후쿠다 야스오福田康夫 일본 총리가 참가했으며 한·일 양국은 폐지했던 '셔틀 외교' 복원에 합의했다.

후쿠다 야스오는 또 이명박에게 일본 홋카이도에서 개최되는 주요 선진국 8개국 정상 회담(G8)에 초청했다. 이명박은 후쿠다 야스오에게 사의를 표하러 일본 방문을 동의했다. 이것은 한국이 처음 8개국 그룹 정상 회의 참가를 초청받은 것이다. 이밖에 한·일 양국은 3년 남짓 중단된 경제 협력, 협정 체결에 관한 담판을 회복하고 한반도 핵 문제에서의 협력을 강화하는 데 동의하였다.

이명박은 후쿠다 야스오 호의에 답례로 일본 방문을 결정하였다. 한·일 정상 회담 전날인 4월 20일 도쿄에서 열린 동포 간담회에서는 "일본을 향해 맨날 사과하라고 요구하지 않겠다."라며 "과거에 마음 상한 일을 갖고 미래를 살 수 없다."라고 강조했다. 실제 후쿠다 야스오 일본 총리와의

4·21 정상 회담에서 독도 영유권, 일본군 위안부, 역사 교과서 등 '민감한 문제'는 다뤄지지 않았다. 이 대통령은 취임 전부터 '실용 외교'의 기치 아래 한·미 동맹 강화뿐 아니라 한·일 관계 개선도 거듭 천명해 왔다. 이 대통령의 대일 외교 노선은 경제 협력 강화 등 양자 관계 개선 및 북핵 문제 등에서 한국-미국-일본의 삼각 협력 강화라는 두 축을 중심으로 추진해 왔다.

우선 이 대통령은 일본과의 관계에서 과거에 집착하지 않겠다는 뜻을 여러 차례 밝혔다.

그런데 이명박의 대일 프렌들리 정책이 일본 문부과학성이 중학교 사회 교과서 지도 요령 해설서에 '독도는 일본 고유 영토'라고 명기할 움직임을 보이는 것과 관련한 한·일 간 외교 마찰로 이명박 대통령의 '대일 프렌들리' 외교 기조가 시험대에 올랐다.

2008년 7월, 일본 홋카이도 도야코 주요 8개국 정상 회의에서 이명박 대통령이 일본의 후쿠다 야스오 총리와 회담을 했는데, 당시 후쿠다 야스오 총리가 "일본 교과서에 다케시마(독도의 일본명)를 일본 땅이라고 명기하지 않을 수 없다."고 하자, 이명박 대통령이 "지금은 곤란하다. 조금만 기다려달라."고 했다는 내용을 요미우리 신문, 아사히 신문, 문예춘추 같은 일본 매체들이 보도하여 논란의 불을 붙였다.

이명박은 이 발언으로 한국 내에서 상당히 곤란한 처지에 놓였으며 오사카에서 태어난 이명박은 이름까지도 오해를 받아 명明은 명치明治, 메이지의 명이고 박博은 박문博文, 히로부미의 박으로 완전히 친일파라는 소문까지 나면서 대일 프렌들리는 멈출 수밖에 없었다. 후쿠다는 2008년 9월 24일로 총리직을 그만두며 한·일 관계도 애매해졌다.

그다음 등장한 일본 총리가 아소 다로麻生太郎이다. 이명박과 아소 다로는 기업인 출신이라 셔틀 외교를 회복하는 성과를 올리고 한·일 FTA의 논의를 재개시킬 정도로 비즈니스에 관해서는 많은 논의를 했고 실현되기도 하였다. 아소 다로는 극우 인사로 인식되었지만 별 충돌 없이 그럭저럭 잘 지나갔으며 1년 정도 임기를 끝낸 단기 총리이다.

다음으로 2009년 9월 16일 제93대 일본 총리로 취임한 하토야마 유키오鳩山由紀夫는 민주당 대표이던 2009년 8월 11일에 외신 기자 회견을 통해 무라야마 담화를 실제로 계승하겠다고 밝혀 화제가 되었다.

하토야마 유키오 내각의 출범으로 일본 내 정권 교체가 이뤄지자 한·일 관계는 새로운 국면을 맞기 시작했다. 한국과의 역사 인식 문제에는 역사적 사실을 직시하는 자세를 보였으며 또한 A급 전범이 합사된 야스쿠니 신사 참배 중단을 선언하고 과거사에 대해선 진취적이었고 여타 정권과는 차별화된 입장으로 북핵 문제의 의견을 일치해 나가기 시작했다. A급 전범이 합사된 야스쿠니 신사를 대체할 '국립 추도 시설'을 짓겠다는 공략을 펼쳤다. 한국과 중국은 큰 기대를 품었으나 하토야마 유키오 총리의 노력은 1년도 못 가 사임하면서 국립 추도 시설 문제는 원점으로 돌아갔다.

다음에 등장한 총리가 2011년 9월 취임한 노다 요시히코野田佳彦 총리이다. 이명박은 2011년 12월 교토에서 노다 요시히코 총리와의 정상 회담에서 독도와 교과서 문제는 언급하지 않고 위안부 문제를 들고 나왔다.

"위안부 문제 해결 없이 일본은 영원히 양국 간 현안을 해결하지 못하는 부담을 갖게 될 것."이라며 위안부 문제 해결을 원했으나 기대하는 바를 얻지 못하고 일본과의 관계에서는 밀리는 듯한 인상을 국민에게 안겼다. 이명박과 일본의 노다 요시히코 재임 중에 위안부 문제의 해결을 시도하려다 무산됐다는 일본 보도가 등장하는데, 묘하게도 한국에는 대선이, 일본에서는 중의원 해산과 선거가 함께 있어서 더는 진행되기는 어려웠다.

그런데 이때 엄청난 사건이 터졌다. 2011년 8월 1일 일본 측에서 신도 요시타카新藤義孝 자민당 의원 등 3인이 독도는 일본 영토라면서 울릉도에 방문시키려는 시도를 해왔는데, 이재오 등의 격렬한 반대로 공항에서 그대로 쫓겨난 적이 있었다. 어쩔 수 없는 도리였지만, 일본 국민에게 독도의 존재를 각인시키는 계기가 되었다. 2012년 8월 10일, 광복절을 닷새 앞두고 이명박은 독도를 전격 방문했다. 일본은 8월 말 예정이었던 한·일 재무장관 회담을 취소하고 주한 일본 대사를 본국으로 소환하는 등 한·일 관계는 급속히 냉각됐다. 이명박 독도 방문의 국민적 지지율은 높았으나 이 과정에서 일본 전문가들의 의견은 철저히 배제됐다. 한국인들은 잠깐 속이 시원했을지는 몰라도 일본과의 관계는 2012년 한·일 정상 회담 이틀을 앞둔 11월 16일 일본 중의원 해산 결정으로 노다 내각이 물러나면서 한·일 관계는 되돌아오기 어려운 상태로 빠졌다.

결과는 9년이 지난 지금까지 한·일 관계가 이어지고 있고 최악의 수렁에서 빠져나오지 못하고 있다. 이명박 대통령의 독도 방문은 일회성 이벤트에 그쳤으나 한·일 관계는 독도 방문 이후 급격히 악화해 과거사 갈등이 무역과 안보 분야로까지 확산하는 양상이 거듭됐고, 국교 수립 이후 지금까지도 최악의 상황이다.

이명박 독도 방문을 '괜한 논란거리를 만들었다.'며 '전략적 실패'라고 주장하는 사람들이 많은 것은 그의 외교적 말실수도 한몫했다. 2012년 8월 독도를 방문했던 당시 이명박 대통령이 교원들과의 워크숍에서 "아키히토 천황도 한국을 방문하고 싶으면 독립 운동을 하다 돌아가신 분들을 찾아가서 진심으로 사과하면 좋겠다."라며, 천황이 "통석의 염, 뭐가 어쩌고 이런 단어 하나 찾아서 올 거면 올 필요 없다."라고 말하면서다. 독도 방문에 이어서 나온 일본 천황의 방한과 사죄 발언은 생각보다도 그 효과가 컸고 한·일 전문가들은 양국 관계 냉각의 가장 중요한 요인으로 본다. 한·일 관계가 부글부글 끓는 상황에 기름을 끼얹는 사건이었다.

그 이유는 일본으로선 한국의 대통령이 천황의 방한 이야기조차 없던 시점에서 일본의 각료나 총리도 아닌 천황을 향해 고개를 숙이고 사죄를 하라는 것은 그야말로 충격적인 일이자 뜻밖의 일이었다. 이 때문에 독도 문제에 별 관심이 없거나 한국에 우호적인 일본인들도 이 발언을 두고 격분한 사람들이 많았다. 사건의 여파로 한국을 찾는 일본 관광객이 60%나 감소했다는데, 센카쿠 열도 분쟁으로 일본을 찾는 중국인이 감소한 것과 때를 같이한다. 아베 신조도 이 대통령 발언이 '상궤를 벗어났다.'라면서 천황이 방한할 환경이 아닌 상태에서 이 대통령 발언은 예의를 잃었다고 밝혔다. 이러한 부분은 김대중 대통령과의 차이를 보여준다. 공식적인 자리에서는 항상 상대방 국가 원수나 국왕을 향해 존경을 표하는 일은 상식이다.

일본 공산당조차도 부적절한 발언이라고 말했는데, 그 이유는 다음과 같다.

"지금의 천황이란 헌법상 정치적 권능을 갖고 있지 않다. 그 천황에게 식민지 지배의 사죄를 요구하는 것 자체가 애당초 이상하다. 일본의 정치 제도를 이해하지 않았는다는 것이다. 일본 정부를 향해 식민지 지배의 청산을 요구하는 것은 이해하나, 천황에게 그것을 요구하는 것은 애당초 판단이 다르다."

천황제를 반대하는 일본 공산당으로서 천황이 '일본을 대표해서' 사죄를 한다면 천황의 권위와 지휘를 인정하는 듯한 조치가 되기에 이런 말을 한 것 같다. 이명박의 천황 발언은 참모들의 조언을 더 필요로 하는 상황이었다. 당시 국내 상황으로 잃었던 인기를 만회하려고 일본 카드를 썼지 않았나 라는 생각이 들 정도로 실패한 카드였다. 이명박으로서는 억울할 수도 있다. 정말 열심히 해 보려 했는데 총리가 1년마다 바뀌는 일본 상황과 본인의 한국에서의 정치적 입지가 좁아지며 대일 프렌들리 정책에 얽매이는 계기가 되었기 때문이다.

그런데 여기에서 간과하면 안 되는 점이 일본 자민당은 우익으로 뭉쳐진 집단이고 이들 의원의 부친이나 조부들은 전부 메이지 시대를 살았던 사람들이고 현재의 자민당 국회의원들은 30% 이상 세습한 의원들이기에 편하게 과거사 정리, 독도 문제 등으로 한·일 관계에 효과를 기대하기는 어려웠다. 이들의 선조는 무사 출신으로 칼의 윤리를 체득한 사람들이다. 아무리 편하고, 쉬운 그리고 친절한 사람들도 무사의 피는 속일 수 없다.

위안부 문제의 최종적이고 불가역(不可逆)적 해결 선언

이런 한·일 냉각기의 흐름에서 한·중·일에서 2012년 12월을 계기로 새 지도자로 선출된 박근혜^{朴槿惠, 1952년생} 대통령 당선인, 시진핑^{習近平, 1953년생} 총서기, 아베 신조^{安倍晋三, 54년생} 차기 총리는 비슷한 시기에 출발한 것뿐 아니라 나이도 박근혜가 제일 많지만 거의 한 살 차이 정도이고 모두 정상급 정치 지도자의 2세나 3세 출신이라는 점에서도 비슷하였다.

한국인들은 이런 점에서 한·중·일 외교를 박근혜에게 기대하여 서로가 잘 이해하고 끌어 줄 수 있을 줄 알았다. 그러나 우리 붓의 윤리의 사고로만 여겼던 잘못된 생각이었다. 박근혜는 대통령 취임 이후 첫 방문지로 미국을 택했고 그의 의사와는 달리 2013년 5월의 방미는 윤창중 성추행 사건으로 효과를 얻지 못하자 시진핑은 아베보다는 박근혜를 좀 더 대접하고 실지 이익을 챙겼다. 아베는 이런 부분에서 시진핑보다는 약하고 한·일 관계를 위해 더 열심히 노력했어야 했다. 한국을 약소국으로 취급한 그의 발언과 행동은 많은 파문을 일으켰다.

박근혜는 중국 국가 주석인 시진핑의 초청으로 2013년 6월 27~30일까지 대규모 방문단을 이끌고 중국을 국빈 방문했다. 박근혜의 방중은 동아시아 지역 관계가 중요한 변화기에 처했을 때였다. 중국은 GDP에서 이미 세계 2위에 올라서며 일본을 눌러서 아시아 지역은 물론 세계에서도 그 영향력을 확대할 때였기 때문이다.

박근혜의 중국 방문은 전략적 협력 동반자 내실화였고 경제면에서 양국의 무역 규모는 1992년의 50억 달러에서 2012년 2,055억 달러로 발전했고 중국은 한국의 가장 큰 무역 파트너로, 한국은 중국의 세 번째 큰 무역 파트너 관계로 서로 필요한 시기에 좋은 만남을 가졌다고 볼 수 있다.

베이징 인민 대회당 동대청에서 한·중 정상 회담을 하고 '괘석부창해 장풍만리통掛席浮滄海 長風萬里通'이란 시 구절로 인사말을 하였는데, 이 시 구절은 당나라 때 최치원이 중국에서 공부하고 신라로 귀국하면서 쓴 한시漢詩 범해의 구절에서 인용한 것이다.

시진핑은 "풀어 말씀드리자면 '푸른 바다에 배를 띄우니 긴 바람이 만리를 통하네.'"라고 했다. 나름대로 극진한 대접으로 한·중 관계를 표방했던 중국과는 달리 일본은 한국에 불편한 기사와 한국이 싫어하는 아베의 신사 참배가 이뤄진 것이다.

2013년 11월 14일 발매된 「주간 문춘週刊文春」은 '한국의 급소를 찌르다!'라는 특집 기사를 게재했고, '아베 측근은 정한론까지'라고 시작되는 기사에 아베 총리 측근의 말을 인용해 '중국은 싫은 나라이지만 외교는 있다. 한국은 협상도 할 수 없는 바보 같은 나라'라고 발언했다고 전한다.

또 「주간 문춘」은 아베 총리 측근이 비공식적으로 한국의 급소 찌르기란 말로 한국의 경제적 제재를 검토하고 있다고 하며, 메이지 시대 초기에 일본 정부 안팎에서 거론된 이른바 '신정한론新征韓論'까지 등장하여 경제 정한론이란 단어를 탄생시켰다. 전형적 칼의 윤리이다. 정한론이란 단어까지 등장하면서 2013년 12월 26일 아베 신조 총리가 한국을 우습게 본 행동으로 과거 태평양전쟁을 일으킨 A급 전범들을 합사한 야스쿠니 신사 참배의 강행으로 한국 내 여론 평가는 표현하기 어려울 정도의 반일로 변해 있었다. 그리고 일본 역사 교과서 왜곡, 독도 소유권 주장, 위안부 문제 등에 직면하며 한·일 정상 회담을 갖지 못했고, 박근혜 대통령으로서도 친중, 반일로 갈 수밖에 없는 여지를 던져 주었다.

당시의 상황을 미국의 「뉴욕타임스」 2014년 1월 13일 사설에는, "일본 총리인 아베 신조와 한국 대통령 박근혜 둘 다 고등학교 역사 교과서가 자신들의 정치적 견해를 반영하게 다시 쓰도록 압력을 넣고 있다."라며 두 사람을 동일선상에 놓고 평가한 적이 있다.

또 "아베 총리 주요 관심 분야는 한국 '위안부' 이슈가 교과서에서 삭제되기를 원하고 난징에서 일본군이 저지른 대량 학살도 축소 기록하고 싶어 한다."라며 "박근혜 대통령은 역사 교과서에 등장하는 일제 식민 정치

시대와 한국 군사 독재 부분을 우려한다."라고 하며 두 정치인의 위험한 시도를 동렬에 놓았다. 또 두 정치인이 역사 교과서를 고치려는 이유로 민감할 만한 집안 내력을 꼬집었다.

"일본 패전 후 연합군은 아베 총리의 조부 기시 노부스케를 A급 전범 의혹자로 체포했다. 박근혜 대통령 아버지 박정희는 식민 시절 일본 군대의 장교였으며 1962년에서 1979년까지 한국 군부 독재자였다."
라며 교과서를 고치려는 위험한 시도는 역사가 주는 교훈을 부인하려는 위협이라고 우려를 표명했다. 「뉴욕타임스」의 우려처럼 놀랍게도 아베 신조 총리와 박근혜 대통령은 한국과 일본에서 무리수를 강행하였다. 아베 신조는 2014년 9월 19일 새벽 2시 일본을 전쟁할 수 있는 나라로 바꾸는 11개 안전보장관계법을 처리했다. 그는 일본 국민 강력한 반대 시위가 있었음에도 안보법안을 강행 처리해 일본을 다시 전쟁할 수 있는 길로 나가게 만들었다.

박근혜는 한국 헌정사상 유례없는 진보당 해산과 전교조 법외 노조화 등 종북과 이념 논쟁으로 국론을 분열시키고 노동 시장 구조 개악, 한국사 교과서 국정화를 강행하여 많은 한국인에게 박정희의 독재 부활을 꾀하는 것처럼 인식되며 반대 여론에 시달렸다. 특히 박근혜가 간과한 것은 한국사 교과서 국정화 강행이다. 붓의 윤리에서는 교과서 국정화 강행은 이해하기 어려웠으므로 박근혜는 실패하였고 칼의 윤리에서는 아베 신조는 어느 정도 성공하였다.

이러한 상황이 계속되자 첫해부터 친중 외교와 반일 외교를 선포하며 일본을 배척하고 중국에 한 발 더 접근했다. 2015년 박근혜는 중국 전승절에 참석, 한·중 관계의 돈독함을 보여주어 밀월 관계를 이어갔지만 그리 오래

가지 않았다. 2015년 한국 대통령 박근혜의 중국 70주년 전승절 열병식 참석이 미국과 일본, 중국과 러시아 등 국제 정세 인식 부족으로 평가한 한국 군사 전문가가 많았다. 왜냐면 한국과 미국은 전쟁을 통한 피의 동맹국이지만 중국은 65년 전 총부리를 대고 싸웠던 국가이며 지금은 전략적 협력 동반자의 내실화로 발전한 관계이지 동맹 국가는 아니라는 점이었다.

2016년 북한이 잇달아 4차 핵 실험과 로켓 발사를 벌이자 사드 배치 논의는 급물살을 탔다. 박근혜는 북한에서 4차 핵 실험을 강행하자 1월 13일 신년 대국민 담화에서 사드 배치 문제는 북한의 핵, 미사일 위협 등을 감안해 가면서 우리의 안보와 국익에 따라서 검토해 나갈 것이라고 밝혔다. 이어 2월 7일 북한이 로켓 발사를 강행하자 한국과 미국은 '주한 미군 사드 배치 관련 한·미 공동 발표문'을 내어 사드 배치 공식 협의 개시를 알렸다. 한·미는 증대하는 북한 위협에 대응하기 위해 주한 미군 사드 배치 가능성의 공식 협의 시작을 한·미 동맹 차원에서 결정했다고 밝혔다.

중국이 북한의 미사일을 조정하지 않았으며 경제적 카드만으로 미국과의 동맹을 파괴하기 어려웠기 때문이다. 일본의 아베 신조도 이와 비슷한 실수를 반복했다. 중국이라는 변수를 고려해야 하는 한국과 달리 일본은 중국을 직접적 가상 적국으로 규정하고 있다는 점에서 차이가 있다. 일본 정부는 힐러리를 지지하다가 한동안 트럼프에게 과도하게 의존하는 모습을 보였고, 아베 신조는 트럼프와 골프 치고, 와규 스테이크 먹는 모습을 연출해서 '트럼프의 시종' 소리를 들어가면서까지 호의를 사려고 했던 점이 박근혜 친중 외교 행태와 똑같았다.

중국의 팽창으로 미·중 양국에서 저울질하는 박근혜와 마찬가지로, 아베 역시 미·일 외교에서 일본의 약점을 잡고 무례하게 덤비는 트럼프에게 연속적 손해를 보았다. 다만 전통적으로 중·일 관계는 적대 관계이지만 미·일 관계는 우방 관계라는 점에서 차이가 크다. 따라서 미국 접근 전략으로 한국을 무시했던 아베 신조도 아시아에서는 대만 정도의 관계를 유지할 뿐 한국, 중국과 러시아와는 소원해져 그의 외교는 역시 실패했다. 아베 신조가 칼의 윤리를 내세웠기 때문이다.

이후 내내 냉각기를 갖던 한·일 관계는 박근혜 전 대통령 취임 후 2년 8개월 만에 한·일 정상 회담 후 한 달여 뒤 정부 간 2015년 12월 28일 위안부 합의가 체결됐다. '위안부 문제의 최종적이고 불가역不可逆적 해결'을 선언한 굴욕적인 '한·일 위안부 합의'는 처음부터 국민의 심한 반대가 있었다. 우선 피해자 당사자들의 목소리와 국민 자존심을 버리고 일본의 진심 어린 사죄와 배상이 아닌, 적선하듯 불과 100억여 원(일화 10억 엔)에 '최종적'이고 '불가역적'인 합의를 이룬 것을 반역사적, 반인류적 밀실 거래로 생각했기 때문이다.

한·일 양국 외교부 장관이 나란히 서서 발표한 위안부 문제 합의는 한·일 양국 간 현안 문제 해결을 위한 합의였으나 오히려 한·일 관계를 최고로 악화시키는 결과가 되었다. 초기에 박근혜 정부는 이 합의 성과를 과시했다. 그러나 합의는 "일본이 10억 엔을 냈다."라는 것과 "더는 이 문제를 논의하지 않기로 한다."라는 일본에 유리한 의미로서 불가역만 부각해 한국인들의 자존심에 상처를 주었다. 붓의 윤리와 칼의 윤리의 갈등이다.

필자는 이 합의는 박근혜 정부의 엄청나게 잘못된 의사결정이라고 생각한다. 돈을 받지 말고 진정한 사과를 받았어야지 사과 없는 돈 10억 엔(100억 원 정도)은 두고두고 한국인들의 자존심에 커다란 상처를 냈으며, 이는 박근혜 대통령 무능과 실정의 한 예가 되면서 첫 탄핵 대통령이 되는 일부 요인을 만들었다.

아베 신조는 전임 총리들과 다르게 한국을 막 다루려는 태도를 보여 박근혜가 친중 외교를 펼쳤던 것인데, 차라리 일본은 미국의 시종보다는 한국과 대화에 좀 더 신중했어야 했다. 한·일 양국은 직접 대화를 하지 못하고 한국은 중국에 굴복 외교로, 일본은 미국의 시종 외교로 이어지게 만들었다. 아쉬운 점은 한·일 외교에 비공식적인 파이프가 작동하지 못했다는 점이다. 아베 신조는 박 대통령과 한국을 무시하려는 태도를 보였다는 점이 노련한 정치인답지 못했으며 그리고 그의 어설픈 칼의 윤리는 박근혜 대통령을 탄핵하는 데 간접적인 역할을 했다.

문재인, 아베, 트럼프의 등장과 위안부 합의 파기

박근혜 대통령은 탄핵으로 물러나고 문재인 대통령이 등장해 한·일 관계는 더 경색되었다. 문재인은 2017년 5월 9일 치러진 19대 대통령 선거에서 대통령으로 당선됐다. 문재인은 유효 투표의 41.1%인 1342만 3800표를 얻어, 24% 득표에 그친 야당 후보를 (785만 2849표)를 크게 앞서며 당선되었다. 19대 대선은 전 대통령 박근혜 탄핵에 따른 보궐 선거여서 문재인은 대통령직 인수위 과정 없이 2017년 5월 10일 국회에서 약식 취임식으로 대통령 업무를 시작하였다.

5월 11일 문재인 대통령과 아베 신조 일본 총리가 전화 통화로 북핵 문제와 위안부 합의 문제 등을 논의했다. 문 대통령과 아베 총리는 북한의 핵·미사일 개발 관련 대응에 양국이 긴밀히 협력해 가기로 했으며, 위안부 문제에서는 한국 다수 국민이 '위안부' 협의를 받아들이지 못하고 다시 담판하기를 바라는 한국 측의 의향을 내비쳤다.

문재인은 2017년 9월 유엔 총회 참석차 미국 뉴욕을 방문했을 때 열린 한·미·일 정상 회담 오찬에서 아베와 트럼프 앞에서 "미국은 우리의 동맹이지만 일본은 동맹이 아니다."라고 이야기하여 일본 측이 당황했다고 한다. 문재인의 말에 트럼프는 이해한다고 대답했다. 문재인은 대통령 선거전에서도 위안부 문제는 재협상해야 한다고 주장했기 때문이다. 문재인이 이처럼 한·일 관계를 두고 '동맹이 아니다.'라고 확실하게 선을 긋고 나선 것은 한·미 동맹을 넘어 일본이 요구하는 한·미·일 군사 동맹은 받아들일 수 없다는 뜻과 트럼프에게 일본(아베) 측으로 가지 말라는 뜻도 담겨 있다.

문재인과 아베 신조 정상 회담은 1년 뒤 2018년 5월 9일 일본 도쿄 총리 관저에서 한·일 정상 회담 및 오찬을 하며 한·일 관계 발전 방안과 한반도 평화 문제를 다뤘으나 이 자리에서는 위안부와 징용공 문제는 다루지 않았다. 2018년 9월 뉴욕에서 열린 한·일 정상 회담에서 문재인은 위안부 화해치유재단 해산 통보를 간접적으로 시사한 후 2018년 11월, 화해치유재단을 해산시켰으며 박근혜 정권 당시 졸속한 한·일 위안부 합의 무력화에 나서자 미 국무부는 성명을 통해 우려를 표명했다. 위안부와 징용공 문제가 문재인 정부를 국민적 환호를 받게는 했으나 국제적으로는 불편한 시선을 받았다.

인권 변호사 출신인 문재인으로서는 이러한 사항을 도저히 받아들이기 어려웠을 것이다. 선악의 논리로 다져진 붓의 윤리 앞에 승패의 논리로 다가오는 아베 신조와는 전혀 맞지 않았다. 문재인 정부가 들어서고 나서는 일본에서는 한국을 국제 합의를 뒤집고 파기하는 나쁜 국가의 프레임을 씌우며 이것을 정치적으로 이용하였다. 우리로서는 위안부 합의는 피해자인 위안부 할머니들의 동의가 없었고 한국인들의 합의가 없었다며 원천적으로 잘못되었다고 주장해도 미국과 영국, 독일 등 제3국이 보기에는 우리가 합의를 번복하고 파기하는 것처럼 보여 국제적으로 불편했다. 칼의 윤리에서는 과거사는 잊고 미래로 가자고 하나 붓의 윤리에서는 과거사 해결 없는 미래는 있을 수 없다는 논리이다.

- **아베 정부의 소재 산업과 부품 산업의 한국 수출 규제로 인해**

일본이 지난 2019년 7월 4일 플루오린 폴리이미드 등 반도체와 디스플레이 생산 공정에 필요한 3대 핵심 소재 품목의 한국 수출 규제로 양국은 갈등에서 앙숙 관계로 이어졌다. 한국법원의 강제징용 판결 이후, 삼성전자나 SK하이닉스 등의 국내 기업에서 반도체 생산에 필요한 원자재 수출을 일본이 규제하며 한·일 무역 분쟁이 본격적으로 촉발되었다. 그렇다면 강제징용 판결은 무엇인가?

1997년 12월 24일, 강제징용 피해자 여운택, 신천수는 일본 오사카에서 강제징용 손해 배상 소송을 시작했으나, 2003년 일본 현지 재판소에서 최종 패소하였다. 이에 여운택 외 3명은 2005년 대한민국 법원에서 새롭게 신일본제철을 상대로 손해 배상 소송을 제기하였고, 2018년 10월 30일 대한민국 대법원은 원고 승소 판결을 내렸다. 이러한 피해 보상 판결은 2019년 7월부터 시행된 일본 수출 규제 원인이 되었으며, 일본 내각은 한국 정부가 무기로 전용될 수 있는 소재가 북한 등으로 흐른다며, 화이트 국가를 유지하려는 회의에 한국 정부가 몇 년 동안 나오지 않았던 것도 원인이라고 지적했다.

　지금까지 한국인들은 일본 군국주의가 일제 강점기를 거치면서 창씨개명, 위안부 문제, 강제징용 노동자 등 과거의 나쁜 역사를 만들었으나 경제적으로 배울 게 많은 국가라는 이미지를 보였다. 하지만 이런 행태는 한국을 무시하는 '나쁜 국가 일본'이라는 이미지로 탈바꿈하는 계기였다.

　한국의 일본 의존도를 앞세워(경제를 앞세워) 자기들 마음에 안 들면 흔들어서 마음대로 하겠다는 의미로 받아들여졌다는 점이다. 이는 특히 20대에서 50대까지의 한국인들에게는 간접적 침략으로 받아들여져 대응적 분위기가 모였다. 아베 정부의 수출 규제로 인해 그동안 소재 산업과 부품 산업에 소홀했던 우리 사회의 문제의식이 환기되며 반성과 함께 일본 제품 불매 운동과 거부 운동에서도 근본적 문제의식이 등장하였다. 물론, 일본 제품을 쓰지 않고 일본에 가지 않기로 한 운동에 처음에는 한국인들도 그렇게 많이 참가하지 않았다. 그러나 여기에서 한국의 젊은이들이 좋아하는 일본의 의류 업체인 유니클로의 발언이 20~30대의 한국인들을 불쾌하게 만들었다.

　이들이 불매 운동의 주체가 되었으며 핵심 타겟이 되었다. 2019년 7월 11일 유니클로의 지분 100%를 소유한 패스트 리테일링(주)의 최고재무책임자(CFO) 오카자키 다케시岡崎健가 "불매 운동은 오래가지 않을 것이다."라고 발언한 이후 한국 소비자들의 여론이 격화되었다.

　또한, 일부 일본의 매스컴에서 한국에서 행해지는 '노 재팬 운동'도 일본 제품이 좋아서 한국인들은 금방 뜨거워졌다가 금방 식는 냄비 근성을 보면 오래가지 않을 거라고 폄훼하며 격화됐다. 한국인의 국민 성향을 폄훼하는 발언으로 노 재팬 No Japan 은 범국민 운동으로 번져갔다. 한국인의 자존심에 상처를 낸 것이 화근이었다.

초기에는 일본 매스컴들은 한국인들이 노 재팬 운동을 벌여도 장기적으로는 일본 제품이 한국 제품보다 품질이 좋아 재구매로 이어질 거라고 우습게 보았다. 2020년 11월 13일 한국의 유니클로 한정판 의류를 사려고 줄까지 서는 사람들이 나오면서 일본 제품 불매 운동을 둘러싼 논란이 다시 불거졌다. 해당 커뮤니티에는 '두 발로 걷는 돼지'라는 제목의 사진 한 장이 올라왔다. 사진에는 유니클로 매장에서 계산을 위해 줄 선 시민들의 모습이 담겼다. 그리고 조지 오웰George Orwell의 소설 『동물농장』이 생각난다며 '이런 개돼지들과 한 동네 살다니'라고 비판했다.

일본 제품 불매 운동에 동참하지 않는 시민들을 '개·돼지'에 비유해 비난한 것이다. 유니클로 불매 운동이 자발적으로 이루어진다면 그것은 그 나름대로 인정할 것이지만 불매 운동은 강요될 수 없고 인간의 자유로운 개인 소비 행위까지 강요하거나 강요받는 불매 운동은 오래가지 못하고 그 자체가 정상적이지 못하므로 글로벌 시대에서는 신중한 언어 사용이 필요하다.

2018년 일본을 방문한 한국인은 총 753만 9000명으로 전체 일본 방문객의 24.1%에 달한다. 일본을 방문한 외국인 네 명 중 한 명은 한국인이다. 한국인의 국민성을 이야기하는 일본 매스컴을 두고 많은 한국의 젊은이들은 일본 여행을 취소하고 위약금을 물어주고 한국의 도서 지방이나 동남아 여행으로 간 사람들이 생각보다 많았다.

그 이유는 한국 사람들이 돈을 주고 물건을 사고 관광을 하는 데 일본에 무시당했다고 생각하기 때문이다. 아베 내각 시절 한국과 일본의 관계는 해방 이래 정치적으로 가장 험악하고 살벌했다고 본다. 과거엔 미국이

동아시아 지역 안정과 패권 유지를 위해 적극적으로 두 나라의 관계를 회복시키려 중재를 시도하였으나, 트럼프 대통령 등장 이후, 전 세계의 조정보다는 아메리카 퍼스트America First를 내세워 미국 우선 정책으로 돌아서면서 여러 문제를 일으켜, 미국 국내 조정도 하기 어려워졌다.

일본이 한국 대법원 일본제철 강제징용 소송 배상 판결에 불만을 품고 경제 제재를 가하자 문재인 정권은 지소미아 종료 카드를 꺼내 들었다. 자국의 이익만 생각하는 미국의 트럼프는 팔짱 끼고 관망만 했으며 한·일 조정에 관심이 없었다. 서로의 주장만 내세우다 보니 조정자 없는 한·일 양국의 관계 회복은 기대하기 어려워졌다.

한편 일본에서는 전 정권이 합의한 내용을 다음 정권이 파기하는 것이라면 한국과는 당분간 상대하지 않을 것이며, 중국과 대만, 아시아 국가도 일본 제국주의하에서 고통을 받았지만 다른 국가들은 침묵을 지키는데, 정권만 바뀌면 사과하라는 한국과는 이제 강하게 대처해 가야 한다는 여론이 일반 국민에게도 침투되었다는 점이다. 친한파의 일본인들까지도 이번 정권이 끝나면 다음 한국 정권에서도 또 다른 사과와 보상을 요구할 테니 이런 국가와는 친하게 지내지 말자는 의견과 일부 과격파들은 국교 단절까지 요구하고 나왔다.

냉철하게 판단해 보면 한·일 관계를 정치인 쪽에서 해결하지 말고 민간인 측에서 그것도 오랜 연구와 관계에서 해결하는 것이 중요하다. 정권이 등장하면 사과 요구, 그리고 정권이 끝나면 다음 정권이 새로운 사과를 요구하는 식의 한·일 관계를 벗어나서 미래지향적인 관계로 가야 한다.

아베 2차 집권 시기에는 아베가 정치적 이익을 목적으로 한국을 공격하면, 한국도 거기에 이자까지 보태어 거세게 맞대응하는 패턴이 반복되면서 최근 한·일 관계는 광복 이후 최악이며 냉각 상태를 지나 빙하 지대로 이어지고 있다. 이런 흐름은 정치 경제는 물론, 안보와 국방까지 이어져 인도-태평양 전략을 구현하는 데 한·미·일 공조 관계가 상당히 중요함에도 삐걱거린다. 물론 이런 것을 지적하다 보면 친일파, 토착왜구 등이 등장하는데 지금은 친일, 반일이 중요하지 않고(물론, 종북 논리도 안 된다.) 대승적인 한국의 발전이 중요하고 친일, 반일을 포함한 새로운 리더십이 중요하다.

큰 흐름 속에 작은 것은 덮고 큰 것을 보자

필자는 2020년의 3월부터 게이오대학 교환 교수로 방문하며 많은 것을 보았다. 우선 일본의 매스컴에서 한국 때리기로 나오면 한국에서도 즉시 일본 공격으로 이어졌다. 일부 일본 정치인들은 한국과 국교 단절도 이야기하며 혐한嫌韓을 이야기한다. 동경 근처의 가와사키 지역을 우연히 방문한 적이 있다. 가와사키는 재일동포가 많이 사는 지역인데 여기에서는 심한 인종차별, 증오 발언인 헤이트 스피치Hate Speech가 이루어졌는데, 이를 저지한다는 일본인 시민 단체의 운동을 보았다.

유튜브에서 가와사키 지역에서 한국을 폄훼하는 편파적 발언이 떠도는 것을 보고 충격을 받았다. 그러나 다행히도 2010년 7월 1일 가와사키의 시민 4만여 명의 서명으로 시 조례를 제정했음을 보면 일본 시민 정신이 살아있다고 봐도 될 것 같아 안심하였다. 물론 처벌 조항이 없어서 조금 약하겠지만 일본인의 양심은 아직 살아있다.

김대중 대통령이 그랬듯이, 노무현 대통령도 말했듯이, 이제는 과거사 문제를 더는 언급하지 말고 냉철하게 판단할 필요가 있다. 대통령만 되고 정권만 바뀌면 등장하는 한·일 문제는 과거사와 위안부 문제, 징용공 문제 등인데 일본이 절대 이 부분을 양보하지 않을 흐름을 보인다.

역대 대통령 중 한·일 관계에서 나름대로 관계가 좋았던 사람은 박정희, 전두환, 노태우와 김대중이다. 앞의 세 대통령은 군인 출신이라 일본과의 네트워크도 있었으며 매국노 소리를 들으며 한·일 국교 정상화를 이뤄냈고 군부 정권으로 인식되면서도 한국 대통령으로서는 처음으로 일본을 방문했다. 또 한 사람은 통석의 염이란 사과를 받아냈다. 그런데 김대중만은 군인 출신이 아니면서 천황이란 단어를 사용해 일본인을 감동케 했고 80% 반대의 일본 문화도 수용하는 리더십을 보여주었다. 김대중만큼 담대한 한·일 정상 회담을 내놓은 사람도 없다.

물론, 일부에서는 굴욕 외교니 일본에 굽신거렸느니 하지만, 김대중 이후나 이전보다 일 보 전진한 파트너십을 내놓았고 현재 한·일 관계를 보면 나름대로 일본의 공부와 열의가 대단했으며 이를 통한 미래의 새로운 포석을 던진 것이다.

국제 관계는 결국은 돈이고 힘이다. 돈이 있고 힘이 있으면 사과하지 말래도 사과할 것이고 힘이 없고 돈이 없으면 절대 사과하지 않는다. 이것이 세계의 외교력이고 정치력이다. 논리도 중요하나 세계의 흐름은 돈이 힘이 된다.

한국도 이제는 서로 냉철할 필요가 있다. 상대방의 좋은 점만 보면 한·일 양국은 대단한 나라이다. 그리고 일본이 한국을 무시해서 이득을 얻은 것이 없고 한국도 일본을 반대해서 우리가 득을 본 적은 한 번도 없다. 임진왜란 때도 그렇고 한·일 병합(경술국치) 전후의 분위기도 그렇고 이제는 냉철하게 일본을 보고 알고 행동하여야 한다.

가와무라 타케오河村建夫 국회의원(중의원)을 연구년 중에 우연한 기회에 만났다. 가와무라 의원은 전 문부과학대신을 지냈으며 관방장관도 지낸 베테랑 의원이며 한·일 의원 연맹 간사장이며 또한 일한친선협회 중앙회 회장을 맡고 있다. 특히 가와무라 의원은 재일 한국인에게 참정권을 주장했으며 조선통신사의 교류위원회 회장을 역임한 한국통이다. 필자와는 게이오대학 상학부 선배여서 만나서 식사하며 이런저런 이야기를 나누었다.

특히 가와무라 의원이 야마구치현 하기 출신이라 같은 하기 출신이면서 정한론征韓論과 존왕양이尊王攘夷 등을 주장하며 메이지 유신의 정신적 스승으로 일컬어지는 요시다 쇼인吉田松陰을 이야기하자 웃으며 한국 사람이 싫어할 만하다면서 시간이 나면 필자에게 하기 방문을 추천하였다.

필자는 요시다 쇼인보다는 하기 도자기 보러 가겠다고 했다. 가와무라는 하기 도자기 창시자가 정유재란 때 끌려온 조선인이라고 하며, 재차 "시간 있으면 하기에 오세요."라고 해서 우선 후쿠시마의 백호대를 보러 간다고 하자 그쪽 사람들이 야마구치현을 싫어한다고 하였다. 필자가 재일동포가 일본에 살게 된 배경을 이야기하는 동안 최근의 '헤이트 스피치'를 거론하면서 흥분하자 그는 이렇게 이야기했다.

"한·일 관계는 몇천 년을 이어왔다. 긴 역사로 이어지는 이웃 국가이면서 사이가 나쁜 기간은 백 년도 채 안 되기 때문에 큰 흐름 속에서 작은 것은 덮어 두고 큰 것을 보자."

진심이 들어가 있는 발언이었다. 가와무라 타케오는 일본을 사랑한다. 그리고 한국도 사랑하기에 감동했다. 이야기가 진전되면서 야마구치현의 출신인 요시다 쇼인과 일본 무사도 정신의 상징으로 일컬어지는 노기 마레스케乃木希典의 이야기 중에는 내가 까칠하게 대답을 했기 때문에 한편으로는 미안했다.

그렇다! 역사는 하나의 큰 물줄기이다. 이 물줄기를 막거나 다른 곳으로 돌리려면 쉽지 않다. 특히 한·일 역사와 한·일 관계 흐름의 역사 물줄기도 몇 년이나 몇 사람에 의해 변화되지 않는다. 양국 관계의 흐름을 천천히 다 함께 서로 인식하며 물줄기의 흐름을 바꾸도록 한국과 일본이 노력하여야 한다.

PART 2

한·일 갈등의
본질은
무엇인가?

인간은 누구나 특정 문화 환경 속에서 성장하여 거기에 적응한 가치관을 가졌기 때문에 그 이외의 문화를 부자연스럽게 느끼고 더 나아가 받아들이기 어려운 것으로 여긴다. 그 결과로 나타난 편견이나 차별, 배척, 공격 등의 태도는 자기 민족 중심주의 증후군을 형성하고 이러한 태도가 배외주의 排外主義적인 행동으로 이행하여 역사적으로 많은 항쟁 원인을 만들어왔다.

자기 민족 중심주의는 인종적 편견, 권위주의적 퍼스널리티, 보수성 등과 연계되어 대중의 태도를 대표하는 정치 체제도 마찬가지로 권위주의적, 보수적으로 되는 경향이 있으며 비민주적인 탄압 행위도 나타난다. 현대 사회에서는 국제 관계가 복잡해져 자기 민족 중심주의 폐해를 없애기 위해 이문화異文化 이해의 필요성을 강조한다.

한·일 갈등 중심에는 양국 국가주의와 자문화 중심주의가 바탕이다. 세계 어느 나라나 자국 중심주의와 자문화 중심주의가 있는 것은 당연하지만 한·일 양국에서는 도가 지나치다. 자민족 중심주의 또는 자문화 중심주의는 철저히 자문화의 가치와 습관(오래된 전통 또는 관점)에 기준해 다른 문화를 바라보고 평가하는 태도를 지닌다. 자국 문화를 우월하게 생각하며, 타문화(타국 문화)를 자문화 중심으로 바라보며 무시하는 편견과 오해를 불러일으킨다. 이는 타문화의 편견과 오해 그리고 차별과 무시를 통한 민족적이고 국가적인 갈등을 낳는다

한·일 갈등은 문화 충돌인가?
문명 충돌인가?

펄뮤터^{H. V. Perlmutter} 교수는 국제 기업 관리의 유형에서 국제화가 진행될수록 기업 경영자의 태도나 의사결정과정이 EPRG^{Ethnocentric/Polycentric/Regiocentric/Geocentric} 모델로 변화되어 간다고 한다. 즉 최고 경영자가 의사 결정을 내릴 때 ①본국 시장 중심^{Ethnocentric}, ②현지 시장 중심^{Polycentric}, ③지역 시장 중심^{Regiocentric}, ④세계 시장 중심^{Geocentric}으로 점차 변화해 가야 한다고 주장했다.

물론, 한·일 기업의 의사결정은 3단계나 4단계에 이른 기업도 있으나, 정치적인 면이나 문화적 부분의 한·일 관계에서 이 모델을 도입해 보면 양국 모두가 ①본국 시장 중심 기업^{Ethnocentric Firm}에 해당한다.

본국 중심 기업^{Ethnocentric Firm}이란 자민족 중심의 기업 유형을 말하며, 무슨 일이든 본사를 중심으로 하는 기업을 말한다. 이는 내셔널리즘^{Nationalism}

으로 본사에서 모든 의사결정이 이루어지는 기업을 말한다. 본국에서 대부분 연구 개발과 제품 생산이 이루어지고 외국에는 생산 제품 중 일부를 수출하는 형태를 지니며 생산 활동이 본국을 중심으로 이루어지는 형태를 취한다. 이러한 기업들은 주로 수출 전담 부서, 해외 영업 부서 등을 운영하여 국제적 활동을 수행한다. 21세기에는 본국 중심 기업으로 움직이면 기업은 거의 정체되어 있고 경쟁력에서 밀리기 때문에 도산한다고 보아야 한다.

한·일 관계, 왜 본국 중심으로 결정내렸나?

첫 번째 양국은 '단일 민족'이라는 특이성을 갖춘 중심 요인을 갖는다. 양국이 단일 민족에서 오는 '우리'라는 소속감과 단결력은 다른 국가나 지역군에서 찾아볼 수 없이 강하다. 미국이나 중국 그리고 유럽에서도 단일 민족은 드물고 다민족 국가 사회에서는 특정 민족의 우월감이나 특정 민족의 문화 중심으로 이루어진 의사결정과 정치 행위는 환영받지 못한다.

기업도 마찬가지이다. 한국인들로만 구성된 이사회와 고위 경영진, 한국 문화에서 나타난 한국인 중심 의사결정과 전략 등은 성공할 수 없고 한국 기업들의 글로벌화를 방해하는 요소들이다. 일본 기업은 더 강하다. 일본인들로만 구성된 이사회, 경영진, 일본식 기업 문화 하향식 의사결정 등은 외국인이 진입하기 어려운 상황이다. 따라서, 나와 다른 특이성 즉 '다양성'을 수용하기보다 배척하기 때문에 글로벌 전략을 취하기 어렵다.

그런데 사회학에서 보는 기업에는 본국 중심주의와 비슷한 민족 중심주의가 있다. 자민족 중심주의 Ethnocentrism는 윌리암 섬너 William Graham Sumner가 만든 용어로, 자신이 속한 집단의 가치관, 사고 행동 양식, 생활 양식을 미화하여 그것을 절대시하는 한편, 타 집단의 규범을 유용하여 반감을 지니거나 증오, 열악한 것으로 보는 태도를 말한다.

인간은 누구나 특정 문화 환경 속에서 성장하여 거기에 적응한 가치관을 가졌기 때문에 그 이외의 문화를 부자연스럽게 느끼고 더 나아가 받아들이기 어려운 것으로 여긴다. 그 결과로 나타난 편견이나 차별, 배척, 공격 등의 태도는 자기 민족 중심주의 증후군을 형성하고 이러한 태도가 배외주의 排外主義적인 행동으로 이행하여 역사적으로 많은 항쟁 원인을 만들어 왔다. 자기 민족 중심주의는 인종적 편견, 권위주의적 퍼스널리티, 보수성 등과 연계되어 대중의 태도를 대표하는 정치 체제도 마찬가지로 권위주의적, 보수적으로 되는 경향이 있으며 비민주적인 탄압 행위도 나타난다. 현대 사회에서는 국제 관계가 복잡해져 자기 민족 중심주의 폐해를 없애기 위해 이문화 異文化 이해의 필요성을 강조한다.

한·일 갈등 중심에는 양국 국가주의와 자문화 중심주의가 바탕이다. 세계 어느 나라나 자국 중심주의와 자문화 중심주의가 있는 것은 당연하지만 한·일 양국에서는 도가 지나치다. 자민족 중심주의 또는 자문화 중심주의는 철저히 자문화의 가치와 습관(오래된 전통 또는 관점)에 기준해 다른 문화를 바라보고 평가하는 태도를 지닌다.

자국 문화를 우월하게 생각하며, 타문화(타국 문화)를 자문화 중심으로 바라보며 무시하는 편견과 오해를 불러일으킨다. 이는 타문화의 편견과 오해 그리고 차별과 무시를 통한 민족적이고 국가적인 갈등을 낳는다

자민족 중심주의 반대말인 문화 상대주의 Cultural Relativism는 미국 인류학자

프란츠 보아스Franz Boas가 문화의 상대성을 인정하고, 한 사회의 문화를 그 사회의 맥락에서 이해해야 한다는 태도로서, 문화의 우열을 가리고자 하는 것은 옳지 않다고 본다. 기업의 EPRG Ethnocentric/Polycentric/Regiocentric/Geocentric 모델로 돌아가서 이제 한·일 관계는 기업으로 비유하면 본국 중심 기업을 넘어서 현지 시장 중심 기업 Polycentric Firm 으로 가야 된다.

현지 시장 중심 기업이란 현지국 시장에서 판매할 제품 전부 혹은 일부를 현지에서 생산하나 중요한 기술 혁신은 일반적으로 본국의 본사에서 이루어지고 자회사에서는 본사로부터 기술 지원을 받아 약간의 개량을 통해 현지국 시장에 적합한 제품을 내어놓는다. 약간 다르나 이것을 인용하면 이제는 일본인은 한국에 적합한 언어를 사용하고 현지 시장이 좋아할 만한 제품(언어)을 만들어서 내놓을 수 있어야 한다. 이것은 한국도 마찬가지이다.

그래서 이것이 어느 정도 성공하면 지역 중심 기업 Regiocentric Firm 으로 가야 한다. 즉, 해외 활동의 지역적 범위를 다수 국가로 정하여 지역별로 다소 독립적 연구 개발, 생산, 판매가 이루어지도록 하는 기업 형태를 말한다. 북미, 중남미, 중동, 동남아, 아프리카 지역 등으로 구분해 지역별 본국의 본사와 유사한 역할을 하는 지역 본사를 설립 운영하며 각 지역 내에서 독자적 운영을 가능케 하는 경우이다.

몇 개 국가들을 묶어서 하나의 목표 시장으로 삼고 지역 고객 요구 사항에 적합한 제품을 개발해 그 지역 내에서 분업 생산하여 판매하는 것을 말하는데, 일본과 아시아 제국과의 관계로 비유하면 지역 고객(아시아 지역)의 요구 사항에 적합한 제품(언어)을 사용해 지역 국가(고객)가 인정하는 제품(언어 및 행동)을 내놓으면 아시아 지역 국가도 안심하고 일본을 좋아한다.

2020년 현재 한·일 관계는 냉각기를 지나 최악의 상태에서 좀처럼 해결의 실마리가 보이지 않았다. 한국인은 그 이유를 한·일 병합(경술국치)와 강점기의 과거사와 위안부 문제, 징용공 문제 등을 거론하며, 일본인들은 말만 조금 바꾼 사과만 등장하고 진심 어린 사과를 하지 않았기 때문에 전적으로 일본의 책임이라고 말한다. 이에 대해 일본은 1965년 수교 협상 과정부터 시작해서 지금까지 천황과 역대 총리, 각료들이 한 공식 사과만도 39번이나 되는데도 사과하라고 해서 사과 피로증과 혐오증이 왔다고 한다.

이것을 보면 한국과 일본은 상대 입장에서 생각하지 않고 지도자가 본인 입장에서 생각하고 타협, 회담하는 형식으로 간다. 그러다 보니 이념이 같은 정권이면 계속 이어지는데 이념이 다르면 사과나 사과받는 태도가 달라져 한·일 양국의 상황은 외나무다리에 마주 선 모습이다. 이웃으로 인정하느냐! 아니면 평생 적으로 생각하고 사느냐! 둘 중의 하나만이 우리가 선택할 길이다.

정권만 바뀌면 사과 요구와 반성의 책임, 그리고 또 새로운 정권이 오면 더 깊고 많은 사과 요구가 계속 번복되니 말만 조금 바꾼 사과만 등장하고, 일본의 진심 어린 사과와 행동은 보여주지도 않았고 본 적도 없다. '김대중-오부치 선언' 이후의 해결책도 없고 그보다 나은 대응도 없었다. 한국은 피해자 입장이 강하니 무조건 사과를 받아야 할 국가로 인정하다 보니 일본 측에서는 이해하기 어려웠고 난감하다고 항변했다. 일본에서는 언제 어떻게 사과하여야 하나가 과제이다 보니 한국을 향한 피로감이 쌓였다.

냉철하게 생각해 보면 일본은 한국이 미래 지향적으로 가려 해도 고이즈미 준이치로 총리처럼 신사 참배를 강행하여 상대방 국가에 대한 배려가 없었고, 한국에서는 너무나 과거사만 주장하여 미래를 보지 못한 것을 인식하여야 할 것 같다. 한·일 양국이 친해야 하는 것은 당연한데 서로가 이것을 배척하는 형태로 나타났다. 서로가 반성하고 해결책을 강구해야 한다. 그리고 일본 내에서 친한파 일본인들도 네트워크가 끊어지면서 한·일 관계에서 일본은 완전히 배제되며 미국과 중국의 눈치만 보는 형국으로 간 것 같다.

반달리즘 - 자문화 중심주의로 문화 파괴 운동 폐해 드러나

2001년 아프가니스탄 탈레반 정부가 세계 문화유산 가운데 하나인 바미안 석불Buddha of Bamiyan을 우상 숭배를 금지하는 이슬람 율법에 어긋난다며 파괴해 버린 것도 일종의 자문화 중심주의 폐해이다.

바미안 석불 파괴는 당시 아프가니스탄 집권 세력인 탈레반 지도자가 모든 불상을 이슬람의 모독으로 규정하고 이를 파괴하라는 포고문을 발표하면서 시작되었다. 이슬람 국가를 포함한 국제 사회가 반대했지만, 이슬람 원리주의를 내세운 탈레반 정권은 세계 문화유산을 파괴했고 지금은 흔적만 남아 있다.

바미안 석불은 아프가니스탄 바미안 주 힌두쿠시산맥의 절벽 한 면을 파서 새긴 거대한 석불이다. 이 석불은 6세기경 고대 그리스 미술의 영향을 받은 간다라 양식으로 세워졌으며, 신라의 혜초 스님이 쓴 『왕오천축국전』에도 이에 대한 기록이 있을 정도로 오래된 세계 유적이다.

한편, 2012년 북아프리카에서는 이슬람 근본주의 단체이며 알카에다와 동맹 관계인 반군 단체 '안사르 딘'이 말리의 팀북투Timbuktu의 14세기 이슬람 사원의 묘역을 우상 숭배라고 주장하며 '시디 야히아Sidi Yahia' 사원과 세계 유산에 등재된 이슬람 성인의 무덤 16기 중 14기를 파괴했다고 하였다. 팀북투는 진흙으로 만든 이슬람 유적과 유물이 많이 남아 있어 유네스코가 세계 유산으로 정한 옛 도시이지만, 지금은 곳곳이 폐허로 변해 가고 있다. 이처럼 자기 종교나 자국 문화를 중심으로 타국의 문화재나 타 종교의 문화재를 파괴하는 활동을 반달리즘Vandalism의 대표적 사례로 본다.

반달리즘이란 고의로 타국의 문화재, 문화적 예술품, 종교 시설, 넓게 보면 타인의 재산 등을 파괴, 훼손하려 하거나 낙서로 더럽히는 활동을 말하는 단어이며, 반달리즘 또는 훼손 행위毁損行爲라고도 한다.

반달리즘은 5세기 초 반달족의 활동에서 유래되었다. 게르만족의 일파인 반달족은 서기 429~534년간 훈족을 피해 서쪽으로 이동하면서 갈리아 일부를 침입해서 국토를 황폐시켰고 455년에는 서로마 제국을 침입하여 로마시를 약탈하고 로마인 지주들에게서 땅을 빼앗았다.

반달 왕국 왕인 가이세리크Gaiseric, ?~477는 455년 6월 로마에 도착, 주변의 수도水道를 막는 등 봉쇄령을 내려 도시를 완전히 포위했다. 이때, 교황 레오 1세Papa Leo I는 가이세리크에게 도시를 약탈하고 파괴와 살인을 하지 않도록 요구했다. 가이세리크가 교황의 요청을 수락했기에 로마는 성문을 개방했다. 그러나 입성한 가이세리크 군은 교황과의 약속을 이행하지 않았다. 두 주 동안 도시를 약탈하고 공·사를 불문하고 로마의 모든 보물을 몰수하고, 엄청난 양의 금은 재화를 약탈했다. 이 약탈로 캄피돌리오Campidoglio 언덕에 있던 주피터 신전은 소실되었으며 문화적으로 중요한 시설이 훼손됐다.

현재 사용되는 반달리즘이라는 단어는 프랑스 혁명 당시 혁명 세력이 교회를 때려 부수는 모습을 반달족과 빗대며 등장했다. 근래에는 미국이나 유럽의 대도시에서 약탈과 살인, 공공시설의 파괴, 방화 등의 도시 범죄가 급증하는 세태를 이르는 데 사용한다. 르네상스에서 계몽주의의 시대에 걸쳐 로마는 이상화되었는데 그 로마를 파괴한 반달족과 고트Gothe족은 문명의 파괴자로서 부정적 이미지를 갖게 되었다.

'반달리즘Vandalism'이라는 용어는 1794년에, 프랑스의 사제 앙리 그레고아르Henri Grégoire가 처음 사용했다. 프랑스 혁명에서 계속된 공포 정치 시대에 다수의 종교 예술과 건축물이 파괴되었는데 이를 본 그레고아르는 반달족의 야만적 파괴를 빗대어 '반달리즘'이라고 예술과 건축의 보호를 호소했다. 이 용어는 순식간에 유럽에 퍼지며 반달족이 파괴를 선호하는 야만적 집단이란 편견을 조장하였다.

신의 나라를 만든 칼의 윤리의 폐불훼석(廃仏毀釈)

역사상 반달리즘 대표적 예가 성곽과 성전 등의 역사 유산을 파괴한 운동으로 아시아에서는 1870년 메이지 정부의 신불분리령神仏分離令을 발단으로 한 폐불훼석廃仏毀釈과 중국 홍위병의 문화 대혁명의 종교 시설 파괴 운동을 들 수 있다.(중국의 홍위병은 공산주의 사상으로 타민족을 짓밟거나 무시하거나 하는 운동은 아니니 여기에서는 다루지 않는다.)

일본 메이지 정부 폐불훼석은 신도神道 사상에서 황국 사상으로 이어지면서 자민족 중심주의보다 편협하고 극단적 민족주의인 국수주의國粹主義, Ultranationalism로 등장하였다. 폐불훼석이 일어난 배경을 간단히 살펴보면 다음과 같다. 일본에 불교가 전래한 것은 서기 538년 백제 성왕 16년 때 불교를 전파하고 스님을 파견했다.

『일본서기日本書紀』에 의하면, 백제에서 율사를 파견해 일본 계율 불교의 기초를 다졌으며 서기 588년인 위덕왕 35년에는 일본 최초 비구니 스님들이 백제로 유학을 와 계법을 배우고 일본으로 돌아갔다고 한다. 일본의 불교는 오래된 역사를 갖고 있었으나 유학이 들어오면서 유교, 불교, 신도의 유·불·신의 융합된 사고로 확대한다. 하지만 유교의 조선에서는 억불숭유 정책 등이 이어졌고 이를 배운 일본에서도 유학이 발전한 오카야마 번이나 미토 번, 요도 번, 아이즈 번 등의 번을 중심으로 신도와 불교를 분리하는 신불 분리 정책이 시행되었다. 그중에서도 도쿠가와 미쓰쿠니德川光圀의 영향으로 성립된 전기 미토학水戶学에서는 신불 분리神佛分離, 신도 존중, 불교 경시 풍조가 더 강해졌다.

후기 미토학으로 대표되는 도쿠가와 나리아키德川斉昭는 미토학 학자인 후지타 도코藤田東湖, 아이자와 세이시사이会沢正志斎와 함께 엄격한 불교 탄압을 가하기 시작했다. 천보天保의 연간(1830 – 1843년) 미토 번은 대포를 만들려고 불교 사원에서 범종, 불구佛具를 공출하였으며 많은 절을 정리했다. 에도 막부 말기 메이지 신정부를 형성한 사람들은 이런 후기 미토학의 영향을 강하게 받았다.

같은 시기에 발흥한 국학에서도 신도와 불교가 뒤섞인 신불혼효적神仏混淆的이었던 요시다 신도吉田神道보다는 신불 분리를 주장하는 복고신도復古神道 등의 움직임이 발흥하면서 하라타 아츠타네平田篤胤가 중심이 된 하라타 파는 메이지 신정부 초창기 종교 정책에 깊이 관여하였다.

메이지 정부는 왕정복고를 바탕으로 제정일치를 목표로 신사를 국가 통합의 기관으로 의도했으며 천황 정치 지배를 정당화하는 근거를 기기신화記紀神話로 찾았다. 여기에서의 기기記紀는 『고사기古事記』와 『일본서기日本書紀』의 총칭이다. 즉 『고사기古事記』의 '기記'와 『일본서기日本書紀』의 '기紀'를 합쳐서 '記紀'라고 한다. 두 책 모두 8세기경 나라奈良 시대에 편찬한 일본 신화와 고대의 역사를 전하는 역사서이다. 초반은 거의 전부 신화 그 자체인데 신화를 사실화하려고 종교를 신화와 합친 것으로 보면 된다.

메이지 신정부는 신도만을 국교로 정당화했다. 모리 요시히로森喜朗 전 총리가 주장하는 일본은 신의 나라가 되려고 했다. 무사들의 정권인 막번 체제의 쇼군을 없애고 천황 스스로 정치하는 천황 친정 체제를 만들려고 했다. 따라서 '왕정복고' '제정일치'의 실현을 목표로 했다.

대정봉환大政奉還 이후에 성립한 메이지 신정부에 의해 1868년 4월에 나온 태정관 포고太政官布告의 '신불 분리령' 및 1870년에 나온 조서인 대교 선포 등으로 과격한 신도주의자가 불교 시설의 파괴 등을 일으켰다. 특히 대교 선포 조서는 천황에게 신격을 부여해 신도를 국교로 정하고 일본을 '제정일치의 국가'로 가는 방침을 보였다.

특히 유명한 것이 히에이산比叡山의 히에산노사日吉山王社 사건이다. 1868년 4월 1일 120여 명 정도의 과격파가 절의 대웅전에 침입해 불상, 불구, 경전 등을 마구 파괴했다. 이것이 폐불훼석의 첫 폭거이다. 이러한 움직임은 전국으로 확산해 번마다 강행되었다. 도야마 번에서는 번 내 1,635개 정도 있었던 절을 6개까지만 남기고 전부 없앴다고 한다. 이세 신궁伊勢神宮이 있는 지역에서는 196개소의 절이 없어지면서 불상을 버렸다고 한다.

히라타 아츠타네는 신정神政 정치를 목표로 신도를 국교화하는 주장을 했다. 원래 불교는 일본에서 탄생하지 않고 외부에서 전래한 것이니 전부 복고하고, 당연히 불교가 들어오기 5세기 이전으로 돌아가자는 뜻이다. 5세기 이전에는 불교가 없었고 신사만 있었으니 불교를 전부 없애고 신화를 중심으로 천황 친정 체제를 만들었다. 칼을 중심으로 한 무사적 사고는 상대방을 없애거나 무릎을 꿇으면 돌봐주는 사고인데 여기에서의 칼의 윤리는 파괴하는 사고로 움직였다. 천황을 위해서 1천500년 넘게 이어진 불교를 없애는 흐름이었다.

한국의 반달리즘과 역 반달리즘 -위안부 상징인 평화의 소녀상 건립

조선총독부라 불렸던 중앙청은 일본 강점기 시대인 1916년 7월 10일 착공, 1920년 7월 10일에 정초식을 거행해 1923년 5월 17일 상량식을 거행하였다. 1926년 1월 4일에 건물을 완공하여 시용식을 거행하였고 같은 해 10월 1일 시정 기념일에 맞추어 건물의 완공을 축하하는 의식인 낙성식을 했다.

총독부 청사 신축 공사는 처음에는 5개년 계획과 300만 엔의 예산으로 시작하였으나 완공까지 10년이 걸렸고, 675만 1982엔의 예산이 소요되었다. 청사 신축 과정에 조선인 건축가로 조선총독부 토목부 건축과 기수 박길룡과 이훈우, 고용직으로 이규상, 김득린, 손형순, 박동린 등이 참여하였고, 일본인과 중국인 석공 300명과 조선인 노동자 2백만 명(연인원)이 동원되었을 정도의 대규모 건축물이다.

독일인 건축가 게오르크 데 랄란데Georg de Lalande가 기초 설계한 조선총독부는 10년의 공사를 거쳐 1926년 완공된 당시 일본에서도 볼 수 없었던 동양 최대 규모의 웅장한 석조 건물이었다. 1926년 경복궁 내 근정전 앞뜰에 연건평 1만여 평(약 3만 3000㎡) 규모로 지은 5층 석조 건물, 해방 뒤에는 미 군정청으로 사용하면서 '캐피탈 홀Capital Hall'이라 불렸고 1948년 대한민국 정부 수립 이후 이를 번역해 중앙청으로 이름 지었다. 1950년 한국 전쟁 때 일부 파괴됐고 5·16 직후 대대적 보수 공사가 있었다. 1983년 과천 종합 정부 청사 시대가 열릴 때까지 한국 행정의 중심이었다. 이후 국립중앙박물관으로 개조되었다.

그러나 '정통성 있는 문민정부'를 표방한 김영삼 대통령은 '민족 정기 복원 사업'이란 명분으로 민족의 자존심을 내세워 중앙청(구 조선총독부)의 청사 철거를 결정, 1995년 8월 15일 이벤트처럼 지붕 위 첨탑을 철거하였다. 나는 해체보다는 그대로 보존되거나 이전이 되었으면 하는 사견이 있었다. 왜냐면 대한민국의 영광과 오욕, 슬픔이 함께 이루어진 역사의 현장이므로 자존심이 상하지만 보존하거나 다른 지역으로 이전을 했으면 하였다. 물론, 경복궁이 보여서 좋다는 의견도 많았으나 필자처럼 이전에 찬성하는 사람들도 많았다.

구 총독부 건물은 일제 총독이 살았던 기간보다 이승만 정권 이래 우리 정부가 중앙청으로 쓴 기간이 더 길었기에 아쉬웠으나 당시 여론으로는 해체 여론이 다수였다. 지금도 안타깝게 생각한다. 김영삼 대통령 업적 중에 하나로 들어갈 만한 과업이었다고 한다. 1995년에 한국에서 일어난 반달리즘의 형태로 보고 있다.

일부 일본 정치인들은 평화의 소녀상을 우려의 눈길로 보고 있다. 일반적으로는 위안부 소녀상이라지만 정확히 표현하면 평화의 소녀상Statue of Peace이다. 평화의 소녀상은 일본군 위안부 문제의 피해를 상징하는 청동 조각상이며, 일본군 '위안부' 피해자들을 기리고 올바른 역사 인식을 확립하기 위해 설치되었으며 평화비라는 이름으로 불린다. 소녀상은 구 일본군 위안부의 소녀 시대를 모티브로 작성되었기 때문이다.

1992년 수요 시위가 시작되고 20년 뒤인 2011년 12월 14일, 일본군 위안부 문제 해결을 요구하며 서울의 주한 일본 대사관 앞에서 거리의 투쟁을 이어온 위안부 피해자들의 명예와 인권 회복을 염원하기 위해 한국정신대문제대책협의회(정대협)이 계획하였다. 일본군 위안부 문제 해결을 위한 수요 집회 1000회째인 2011년 12월 14일 서울 종로구 일본 대사관 앞에 처음 세웠다

현재는 한국은 말할 것도 없고 미국, 캐나다, 호주, 중국, 대만, 독일 등에 차례로 평화의 소녀상이 설치되었다. 일본 정부는 평화의 소녀상을 일본 대사관 앞으로부터의 철거를 요구하여 2015년 위안부 문제 한·일 합의에서 한국 정부는 적절하게 해결되도록 노력한다고 했으나 서울시의회는 평화의 소녀상 철거 저지를 목적으로 하는 조례를 제정하였다. 철거에 반대하는 학생 동아리들이 소녀상 근처에 연좌데모를 실시하고 있다.

소녀상 건립 운동은 이화여고 역사 동아리 '주먹도끼'의 제안으로 일본군 성노예 피해 할머니들의 삶을 기억하고, 지난 28년간 이어온 일본군 성노예 피해 할머니들의 인권과 명예회복을 위한 운동을 미래 세대인 청소년들이 함께하겠다는 의미로 시작된 활동이었다. 2018년 7월 대한민국 정부에 등록된 신고 피해자 239명을 상징하는 239개 학교에 건립을 완료했

다. 이러한 흐름을 놓고 일본의 당시 관방장관이었던 스가 요시히데菅義偉는 2017년의 기자 회견에서 "이러한 조치는 매우 유감이고, 국가로서 약속한 것은 이행하기를 바란다. 이것이 강한 바람."이라고 말했다.

2017년 1월 6일 스가는 일본 정부의 즉각적 조치로서 다음의 4가지 항목을 발표했다.

1. 재 대한민국 일본 대사관 나가미네 야스마사長嶺安政 특명 전권 대사와 재 부산 일본 총영사 모리모토 야스히로森本康敬의 일시 귀국
2. 한·일 통화 스와프 협정[3]의 체결 협의 중단
3. 한·일 고위층 경제 협의의 연기
4. 재 부산 일본 총영사관 직원에 의한 부산광역시 관련 행사의 참가 보류

그러나 부산 총영사관 앞 '소녀상' 설치의 일본 측 보복 조치로 본국에 소환된 모리모토 야스히로 총영사가 사석에서 아베 신조 정권의 대응을 비판한 사실을 총리 관저가 문제 삼아 총영사를 경질하였다. 후임에는 미치가미 히사시道上尙史 주 두바이 총영사가 임명됐다.

아베 신조의 위안부에 관한 역사 인식에 문제가 있음을 나타내는 발언

---

3) 한·일 통화 스와프는 1997년 말 외국인 투자 자금이 대량으로 이탈하자 한국 정부가 고안해 낸 정책이다. 계약은 2001년 7월 20억 달러 규모로 처음 맺어졌고, 2011년 10월에는 700억 달러까지 규모가 확대됐다. 국제 금융 시장에서 원화와 엔화의 가치가 달라 한·일 통화 스와프 규모가 확대되기까지 우여곡절이 많았다. 계약은 2012년 이명박 전 대통령이 독도를 방문한 것과 천황에게 사과 요구를 했다는 이유로 한·일 관계가 급속도로 악화해 위기를 맞았고, 규모가 축소됐다. 이후 위안부 문제와 외교적 갈등 등 정치적 요인들로 인해 논란이 일어났으며, 2015년 2월 23일에 계약이 만료됨과 동시에 한·일 통화 스와프는 완전히 종료하기에 이르렀다.

이 있다. 그는 총리 퇴임 후인 2020년 9월 23일 보도된「요미우리 신문」과 인터뷰에서 2015년 12월 한·일 외교장관 사이에 이뤄진 일본군 위안부 문제 합의를 거론하며 "지금도 역사 문제로 여러 가지 언론전이 전개되지만, 일본을 깎아내리려고 하는 것은 불가능해졌다고 생각한다."고 말했다.

그는 "2015년 일본군 위안부 문제라는 한국과의 큰 현안에 관해 최종적이고 불가역적으로 해결하는 합의를 만들었고 국제 사회로부터 높은 평가를 받았다."라고 언급했다. 여기에서는 피해자인 위안부가 겪은 인권 침해나 고통이 아닌 돈으로 완전히 해결됐다는 인식을 강조했다.

이와는 반대로 행동을 취한 사람이 하토야마 유키오鳩山由紀夫 전 일본 총리이다. 하토야마는 광복 70주년을 앞둔 2015년 8월 12일 일제 강점기 독립 운동가를 가둔 서울 서대문형무소 역사관(옛 형무소)을 찾아 일본의 식민 지배를 '진심으로 죄송하다.'고 사죄하였다. 일본의 전·현직 총리 가운데 일제 강점기 지배에 무릎까지 꿇고 사과한 건 하토야마 유키오 전 총리가 처음이라고 한국 매스컴에서는 일제 보도했다. 일본의 상황에서 이렇게 하는 것은 쉽지 않았다. 심한 반발이 있기 때문이다.

한 재일동포 학자는 하토야마 유키오 전 총리의 이런 행위는 한국 사람이 야스쿠니 신사에 가서 참배하는 것과 비슷한 행위로서 대단히 높이 평가해야 할 행위라고 한다. 일본을 사랑하기에 일본의 총리 경험자가 무릎 꿇고 사과하는 행위를 할 수 있다고 생각한다.

과거사를 놓고 사죄하는 일본 사람이 늘어날수록 일본은 선진국이고 강대국이다. 이러한 반성과 사죄를 하지 않으면 틈만 나면 재침략하겠다는 묵시적 행위로 간주할 수밖에 없다.

아베는 전쟁할 수 있는 일본으로의 헌법 개정을 하다 보니(물론, 국민의 절대적 반대로 안 되었지만) 과거사나 이웃 국가의 배려는 생각조차 하지 않았다. 이러한 아베 신조의 발언은 국교 정상화 이후 최악의 상태인 한·일 관계에 나쁜 영향을 주고 있다. 그가 한동안 친한파처럼 행동하였는데 지금은 혐한파가 되어 있다. 왜 그런 것일까?

진짜 친한파는 아니며 오히려 한국을 침략하려는 사상의 우익들과 친하다 보니 틈만 나면 야스쿠니 신사 참배와 위안부 부정 등으로 무장된 우익 사상을 내비쳤다. 그래서 우리와 친할 수 없고 그가 칼을 들고 칼의 논리로 다가왔으니 우리의 적이다. 우리를 쳐들어올 생각을 지닌 자와 식민지 과거사를 부정하는 자와는 친구가 될 수 없다.

아베 신조는 외조부처럼 진짜 친한파는 아니며 과거 침략 전쟁을 숭상하는 우익의 논리로 이어지다 보니 한국을 무시하는 듯한 언행을 계속했으며 한국 비판을 당연시했다. 이러한 칼의 논리로 침략과 국교 단절을 논하는 일본인은 우리의 적이며 인류의 적이다. 물론, 다수의 평화롭고 선량한 일본인은 우리의 친구이다. 지금이 어떤 시기인데 100년 전처럼 침략 이야기를 할 수 있다는 말인가? 우리를 쳐들어올 생각을 지닌 자와 일제 강점기 과거사를 부정하는 자와는 친구가 될 수 없다

과거 친한파의 일본 정치인들은 한국을 좋아해서라기보다는 친미 노선을 취하다 보니 반공을 내세운 미국에 맞추려고 친미 반공의 이념을 취하여 한국의 보수 정치인들과 그 맥락을 같이 하였다.

아베 신조의 외조부인 기시 노부스케는 친한파로 알려졌으며 '한·일 협력위원회'의 초대회장을 맡았고 1969년 창설 총회에서 '반공'을 기치로 다시 뭉치자고 주장했다. 박정희 정권은 과거 황국皇國사관으로 조선을 식민지로 만들고 만주를 일본의 괴뢰국으로 만들었던 침략 전쟁 주도자들과

반공을 연대로 '자유 진영 국가의 유대'를 위해 경제는 물론, 정치 문화 분야에 이르는 포괄적 유대 관계를 구축하고자 한 것이다. 물론 이에 대한 평가는 양분되지만 경제적 논리에서는 평가되고 있다.

그렇다면 기시 노부스케岸信介, 1957~1960는 어떠한 인물인가?

기시 노부스케는 1896년 11월 13일 야마구치현에서 출생하였고, 1920년에는 도쿄제국대학 법과대학을 졸업한 직후 농상무성에 들어갔다. 1936년에 만주국 정부의 산업부 차관이 되어 산업계를 지배하다가 1940년 귀국해 1941년 도조 히데키東条英機 내각의 상공 대신에 취임했다. 패전 후에는 A급 전범 용의자였으나 기소되지 않고 석방되었다. 5세 아래의 친동생은 사토 에이사쿠佐藤栄作이다.

그는 사업가로 재기하며 정치 활동을 시작해 1953년 자유당 국회의원으로 당선되었고 1954년에는 하토야마 이치로 등과 함께 자유당에서 제명되자 일본 민주당을 창당하였고, 민주당이 1955년에 자유당과 통합하여 자유민주당(자민당)을 결성하는 데 이바지했다. 1955년 자유민주당의 간사장이 되고, 이듬해 총재 선거에서 이시바시 단잔石橋湛山에게 패하고 이시바시 내각의 외무상으로 취임, 이시바시 단잔이 병으로 물러나자 1957년 2월에 총리가 되었다.

1969년 창설된 한·일 협력위원회의 일본 측 주축은 물론 기시 노부스케를 중심으로 한 만주 인맥이었다. 이 위원회에서 중요한 역할을 해 온 시이나 에츠사부로椎名悦三郎는 도쿄 제국대학을 졸업 후 1923년 농상무성에 들어갔고, 농상무성이 농림성과 상공성으로 분리된 뒤에는 상공성으로 자리를 옮겨 기시 노부스케가 만주국 산업부 차장, 총무처 차장일 때 그 밑에서 만주국 제 과장을 지냈다. 1941년 도조 내각에서 기시 노부스케가 군수

차관을 거쳐 상공대신이었을 때는 상공차관을 지냈다.

1965년 한·일 국교 정상화 당시 외상이었던 시이나 에츠사부로는 2년 전인 1963년 "대만을 경영하고 조선을 합방하고 만주에 오족협화五族協和의 이상을 기탁한 것이 일본 제국주의라면 그것은 영광의 제국주의이다."라고 말했다. 오족협화란 일본이 만주국을 건국할 때 내세운 이념으로, 오족은 일본인, 한인, 조선인, 만주인, 몽고인을 가리킨다. 박정희 전 대통령은 기시 노부스케가 만주 산업 개발 5개년 계획 등을 통해 만주국을 설계해 가는 과정을 만주국 군인으로서 지켜봤고, 경제 개발 5개년 계획을 한국에 적용했다.

친한파 중 친한파로 알려진 시이나 에츠사부로까지도 이러한 역사 인식이 있었다. 이 시기의 친한파 정치인들은 과거 자기들의 행동을 반성하는 의미로 한국에 양보할 건 양보하자며, 한국이 잘돼야 일본이 잘된다는 생각도 있었다. 칼의 윤리를 앞세운 일본 군국주의 경험자의 무사도 후예와 일본 군국주의 경험자인 한국의 군인들은 칼의 논리에 서로 손을 잡았다고 하겠다.

친미와 반공으로 뭉쳤던 한국과 일본의 우익은 일본이 중국(당시 중공)과 먼저 국교를 맺으며 약간 소원해지다가 다시 전두환 정권 시절에 친밀한 관계를 복원했다. 전두환은 신군부의 군인 출신이었기에 일본의 칼의 윤리와 대응할 수 있었다. 그러나 일본의 우익이 강해지며 한국의 좌파(진보)가 등장하고 중국과 가까워지며 다시 일본과 소원해졌다. 한국과 북한이 손을 잡자 일본 정계와 매스컴은 한국을 적대적으로 몰고 가는 분위기였다.

지금 한국 1인당 국민소득이 3만 달러를 넘기고 삼성이 소니를 이기며 많은 것이 변했다. 연구년으로 동경 체류 중에 느낀 점은 현재의 일본은 과거의 일본과는 다르다는 점이다. 일본인의 배려와 메이와쿠(폐) 정신이 많이 없어지고 일본이 자랑했던 질서 의식도 조금씩 무너지고 있는 것 같았다. 어쩌면 칼의 윤리, 칼의 문화에서 조금씩 멀어지고 있는지도 모른다.

한국은 이제 사과 요구를 하지 말고 일본인들이 사과하게 만드는 것이 좋을 것 같다. '우리가 반성하라, 사과해라!' 해도 75년 전의 일을 모르는 대부분의 젊은 일본인들은 한국을 귀찮은 존재, 성가신 이웃으로 생각하고 있다. 일본이 반성하지 않고 사과하지 않는다면 우리도 사과하라고 요구하지 말아야 한다. 사과하고 또다시 이어지는 망언, 그리고 이어지는 야스쿠니 신사 참배! 우리가 일본에게 무엇을 어느 정도 기대하여야 하는가? 나는 쉽지 않다고 판단한다. 우선 일본 정치인들이 칼의 윤리에서 벗어나기 어렵기 때문이다.

항상 역사적으로 대국大國은 과거의 잘못을 알고 반성함으로써 한 단계 발전해 왔다. 일본이 반성하지 않겠다면 일본은 대국임을 포기한 것이니 무리하게 요구하지 말고 세계가 판단하게 놔둬야 한다.

내셔널리즘의 충돌은 불가피했나

내셔널리즘은 자기 나라의 국민적 특수성만을 가장 우수한 것으로 믿고 남의 나라의 것은 배척하는 이데올로기이다. 배외주의排外主義, 쇼비니즘Chauvinism이라고도 하며 민족주의를 경멸하는 용어로도 쓰인다.

일반적으로 국수주의國粹主義는 혈통주의적, 팽창주의적 속성들을 내포하고 있다. 국수주의는 자기 나라의 고유한 역사, 전통, 정치, 문화만을 가장 뛰어난 것으로 믿고, 다른 나라나 민족을 배척하는 극단적인 태도나 경향을 표현하는 말이다. 따라서 국수주의는 다른 민족들을 직접적, 야수적으로 억압하고 민족적 적대감과 증오심을 부추기는 일단의 정책으로 나타난다. 국수주의가 무르익어 전면적으로 부각하거나 특히 국가적 위기가 조장될 때는 군부와 군사력 및 군사적 가치들이 두드러지게 강조되는데 이러한 상태를 특히 군국주의라고 정의한다.

어느 나라나 민족주의가 등장하고 특히 근대 시기에는 강한 민족주의가 등장했다. 내셔널리즘 또는 국민주의, 민족주의는 역사적으로는 자기 민족을 다른 민족이나 국가와 구별하고 통일, 독립, 발전을 지향하는 사상 혹은 운동이며, 정치적으로는 민족을 사회 공동체의 기본 단위로 보고 자유 의지로 국가적 소속을 결정하려는 입장이다. 일 민족 일 국가의 원리를 주장하는 이러한 민족주의는 자각적 민족 의식이 성립한 근대 이후의 현상으로서 시민적 자유주의와 궤를 같이 한다.

민족주의는 근대적인 운동이다. 미국 독립 혁명과 프랑스 혁명을 기하여 비로소 만개했으며, 19세기는 유럽에서 민족주의의 시대로 불렸다. 남아메리카의 신생국들이 민족주의를 받아들인 뒤 19세기 초엽에는 중부 유럽으로 전파되었고 중반기에는 남·동유럽으로 번져나갔다. 20세기의 민족주의 운동은 아시아·아프리카 지역에서 치열한 투쟁 양상을 보였다.

한국은 민족주의, 국민주의가 강하게 작용하며 등장하는 국가이다. 한국인들은 윌슨Thomas Woodrow Wilson의 민족자결주의를 사랑했는데 이는 '민족자결의 원칙'Principle of National Self-determination이 반영된 것이었다. 즉, "피지배 민족(식민지나 점령 지역)에게 자유롭고 공평하고 동등하게 자신들의 정치적 미래를 결정할 수 있는 자결권을 인정해야 한다."는 것이다. 제1차 세계대전은 유럽 제국주의 열강의 식민 지배와 관련하여 민족의 문제를 논의하는 계기를 제공했다. 제1차 세계대전은 독일 중심 동맹국 측 패배로 종전되었고(1918년 11월 11일), 승전국 측은 전쟁의 상처를 치유하고 새로운 국제 질서를 회복해야 하는 책무를 갖게 되었다. 전후 처리의 중심은 승전국인 영국, 프랑스, 미국이 되었고, 대표로는 영국 총리 로이드 조지^{David Lloyd George}, 프랑스 대통령 클레망소^{Georges Clemenceau}, 미국 대통령 우드로 윌슨이었다.

그들은 파리에 모여 장기간 평화회의를 열었고, 미국의 윌슨 대통령은 레닌의 민족 자결권 주장을 의식하여 국회에 14개 조 평화 원칙^{Fourteen Points}을 제출했다. 내용은 일반론 5개 조, 국제 연맹안을 포함한 특수 문제 9개 조로 되어있다. 그 가운데, 약소민족(또는 점령 지역)의 독립 및 복귀와 관련된 내용이 7~8개 항에 달하며, 기본 정신은 '민족 자결의 원칙'이 반영된 것이었다.

이러한 정신은 전 세계로 확산해 식민지 상태의 약소 민족들이 독립을 쟁취하기 위한 기본권임과 동시에 정당성을 주장하고 독립 운동을 전개하는 바탕을 마련했다. 한국의 3·1 운동도 그러한 세계적 추세와 정신의 영향을 받았다. 20세기 아시아, 아프리카 지역의 식민지 민족주의는 한국의 민족주의이고, 제국주의 열강의 세계 분할 정책의 민족주의는 일본의 민족주의이다. 한·일 관계의 냉각, 빙하 상태가 온 것은 바로 이 민족주의 갈등이다.

일본에서 국수주의적 민족주의는 에도 시대 말기 미토학^{水戶学} 파의 국학^{國學} 영향을 받은 존왕양이^{尊王攘夷} 운동으로 나타나 메이지 유신의 원동력이 되었다. 일본의 민족주의는 아시아 여러 민족의 민족주의와의 제휴보다는 제국주의 시대에 국가주의에 흡수되어 타민족을 침략해도 된다는 생각으로 집약되었다.

그러나 메이지 유신 후 근대 일본에서도 민족주의와 국가주의의 차이는 별로 없었다. 제국주의 시대에 일본의 민족주의는 국가주의에 흡수되어 청일·러일 전쟁 이후 조선, 대만 등의 영토뿐만 아니라 동남아를 포함한 다민족 제국을 지향하고 대동아 공영권 건설을 목표로 한 태평양전쟁으로 이어졌다. 패전 후 국민 도덕 실천을 주장하는 일본주의의 영향으로 국수주의는 전통주의와 천황제 옹호의 입장에서 우익의 행동 원리가 되었다지만 겉으로는 드러나지 않았는데, 아베 신조를 중심으로 재등장하다 보니 사사건건 갈등이 생겨났다.

아베 신조는 자학 사관을 극복하고 싶어 했다. 수치스럽고 나쁜 나라로 비치는 것에서 벗어나야 한다는 강박 관념에 가까운 인식을 지녔다. 일본을 강조하는 외교로 자랑스러운 국가를 만들겠다는 것이다. 일본이 자랑스러워해야 할 것은 전전戰前의 침략 사상으로 만주나 조선이 과거의 일본 땅이었다는 등의 사고와 노기 마레스케의 할복 사상이 아니라, 전후 세계 제2위의 경제적 사상의 일본이다. 아베를 둘러싼 일부가 전쟁 전의 일본도 부끄러워하지 말아야 한다고 주장하면서 위안부나 징용공 문제를 회피하는 것은 비뚤어진 민족주의이다. 철저한 반성 없이 자기들의 잘못을 감추고 과거의 침략주의를 회상하는 듯한 사고의 발상은 우리를 적으로 만들고 세계 인류를 적으로 만든다.

나는 오히려 일본이 자랑스러워해야 하는 것은 침략주의와 국수주의가 아니라 전후의 세계에 뛰어난 일본적 경영, 도요타 시스템, 노벨상 수상자들이며 우리 한국도 이것을 겸허하게 배워야 한다고 생각한다. 독일은 나치의 잔학상을 교과서 한 장에 걸쳐 상세히 기술하고 같은 역사의 비극이 되풀이되지 않도록 가르치는 데 비해, 일본은 아예 그러한 사실 자체를 자학自虐 사상으로 인식하여 삭제한다. 그래서 지금의 젊은 세대들은 그러한 사실을 알지도, 느끼지도 못한 채, 대국으로 갈 길을 가지 못하고 있다.

    미국이나 유럽에서는 나치 전력이 있거나 부모 세대 혹은 조부모 세대의 나치 협력 사실이 드러나면 공직에 나설 수 없는 것은 물론, 거의 사회적으로 매장을 당한다고 한다. 75년이 지난 현재에도 공소 기간 없이 용서하지 않는데 과거사 반성을 자기학대로, 과거 전쟁을 현재의 영웅으로 포장하려는 행동은 일본을 글로벌 국가로 이끄는 데 장애 요소만 될 것이다.

2 극단적 한·일 관계를 어떻게 보아야 하나?

그동안 한국과 일본은 서로 비슷한 점이 많아서인지 같은 문화권으로 보고 서로 소통하면 당연하고, 통하지 않으면 서운하거나 무시한다고 생각하였다. 완전히 다른 문화라고 인식하는 서양인이 실수는 한·일 양국에서는 이해하려 했고 그 점을 비교하거나, 연구하려고 하였다. 그러나 정작 이웃 국가인 한·일 양국은 서로의 실수를 용서하지 않았고 오히려 비판하고 공격하며 손을 잡으려고 하지 않았다. 한·일의 비교는 조금 더 어렵고 정교하고 많은 시간과 투자를 할애하여야 하는데 한·일 양국은 굳이 비교 연구를 할 필요성을 못 느끼고 서로의 주장을 내세우다 보니 돌아올 수 없는 강으로 간 것이 아닌가 하는 아쉬움이 있다.

한국과 중국을 연구하는 서양의 전문가들은 "일본인들 대부분이 식민 지배했던 중국과 한국에 대한 색다른 견해를 가지고 있는데, 가령 난징 대학살은 날조이고, 위안부는 거짓이라는 인식, 식민 지배의 사과는 필요 없다는 생각을 지배적으로 갖고 있다."라며 우려를 표명하고 있다.

이에 대해 일본인 학자들은 "일본에 대한 한국인의 인식은 이중적이다."라고 한다. 경제 분야에는 존경심을 갖고 있으나, 역사 이야기, 특히 경술국치, 위안부 등의 화제를 꺼내면 한국인들은 감정을 자제하지 못하고 분노를 표출하여 정확한 감정전달을 하지 못한다는 말을 가끔 듣는다.

한·일 양국을 연구하는 서양인 학자들은 한국은 일본의 근세와 근대의 콤플렉스가 있고, 일본은 고대와 근세 이전의 콤플렉스로, 만나면 서로를 인정해 주지 않은 데서 마찰로 이어진다고 보았다. 풀기 어려운 문제이지만 쉽게 해결할 수 있는데도 그 일을 양보하지 않는다는 것이다.

한국은 일본에 어떤 존재였나?

지금의 80~90대 세대는 일본이 한국을 식민 지배한 국가로 한국보다 힘센 강국이어서 많은 핍박을 받았다고 하면서도 일본을 동경하였다. 한국은 일본을 배워야 할 모델이기도 하고 쫓아가서 따라잡아야 할 캐치업 상대로 여겼다. 박정희의 캐치프레이즈는 '하면 된다!'였다. 이 뜻은 일본도 했으니 우리도 하면 된다는 숨은 뜻이 포함되어 있다.

한국은 일본보다 산업이 20년은 뒤처져 있고 국민 질서는 15년, 국민 의식은 10년 정도 뒤떨어져 있다고 한국 내에서는 자아 성찰이 일기도 하면서 항상 일본을 뒤쫓아 가는 데 열중이었지만, 어느 순간 오랫동안 한·일 사이에 있었던 위계에 균열이 생겨났다.

한국이 2002년 한·일 월드컵을 공동 개최하여 4강 진출할 때 구메 히로시久米宏 아나운서가 뉴스 스테이션에서 홍명보 패널티 킥을 설명하며 흥분했었다. 어느 일본인이 이렇게 흥분하면서 진심으로 좋아했을까? 많은 한국 사람들은 반성했다.

필자의 후배인 모 대학 교수는 "거꾸로 일본인이 4강 진출을 했을 때 어느 한국 아나운서가 저렇게 흥분하며 좋아할 수 있을까?"라면서 대단하다고 하였다. 지인인 한국 기자는 지금도 구메 히로시를 대단한 일본인 아나운서라며 그의 활기찬 진행은 글로벌적이었다고 평가했다. 벌써 20여 년 전이었는데도 그의 뉴스 스테이션은 많은 한국인에게 감동이었다. 비록 일본은 16강에 머물렀지만 그래도 한국의 승승장구를 축하한다며 60% 이상의 일본인들이 좋아했었다. 전후 50주년인 1995년 사회당의 무라야마 도미이치村山富市 총리가 침략과 식민 지배의 반성과 사과의 뜻을 밝히는 담화를 낸 것은 '과거 일본이 일으킨 전쟁은 잘못된 것이었다.', '아시아 사람들에게 심대한 피해를 준 책임이 있다.'는 인식들이 있었다.

하지만 전후 75년이 지난 현재 최근 우익들은 일본이 태평양전쟁으로 아시아인들에게 은혜를 베풀었다는 인식을 지니고 있으며, 자민당 국회의원들도 일제 강점기 때문에 한국의 발전이 이루어졌다고 여긴다. 아베 총리 이후 확대적 내셔널리즘이 등장함으로써 한·중·일 갈등의 주요 원인이 됐다고 생각한다.

특히 정치적 갈등을 경제적으로 누르려는 태도로 한국인들이 가장 혐오하는 부분을 건드렸다. 그런데도 일본에서는 이를 잘 모르고 오히려 한국에서 일본 제품의 보이콧 문제와 일본 안 가기 등 노 재팬 등을 일본 매스컴에 등장시켰다. 일본에서 한국 정부를 나쁘게 평가하려는 옳지 않은 태도를 지양하고, 일본 매스컴에서는 노 재팬이 왜 등장했는지를 분석해 한·일 갈등을 풀어야 한다. 그리고 노 재팬과 노 아베를 구별해야 한다. 노 재팬은 일본 거부가 아니라 우익의 노 아베라는 것을 알아야 한다

일본의 우익들은 한국을 식민지 경험 국가로 인식하며 강자인 일본이 약자인 한국에 지금까지도 양보한 부분이 많았는데도 불구하고 한국인은 무조건 일본을 반대한다고만 생각한다. 일본 매스컴에서는 한국의 부정적 논리를 주장하는 사람들이 인기가 많다. 때로는 듣기에 민망한 언사로 과거 일본 제국주의 시대인 줄 착각하는 일본 인사들도 많다.

왜 한국인이 이렇게 나오는지를 생각하지 않으며『반일종족주의』등 일본 식민지를 긍정적으로 평가했다고 인식되는 책이나 저자에게만 인터뷰하여 그들의 생각을 모든 한국인 생각으로 여겨지게 방송한다. 과거의 일본같지 않고 일거수일투족 한국 비하의 기사와 방송이 대부분이다.

한국과 일본, 과거의 두 나라가 아니다

문재인 대통령은 2019년 8월 15일 광복절 기념 연설에서, "오늘의 우리는 과거의 우리가 아닙니다. 오늘의 대한민국은 수많은 도전과 시련을 극복하며 더 강해지고 성숙해진 대한민국입니다."라고 언급했다. 아울러, "우리 국민이 일본의 경제 보복에 성숙하게 대응하는 것 역시…(중략)… 두 나라 국민 사이의 우호가 훼손되지 않기를 바라는 수준 높은 국민 의식이 있기 때문입니다."라고도 했다.

이러한 점이 우리에게 필요하다. 성숙하게 대응하여야 한다. 그런 의미

에서 구로다 가쓰히로黑田勝弘 〈산케이신문〉 서울지사장이 "평가한 상대가 '日本'이라면, 갑자기 성숙 국가에서 미성국未成熟 국가로 변하고, 국민 의식 수준 또한 저하되어 품격品格을 잃어버리게 되는 현상을 어떻게 설명할 것인가?"라는 기사를 읽었다.

그의 논리가 전부 맞는 것은 아니지만 일부분은 받아들여야 한다. 한국인들은 지금껏 강점기를 경험한 약자의 논리로만 일본을 대했다면, 이제는 일본의 부적절한 행동을 과거의 열등감이나 피해자 입장에서 일본과 대화하기보다는 새로운 인식을 지니고 보다 미래적이며 협조적이고 상호 의존적인 태도로 토론하고 점진적인 개선을 찾아가야 한다. 이제는 반일反日에서 지일知日로, 지일에서 승일勝日로, 승일에서 협일協日로 가야 한다.

피해자 입장의 한국보다는 미래의 한·일 양국이 아시아에 중요한 역할을 하는 국가로 태어나려면 일본을 새롭게 보려고 노력하여 미래 협조적이고 객관적 한·일 관계를 정립해야 한다. 〈산케이신문〉 서울지사장 구로다 가쓰히로는 2015년 1월 9일 일본인에게도 계속되는 반한이나 혐한 분위기를 놓고 쓴소리를 하였다. '일본인이여! 반한·혐한은 보기 흉하다!'라는 기사를 쓴 적이 있다

'모든 재난은 인재다'라는 칼럼에서 사업, 관광, 한국계 중국인, 유학생 등의 왕래로 한국과 중국 접촉이 일본보다 훨씬 많은 점을 들면서 "한국은 지금까지 코로나 19를 막는 데 성공하고 있다."라고 평가했다. 그러면서 "2015년 다수 사망자를 냈던 중동호흡기증후군(메르스) 사태에서 얻은 교훈도 있어 이번에는 한국 정부와 민간이 힘을 합쳐 초기부터 대대적으로 대응하고 있다."고 분석했다.

물론, 구로다 가쓰히로는 한국에서는 망언 제조기에서 망언 종결자라

고 불렸다. 비빔밥을 '양두구육羊頭狗肉'에 빗대어 폄훼하는 사설을 썼다. 양의 머리를 걸어 놓고 개고기를 파는 것처럼 겉보기만 그럴 듯 보이고 속은 변변치 않다고 비빔밥을 평가절하했다. 그러나 코로나 대처에는 좋은 평가를 했다. 글을 쓰는 기자에게는 좋은 글을 쓰도록 유도하는 것이 바람직하다. 구로다 가쓰히로가 한국인에게 불편한 글을 쓴다고 하여 기분은 많이 안 좋지만 망언이니 망언 제조기니 하는 협박과 인신공격 등은 옳지 않다.

구로다 가쓰히로 〈산케이신문〉 서울지사장은 언론인이고 기자이니 본인이 느낀 감정을 쓸 자유는 있고 때로는 우리에게 맞지 않는 글을 쓸 수도 있다. 필자가 용서하기 어렵고 이해하기 어려운 사람은 무토 마사토시 武藤正敏 전 주한 일본 대사이다. 그는 직업 외교관이었던 사람이다. 주한 일본 대사였던 무토의 혐한 발언은 정치 문제가 아닌 외교 그리고 한국과 일본의 전통적 예의를 상실한 외교관의 모습이었다.

직업 관료 중에서 한국어를 전공한 '코리아 스쿨' 중에서 처음으로 한국 대사로 발탁되어, 어학 연수를 포함해 다섯 번째 한국에서 근무한 한국통이고, 외무성 동북아시아 과장으로도 근무하는 등 한반도 정세에 밝은 것으로 알려져 있다. 지금까지 주한 일본 대사는 외무성 국장급 이상의 간부가 임명해 왔던 데 반해 무토 마사토시는 국장 경험이 없기에 이례적 승진이라고 생각했는데 국장 경험이 없어서 그런지 그의 발언은 조금 아쉽다.

2017년 6월 1일, 『한국인으로 태어나지 않아 다행이다』를 출간하였다. 그는 이 책에서 문재인 대한민국 대통령을 '최악의 대통령'이라며, '내가 만난 문 대통령은 북한에 대한 것밖에 머릿속에 없었다.'라고 부정적으로 평가했다.

2019년 7월, 약 2년 만에 『문재인이라는 재액災厄』을 출간하였다. 그는 이 책에서 "문 대통령은 한·일 관계를 뿌리부터 뒤집어 놓았고, 그가 권좌에 있는 한, 한·일 관계는 복원될 수 없다. 양국 국민을 불행하게 하는 최악의 대통령을 퇴장시켜야 한다."라고 주장했다

어떻게 이런 자가 외교를 논할 수 있는가? 그는 학자가 아니고 비평가도 아니고 평론가도 아니다. 직업 외교관인 자가 그것도 주한 일본 대사를 경험한 사람의 발언으로서는 상식 밖이다.

학자나 평론가가 위의 책을 쓰는 것은 이해가 가나 학자도 아니고 평론가도 아닌 직업 외교관인 자가 그것도 주한 일본 대사를 경험한 사람이 한국 대통령을 '재액'이라고 표현한 것은 상식 밖이며 최악의 외교관이라고 하겠다. 그러나 주일 한국 대사를 경험했던 한국인들은 무토 마사토시만큼 몰라서 그런 것도 아니고 감정이 없어서도 아니다.

나는 이분들을 직업 외교관으로서 반일 논평을 하지 않고 객관적으로 논한다는 점을 높이 평가하고 싶다. 만약 주일 한국 대사를 경험했던 사람들이 반일 저서를 내면 베스트셀러가 되는 것은 당연하다. 그러나 본인이 양국의 교량적 역할을 했던 사람으로 그렇게 나서지 않는 것을 보고 안심했다. 무토 마사토시같이 대사 경험자가 한 명이라도 한국에 있었다면 어쩌면 반일을 넘어서 국교 단절까지 갔을지도 모른다.

가나야마 전 주한 대사의 한국을 위한 헌신

무토와 정반대의 길을 갔던 주한 일본 대사가 있다.

"나의 시신을 한국 땅에 묻어달라.

나는 죽어서도 한·일 간의 친선과 친화를 돕고 지켜보고 싶다."

2대 주한 일본 대사(1968~1972년)를 역임한 가나야마 마사히데金山政英의 유언이다. 고故 가나야마 대사는 역대 주한 일본 대사 중에서 유일하게 한국 땅에 묻혔다. "죽어서도 한·일 관계 발전을 지켜보고 싶다."라고 했던 가나야마 대사는 많은 한국인이 존경하는 일본인 중 한 사람이다.

그는 한·일 국교 정상화 3년 후인 1968년 제2대 주한 일본 대사로 부임해 1972년까지 4년간 재직했다. 외교관임에도 한국을 향해 늘 미안한 마음을 지녔고, 재임 중 한국의 산업화와 양국 관계 발전을 위해 헌신적으로 일했다.

가나야마에게는 여러 일화가 전한다. 한국의 4대 국경일 중 삼일절과 광복절에 일본 대사가 참석하는 것은 고역이고 어색할 수밖에 없지만 상관하지 않았다. 그는 대사 부임 이후 맞은 1969년 3·1절 기념식에 주한 일본 대사로서 사상 처음 참석했다. 지금까지 가나야마 이후의 어떤 후임 대사도 엄두를 내지 못한 기록이다. 본국의 질책을 받자 "과거를 청산하고 한국과 잘 지내기로 해놓고 한국의 기념일을 축하하는 것을 문제 삼으면 안 된다."라며 뜻을 굽히지 않았다.

어느 날 박정희 대통령이 "술이나 먹자."라며 그를 불렀다. 박 대통령은 그에게 대한민국의 주일 대사 역할을 해 달라고 주문하며 사토 에이사쿠佐藤榮作 일본 총리에게 포항제철소 설립에 필요한 기술 협력을 요청하는 친서를 전달해 달라고 부탁했다. 가나야마 마사히데 대사는 일본 외무성에도 알리지 않고 도쿄로 건너가 사토 에이사쿠 총리를 만나 이 부탁을 들어

주지 않으면 한·일 관계는 끝장이라고 설득했다. 그리고 기술 지원에 부정적이었던 이나야마 요시히로稻山嘉寬 신일본제철 회장 겸 일본 경단련 회장을 집요하게 설득해 포철 설립의 길을 열어줬다고 전한다.

가나야마 마시히데는 한국인보다 더 한국인다운 일본인이었다고 전한다. 한국을 향한 그의 태도가 좋았다고 해서 그런 것이 아니고, 외교적 자세와 마음가짐 자체만으로도 저절로 고개가 숙인다. 그는 일본을 누구보다도 사랑했지만, 그다음으로 한국을 사랑했다고 하고 싶다. 우리 주일 대사관 외교관들은 다 그런 것은 아니지만 마치 적진에 가는 것처럼 해서는 안 된다. 한국을 사랑하고 그다음으로 일본을 사랑하는 마음으로 일본을 대할 때 서로를 신뢰할 수 있다. 현재의 한·일 관계는 이것이 부족하다. 이제는 한국도 편협한 반일과 토착 왜구 등의 구호에서 벗어나 진정한 외교를 위해 노력하여야 한다.

약 300년 전 일본 아메노모리 호슈雨森芳洲가 주장했던 성신지교誠信之交를 되새겨 보고 한·일 갈등을 풀도록 하자. 아메노모리 호슈는 에도 시대에 조선과 일본의 외교를 담당하던 관리로, 평생 양국의 교류를 강화하는 일에 힘을 기울였다.

임진왜란으로 단절된 조선과 일본의 외교 관계는 도쿠가와 막부가 들어서면서 재개되었다. 그러나 역사와 문화, 풍습이 매우 다른 데다 임진왜란으로 인한 감정의 골이 깊어 조선과 일본의 관계는 말로 표현하기 어려울 정도의 곤란했다. 이런 상황에서 그는 문화와 풍습, 역사 등 차이의 이해를 바탕으로 교류해야 한다는 조일 외교 관계의 틀을 제시했다. 교린수지交隣須知 서문에는 이런 태도가 잘 드러나 있다.

조선과의 교섭은 제일 먼저 인정人情과 사세事勢를 아는 것이 중요하다. 서로 속이고 다투지 않으며 성실하게 교제해야 한다. 조선의 사정을 자세히 알지 못하면 어떤 일이 생겼을 때 조치를 취하기 어렵다. 떠도는 소문이나 기담은 도움이 되지 않으며 조선의 서적을 보아 조선인의 본심이 어디에 있는지를 알고, 앞뒤를 생각하여 처신해야 한다.

물론, 한국인들도 일본 탓만 해서는 안 된다고 생각한다. 일본의 좋은 점과 배울 점을 이야기하면 친일파라고 몰아세워서는 안 된다. 매스컴에서 일본을 욕하기 쉽다. 그러나 왜 일본이 그렇게 했는가도 우리는 알아야 한다. 그리고 매국노와 친일파는 구별해야 한다. 독립운동으로 평생을 바쳤던 백범 김구 선생도 친일파가 많아야 한다고 주장하였다고 한다. 백범이 모 신문사 사장을 만났는데 신문사 사장이 김구 선생에게 "선생님께서 빨리 친일파를 처단하지 않으셨기 때문에 나라가 이렇게 혼란하다."고 하였다. 김구 선생은,

"일본이 바로 이웃에 사는데 친일파는 많을수록 좋다. 없다면 만들어야지, 그게 무슨 소리냐. 내가 말한 것은 반민족적 친일파를 처단하라고 한 것이지, 언제 친일파를 처단하라고 했느냐. 내가 중국에서 왔다고 친중파를 무조건 좋아하는 줄 아는 모양인데, 친중파도 아편 장사 같은 반민족적 친중파는 처단해야 한다."

이 말을 되새겨야 한다.

일본을 이해하고 일본을 좋아하지는 않더라도 냉철하게 일본을 볼 필요가 있다. 김종필 전 총리가 2018년 6월 23일 서거하자 많은 일본인이 아

쉬워했으며 한국에서도 2019년 11월 29일 나카소네 총리의 서거에 많은 한국인이 아쉬워했고 그의 업적을 높이 평가했다. 이제는 한국에서는 김종필 총리 같은 사람이 없으며 일본에서도 나카소네 같은 사람이 없다는 점이 아쉽다.

우리가 일본으로부터 독립한 지 75년이 지났고 한·일 국교 정상화는 물론 일본과 국교를 수립한 지 55년이 지났는데 한국인이 일본 발전을 보고 우리의 장단점을 평가하여 노력하자고 말을 했다 한들 어느 국민이 일본을 위해 일하겠는가.

지금이 일본 제국주의 시대인가? 보수 언론과 보수 정치인들 그리고 보수파를 토착 왜구라고 비난하거나 거꾸로 일본에 죽창竹槍을 들자는 말이 도대체 21세기에 있을 수 있는 말인가? 그렇다고 해서 '반일종족주의'도 안 된다. 당연히 일본의 식민지를 겪은 한국으로서는 반일 콤플렉스가 등장하는 것은 당연할지도 모른다. 또 한국인에게는 임진왜란과 경술국치 등으로 피해를 본 한국인은 일본 콤플렉스가 있다.

반일종족주익처럼 강제징용, 종군위안부, 독도 문제 등을 일본식 자료로 논리를 전개하는 것이나 조선이 일제에 합병된 것을 유럽이 EU로 통합된 것과 비슷한 것으로 묘사하며 강점기에 일제의 수탈이 없었다고 주장하는 것은 대단한 학자적 모순이다. 자료식 증거(일본 자료)를 주장하면서 위안부와 강제징용 등의 실증 증거(피해자 인터뷰)를 하지 않은 것은 자기모순, 자가당착에 빠진 것으로 볼 수 있다. 그러나 쇠말뚝 이야기는 우리가 반성해야 할 부분이다.

조선의 기생 제도가 일제 시기의 공창 제도가 되었고, 공창이 바로 종군위안부이고, 이것이 해방 후의 민간인 위안부, 국군 위안부, 미군 위안부가 되었다는 것이다. 따라서 종군위안부가 일제 시기의 특수한 제도가 아니라 한국 사회의 보편적인 제도라고 주장한다.

나는 기생妓生이 공창 제도가 되었다고 하는 것 자체가 한국의 문화를 잘 모르는 것 같아 아쉽다. 기생은 전통 사회에서 잔치나 술자리에서 노래·춤 및 풍류로 참석자들의 흥을 돋우는 일을 업으로 삼았던 여자들을 말하며 말을 할 줄 아는 꽃이라는 뜻에서 '해어화解語花'라고도 하였다. 이들은 우리 전통 가무의 보존자이며 전승자로서 뛰어난 예술인들이었다. 이들을 공창 제도로 보는 것은 말도 안 된다. 토착 왜구나 반일종족주의도 안 된다. 이제는 그런 말은 안 되고 손을 잡고 함께 새롭게 나가야 한다.

이제는 일본인 전체를 악으로 간주하지 말고 많은 선량한 일본인도 많기에 다만 일본이 우리에게 한 행동을 냉정히 평가하는 것이 중요하다. 일본은 형식적으로 사과한 뒤에도 몇몇 정치인이 한국을 무시하거나 신사 참배를 하거나 독도 등의 발언을 함으로써 그들의 사죄나 사과가 무겁게 느껴지지 않았다. 그러나 진심으로 사과한 일본인도 있었기 때문이다. 의외로 많았다.

일본인 사과 뒤의 망언 비슷한 발언을 외국인들처럼 사실事實로만 보자는 논리에 찬성하고 싶지 않다. 그렇다고 일본을 정확하게 보는 사람들을 전부 토착 왜구로 보는 논리도 찬성하지 않는다. 개인적으로 일본을 좋아할 수는 있다. 그러나 그것을 가지고 정치적 이득을 노리고 상대편 진영을 몰아세우기 위한 토착 왜구와 친일파의 논리만 가지고는 일본을 이길 수 없다.

이웃 국가를 모르면 아시아를 모르고 아시아를 모르면 세계를 알 수 없다. 이웃 나라와의 외교에서 실패하면 아시아의 외교도 없고 글로벌 외교도 존재하지 않는다. 일본 역시 마찬가지다. 외교가 국가 이익이라는 큰 틀보다 국내 정치로 채색돼서 움직이면 제대로 굴러갈 수 없다. 이제는 일본을 우리 행동에서 사라지게 하는 탈일脫日이 우선이다. 일본에서 탈피하여 아시아로 가고 세계로 가야 한다. 그리고 기회가 되면 협일協日하고 승일勝日해야 한다.

PART 3

정한론征韓論과
탈아론脫亞論으로
한국 정벌에
나서다

국학 사상을 바탕으로 청일전쟁과 러일전쟁의 승리를 이루었다고 자부했으며 한·일 병합(경술국치) 등을 통해 더 확고한 자신감을 가진 일본은 나아가 중일전쟁 등을 일으키고 제2차 세계대전을 일으켜서 초기에는 승승장구했으나 결국 패전하였다. 그러나 그들은 전쟁을 일으킨 것보다는 힘이 없어서 패배했기에 나쁘다고 생각하는 사람들 대부분이다.

일본인들의 사고의 세계는 지는 것은 나쁜 것이고 이기는 것은 아름다운 것으로 생각하는데, 이것은 무사도 정신을 기반으로 한 혼합된 국학 사상의 흐름이다. 일본의 무사도 정신에서는 힘이 없는 것은 약하고 나쁜 것이기 때문에 그런 정신은 지금까지 이어지고 이러한 사고 흐름은 몇몇 우익의 정치인만 그렇게 생각하는 것 같지는 않다.

일부 양심 있는 정치인과 학자들을 제외하면 90% 이상의 일본인은 지금도 완전한 신도 정신과 황국 정신까지는 아니나 그들의 마음속에는 세계 제패나 아시아 제패를 그리는 국학 정신은 존재하고 있다고 생각한다. 일본인들은 제2차 세계대전의 패배는 분하나 힘이 없어서 졌기 때문에 최후 승자인 미국을 일본 정신으로도 높이 평가한다. 우익과 신도의 나라, 황국사관, 정한론, 탈아론 등의 배경에는 물론, 메이지 유신이 정점을 이루고 있었으나 이 흐름을 역사적으로 올라가다 보면 임진왜란이 정점이며 한국과 중국을 무시하게 된 배경과 사상이 있었다.

왜 일본인은
편협적 내셔널리즘에 강한가?

한국인은 아베 신조가 총리에서 물러나면 극우적 발언을 하는 일부 우익 정치인들은 차치하고라도 양국 관계는 좋아질 것이라고 생각했다. 하지만 스가 요시히데菅義偉 총리로 바뀌었으나 그를 비롯한 일본 정치인들 대부분은 지금도 그랬고 앞으로도 국수주의적인 언어와 행동을 보일 것이다. 한국 매스컴에서는 일부의 우익 정치인만 그렇다고 평가하지만 그렇지 않다. 국제적 감각을 지닌 일본인을 제외하면 많은 일본인은 그러한 국수주의 교육을 몇백 년간 선조 대대로 받아왔기에 21세기 현재도 그렇게 행동하는 것을 당연하게 여긴다.

60~70대 일본인들의 대부분은 이러한 사상(사실이 아닌 설화를 중심으로 한 『일본서기(日本書紀)』을 사실로 받아들여서 교육을 받았고 『어계개언馭戒慨言』이나 『혼동비책混同秘策』를 읽었던 윗대의 사상을 이어받아 한국과 중국을

공격 대상이나 멸시 대상으로 생각한다.

친한 일본인 지인들도 내 앞에서 이런 주장을 당연하게 말하였다. 젊었을 때는 듣기에 민망하고 화가 나서 격렬한 토론도 했지만 왜 이런 사고를 갖게 됐을까 추적하다 보니 주자학의 고의학古義學, 고문사학古文詞學, 양명학陽明學, 그리고 모든 것을 합한 일본 중심 국학國學으로 뭉쳐진 사상과 무사도 정신의 융합이 이러한 주장을 낳게 했다. 이것을 공부하고 그 사상을 알아야만 극일을 할 수 있으며 일본을 이해할 수 있음을 알았다.

그리고 일본인들은 나서서 '일본은 아시아 각지를 침략해서 영유해야 한다는 국학國學과 무사도 정신의 DNA를 갖고 태어나 중국인의 국민성은 어쩌고~~~, 조선인의 국민성은 저쩌고~~' 등을 텔레비전 토론자나 정치인도 당당하게 이야기한다.

게이오대학 박사 과정 중 일본인 지인과의 토론에서 '조센징의 국민성 어쩌고~' 하는 바람에 격론을 벌였다. 당시에는 필자도 젊었고 이들의 사상을 이해하지 못한 점도 있었다고 여긴다. 일본인 대다수는 "아시아인의 국민성은 열등해서 일본인이 당연히 교육하고, 식민지화해야 하는 등~~"으로 여긴다. 이러한 사상은 개인 문제가 아니라 이들의 사상 교육이 몇백 년 이어져 나타난 것이므로 일본 사람으로서는 당연하게 여긴다. 우리가 몰랐던 부분이며 주의 깊고 냉철하게 분석해서 대응하여야 한다.

아소 다로 부총리는 2020년 1월, 2천 년의 긴 세월에 걸쳐 하나의 언어, 하나의 민족, 하나의 왕조가 이어지는 나라는 여기(일본)밖에 없으니 일본은 좋은 나라라며, 21세기 하나의 민족을 주장해 세계에서 빈축을 샀다. 2020년 4월경에는 아소 다로 부총리의 코로나와 관련한 발언 중 "일본인의 수준이 높아서 코로나 19 사망자가 적다."라는 발언과 '코로나와 민도'

등의 실수 같은 발언을 자주 했다.

내면으로는 일본인들 거의 이런 생각을 가졌으나 공식적으로 이야기한 아소 다로 부총리를 용감한 것이라고 해야 할지(?) 일본인답지 않은 건지 모르지만, 제2차 세계대전 후 다테마에(겉마음)로도 표현하지 않아야 할 말을 자주 하는 것을 보면 요즘 일본인들의 자신감이 많이 떨어진 것 같다. 한·일 관계를 최악으로 몰고 간 아베 신조 총리가 바뀌면 한·일 관계가 좋아지리라 생각하는 한국인들이 많은데 다음 총리가 스가 요시히데 총리로 결정되었지만 누가 되든 그 범위를 벗어나지 못하고 있다.

일본의 편협적 내셔널리즘의 원형-경술국치

임진왜란을 통해 중국과 조선을 별것 아닌 국가로 인식하였으며 난학蘭學을 통해 세계 중심은 중국이 아니고 서양 국가라는 것을 알았고 서양과의 교역, 서양식 근대화를 논하기 시작한 것이 일본 국학國學의 시초였다. 모토오리 노리나가本居宣長, 히라타 아츠타네 사상과 후지타 유코쿠藤田幽谷와 아이자와 세이시사이会沢正志斎 등의 일본 중심 사상이 존왕양이尊王攘夷로 이어지며 메이지 유신에 결정적 기폭제가 되었다고 할 수 있다.

국학은 국체론으로 이어지고 여기에서 국체國體라는 용어는 천황이 통치하는 일본 국가임을 선언하였으며 막부의 미토학으로 수립된 국학國學 사상과 일치되며 메이지의 제국 헌법과 교육칙어敎育勅語로 공식화되었다.

이러한 국학 사상을 바탕으로 청일전쟁과 러일전쟁의 승리를 이루었다고 자부했으며 한·일 병합(경술국치) 등을 통해 더 확고한 자신감을 가진 일본은 나아가 중일전쟁 등을 일으키고 제2차 세계대전을 일으켜서 초기에는 승승장구했으나 결국 패전하였다. 그러나 그들은 전쟁을 일으킨 것보다는 힘이 없어서 패배했기에 나쁘다고 생각하는 사람들 대부분이다.

일본인들의 사고의 세계는 지는 것은 나쁜 것이고 이기는 것은 아름다운 것으로 생각하는데, 이것은 무사도 정신을 기반으로 한 혼합된 국학 사상의 흐름이다. 일본의 무사도 정신에서는 힘이 없는 것은 약하고 나쁜 것이기 때문에 그런 정신은 지금까지 이어지고 이러한 사고 흐름은 몇몇 우익의 정치인에만 그치는 것은 아니다.

일부 양심 있는 정치인과 학자들을 제외하면 90% 이상의 일본인은 지금도 완전한 신도 정신과 황국 정신까지는 아니나 그들의 마음속에는 세계 제패나 아시아 제패를 그리는 국학 정신은 존재하고 있다고 생각한다. 일본인들은 제2차 세계대전의 패배는 분하나 힘이 없어서 졌기 때문에 최후 승자인 미국을 일본 정신으로도 높이 평가한다. 우익과 신도의 나라, 황국사관, 정한론, 탈아론 등의 배경에는 물론, 메이지 유신이 정점을 이루고 있었으나 이 흐름을 역사적으로 올라가다 보면 임진왜란이 정점이며 한국과 중국을 무시하게 된 배경과 사상이 있었다. 최초의 조선 총독인 데라우치 마사다케寺内正毅는 다음과 같은 단가短歌를 지었다.

"고바야카와, 가토, 고니시가 이 세상에 있었다면, 오늘 밤의 달을 어떻게 바라볼까." 小早川 加藤 小西か 世にあれは, 今宵の月を いかにみるらむ

경술국치가 결정된 것은 1910년 8월 22일인데 음력으로는 8월 16일이라 보름달을 볼 수 있었는데, 데라우치 마사다케는 당시 3대 총독 취임 전이었지만 축하 연회에 달이 보이자 단가를 지었다.

여기에서 小旱川 加藤 小西는 고바야카와 히데아키^{小早川秀秋} 가토 기요마사^{加藤清正}, 고니시 유키나가^{小西行長}를 말하며 고바야카와 히데아키는 임진왜란 시의 총사령관역을 맡았으며 가토 기요마사와 고니시 유키나가는 우리에게 가등청정과 소서행장으로 알려진 인물이다.

도요토미 히데요시^{豊臣秀吉}의 임진왜란에서 싸웠던, 고바야카와 히데아키, 가토 기요마사, 고니시 유키나가 등 장군들의 의지는 좌절되었으나 만약 3명이 지금 살아있었다면 경술국치를 어떻게 생각했을까 하며 기쁨에 넘쳐서 지은 단가^{短歌}이다.

외무부장이었던 코마츠 미도리^{小松緑}는 이에 대한 답가를 지었다.

태합을 지하에서 깨워서 보이고 싶은 것은 조선의 산들에 높이 승천하는 일장기
太閤を地下より起こし見せばやな高麗（こま）やま高くのぼる日の丸

이 시를 읊으며 둘이 태합 히데요시가 이루지 못했던 위업 즉 조선 병합의 성공을 기뻐했다고 한다. 이것을 보면 약 320년 전의 히데요시의 조선 침략은 한·일 병합 즉, 일본 제국주의의 조선 식민지화라는 새로운 사태로 역사의 유산으로서 되살아났다. 에도 시대에는 임진왜란을 실패한 침략으로 간주하다가 메이지 유신 후부터는 일본의 최초의 해외 정벌로 인식하며 제2차 세계대전 전의 교과서에는 태합^{太閤} 도요토미 히데요시의 조선 정벌이라는 테마로 등장하여 1910년의 한·일 병합을 당연시하는 분위기가 등장하였다.

1910년 8월 22일 한·일 병합에 관한 조약이 조인되자 일본 국민은 경축

행사에 도취하여 군중은 만세를 부르면서 가로를 메웠다. 신문지상의 한국의 지도는 빨갛게 칠해졌다. 그리고 신문에서는 2000년의 현안 해결으로서의 일한합병, 조선인을 우리 일본 국민으로 하여[4] 등이 당시의 일본 분위기를 전한다. 여기에서 2000년의 현안 해결이란 신화로 존재했던 진구황후神功皇后의 삼한 정벌 이후의 현실로 다가온 것이 한·일 병합이라는 것이다. 이때 단 한 사람의 일본인 이시카와 타쿠바쿠石川啄木 같은 시인만은 인쇄된 한국을 먹으로 새까맣게 다시 칠해 버리고 시를 읊었다.

지도상의 조선국을 까맣게 칠하면서 가을바람을 듣는다. 地図の上朝鮮国にくろぐろと墨をぬりつつ秋風を聴く

이 시는 이시카와 타쿠바쿠의 조선 병합 비판의 시로서 유명하지만 이 시기에 일본 정부는 한국이라는 명칭과 조선국이라는 명칭도 거부하여 사할린과 대만과 같이 취급하였지만 그는 조선국이라고 하고 있다. 한·일 병합시의 데라우치 마사다케의 단가와 쿠마츠 미도리의 단가를 보더라도 근대의 내셔널리즘과 정한론征韓論 등은 근대 이후에 나타난 것이 아니고 근세 특히 임진왜란을 조선 정벌로 표현하며 등장한 것으로 보고 있다. 내셔널리즘과 정한론 등은 근대 이후에 나타난 것이 아니고 근세 특히 임진왜란을 조선 정벌로 표현하며 등장한 것으로 본다.

데라우치 마사다케는 3대 한국 통감, 초대 조선 총독, 다이쇼 시대 18대 내각 총리대신을 지낸 거물이다. 조선을 식민지로 만드는 것에 큰 역할을

---

4) 朝鮮人を我が日本国民とし」云々(１９１０年８月１０日 『国民第一新聞』第一面

하였는데, 조선에 억압적인 헌병 경찰 통치를 펼쳐 악명이 높았으며 총리 재임 기간에도 시베리아 출병을 단행하는 등 강경파였다.

1910년 7월 2대 한국 통감이었던 소네 아라스케曾禰荒助가 물러나면서, 메이지 천황의 임명으로 데라우치 마사다케가 한양으로 입성하였다. 통감 임기 시작일은 5월 30일이었으나 한·일 병합 조약문을 소지한 상태로 7월 23일에야 왔다. 사실상 을사늑약을 하러 부임한 셈이다.

한·일 병합 착수를 위해 동년 8월 16일 매국노 이완용과 조중응 등 친일파 대신을 통감 관저로 비밀리에 불러들여 병합 조약을 밀의密議하고 22일 이완용을 내세워 순종 앞에서 형식상의 어전 회의를 거치고 비밀리 총독 관저에서 이완용과 양자 간 첫 한·일 병합에 관한 조인식을 가졌다. 그리고 바로 이날 축하연에서 읊었던 단가라고 보면 된다.

그리고 무덕유신武德唯神이란 휘호를 썼는데, 무의 덕은 오직 신의 마음이란 뜻이다. 여기에서의 유신唯神은 일본의 신도神道와 관계된 신의 길인데 천황을 상징한다 해서 육군대신을 겸직하고 원수까지 승진한 데라우치 마사다케의 휘호는 한동안 일본 육군에서 회자할 정도였다고 한다.

데라우치 마사다케 초대 조선 총독은 무단정치武斷政治로 불릴 만큼 헌병 통치를 실시했고 1911년 조선총독부는 저항적 민족주의 및 기독교계 항일 세력의 통제를 위하여 데라우치 마사다케 총독 암살 모의 사건을 조작해 최후 105명 애국지사를 투옥하는 소위 105인 사건이 일어났다.

105인 사건은 1911년 조선총독부 초대 총독인 데라우치 마사다케를 암살하려다 실패에 그친 사건을 일컫는다. 그러나 사실 이 사건은 당시 국내 최대 비밀 결사 조직이었던 신민회를 뿌리 뽑기 위해 일제가 조작한 것일 뿐, 총독 암살 계획은 근거가 없는 허위 날조였다.

조선총독부는 이 사건을 통해 신민회의 실체를 파악하고 해체하는 등 비밀 항일 단체를 제거했으나, 이 사건에 연루된 많은 운동가가 해외로 망명해 항일 독립 운동에 가담하면서 이후 민족 해방 운동의 범위를 확대했다.

그리고 군인 출신 데라우치 마사다케의 칼의 윤리로 시작되는 탄압과 고문의 무단 정치는 1919년 2월 8일 동경 유학생 독립 선언과 비폭력 평화 운동인 3·1 만세 운동으로 이어지면서 그해 4·13 상하이 임시 정부가 수립되고 1920년 청산리 봉오동 대첩의 결과를 초래했다. 3·1 만세 운동의 영향으로 베이징에서는 5·4 운동이 이어졌다. 그리고 상하이 임시 정부 수립으로 1932년 천황 천장절 행사를 하던 중국 상하이 홍커우 공원에서 윤봉길 의사의 의거가 일어났다.

이토 히로부미도 데라우치 마사다케와 마찬가지로 조슈長州 출신이고 데라우치 전의 2대 조선 총감인 소네 아라스케도 조슈 출신이며 아베 신조가 존경하는 인물 중 하나이다. 이러한 흐름으로 아베 신조는 한국을 무시하고 도발적 언행을 지속한 것이라는 데에 일본 지인들도 공감한다. 차치하고 일본 정한론 사상적 배경에는 임진왜란이 있었으며 일본은 이를 경험한 후에 조선은 물론, 중국을 무시하는 흐름을 보였다.

임진왜란 후 일본과 조선의 인식 변화

도요토미 히데요시의 조선 침략 중 제1차 침입이 임진년에 일어났으므로 '임진왜란壬辰倭亂'이라 부르며, 2차 침입이 정유년에 있었으므로 '정유재란丁酉再亂'이라 한다. 하지만 임진왜란 하면 일반적으로 정유재란까지 포함

해 말한다. 이 왜란을 일본에서는 '분로쿠 케이초의 역文祿·慶長の役'이라 하고, 중국에서는 '만력萬曆의 역役'으로 부른다.

도요토미 히데요시 정권을 무너뜨린 도쿠가와 에도 막부 치하의 조선 침략의 견해는 하야시 라잔이 편찬한 『도요토미 히데요시보豊臣秀吉譜』에 나타나 있다. 히데요시의 아들인 츠루마츠鶴松의 갑작스러운 죽음의 광기로 본 것처럼 부정적 견해가 강했지만, 다른 한편으로 조선통신사를 에도 막부에 조공사로 자리매김하여 조공하러 오는 사신으로 해석하였다.

또 1659년 호리 규안堀杏庵의 『조선 정벌기』에서는 많은 삽화와 히라가나가 섞인 문장, 한자에 토를 달아 놓았는데, 특히 초반 승승장구했던 임진왜란 중심의 다른 전쟁에 관한 책보다 강화 교섭과 정유재란을 자세히 적은 것이 특징이다. 1673년 간행된 야마가 소코山鹿素行의 『무가사기武家事紀』도 이러한 흐름을 대표한다.

『무가사기』 중 도요토미가 31권은 사실상 조선 출병에 관한 자료집이다. 야마가 소코는 일본 중화주의를 제창하며 일본이야말로 '만방에서 가장 뛰어난 나라'라고 했다. 그리고 임진왜란의 총괄에서도, "히데요시, 만년에 이르러 조선을 정벌했다. 그 용단, 고금에 뛰어나다. 무릇 조선이 일본의 속국변병属国藩屏이라는 사실은 그 옛날 진구황후神功皇后가 삼한을 정벌한 때부터 일이며, 히데요시가 조선 정벌을 시행한 것이고 이를 성공한 것으로 간주하여" 일본중조주의日本中朝主義라는 이름 아래 조선을 일본의 속국으로 위치시켜 무력에 의한 정한론을 사실화하는 논리를 펼쳤다.

이는 사실인지 아닌지보다 계속 주장하는 것이 중요하다고 느꼈다. 필자가 놀란 것은 유성룡의 『징비록懲毖錄』을 일본의 많은 유학자가 읽고 평가했다는 점이다. '징비懲毖'라는 말은 '뉘우치고 조심하다.'는 뜻으로, 중국의 고전인 『시경』에서 유래했다. 『징비록』의 저자인 서애 유성룡은 서문에서 『시경』에 '지난날의 잘못을 거울삼아 후일에 일어날 환란을 경계하다.'라는 말이 있으니 이것이 곧 징비록'을 저술한 까닭이라고 밝혔다.

그는 국가의 중책을 맡았음에도 전쟁을 막아내지 못한 것을 반성하며 이 땅에 왜란과 같은 일이 다시는 일어나지 않기를 바란다는 의미에서 책을 썼다고 한다. 7년간 두 차례의 전쟁이 끝나 서애는 관직에서 물러나 고향 안동으로 낙향하여 집필을 시작했고 선조 37년(1604년)에 집필을 끝냈다. 그리고 인조 11년(1633년) 류성룡의 아들 류진이 『서애집』과 합본한 형태로 『징비록』을 간행하였고, 1647년 다시 독립된 16권 7책으로 간행했다.

그런데 이 책이 다시 일본으로 건너가서 히데요시의 조선 출병이 새롭게 조명되었다는 점은 우리를 다시 놀라게 한다. 초량 왜관을 통해 일본으로 유입된 『징비록』은 2권 본으로 약 50년 뒤에 1695년 야마토야 이베에大和屋伊兵衛가 일본어 훈독을 달아 간행한 『조선징비록朝鮮懲毖錄』으로 간행되었다. 『조선징비록』은 유성룡의 『징비록』을 일본인들이 알기 쉽게 당대의 유학자인 가이바라 에키켄貝原益軒 서문과 조선 지도를 덧붙여서 설명한 책이다.

이로써 일본은 임진년, 정유년 왜란에서 조선 측의 사정을 알 수 있었다. 1693년에 간행한 마쓰시타 겐린松下見林의 『이칭일본전異称日本伝』에서도 『징비록』이 소개되는 점을 보면 1680년 전에 이미 『징비록』이 일본에 유입된 것으로 보고 있다.

이러한 계기로 『징비록』은 일본 학계에 널리 알려졌고 임진왜란 관련 사적을 정리되는 데 중요한 자료로 등장했다. 유성룡의 『징비록』을 일본어 훈독을 달은 『조선징비록』이 등장하면서 당시 일본에서 병학兵學과 유학儒學을 연구하는 사람들이 읽어야 할 중요한 서적으로 간주했다. 일본이 어떤 이유로 임진왜란과 정유재란에 성공하지 못했나를 연구하고 조선을 철저하게 연구하는 계기가 되었다.

반면 조선의 학자들은 왜국이라는 섬나라에 침략을 당한 것만 치욕恥辱으로 느끼고 철저한 일본 연구를 하지 않고 『징비록』을 제대로 읽지도 않았을 뿐 아니라 정파가 바뀌면서 당시의 시세時勢에 묻혔다. 이는 조선 사대부들이 명에 대한 사대주의와 성리학 중심의 조정을 이끌어갔으나, 당시 일본은 틈만 나면 조선 정벌의 의미인 정한론을 주장하면서 조선 침략의 기회를 노리던 끝에 다시 일본에 치욕적 병합을 당했다.

유성룡의 『징비록』을 읽고 감상으로, 문인들 사이에서 조선 출병을 소재로 한 많은 한시가 읊어졌는데, 대표적인 것이 에도 시대 초기에 임진왜란(조선 출병)에 관한 작품으로, 오규 소라이荻生徂徠의 기제풍공구택寄題豊公舊宅인데, 내용은 다음과 같다.

절해누선진대명絶海樓船震大明
영지차지장자형寧知此地長柴荊
천산풍우시시악千山風雨時時惡
유작당년질타성猶作當年叱咤聲

바다를 건넌 일본 군선이 대명을 위협했지만
어떻게 이 땅이 떨기나무와 가시나무 등의 잡목이 무성한 곳으로 변했는지 상상도 못 했다.
많은 산의 비바람 소리가 때로는 험하게 들려
마치 당시의 (히데요시가 삼군을 호령하는) 질타성이 있는 것 같다.

도요토미 히데요시를 영웅시하며 그의 저택을 보고 아쉬워하는 시이다. 오규 소라이가 1727년 저술한 『겐로쿠鈐錄』에는, 임진왜란에서 전국 시대의 전투로 다져진 백전백승의 도요토미 히데요시 수하의 일본군이 명나라와 조선군에 패배한 원인은 일본군에게는 각 부대장이 현장의 지략을 이끌어 싸움인 전술은 있었지만, 일정의 대 방침 아래에 전 군대를 명령대로 움직이는 전략이 없었다고 지적한다. 칼의 윤리 아래의 임진왜란에 관한 평가이다.

임진왜란 후, 에도 정부에서 먼저 조선을 무시한 흐름은 아라이 하쿠세키新井白石의 논리이다. 아라이 하쿠세키는 천황이 임명하는 쇼군과 중국 황제에게 책봉을 받는 조선 국왕은 대등한 관계이므로 천황과 중국 황제는 대등하다는 논리를 내세웠다. 따라서 조선과 외교 문서의 쇼군 칭호를 일본국대군日本國大君에서 일본국왕日本國王으로 하는 것이 타당하다는 논리를 내세워 조선통신사의 접대를 축소하는 논조가 등장해 임진왜란 이후의 조선을 무시하는 태도를 보였다.

이처럼 일본학자들이 관심을 보이는 것은 임진왜란이 일본 최초의 해외 정복 전쟁이었으며, 한·중·일 삼국의 역사와 문화, 나아가서는 동아시아의 국제 관계에서 일본이 대국으로서 등장했다고 간주한 점이다. 전쟁과 시대 상황 속에서 하나의 상징적 개념으로 등장한 임진왜란은 근세 사회에 조선군기물朝鮮軍記物로 나타났다. 이들 기록에 조선은 나라 시대에 신화로 존재했던 진구황후의 삼한 정벌 이후의 현실로 나타난 조선 정벌인 임진왜란을 조공국이라는 관점으로 등장시켜 그 선상에서 조선의 무례함을 논하고 무위武威를 떨쳤던 도요토미 히데요시를 숭배하는 논리로 구성되었다.

에도 시대가 끝나 근대에 들어서면서 메이지 정부는 도요토미 히데요시의 영웅화와 함께 임진왜란도 그의 대륙 정벌이라는 원대한 야망을 실현하기 위한 역사적 사건으로 자리매김하며 칼의 윤리를 앞세우고 정한론을 불태웠다. 1839년 미토 번 쇼코칸彰考館의 아오야마 노부미츠青山延光가 「정한잡지征韓雜志」를 간행하였다. '만국에 신국의 무위를 떨친 히데요시가 병으로 죽지 않았다면 조선과 명을 그 판도에 편입했을 것'이라고 서술하고 있다. 1921년 나가노 나오히코長野直彦는 『징비록』을 일본어로 번역하였는데 나가노는 다음과 같이 지적하였다.

본서를 통독함에, 전역戰役의 원인은 오로지 상호 국정에 통하지 않았기 때문이라 생각된다. 그러나 일본은 비교적 조선의 사정에는 통했고, 조선의 실력도 측정하고 있었던 듯하다. 조선이 만약 일본의 문화 정도와 실력을 알고, 일본을 소약小弱 야만野蠻의 나라라고 간주하지 않았다면, 어쩌면 전쟁은 피할수 있었을지도 모른다.

나가노의 지적처럼 일본인들은 당시 한국의 사정을 잘 알고 있었고 메이지 유신에 성공하여 세계 강국 대열에 들어갔는데도 조선의 사대부들은 붓의 윤리를 강조하여 병법이나 병서를 학문으로 인식할 뿐이고, 실지 군사를 지휘하는 병법을 가까이하지 않았다. 오직 명을 향한 사대에만 신경쓰고, 섬나라 오랑캐 일본으로만 치부하여 종국에는 일본 식민지가 되었다. 임진왜란 이후 몇백 년 동안 이루지 못한 조선 정벌이 칼을 앞세운 정한론으로 이어지니 정말로 소름이 끼칠 정도이다.

그렇다! 지피지기이면 백전불태百戰不殆이다. 이는 손자의 제3편 〈모공謀攻

에 나온다. 우리는 일본을 얼마나 알고 있는가? 일본 유학파들도 본인의 전공 일부분만 아는 것이지 일본 전체는 잘 모르기 때문이다. 일본처럼 몇백 년을 계속 연구하면서 토론하고 다시 연구하여 '일본론'을 정립하여야 한다. 우리는 일본을 조금 더 공부하고 연구를 할 필요가 있다. 이점은 이웃 나라 중국에 대해서도 마찬가지이다.

한국인들은 영어를 잘하면 대단한 사람으로 평가하지만 중국어를 잘하면 보통으로 평가하고 일본어를 잘하면 국가관이 없는 것으로 평가한다. 엄청난 콤플렉스이다. 이제는 벗어나야 한다. 즉 일본의 콤플렉스에서 벗어나자.

히데요시의 신무기 조총과 항왜(降倭) 사야가

도요토미 히데요시는 침공군과 예비군의 숙영지로 새롭게 건설한 규슈 나고야성으로 군대를 집결시켰다. 임진왜란 동원은 9군단으로 나눈 총 15만 8천 명으로 그중 2군단 2만 1천5백 명 예비 부대로 각각 대마도와 이키에 주둔했다. 또한, 20만 5백 5백7십여 병력이 조선에 갔으며 나고야에 예비로 포진한 군대가 10만 2415명으로 총 30만 7985명으로 구성되었다는 『마츠우라 고사松浦古事記』에 의한 기록도 있는 것을 보면 20만 명 이상으로 보는 것이 정설이다.

15세기 중반부터 일본은 오랜 내전 상태인 전국 시대에 도요토미 히데요시 지휘하에 실전으로 다져진 50만 명의 군대가 있었다. 이는 동서양을 통해 명나라와 대등한 당시 최대 규모 군대였다. 1543년 일본에 반입된 화승총火繩銃, 소총은 즉시 일본식으로 국산화를 이루어 독자적으로 순발식 화승총으로 개량되어 보급되었다. 당시 무역 거래서에서 추계로 전국 시대 말기에는 일본은 50만 정 이상 화승총을 소지하고 있었다고 전해져 세계 최대 총 보유국이었으며, 임진왜란에는 5만 정에서 7만 정 정도를 조선으로 갖고 왔다고 전한다.

전쟁 초기 일본군은 500m 이상 최대 사정거리를 가지고 조선의 활과 화살보다 관통력 있는 화승총의 집단 사용으로 전략적으로 우위에 섰다. 『징비록』에 따르면, 일본 조총의 사정거리와 명중률은 조선의 활(사정거리 약 120m)의 몇 배였다고 한다. 본래 일본 화승총 용법은 서양의 전열 보병에 의한 탄막 사격彈幕射擊과는 달리 저격형狙擊型이며, 사격개시 거리도 1정(町, 약 109m) 정도였다는데, 탄막 사격은 다수의 총알을 일제히 발사하여 탄환의 막을 치는 것이다. 조선에서는 보다 원거리에서 사격전이 진행되는 경향이 있으며, 원거리 사격에 의한 정밀도 저하를 보완하기 위해 일제히 집중 사격도 이루어졌다. 일본에서는 화승총 즉 조총이 들어오면서 다음과 같은 새로운 단어가 등장했다.

- 히부다오키루(火蓋, を切る)

  조총의 화개(화약통 뚜껑)를 열고 점화 준비를 하여 총을 쏘려고 한다는 뜻으로 전쟁이나 경쟁을 시작한다는 뜻으로 전이되었다. 예를 들면 일본에서는 '국회의원 선거가 시작되었다.'에서 '히부다오키루를 사용하여 선거전이 시작되었다選挙戦の火蓋を切' 는 뜻으로 사용한다.

- 텟포다마(鉄砲玉, てっぽうだま)

  '총에서 발사되어 돌아오지 않는 총알'에 비유한 말로 한번가면 돌아오지 않는 것 또는 답장이 없는 것을 비유한 말이다. 우리의 함흥차사에 비유된다.

- 히키가네(引き金)

방아쇠를 말하며 소총·권총 등에 장치되어 있는 활처럼 굽은 쇠붙이로서 이것을 손가락으로 당기면 발사된다. 비유적으로 어떤 일이 야기되는 원인이나 계기를 말한다.

1575년 나가시노 전투의 주목할 만한 점은 오다 노부나가織田信長 측에서는 당시로는 이례적으로 총 3천 자루를 준비하고 병사에 배포하고 새로운 전법 삼단 공격을 실행했다는 것이 유명하다. 당시 총 3천 자루도 준비해 더 새로운 전법의 삼단 공격을 실행한 오다 군은 당시 최강이라던 다케다 가쓰요리武田勝頼 기마대를 섬멸했다고 전한다. 다케다 군은 무사 중심의 당대 최정예 기마 부대가 주력을 이뤘던 반면 오다 군은 하급 무사인 아시가루로 구성된 보병 중심의 철포대가 대부분이었다.

그러나 전투는 예상 외의 방향으로 흘렀다. 1575년 5월 21일 아침, 다케다 군 기마대가 무서운 기세로 오다 연합군을 향해 진격했으나 적진 앞에서 맞닥뜨린 건 마방책馬防柵이라는 거대한 목책이었다. 마방책 앞에서 기마대가 우왕좌왕하는 사이 오다 군의 철포(조총)가 불을 뿜었다. 3천 정의 철포에서 연이어 사격이 가해지니 기마 무사들이 맥없이 쓰러졌다. 1진에 이어 2진, 3진이 돌격해도 결과는 마찬가지였다. 다케다 군의 기마대는 힘 한 번 못 써 보고 섬멸당했다. 다케다 군 전체로도 1만 2천 명이 전사해 전멸되다시피 했다.

그때까지 철포는 장전하는 데 시간이 걸려 실전에서는 보조 무기로만 쓰였다. 그러나 오다는 철포대를 3열로 배치해 교대 발사하는 획기적인 방식을 고안, 연속 사격 효과를 얻었다. 3천 명 철포대도 이전까지는 없던 대규모 부대였다. 나가시노 전투 이후 철포는 전투의 주력 무기로 등장했고, 그 위력은 임진왜란 당시 조선에서도 고스란히 입증되었다.

그러나 임진왜란으로 조선 군사가 조총의 피해를 많이 입었으나 조선에서도 철포대가 만들어졌으니 바로 조선으로 귀순한 일본군 즉 항왜降倭 출신들 때문이었다. 일본에 피로인捕虜人이 있다면 조선에서는 항왜降倭가 있었다. 그중 대표적인 항왜 장수가 사야가沙也可 김충선金忠善이다. 임진왜란 당시 조선에 귀화한 항왜 장수인데, 일본의 역사서에는 사야가가 정확하게 어떤 인물이었는지 자세한 기록이 없다. 한국 측에서도 『조선왕조실록』에 두 번 언급되었으므로 실제 인물로 볼 수 있다.

사야가 김충선 활약은 그의 자서전 『모하당慕夏堂 문집』에 상세히 설명되어 있다. 『모하당 문집』에 따르면, 1592년 4월 가토 기요마사加藤淸正의 선봉 부장으로 부산에 상륙하였지만, 조선 문화를 흠모하고 도요토미 히데요시 출병에 대의가 없다고 판단해서 3천 명 병사와 함께 조선 측에 항복했다. 김충선은 화승총 기술을 조선에 전하였으며 일본군과도 싸워서 전쟁 전후 그 공적을 인정받아 조선 왕인 선조로부터 김해 김 씨 성을 하사받아 사성 김해 김 씨賜姓金海金氏 김충선으로 이름을 바꾸고 귀화인이 되었다.

조선에서는 그전까지는 조총에 관한 자료가 없었는데 사야가 김충선이 조선에 조총을 보급하였다고 한다. 실제로 사야가가 귀화한 직후 조총 개발을 건의하는 서신을 절도사에게 제출했고, 이순신과 나눈 서신에서는 이미 조총을 개발, 훈련한다고 쓰고 있다.

사야가가 조총 생산 기술과 철포대 전술을 가졌었다는 점 때문에 일본 연구가들은 일본 전국 시대 때 와카야마현의 '사이카雜賀'라 불린 철포부의 스즈키 마고이치鈴木孫一가 사야가라고 추측하기도 한다. 실제로 스즈키 마고이치는 조선으로 출정했고, 출정 후 즉시 모든 기록에서 사라졌다. 규슈의 나고야성까지 100명을 이끌고 갔는데, 스즈키 혼자만 사라진 것이다. 그리고, 일본 측 기록에서 사이카슈雜賀衆에 소속된 스즈키 요시유키鈴木善之라는 인물이 있었다고 기록되어 있다. 요시유키의 이름과 사야가의 자인 선지善之는 같은 한자를 사용해서 스즈키 요시유키가 사야가라는 설도 있다.

규슈 대학 명예 교수인 마루야마 야스나리丸山雍成 교수는 사야가가 스즈키 마고이치가 아니라 하라다 노부타네原田信種라고 주장한다. 스즈키 마고이치는 반 도요토미 히데요시 세력의 한 명이었기에 가토 기요마사의 선봉장이 될 수가 없다는 것이다. 그렇지만 가토 기요마사가 출병 전에 작성한 예하 부대 및 장수 명단에 사야가란 이름은 없지만, 철포대를 보유하고 있던 하라다 노부타네는 있으며, 하라다는 4천 서이 봉록을 가진 기요마사의 부장으로, 출병 후 기록에서 사라졌다면서 하라다 노부타네가 사야가의 정체일 것이라고 주장한다. 즉 하라다가 전사했는데 확인이 안 되거나 투항했거나의 둘 중 하나라는 의미다. 그러나 이것도 정확하지는 않다고 한다.

사야가가 누구이든 간에 조선으로 귀화한 항왜이고 항왜들은 1만 명이었다고 전한다. 예를 들면 검술에 능해 조선군 훈련을 맡았고 울산성 전투에 참가했던 여여문(呂汝文, 일본 이름은 요여문(要汝文))과 함박 김 씨咸博 金氏의 시조인 김성인(金誠仁, 일본 이름은 사여모(沙汝某))이 항왜로 유명하다. 임진왜란으로 나타난 항왜와 피로인의 연구가 절실하다. 김충선은 널리 알려졌으나 또 다른 항왜인 사여모沙汝某 김성인을 아는 사람은 그리 많지 않다.

함박 김 씨咸博 金氏 라는 김해 김 씨 향화向化 공파보에 따르면, 사여모는 임진왜란 당시 왜장 가토 기요마사의 좌부장이었다. 사여모는 가토의 우선 봉장 김충선, 부장 김계충과 함께 임진년 여름 4월 13일 조선에 귀화했다. 우선봉 김충선이 경상도병사 박진에게 강화를 청할 때 사여모는 방어사 김시민 장군 휘하로 들어가 왜군과 싸워 큰 공을 세웠다고 나와 있다.

이에 김시민이 선조에게 사여모의 활약을 알리자 선조가 벼슬을 내렸다. 왜란이 평정된 후 광해군 때 북방 국경 수비를 자원해 여러 공을 세운 뒤 광해군은 그에게 가선대부嘉善大夫(종 2품)를 제수했다.

사여모는 북방 경계가 허술함을 들어 광해군에게 상소해 이를 고치게 했다. 그 공으로 광해군이 직접 그를 불러 후원에서 잔치를 베풀고 김성인이라는 성과 이름을 하사했다. 이후에도 북방에서 잇따라 공을 세우자 광해군은 가의대부, 자헌대부(정2품)의 벼슬을 내렸다. 그와 함께 종군한 아들 귀성貴成 역시 어모장군(정2품)과 절충장군을 받았다.

이괄의 난 때도 김성인은 김충선 부하로 이괄의 오른팔이었던 서아지의 수급을 베었다. 김성인을 시조로 하는 일족은 스스로 함박 김 씨라고 한다. 함박리는 청도군 각남면에 있다. 바로 옆에 사리沙里가 있는 것으로 보아 사리 역시 사여모와 관계가 있다. '싸리가 많아 사리로 됐다.'는 지명유래설이 있으나 김성인의 묘소가 사리(지금은 함박리로 주머니골로 바뀜)에 있는 것으로 볼 때 마을 이름도 사여모에서 유래했을 가능성이 크다.

항왜인 준사俊沙는 『난중일기』에 의하면, 안골포 해전에서 이순신 장군한테 투항한 왜군으로 명량 해전에서 활약했으며 항왜 사백구沙白鷗는 김해 부사 백사림白土霖을 구해 주고 적진에서 식량을 공수해 오고 황석산성 전투에서 활약했다고 한다.

여여문의 일본 이름은 요여문인데, 한국 이름을 여呂로 바꾸어 사용했다고 한다. 1595년 6월 아동으로 편성된 아동대兒童隊의 왜검 교습을 맡았으며, 훈련도감에서는 왜인진법을 교습하였다. 1598년 3월, 명나라 양호군의 경주 진공 작전에 왜인 형상을 하고 정탐 임무를 수행하여 큰 공을 세웠으나 전사하였다. 손시로孫時老는 항왜 귀환자로, 일본 이름은 마고 토키로孫時老이다. 정유재란에 항왜인 노부 토키로延時老라는 사람도 있는데, 의령 전투에서 전사하였다고 한다. 사고여무沙古汝武의 일본 이름은 사쿠에몬作右衛門, 사코조무沙古汝武라는데 임진왜란 때 조선에 투항한 왜인으로 김응서의 휘하에서 전공을 세웠다고 한다. 요질기要叱其는 정탁의 기록에 나오는 1594년 전투 경과에 대한 권율의 보고서에는 요질기와 항왜 4인 활약이 나온다.

사고여무, 요질기, 염지念之가 의령 전투에서 왜군의 수급을 베고 무기 노획했으며 포로 100여 명을 잡았고, 정진 전투, 남원 전투에서 대활약했다고 전한다. 평구로平仇老는 항왜 귀환자이지만 그의 전투 기록만 나오고 어떤 성으로 변천되었는지는 없다.

선조실록의 기록을 보면, 그중에 요시지로要時之老, 신소족음信蘇足音, 사우예查于乂 등 세 왜인은 염초焰硝 즉, 화약의 원료를 만드는 방법을 알고 있으니 이 왜인은 우선 서울에 머물게 하여 의식을 후히 주고 염초를 굽게 해서 그 재능을 시험하게 해야 한다는 것을 보면 이들은 필시 항왜이다.

또 칼을 잘 쓰는 사고수계沙古愁戒, 간내비운소幹乃飛雲所, 간로수계幹老愁戒, 조음묘우照音妙牛는 우리나라 살수殺手를 보고 아이들 놀이와 같다고 하였고, 고

사로문古沙老文은 "칼과 총을 주조하는 법을 안다는데, 이들 왜인을 머물러 두게 하면서 배우고 익히게 하지 않는가?"라는 논리로 상소를 올린 것을 보면 이미 상당한 항왜가 존재해 있었던 것 같다. 임란과 재란 중에 조선에 귀화한 항왜인이 출정병 20만 명 중의 1만 명 정도라고 한다. 양란 이후 조선군 북방 경비 즉 함경도에서 여진 방어를 담당했다. 『조선왕조실록』에는 당시 북방 국경에 여진족을 방어하기 위해 항왜 8천 명에서 1만 명을 배치했다고 나와 있다. 또한, 이괄의 난 때 이괄의 편에서 활약하다가 난이 실패하자 전부 죽임을 당했다고 한다. 그리고 항왜들은 병자호란 때 활약을 하고 조선 문화로 들어와서 김 씨나 이 씨, 손 씨 등으로 성을 바꾸어 조선 문화권으로 흡수되었다.

두 번의 왜란, 조선 민간인 납치

● 노예 시장에서 조선인

전쟁에 참여한 군인들이 사로잡히면 '포로捕虜'라고 부른다. 하지만 전쟁과 전혀 관련 없는 민간인이 끌려가면 '피로인被擄人'이라고 부른다. 흔히 일본에 살고 싶어서 스스로 일본으로 간 일본식 도래인과는 다르다.

임진왜란과 정유재란이 끝나고 일본을 통일한 도쿠가와 이에야스는 조선과의 국교를 원했고 이에 임진왜란 때 승병장으로 활약한 사명대사가 조선의 비공식 외교관으로 일본에 파견되었다. 일본과 새로운 국교를 만들려는 조건으로 조선 조정은 납치되어 끌려간 조선인들을 귀국시키려는 절차로 1607년부터 일본에 공식적으로 '회답 겸 쇄환사'를 파견한다. 하지만 일본으로 끌려간 피로인 수가 15만 명 이상이었던 것에 비해, 실제 조선에 돌아온 피로인 수는 5,000명 정도로 생각보다 적었다. 그 이유는 당시 피로인들은 이미 일본인들의 노예가 되어 사유재산으로 인정되었기에, 일본이 자신의 재산을 잃지 않기 위해 피로인들을 감추고 숨겼다.

조선 조정이 피로인 쇄환에는 적극적이었지만, 이들의 정착을 위한 대책은 충분히 마련해 놓지 않았으며 게다가 조선에서는 귀국한 피로인들을 사회적으로 차별하고 노비로 삼거나, 첩자로 의심해 처형하기도 했을 정도였다. 이러한 소식은 피로인들에게 귀국을 망설이게 하였으며 일본에서는 기술만 있으면 적당한 대우를 받을 수 있어서 중인 계급들은 귀국하지 않았다고 한다. 이삼평李參平, ?~1656도 하급 무사의 대우를 해 주어 말과 봉록을 주었으며 부하들까지도 주어서 자기를 만들게 하였다. 현재의 사가현에 해당하는 나베시마 번에서는 조선 도공들이 생산하는 자기의 상품적 가치를 높게 평가했던 것으로 판단된다.

조선인 유학자 학문과 의원, 제약사, 목공은 물론 도자기의 도공, 금속활자도 철공, 피륙이 지조공 등의 기술자들을 끌고 가서 해당 분야에 상당한 발전을 이루었다. 한편, 많은 조선인 포로가 전쟁에서 잃어버린 국내 노동력을 보충하기 위해 사역하고 노예로 해외에 판매된 적도 있었다. 조선 정벌에 참여한 영주들에게 끌려간 조선인 피로인의 다양한 기술이 일본에 전해진 것은 아이러니컬하다.

몇 명이 일본으로 납치되어 간 것일까. 조선에서 납치된 사람들의 수는 실로 다양하고, 5만 명에서 40만 명 이상까지 차이가 크다.[5] 피로인이 40

---

5) 민덕기, 『임진왜란 중의 납치된 조선인 문제』, 『임진왜란과 한일 관계』, 경인문화사.

만 명이라 보는 학자는 1591년과 1598년 당시 조선의 인구를 각각 1300만 명과 1085만 명으로 파악하여 계산한 것으로 보고 이에 대해 반론하는 학자들은 당시 인구는 조선 인구 900만(일본 인구 2천2백만)으로 보아 약간의 차이가 난다. 일본 측의 견적은 낮고, 조선 측은 높다. 정유재란 때 납치되어 조선으로 귀환되었던 『월봉해상록月峯海上録』을 저술한 조선 문인 정희득에 의하면, 일본이 연행해 간 남성은 3~4만 명이고 여성은 남성의 두 배가 된다고 하니 이러한 계산으로 추정해 보면 10만 명에서 12만 명 정도로 추정한다.

『광해군일기(정초본)』에 따르면, 1617년 경상도겸사복慶尚道兼司僕 정신도가 피로인 전이생의 서한을 소개하는 상소문에서는 "전이생과 같은 처지로 사쓰마薩摩에 잡혀 있는 피로인이 3만 700여 명이나 되는데, 별도로 한 구역에 모여 산 지 무려 24년이 되어간다."라고 기록되어 있다. 사쓰마薩摩에만 피로인 3만 700여 명이 창검술과 진법을 연마한다는 것을 보면 적어도 10만 명 이상으로 추정하고 있다.

전이생全以生이 밝힌 숫자가 다소 과장일 수 있으나, 한 지역에만도 3만 명이 넘는 피로인이 있다는 기록은 당시 피랍 규모를 짐작게 한다. 특히 조선인 가운데 중인층 기술자와 학자층이 3~4만 명이 일본 각번으로 감에 따라 일본 기술과 학문 발달은 큰 영향을 받았다고 할 수 있다.

임진왜란과 정유재란 초기에 승전을 거듭한 일본군은 군사 작전에 일부 조선인 포로를 이용하였고, 장기 전쟁으로 인하여 부족한 노동력 보충과 인신매매를 목적으로 많은 수의 포로를 납치해 갔다. 이런 조선 피로인은 에도 막부가 조선과의 관계 회복을 요청해 옴에 따라 일부 쇄환하였으나, 대개 일본 사회에 하층민으로 동화되었으며, 그중에는 일본 생활이 적응되어 쇄환을 원하지 않는 경우도 있었다.

루이스 프로이스Luís Fróis의 『일본사日本史,Historia de Iapan』에 의하면 조선 피로인을 5만 명 이상으로 추정한다. 그러나 루이스 프로이스는 임진왜란 당시 사정만 알고 1597년에 나가사키에서 사망했기에 정유재란의 피로인들을 계산하지 않았기 때문에 필자는 정유재란 때 더 많은 조선인을 납치하였다고 보기에 루이스 프로이스의 5만 명은 정확하지 않다고 판단한다. 귀환 포로 정희득鄭希得은 정유재란 포로가 초기 임진왜란 포로의 10배가 넘는다는 견문도 기록으로 남겼다.

그러나 이것을 액면 그대로 포함하지는 않더라도 정유재란은 노예 전쟁이었다고 해도 과언은 아니다. 팔려 간 노예와 숨겨진 노비 등을 포함하지 않기 때문에 조선인 피로인의 숫자는 적게 잡아도 12만 명 많게는 17만 명 정도로 본다. 일부 일본인 학자들은 피로인의 숫자를 2만 명에서 5만 명으로 보는 견해가 있는데 이는 임진왜란만의 수치이고 일본에 정착한 사람의 기록된 수치일 뿐 기록되지 않고 노예로 팔린 사람들의 수치는 기록되지 않은 것이다.

당시 포르투갈 상인들은 노예 시장에서 조선인 노예를 선호했다고 한다. 그 이유는 조선인들의 근면 성실함, 아프리카 흑인 노예와 아메리카 원주민 노예보다도 값싼 가격으로 거래됨으로 조선인 노예 선호에 많은 영향을 미쳤다. 예를 들면 조선인 노예 1명과 조총 1정 가격을 비교한 것을 들어볼 수 있는데, 조선인 노예 1명의 가격은 당시 일본의 화폐 단위로 약 3문 정도였으며 조총 1정에 120문으로 따라서 조총 1정의 가격으로 조선인 노예 약 40여 명을 살 수 있었다고 파악할 수 있다. 그만큼 일시적으로 많은 조선인이 노예로 팔려 갔다.

당시 피로인의 정황을 정유재란 때 승려이면서 의사로서 종군했던 진언종 승려인 게이넨 일기인 『조선일일기朝鮮日日記』에 자세히 기록되어 있다. 게이넨은 정유재란 때 현재 오이타현에 해당하는 우스키 성주인 오오타 가즈요시太田一吉를 돌보는 의사였는데, 62세 노인의 몸으로 조선으로 건너갔다고 한다. 일기는 1597년부터 1598년 2월에 우스키로 돌아오기까지의 7개월간의 기록이 적혀 있다. 기록에 의하면,

일본에서 온갖 상인들이 왔는데, 그중에 사람을 사고파는 상인도 있어서 본진의 뒤에 따라다니며 남녀노소 할 것 없이 사서 줄로 목을 묶은 후 여럿이 줄줄 옭아매 앞으로 끌고 가는데, 잘 걸어가지 못하면 뒤에서 쫓아가서 몽둥이로 두들겨 패는 모습은 지옥의 아방이라는 나찰이 죄인을 잡아들여 괴롭히는 것과 같을 것이다. (중략) 이처럼 사람들을 사서 원숭이 목에 줄을 매어 끌고 다니는 것처럼, 소와 말을 끌게 하고 무거운 짐을 들게 하는 등 괴롭히는 모습이 보는 눈을 애처롭게 하는구나(朝鮮日日記, 1597년 11월 19일).[6]

당시 게이넨은 조선인들을 원숭이처럼 묶은 뒤 우마를 끌게 하고, 무거운 짐을 지고 가게 하면서 볶아대는 일본 상인들의 행태를 차마 눈으로 볼 수 없다고 기록했다. 이들은 조선에서 나고야에서 나가사키에서 팔려나갔고, 또 마카오에서 인도로 베트남으로 그리고 유럽까지 팔려나갔다.

---

[6] 「男女・老若買い取りて、縄にて首をくくり集め、先へ追い立て、歩み候わねば後より杖にて追い立て、打ち走らかす有様は、さながら阿坊羅刹の罪人を責めけるもかくやと思いはべる「かくの如くに買い集め、例えば猿をくくりて歩くごとくに、牛馬をひかせて荷物持たせなどして、責める躰は、見る目いたわしくてありつる事なり.(朝鮮日日記)

정유재란 때 왜군 장수 중 셈이 빠른 자는 처음부터 인신매매를 목적으로 조선인들을 대량 노략질했다. 당시 노예 시장으로 흥성했던 나가사키의 일본 상인들은 조선인을 붙잡아오려고 조선으로 도항하기 위해 노력했다. 그들은 조선 남부 등 각지를 찾아다니며 남녀를 막론하고 조선인을 직접 사들여 나가사키 등지로 끌고 가 포르투갈 상인에게 철포(조총)나 비단을 받고 팔아넘겼다고 한다. 심지어는 포르투갈 상인이 전쟁 중인 조선까지 와서 일본 장수들과 직접 거래했다고 볼 수 있는 자료도 있다. 1598년 9월 4일, 일본 예수회선교성직자회보에 의하면, 포르투갈 상인들은 왜군이 조선 남부 지방에 주둔할 때 일부러 현지에 노예 매매 선을 보내 포로를 직접 수용했다는 기록도 있을 정도이다.

왜군을 따라 조선에 들어온 상인들은 군량과 군수물자를 조달하는 한편으로 인신매매에까지 손을 댔다. 특히 인신매매는 많은 이익이 남았다고 한다. 이 때문에 전쟁 도시인 나고야성은 조선인 포로들로 넘쳐났다고 한다. 정유재란 때 칠산도에서 왜군에게 붙들려간 정희득은 "귀국 도중 들른 나고야성에서 마주치는 사람 중에 반 이상이 조선인이었다."고 기록했을 정도이다.

후쿠오카와 사가 등 규슈 지역에는 토진초唐人町, 토진마치唐人町가 있는데, 중국인을 지칭하는 것이 아니고, 일본 입장에서는 바다 건너 저편에 있는 조선과 중국인을 카라唐로 불렀기 때문에 그렇게 유래된 것으로 파악된다. 1598년 3월경 당시 나가사키에 머물렀던 이탈리아 신부 프란체스코 카를레티Francesco Carletti에게 구제된 안토니오 코레아Antonio Corea도 있었다. 이탈리아의 플로렌스(피렌체) 출신인 카를레티 신부는 세계 일주 여행을 하던 길에 1597년 6월부터 다음 해 3월까지 일본 나가사키長崎에 머물렀는데 그

사이에 노예로 팔려가던 조선 소년 5명을 구제해 그들 중 1명을 거느리고 1606년 귀국하였다. 그는 이 사실을 그의 여행기에서 다음과 같이 말하고 있다.

코레아라는 나라는 9도^道로 나누어져 있다고 한다. (중략) 이 나라 특히 가장 가까운 해안으로부터 막대한 수의 노소 남녀가 노예로 잡혀 왔다. 그중에는 보기에 딱한 가련한 소아^{小兒}도 있었다. 그리하여 나도 12스큐티(이탈리아 화폐, 1스큐티는 일본 돈 2원) 의 값으로 5명을 샀다. 그들에게 세례를 준 후 나는 그들을 거느리고 인도의 고아^{Goa}까지 가서 자유롭게 해 주었다. 그중 한 사람만은 나와 같이 플로렌스^{Florence} 시로 왔다. 그는 이제 로마에 살며 '안토니오 코레아'라는 이름으로 알려져 있다.

카를레티는 조선인 5명을 사서 이들을 나가사키의 예수회 교회에서 세례를 받도록 한 뒤 인도로 데려가 4명을 풀어주고, 나머지 한 명은 이탈리아 플로렌스까지 데려가 자유인으로 방면했다. 카를레티는 그 한 명이 로마에 있을 것이며, 이름이 '안토니오 코레아^{Antonio Corea}'로 알려져 있다고 기록했다.

이후 안토니오는 로마에 정주하면서 교회 일에 종사하다가 17세기 바로크를 대표하는 벨기에의 화가 루벤스의 눈에 띄어 명화 '한복 입은 남자^{A Man in Korean Costume}'의 그림 모델이 됐다고 한다. 이 안토니오는 안토니오 코레아^{Antonio Corea}이며 한편 1979년 10월 7일 〈한국일보〉에는 이탈리아 남단 알비 시에는

프란체스코 카를레티의 여행기

코레아Corea 씨의 집성촌이 있다는 기사가 실렸다. 그 시조로 거론되는 인물은 정유재란 때 노예로 팔린 조선 소년 '안토니오 코레아'인 것으로 알려져 있다. 이것을 보더라도 노예 시장에서 팔린 조선인은 피로인의 기록에서 제외되었기 때문에 수많은 납치된 조선인들의 연구도 필요하다.

● **가토 기요마사와 피로인**

오래전 구마모토현을 두 번 방문하여 구마모토성을 가본 적이 있다. 한 번은 박사 과정 재학 시 지도 교수였던 고故 후지모리 교수님과 방문했었고 한번은 강연을 부탁받아서 구마모토를 방문하였다. 그때 구마모토시 울산정을 보고 놀랐으며 가토 기요마사加藤淸正가 높이 칭송을 받는 것을 보고 또 놀랐다.

지금은 울산 마치蔚山町, うるさんまち는 존재하지 않고 현재는 신마치新町라고 불리며 울산 마치 정류장으로만 되어 있다. 왜 울산 마치蔚山町로 불렸는가 하면 임진왜란 당시 가토 기요마사가 울산성에 거점을 두었던 점과 거리가 비슷하였고, 울산에서 많은 조선인을 포로로 잡아서 이곳에서 살게 하여 우루산마치蔚山町라고 불렸다고 한다. 현재는 울산 마치라는 지명은 없어졌으나 노면 전차 역으로 지명은 우루산마치蔚山町로 남아 있다.

구마모토성의 천수각 기와는 다른 이름으로는 고려기와高麗瓦 조선기와朝鮮瓦라고도 한다. 조선의 오래된 건물에 사용된 양식의 기와인데 이 고려기와는 후쿠다 고에몽福田五右衛門이라는 기술자가 구마모토성 축성 때 감독에 임명되었다고 한다. 이 후쿠다가 임진왜란 때 임진왜란 때 끌려온 기와 기술자였다고 한다.

구마모토성 내 본성에는 가토 신사加藤神社가 있는데 물론, 가토 기요마사

를 중심으로 제사 지내는 주제신主祭神으로 모시나 주제신 외에 배신陪神으로 김환金宦을 모시는데, 정식으로는 한인 킨칸공韓人金官公:かんじんきんかんこう을 신으로 모시고 있다. 실제 존재한 인물인데 조선의 환관으로 김환金宦인데 김관金官으로도 불린다.

가토 기요마사가 아버지를 위해 만들었다는 혼묘지에도 가토 기요마사의 묘 옆에 나란히 묻힌 조선인 김환이다. 김환은 가토에게서 중요한 인물이었던 모양이다.

그런데 2020년 3월에 연구년으로 동경에 가면서 다시 한번 가토 기요마사를 만나게 된다. 묘한 인연이다. 내가 게이오대학에 연구년으로 오면서 게이오와 가까운 미나토구港区의 시로카네白金로 거주지를 정했다. 지인인 추광호 회장은 집을 보고 방이 너무 작다고 하며 좀 더 큰 곳으로 가라고 권유했지만 과거 유학 시절을 생각하며 시로카네로 정했다. 그런데 바로 옆 동네인 시로카네다이白金台에 가쿠린지覚林寺라는 절을 가다 보니 사거리가 세이쇼코清正公로 붙어 있고 버스 정류장도 세이쇼코라고 있는데 이것이 가토 기요마사의 세이쇼인지는 몰랐다. 게이오대학원 시절에도 이곳을 지나쳤지만 당시에도 세이쇼코가 기요마사를 지칭하는 줄은 몰랐다.

바로 이곳에 가쿠린지覚林寺라는, 일연상인日延上人이 창건했다는 일련종의 절이 있다. 이 절에서 모시는 신은 바로 세이쇼清正 공이라는 신으로, 바로 가토 기요마사를 신격화한 것이다. 이 무슨 묘한 인연인가?

그런데 일연이라는 스님은 이태웅李太雄, 1589~1665으로 임해군의 장남으로 임진왜란 중인 1593년 함경도로 피난하던 도중 회령에서 일본군에 잡혀 인질로 끌려 일본으로 왔으며 기요마사의 노력(배려)인지 강압인지 스님이 되었다고 전해진다. 임해군은 광해군의 형이었으므로 품행이나 능력이 있

었으면 왕이 되었을 수도 있었는데 선조의 큰손자가 인질로 잡혀 와서 불심佛心으로 평생의 한을 달랜 것 같다. 또 가쿠린지는 시로카네의 세이쇼코님白金の清正公さま으로 불려 매년 5월 4일~5일까지 축제가 진행된다고 하였으나 코로나 때문에 보지 못해서 유감이다.

일연 상인은 큰 스님이란 의미의 상인上人을 붙여 일본의 기록에는 일연 상인日延上人이라고 부르고 있다. 72세 때 조선이 보이는 장소를 물색하다 후쿠오카福岡의 물가 언덕에 묘안사妙安寺를 창건하고 5년간 거처하다 1665년 1월 26일 세수 77세로 입적하였다. 피로인 연구를 하면 가토 기요마사와 만나게 되고 그 옆에 있던 조선인들을 생각하면 가토 기요마사와의 악연은 이제는 끝났으면 한다.

임진왜란 당시 서양인 선교사 루이스 프로이스

상술한 루이스 프로이스Luís Fróis의 『일본사日本史』를 예로 들었는데 루이스 프로이스는 16세기에 활동한 포르투갈 예수회 소속 사제이자 선교사이다. 프로이스는 주로 아시아 특히 일본 지역에서 선교 활동하였는데, 저서 『일본사』에는 당시 전국 시대였던 일본 기록과 선교의 다수 기록이 있으며 후반부에는 임진왜란 관련 기록도 남아있다.

그는 1532년에 스페인의 리스본에서 태어나 1548년 16세에 예수회에 입회하고 1561년 고아에서 사제로 서품되어 어학과 문필의 재능을 높이 평가되어 각 선교지에서의 통신을 다루는 일에 종사했다. 31세인 1563년 현재 나가사키현에 해당하는 당시의 오오무라大村령이었던 요코세우라橫瀨浦

에 상륙하여 당시 번주였던 오오무라 스미타다大村純忠 지원하에 염원이었던 일본 포교 활동을 시작했다.

1569년 쇼군 아시카가 요시아키足利義昭를 옹립하여 일본 정치사에 대두하던 오다 노부나가와 니조성의 건축 현장에서 처음 대면했다. 기존 불교계 본연의 자세에 노부나가가 분개하던 시기라 프로이스는 쉽게 오다 노부나가의 신뢰를 얻어 교토 주변인 키나이畿内 지역에서의 포교를 허락받았다. 그가 저작한 『일본사』에서는 오다 노부나가는 이교도이면서도 시종 호의적으로 그려져 있다.

프로이스의 『일본사』에는 오다 노부나가 활동을 그린 『신초코키信長公記』 등에 없는 내용도 많아 일본 전국 시대 연구의 중요한 자료의 하나로 인정된다. 오다 노부나가와 프로이스는 서로 호의적인 관계였다. 아니 오다 노부나가와 천주교는 평화의 시대였다고 하는 편이 타당하다. 그는 선교사 앞에서도 무신론을 말할 정도로 확고한 무신론자였지만 서양의 문물에 관심이 많아 선교사들과 교류가 잦았다. 또 그는 종교가 정치적으로 연루되는 것을 싫어했지만 그렇지 않으면 남이 종교를 믿든 말든 신경을 안 썼기 때문에 기독교를 탄압하지 않았다.

1582년 6월 2일 그가 교토의 '혼노지의 변'으로 사망하면서 도요토미 히데요시가 천하를 통일하였는데, 1587년 '바테렌'이라 불리는 선교사 추방령이 발효되면서 나가사키에 은거했다. 참고로 히데요시가 바테렌 추방령을 발효한 것은 그 당시 규슈의 키리시탄 다이묘와 크리스천(천주교 신자)에 의해 규슈 지역의 몇백 개 이상의 사찰이 불타 없어지면서 승려가 핍박당하는 사건을 목격한 도요토미 히데요시는 기독교 포교가 상대국의 식민지화에 영향을 줄 수 있다는 사실을 알게 되었다고 한다.

도요토미 히데요시의 규슈 정벌 중에 구마모토현 아마쿠사 제도 熊本縣 天草諸島 지방에서 일본 백성들을 노예로 팔아넘기는 포르투갈 노예 상인들의 행태를 목격한 사건 등의 영향이 있었다. 당시 마땅히 수출할 상품이 없던 일본은 긴 전쟁 기간 조총, 화약 등을 수입하는 대신 외국에 자국민들을 노예로 팔았다고 전한다. 이러한 상황은 임진왜란 때 일본인 대신에 조선인으로 바뀌었다. 프로이스는 바테렌(선교사) 추방령 이후 마카오에 머물다가 1595년 다시 일본으로 돌아와 1597년 나가사키에서 세상을 떠났다.

프로이스는 대략 30년 정도 일본에서 활동하며 일본의 글을 남겼는데, 이것이 바로 『일본사』이다. 『일본사』에는 마비키 間引 같은 일본의 풍습 등 당대 일본의 모습이 자세히 묘사되어 있다. 마비키는 일본어로 솎아내기라고 한다. 에도 시대 중기 이후에는 평균 자녀 수가 3명이었는데 아이가 3명 이상 태어나면 부모가 전부 죽였기 때문이다. 그래서 마비키를 금지하는 움직임이 시작되기도 하였다.

루이스 프로이스가 바라본 당대 일본 모습은 외국인의 시선에서 일본을 보았다는 점이 흥미를 끄는 저서라 연구자들에겐 전국 시대 및 임진왜란 연구에 많은 도움을 주는 책이다. 프로이스는 『일본사』에서 임진왜란 당시의 일본인들의 심정을 이렇게 적고 있다.[7]

이 같은 일이 진행되어 모든 사람이 정복 사업의 준비에 쫓기는 동안 다음과 같은 소문이 널리 퍼졌다. 즉, 관백(히데요시)은 이 사업을 결국 성취할 수 없을 것이고, 그리고 조선에 출전하기에 앞서 일본 전역 곳곳에서 대규모 반란이 야

---

7) 松田毅一・川崎桃太訳『フロイス日本史』全12 (中公文庫、2000年)

기된다는 것이다. 사실 사람들은 몹시 이 정복 사업의 참가를 혐오하고 있어 마치 죽으러 가는 것이 보장된 것처럼 생각하고 있었다.

『일본사』에서 임진왜란 기록의 경우 루이스 프로이스는 조선에 온 적이 없고 세스페데스 신부 등 당시 종군했던 선교사와 일본 쪽 자료들을 토대로 쓴 것이고 고니시 유키나가처럼 기독교를 믿었던 크리스천 다이묘 주변의 상황을 보았지만 가토 기요마사의 상황은 보지 않아서 왜곡이 있을 수 있다.

1582년 예수회 선교사인 알레산드로 발리그나노Alessandro Valignano가 발안한 천정유규사절天正遣欧使節은 규슈의 크리스천 영주인 오토모 소린大友宗麟과 오오무라 스미타다大村純忠, 아리마 하루노부有馬晴信의 대리로 로마에 파견된 4명의 소년을 중심으로 한 일본의 천주교 사절단으로 1590년에 일본으로 귀국하였으며 이 사절단에 의해 유럽 사람들에게 일본의 존재를 처음 알렸다. 1590년 귀국한 천정유규사절을 따라 발리그나노가 일본에 재입국할 때 프로이스가 동행하여 통역사로서 히데요시와 회견했다.

1592년(임진 원년), 발리그나노와 함께 일시적으로 마카오에 건너가 1595년 나가사키로 돌아온다. 산 펠리페호가 1596년 8월 28일 시코쿠의 우라토에 표착한 사건을 계기로, 도요토미 히데요시는 서양 종교가 국가의 전복을 꾀한다는 사상과 예수회 선교 사후 일본에 온 스페인 선교사회인 프란체스코회의 활발한 선교 활동이 금교령禁教令에 대한 도발이라고 생각하였다. 교토 부교의 이시다 미쓰나리에게 명령하여 교토에 사는 프란체스코 선교사들과 기독교인 모두를 체포하여 처형하도록 명하였다.

1597년은 『26 성인의 순교 기록』을 문필 활동의 마지막으로 남기면서 1597년 오오무라령 나가사키의 코레지오에서 65세로 사망하였다. 루이스 프로이스는 히데요시의 조선 침략을 기록하였으면서도, 그를 천주교 탄압자와 박해자로 기록했다. 히데요시는 1년 뒤인 1598년 9월 18일 사망하였다. 당시 서구에서는 1580년 스페인이 포르투갈을 합병하여 스페인 제국으로 전성기를 맞았으나 1588년 무적함대가 영국 해군에게 패배하며 해외 진출의 주역이 스페인에서 영국과 네덜란드로 변화하는 전환기를 맞이하고 있었다. 이 시기에 네덜란드가 이미 도쿠가와 이에야스에게 접근하고 있었음도 상기할 필요가 있다.

도요토미 히데요시의 조선 침략은 실패로 끝났으나 초반전의 승리와 고니시 유키나가의 평양 점령, 가토 기요마사의 함경도 오지까지 침공 등 기요마사의 호랑이 사냥 등의 에피소드를 통해 도요토미 히데요시의 영웅적 위업 칭송이 등장했다. 모토오리 노리나가本居宣長도 『어융개언馭戎概言』에서 '히데요시의 조선 침략을 신국神國 일본의 쾌거'로 칭송하였다. 특히 고대 일본사에서 신화로만 느꼈던 진구황후神功皇后의 삼한 정벌이 더욱 사실로 인식되면서 삼한 정벌설과 함께 존재했던 도요토미 히데요시 조선 정벌은 일본이 섬나라 콤플렉스를 없앴다. 또 일본이 강국이 되려면 첫 번째 넘어야 할 장벽이 바로 조선 정벌이라는 부정하기 어려운 확장 사상과 함께 조선 멸시 정신과 심정을 만들어 낸 원인이 되었다고 하겠다.

아직도 한국인의 감정과 정서를 무시한 귀 무덤耳塚을 숭상하는 분위기가 남아 있어 보는 사람들의 마음을 어둡게 한다. 귀 무덤이 아니고 원래는 코 무덤인데 일본 유학자의 최고봉인 하야시 라잔林羅山이 귀 무덤으로 부르며 명칭을 바뀌었다고 한다. 얼마나 많은 사람의 코가 묻혔는지는 정확하게 파악되지 않으나 한국에서는 일부에서는 18만 5000여 명, 일부에서는 12만 6000명, 일본에서는 2만 명에서 5만 명이라고 되어 있다.

이를 보며 일본인들은 본인들의 무를 숭상하였으나, 조선에서는 주자학만으로 500년을 잇게 하여 무를 멸시하고 과학 등을 무시한 결과 난학 등은 조선에 들어오지도 못하게 했고 오직 주자학으로서의 일본을 평가하고 '섬나라 왜놈'들로 인식하며 후일에는 일본의 식민지가 되는 계기가 되었다.

2 붓의 윤리와 칼의 윤리의 대립

임진왜란으로 등장한 의병

의병은 외침을 받아 위급할 때 국민 스스로가 일어나 조직하는 자위군을 말한다. 즉, 국가의 명령이나 징발을 기다리지 않고 자원 종군하는 민병民兵을 말한다. 의병의 전통은 이미 삼국 시대부터 비롯되었으며, 고려·조선 시대를 거쳐 조선 말기에까지 이르렀다. 의병의 역사에서 가장 탁월한 활동을 보여준 것은 임진·병자 양란의 의병과 조선 말기의 의병이었다.

이같이 오랜 의병 역사로 인해 특유의 의병 정신이 조성되어, 승패를 가리지 않고 죽음을 결심하고 과감히 전투하는 것을 의병의 본분이라 여겼다. 나아가 의병 정신이 곧 한민족의 특성이라고까지 믿었다.

박은식朴殷植은 상해임시정부의 2대 대통열을 지냈고 역사학자로 유명한 박은식은 "의병은 우리 민족의 국수國粹요 국성國性이다."라면서 "나라는 멸할 수 있어도 의병은 멸할 수 없다."라고 말하였다. 즉, 우리 민족은 역대 항중·항몽·항청·항일의 투쟁 속에서 무력에 강한 국민성을 갖게 되었고, 이 때문에 어느 침략자로부터도 정복당하거나 굴복하여 동화되는 일이 없었다.

임진왜란의 특징 중 하나는 의병의 등장이다. 임진왜란이 시작되고 파죽지세로 승승장구하는 일본군에게 조선 관군은 추풍낙엽처럼 연전연패했다. 임진왜란에서 절체절명의 위기 상황에 나라를 구한 대다수의 구국 영웅은 의병장과 의병, 그리고 승병들이다. 이들은 전부 무사 출신이 아니고 조선의 유생들이 대부분이라 붓의 윤리로 칼에 대항한 사람들이다.

왜군은 임진왜란에서 큰 실책 두 가지를 범했다. 무패의 신화를 이룩한 이순신 장군의 조선 수군을 얕잡아 본 것과 전혀 예상치 못한 의병 활동은 임진왜란의 판도를 바꿔놓았다. 이순신 장군이 남해안 일대에서 연전연승하며 제해권을 장악할 때, 조선 팔도 곳곳에서 동에 번쩍 서에 번쩍하며 전장을 누빈 의병과 승병 등은 왜군을 괴롭혀 조선 정벌 전략에 큰 차질을 빚게 한다. 연전연패하던 조선 관군이 재기할 기회를 만들어줬다.

1593년 정월 명나라 진영에 통보한 전국 의병 총수는 관군의 4분의 1에 해당하는 2만 2600여 명에 이르렀다. 그러나 이 수는 의병의 활동이 가장 활발했던 임진년(1592년)에 비하여 많이 줄어든 숫자이다. 의병 중에서도 의승義僧군은 특수 집단으로 활약이 컸다. 묘향산의 노승 휴정休靜, 西山大師은 수천의 문도로 승군을 일으키고 각 사찰에 격문을 보냈다.

이밖에 전국 사찰에서 일어난 의승군 수도 많았고 그들의 전과 또한 컸다. 임진왜란 때 승려들의 군대인 의승군의 활약과 임진왜란 때의 사명대사, 서산대사의 활약은 억불숭유의 나라에서 임란 이후에 승려들의 입장이 조금씩 변화했다. 사명대사는 쇄신사로 파견되어 피로인들을 데리고 귀국하기도 하여 외교관으로도 활약했다. 일본에서는 사명대사 유정惟政 을 높이 평가하는 데 비해 조선에서는 평가가 낮았으나 최근에는 한·일 학계에서 사명대사 유정의 평가가 높게 일어나고 있다.

조선 시대 임진왜란 당시 의기義妓들의 활동이 알려졌는데, 논개와 계월향이 유명하다. 논개는 술에 취한 왜장 중 게야무라 로쿠스케毛谷村六助를 꾀어내어 남강의 바위 위에 올랐다. 그리고 그를 안고 그대로 강물에 투신하였다. 사회의 멸시를 받던 기녀의 몸으로 나라를 위하여 자신의 목숨을 바친 충성심에 감동한 유몽인이 『어우야담於于野談』에 기록하여 문자화된 것이었다. 한편 진주 사람들이 논개의 애국적 행위를 기리고 전하기 위하여, 순국한 바위에 '義巖(의암)'이라는 글자를 새겨넣은 것도 이 무렵이었다.

그러나 논개가 같이 죽었다던 왜장이 게야무라 로쿠스케가 아닐 수도 있다는 설이 나왔고 논개가 기생이 아니었다는 말도 나와 논개의 이야기는 대부분 근거가 명확하지 않다. 그것은 그녀 신분이 기생으로 번듯한 가문의 아녀자도 아니었으므로 신분 사회인 조선 사회에서는 의도적으로 외면을 당했다. 그러함에도 진주의 일반 백성들은 그녀를 기억하고 추모하는 논개가 기생이었든 아니었든, 그녀가 죽인 왜장이 게야무라 로쿠스케이든 다른 왜장이든 그것은 중요한 문제가 아니다. 역사 기록이 민간에 살아남아 입에서 입으로 구전되었다는 점도 중요하다.

임진왜란 때 계월향은 조선 시대 평양 명기였다. 당시 평안도 병마절도사 김응서의 애첩으로, 왜장 고니시 유키나가小西行長의 부장에게 몸을 더럽히게 되자, 적장을 속여 김응서가 적장의 목을 베게 한 후 자결하였다. 적장에 관해서는 소서비小西飛라는 이야기가 있지만, 일본 측 기록에는 소서비 즉 나이토 조안内藤如安은 1626년 필리핀 마닐라에서 임종했다고 전한다.

게야무라 로쿠스케와 소서비의 이름과 경력이 틀리나 당시 상황으로는 있을 수 있는 일이다. 이건 그다지 중요한 일이 아니다. 누구이건 왜군을 죽였다는 것이 민간에 전승되고 이것이 와전되다 보니 다를 수 있다.

1591년 가을 어느 날 경상남도 지역의 해안선을 살피러 고성에 잠입한 일본 밀정이 무학리에 있는 술집 무기정에 들어왔다. 이때 '월이'라는 기녀는 그가 1년 전에도 와서 며칠 쉬었다 간 사람임을 알아보았다. 그 사람과 기녀들은 구면이어서 바로 친해지고 서로 술을 권했다. 그런데 술에 취해 곯아떨어진 그 사람의 품속에 여러 겹으로 싼 비단 보자기가 보였다. 이것을 예사롭지 않게 본 월이가 보자기를 열어보니 조선을 침공하고자 하는 일본의 해로공략도海路攻略圖, 위기상황 발생 시 육상 도주로 등 지리와 지형이 상세히 그려져 있었다.

일본 첩자라고 생각한 고성의 기생 월이는 그의 지도에 현 고성 읍내 수남리와 지소강이 서로 통해 당항만이 바다로 연결되는 것처럼 지도를 조작했다는 것이다. 즉 산줄기의 '통영지맥'을 잘라 고성반도를 섬으로 표현한 것이다.

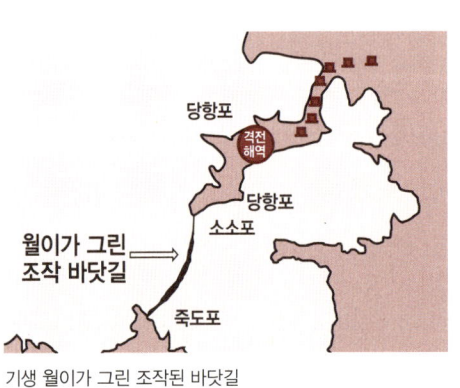

기생 월이가 그린 조작된 바닷길

이듬해인 1592년 임진년 6

월 5일 당항포 앞바다에 수십 척의 일본 전함이 나타나 우리 수군과 일전을 치렀다. 이것이 제1차 당항포 해전이다. 이때 일본 수군은 지난해 첩자가 작성한 지도에 근거하여 당항포 앞바다를 거쳐 고성 쪽으로 밀고 들어왔다. 이에 우리 수군은 마산 합포구 진전면 창포리와 고성군 동해면 내산리의 곶串을 차단하고 당항포로 압박해 들어와 적선 26척을 격파하여 당항포 해전을 승리로 이끌었다. 머리개인 두호頭湖는 해전에서 패한 일본 수군의 머리가 떠밀려 왔다 해서 지어진 이름이고, 그 아래의 속싯개는 왜군들이 속았다고 그리 부른다고 전해지고 있다.

임진왜란에는 의외로 기생들의 활약이 많이 등장한다. 일본군이 기생과의 접촉이 많다 보니 그런 것도 있겠으나 무엇보다도 천한 기생 출신도 나라를 위해 열심히 싸웠다는 의미가 있음을 알아야 한다.

우리나라의 국가무형문화재 제8호인 강강술래는 여러 가지 설이 있고 의미가 있으나 임진왜란과 관계가 깊고 특히 이순신 장군에 의해 강강술래가 발달했다는 설이 유력하다. 임진왜란 때 적군과 비교해 아군이 현저히 적자 이순신이 한밤에 부녀자들을 모아 불을 들게 하고 해안가를 따라 돌며 강강수월래를 외치게 했는데, 이를 본 왜군이 조선군이 아직도 많다고 착각하여 섣불리 공격하지 못했다는 이야기다. 이 설에 따르면 강강수월래의 의미는 '강한 오랑캐가 물을 넘어온다強羌水越來'라는 한자 풀이에서 알 수 있듯 오랑캐의 침입을 경계하라는 병사들의 구호라는 것이다.

민간에 이미 존재하던 '강강술래' 임진왜란을 거치며 '강강수월래'로 변한 것으로 보고 있다. 강강술래를 즐기는 지방이 주로 옛날 충무공이 왜적들과 싸웠던 남해안 일대라는 것과, 강강술래가 충무공의 전술로 이뤄졌다는 점을 유추해 볼 때 위와 같은 속설이 전해지는 것으로 여겨진다. 임진왜란 때에는 많은 일반인이 동원되거나 스스로 일본군과 싸웠는데 이는 후일에 의병으로 변하였고 일본이 명성황후를 시해할 때 전국에서 다시 일어나는 계기가 되었다.

의병은 한·일 병합 전후에는 독립군으로 변하며 이토 히로부미를 암살한 안중근과 1932년 천황 히로히토에게 폭탄 투척을 한 한인 애국단의 이봉창 의사, 1932년 천황 천장절 행사를 하던 중국 상하이 홍커우 공원에서 윤봉길 의사는 일본의 수뇌부에 폭탄을 투척한다.

이 의거로 상하이 거류 민단장 가와바타 테이지河端貞次와 상하이 파견군 사령관 육군 대장 시라카와 요시노리白川義則가 사망하고 주중 일본공사 시게미츠 마모루重光葵는 오른쪽 다리를 잃었고, 상하이 총영사 무라이 쿠라마츠村井倉松는 중상을 입었으며, 상하이 주둔군 제9사단장 육군 중장 우에다 켄키치植田謙吉 장군은 왼쪽 다리를 잃고, 해군 중장 제3함대 사령장관 노무라 키치사부로野村吉三郎 제독은 오른쪽 눈을 잃었다. 이 사건은 중국 신문에서 크게 취급하며 만주와 상하이에서 일본에 연달아 패퇴해 국가적 수치를 당한 장제스의 국민 정부 주석에게는 윤 의사의 상하이 거사는 그야말로 대단한 의거였다. 장제스는 윤 의사의 상하이 의거에 충격을 받아 윤 의사가 중국 100만 대군과 4억의 중국인이 못한 일을 해냈다고 극찬하고, 높이 평가했으며 김구의 상하이 임시 정부를 인정하였다.

김구 주석은 윤봉길 의사의 의거로 상하이 임시 정부가 살아나 중국 국민당 정부로부터 지원받고, 또 해방과 더불어 귀국할 때도 상하이 임시 정부를 앞세운 것은 윤봉길의 의거 때문이라고 말했다. 장제스는 1933년 5월 김구 선생 등 상하이 임시 정부 수뇌를 초청하고 낙양군관학교에 한국인 특별반을 설치해 주는 등 상하이 임시 정부가 광복군을 창설하는 데도 도움을 주었다. 이처럼 독립군은 의병과 깊은 관계가 있고, 의병은 동학 혁명과도 깊은 관련이 있고 3.1 운동과도 깊은 관련이 있다. 의병은 거의 일본과 대항하거나 싸울 때 일어난 것으로 보면 된다. 일본이 칼의 윤리인 무사가 있다면 조선에서는 붓의 윤리를 토대로 선비가 국가를 위해 의병으로 나가서 적과 싸운다. 이것이 한국과 일본의 다른 점이다.

조선 민간인에서 시작된 일본 유교의 등장

일본의 유교는 6세기에 백제 출신 오경박사五経博士가 513년에 전파했다고 전해지나 왕인박사王仁博士가 『논어』를 들고 왔다는 설도 있어 5세기에 들어왔을 가능성도 있다. 일본에서의 유교는 종교적 색채가 거의 없는 지배층을 위한 지배학, 제왕학에 가까웠다. 나라 시대와 헤이안 시대에 율령제가 쓰이자 관료를 양성하기 위해 유교 교육이 도입되었으나 일단 일본에는 중국과 조선처럼 과거 시험이 없었고 불교가 융성하면서 존재감을 상실했다.

1199년 가마쿠라 막부 시기에는 남송의 주자학이 전파되었으며 일본에서는 송학宋學이라고도 한다. 15세기에 이르면 오닌의 난이 일어나고 수도인 교토가 황폐화하면서 유학자들은 각 지방으로 들어갔다. 오닌의 난은 무로마치室町 시대의 오닌 원년(1467년)에 발생하여 1478년까지 약 11년간 계속된 내란이다.

무로마치 막부 쇼군 다음의 지위인 칸레이管領 가문의 하타케 야마畠山, 시바斯波의 가독 다툼에서 호소카와 가쓰모토細川勝元와 야마나 소젠山名宗全의 세력 다툼으로 발전하고 무로마치 막부 8대 장군 아시카가 요시마사^{足利義政}의 후계 다툼도 더해져 전국에 전쟁이 확대되었다. 이러다 보니 유학자들은 각 지방으로 귀향했으며 불교 선승의 승려^{僧侶}가 유교를 연구하였을 정도였다.

● 피로인에서 유학을 정착시키고 귀국한 강항

일본에서 유교는 에도 시대에 들어와 조선 선비인 강항^{姜沆}의 영향을 받았다. 그것도 1597년 7월 정유재란 때 납치당한 강항에게 후지와라 세이카^{藤原星窩}가 성리학을 배움으로써 시작했다고 할 수 있다. 일본 유교는 유교나 유학을 중국을 통해서 받아들인 것이 아니고 도요토미 히데요시의 조선 침략을 통해 정유재란 때 강항을 납치하며 발전하기에 이른 것이기 때문이다.

후지와라 세이카는 1561년 천황에게 봉사하는 궁정 귀족인 구게^{公家, 공가}인 레이제이 타메즈미^{冷泉爲純}의 셋째 아들로 현재 효고현 미키시^{兵庫縣三木市}에 해당하는 하리마노쿠니^{播磨国}에서 태어났다. 적자가 아니고 서자였기 때문에 가문을 이을 수 없어 상경하여 교토의 임제종인 쇼코쿠지^{相国寺} 선종의 승려인 선승이 되어, 선과 주자학을 배웠다. 유학을 배우려는 명나라에 건너가려고 했으나 실패로 끝났다. 이때 등장한 사람이 조선학자 강항이다.

강항은 1567년 전라남도 영광에서 태어났다. 16세에 향시에 합격하고 21세에 진사시에 합격했으며 27세 때인 1593년 전주 별시문과^{別試文科}에서 병과로 급제, 교서관^{校書館} 정자^{正字}가 되었다. 이듬해 가주서를 거쳐 1595년 교서관박사가 되었고, 1596년 공조좌랑과 이어 형조좌랑을 역임했다.

30세인 1597년 휴가로 고향에 머물던 중 정유재란이 일어났다. 정유재란 때 도도 다카토라藤堂高虎의 수군에 포위되고, 일본의 포로로 압송된다. 강항의 가족들은 일본군에게 붙들려 일본으로 끌려가는 길에 목숨을 잃었다. 자신과 두 형의 자식까지 6명 가운데 살아남은 아이는 어린 딸 하나뿐이었다고 한다. 심지어 일본군은 강항의 8살 난 어린 조카가 갈증에 시달린 끝에 바닷물을 마시고 구토와 설사를 하자 "너 같은 것에 줄 약은 없다."면서 바다에 집어 던져 살해하기까지 했다. 강항은 이런 피눈물 나는 상황을 보고는 물에 뛰어들어 자살을 시도했으나 일본군이 가로막아 실패했다.

간양록(看羊錄)
출처 : 국립중앙박물관

10여 일 만에 지금의 일본 에히메현愛媛県의 오오즈大洲 성에 도착한 강항은 그곳에서 출석사出石寺의 승려 요시히토와 교류하며, 일본의 역사, 지리, 관제 등을 알아내어 『적중견문록賊中見聞錄』이라는 책을 만들어 몰래 본국으로 보내기도 했다.

이듬해인 1598년 교토의 후시미성으로 이송되어 이곳에서 후지와라 세이카藤原惺窩 학문을 좋아하는 다지마但馬의 다케다竹田 성주였던 아카마쓰 히로미치赤松廣通 등과 교류하며 성리학을 가르쳤고, 후지와라 세이카는 일본 주자학의 시조가 된다. 당시 후지와라 세이카와의 만남을 강항의 저서 『간양록看羊錄』에서 '글을 팔아 은전을 마련하여 귀국할 배를 마련하고자' 했다고 적고 있다. 다시 말하자면 조선으로 귀국할 비용을 벌기 위해 그에게 글씨를 써주었는데, 주자학에 대한 후지와라 세이카의 열의에 감탄해 그에게 성리학을 가르쳐주게 되었다고 말하고 있다.

강항은 초기에는 '건거록巾車錄'이라 하였는데, 건거巾車는 죄인을 싣는 수

레라는 뜻이니, 포로로 잡혔다는 의미와 죽지 않고 살아왔다는 의미에서 죄인罪人이라는 뜻에서 이를 사용한 것으로 풀이된다.

1656년(효종 7)에 이 책이 간행될 때, 그의 제자들이 책명을 『간양록看羊錄』으로 고쳤다. 간양看羊은 한나라 무제 때 흉노에 사신으로 갔다가 억류되어 흉노 왕의 회유를 거부하고 양치는 노역을 하다가 19년 만에 돌아온 소무蘇武의 충절을 뜻하는 것으로, 제자들이 강항의 애국 충절을 견주어 말한 것이다. 후지와라 세이카는 도요토미 히데요시, 도쿠가와 이에야스에게도 유학을 강의하였으며, 특히 도쿠가와 이에야스는 유학을 가르치는 스승 자격으로 초빙하였으나 거절하고 제자인 하야시 라잔을 추천했다. 강항의 『간양록看羊錄』에는 후지와라 세이카가 도쿠가와 이에야스의 스승 초빙을 거절한 것이 나타나 있다.

"나는 일본의 교토에 온 뒤로부터 왜국의 실정을 알기 위해 때때로 일본인 승려를 접했다.(중략) 또 묘수원妙壽院의 순수좌舜首座가 있었다. 그는 후지와라노 데이카藤原定家의 자손으로 타지마但馬 성주 아카마쓰 히로미치赤松広通의 스승이다. 매우 총명하고 고문을 해독하여 통달하지 않은 책이 없었다. 도쿠가와 이에야스가 그의 재주가 뛰어나다는 것을 듣고 교토에 집을 지어주고 해마다 쌀 2천 석을 주고자 했다. 순수좌는 그 집에 살지 않고 녹미祿米도 사양하고 받지 않았다. 다만 기노시타 가쓰토시나 아카마쓰 히로미치와 교유할 뿐이다."

여기에서 강항이 말하는 순수좌舜首座는 교토 상국사 묘수원妙壽院의 선승 후지와라 세이카이다. 그는 히데요시 시대인 1590년 조선통신사 일행 가운데 서장관인 허성許筬을 만나면서 유학의 관심이 높아졌으며, 1596년경부터는 자신의 몸과 마음을 다스려 남을 다스리는 수기치인修己治人을 과제로 삼아 유학자로서의 자각을 명확하게 가진 것으로 보인다. 그는 중국 송대 이후 등장한 주자학을 직접 배우기 위해 명나라로 유학하고자 했으나 실패했다. 『간양록』에서는 남만인들의 상선 왕래도 적고 있다. 당시 교토의 사정을 엿볼 수 있다.

"왜인들은 호기심이 많으며 외국과 통교하는 것을 좋아하여 외국 상선이 와도 사신 행차라고 하니 교토에서는 남만(유럽) 사신이 왔다는 소리를 거의 매일 듣습니다. 먼 데서 온 외국인을 왜인이 해치기라도 하면 통교가 끊어질까 염려하여 '반드시 가해자 삼족을 멸한다.' 하며 천축(인도) 같은 나라도 내왕이 끊임이 없습니다."

후지와라 세이카와 강항의 교류는 약 2년 8개월 동안 이어졌다. 강항이 남긴 『간양록』에 따르면[8] 이들이 깊은 교류를 할 수 있었던 이유는 전쟁을 통해 가족을 잃는 아픔과 전란의 참상을 목격하면서 공감하는 바가 컸기 때문이었다. 강항은 전란으로 가족을 잃고 전쟁 포로로 끌려왔고 후지와라 세이카 18세에 전란으로 아버지와 동생을 잃는 슬픔을 겪은지라 서로를 이해했던 것 같다.

후지와라 세이카의 후원자였으며 학문을 좋아했던 다이묘인 아카마쓰 히로미치는 세키가하라의 전투関ヶ原の戦い에서 서군으로 참전하여 동군인 도쿠가와 이에야스와의 전투에서 지는 바람에 자결하였다. 따라서 조선 유

---

[8] 『수은 간양록』, 강항 지음, 이을호 옮김, 양영각, 1984.

학자에 정사되었던 사서오경이 후지와라 세이카가 훈점訓点을 넣어 출판하려던 사업도 단절되었다.

『간양록』에는 그가 도요토미 히데요시의 침략 전쟁을 두고 "명과 조선이 거꾸로 일본을 점령하였으면 좋겠다."는 말이 기록되어 있다. 절대적 후원자였던 아카마쓰 히로미치의 할복으로 절망에 빠진 후지와라 세이카의 푸념이었으며 전쟁 포로로 잡혀 온 강항과의 국적을 떠난 선비들끼리의 위안 겸 푸념이었다고 생각한다.

후지와라 세이카와 강항의 만남과 교류는 그 자신에게뿐 아니라 일본으로서도 엄청난 전환점을 맞이한다. 그는 강항에게 개인적으로 유학을 배우면서 감동받아 법의法衣를 벗고 승려 직과 결별을 하였다. 세키가하라 전투에서 승리하여 권력을 장악한 도쿠가와 이에야스에게 1600년 교토의 니조성에서 주자학 강의를 하였으며 당시 조선식 유교 복식인 심의도복深衣道服을 입었다고 한다. 동석했던 상국사의 선승인 사이쇼 조타이西笑承兌는 심의도복을 입은 후지와라 세이카를 보고 그의 배불을 격하게 비난했다. 사이쇼 조타이는 상국사 중흥의 시조로 일컬어지는 한편 히데요시, 이에야스의 외교 고문이었다. 강항의 『간양록』에 의하면 사이쇼 조타이를 다음과 같이 기록하고 있다.

"사이쇼는 한문을 자유자재로 사용한다고 자부하고 있으며 히데요시에게 아첨하여 1만여 석의 땅을 받고 있지만 '조선 같은 나라는 의롭지 못하기 때문에 이를 정복하다.'라고 적고 있어 정말로 가슴이 아프고 뼈가 깎는 것 같아서 화를 내었다."

후지와라 세이카와 사이토 조타이의 유불儒佛 논쟁은 이에야스 앞에서 벌어졌는데, 이에야스는 후지와라 세이카의 손을 들어주고 에도 막부에서는 관학으로서 주자학이 채용되는 순간이었다. 정유재란에 납치된 포로인 강항과 승려인 세이카의 교류는 국적과 신분을 뛰어넘어 주자학을 통한 순수한 지적 교류였다는 점에 높이 평가되며, 이를 통해 일본 유학이 시작되었다는 점에서도 한국인으로서 미묘한 기분이 들기도 한다. 봄비 내리는 어느 날, 강항은 고향을 향한 그리움을 가득 담아 시 한 수를 읊었다. 그중에서 하나를 보면 다음과 같다.

봄비 한번 지나고 나면春雨一番過
돌아가고 싶은 마음 한층 더하구나.歸心一倍多

후지와라 세이카는 강항에 보답하기 위해 정유재란 때 강항을 포로로 끌고 온 다이묘를 설득하여 훗날 강항의 조선 귀국 허락을 받아내는 데 경제적인 도움을 주기도 한다. 상호 학자로부터 시작된 붓의 윤리이다. 후지와라 세이카는 조선이나 중국의 학자라고 해도 믿을 만큼 순수한 유학자였고 붓의 윤리로 시작된 두 학자의 교류는 우정으로 이어졌고, 그의 도움 없이는 강항은 귀국하지 못했을 것으로 판단된다. 만약 후지와라 세이카가 칼의 윤리를 부르짖은 무사 출신이었다면 절대로 강항의 귀국을 허락하지 않았으며 도움도 주지 않았을 것이다. 국적을 초월한 붓의 윤리의 결합이다.

후지와라 세이카는 강항 등 조선에서 포로로 잡아 온 유학자들에게 사서오경의 정서淨書를 의뢰했고, 젊은 인재인 강항의 도움으로 『사서오경왜

훈四書五經倭訓』을 저술, 지금까지 승려들 사이에서 교양의 일부였던 유학을 체계화하고 경학파京学派로 독립시켰다. 이전까지 일본의 유학은 당나라까지의 훈고학의 영역에 그쳤었다가 강항을 통해 주자와 정자의『사서삼경』주해가 일본에 전해졌고 이는 에도 막부에 성리학을 전하였다.

일본에서는 근세 유학의 아버지라고 일컬어지면서 문하생 중에서도 특히 하야시 라잔林羅山, 나바 갓쇼那波活所, 마쓰나가 샤쿠고松永尺五, 호리 규안堀杏庵은 후지와라 세이카 문파의 4천왕으로 불렸다.

강항도 인정하는 것처럼 후지와라 세이카는 당시 일본의 내로라하는 학자이고, 관리나 벼슬을 거부해 본인 대신 추천한 사람이 제자인 하야시 라잔林羅山, 1583~1657이다. 하야시 라잔은 1605년 후지와라 세이카의 추천으로 이에야스에게 발탁되어 슨푸성의 서고 관리 담당자로 임명되었고, 2대 쇼군 히데타다秀忠, 1605년, 3대 쇼군 이에미쓰家光, 1623년, 4대 쇼군 이에츠나家綱, 1651년의 4대에 걸쳐 막부에서 유학을 담당해 왔다.

이후 하야시林家 가문이 대대로 조선의 성균관 대사성에 해당하는 다이가쿠료大学頭에 임명되면서 막부의 문교 정책을 통제했다. 특히 하야시 라잔이 설파한「상하정분의 리上下定分の理」는 '사람은 태어날 때부터 차별이 있다.'는 명분론이 되면서 무가 정치인 에도 막부의 기초 이념으로서 채택되어 에도 막부의 정학이 되었다. 원래 일본은 특이한 무사 중심의 봉건제였으므로 불교 대신 유교를 채택하였으나 과거 제도와 환관 제도를 도입하지 않은 유학과 신도를 병행한 유교가 발달했다. 조선 주자학 최고봉인 퇴계 이황의 저술은 일본에서도 출판되어 조선 주자학의 영향을 크게 받았으나 일본 주자학은 과거 제도가 없었던 관계로 유명한 신진 관료가 등장하지 않았으며 정치 당파도 나타나지 않았다.

후지와라 세이카는 초기에 자신의 도덕적인 마음인 명덕明德을 다스리고 자신만 도덕적이면 좋다는 사고를 좋아하여 주자학 중심으로 행동했으나 변화에는 결여한 사고로 판단하여 주자학을 비판한 양명학도 수용하며 쌍방을 절충하여 인륜의 재구축을 이뤘다는 점은 높이 평가할 만하다. 하야시 라잔의 아들인 하야시 가보우는 제4대 쇼군 도쿠가와 이에쓰나에게 오경을 강의하고 홍문원 학사를 부여받아, 소송 관계, 막부의 외교 기밀을 담당하였다. 제5대 쇼군 도쿠가와 쓰나요시德川綱吉는 문치 정치로 전환하여 유학을 중요시하고 하야시 가호林鵞峰의 아들인 하야시 호코林鳳岡를 자주 초청하여 경서 토론을 하고, 사서와 주역을 가신들에게 강의하도록 했으며, 1690년 공자의 묘를 건립하였다. 한편 하야시 라잔의 개인 학교로 학문소学問所가 개설되어 주자학을 가르쳤다.

일본에 정착한 조선인

당시 일본 각지의 다이묘들도 조선에서 납치되어온 유학자 중 강항처럼 다시 조선 땅을 밟은 사람도 있으나 돌아오지 못한 사람들 대부분 일본에서 살아야 했다. 그중에서 강항처럼 유학자만을 고르자면 현재 와카야마현에 해당하는 기슈의 이진영李真栄, 이매계李梅渓 부자와 사가佐賀의 홍호현洪浩然은 각각 지역의 유학 시조가 되었다.

필자의 지인인 와카야마 출신인 일본인 학자가 필자의 성이 이 씨이기 때문에 이진영, 이매계에 관한 이야기를 자주 해서 공부한 적이 있었다. 기슈의 유학의 시조라고 해서 다시 한번 살펴보기로 했다. 일본인들은 김

씨면 전부 같은 김 씨인 줄 알고 이 씨면 전부 같은 이 씨인 줄 아는데 이진영과 필자는 본이 다른 이 씨라고 설명해 주었다.

● 피로인으로 일본 정착한 이진영, 이매계 부자

특히 일본에서는 리신에이^{李真栄}로 불리는 이진영은 일본 자료에 의하면, 1571년 조선의 경남 영산 출신으로 아사노 나가마사^{浅野長政} 휘하의 포로가 되었다고 한다. 한국 자료에 의하면, 합천 이씨인 이진영은 1571년 지금의 경남 창녕군 계성면 명리의 영취산 서쪽 산기슭에서 태어났다고 하며 아버지 이공제^{李公濟}는 진사^{進士}였다.

어린 시절 이진영은『천자문』『동몽선습』 그리고『소학』『사서삼경』에 이르기까지 한학을 두루 배웠다. 소년 시절에는『주역』도 깊게 배워 나름대로 괘^卦를 빼보는 경지에 이르렀다. 물론 목표는 다름 아닌 과거 시험이었다. 이진영이 22세 되던 해인 1592년 임진왜란이 일어났다. 곽재우를 따라 의령, 합천, 창녕 등지에서 의병 활동을 하다가 1593년 23세 때 왜장 아사노 유키나가^{淺野幸長}의 포로가 되어 오사카로 끌려갔다.

진영이 잡힌 곳은 제2차 진주성 전투가 있었던 진주의 근접한 거리에 있는 영산이었으므로 이때 포로로 잡힌 것으로 보고 있다. 당시 23세였다. 진주성 2차 전투는 1593년 6월 23일 발발하여 8일간 이어졌는데 임진왜란과 정유재란을 통해 가장 비참한 전투였다고 한다. 조선 기록에는 사망자는 6만 명이고, 일본 자료에는 2만 명으로 나와 있다.

여기서 포로로 잡힌 뒤에 규슈의 나고야로 보내졌고 그 후 오사카의 어느 농가에 하인 겸 머슴 생활을 하였다고 하는데 정확한 기록은 남아 있지 않다. 이러한 노예 생활은 양반 자제로서는 적응하기 어려웠으며 평소 안

해 보던 일을 하느라 힘들었을 것이다. 그렇게 6년여 세월이 흐르고 오사카의 주인이 지금의 와카야마시에 해당하는 기슈에 사는 니시유 에몬西右衛門에게 그를 팔아넘겼다. 니시유 에몬에 팔려 와카야마로 이송되어 하인으로 막일을 하였다. 그러나, 해선사탑두海善寺塔頭의 승려였던 조선인 출신의 승려 사이요西譙를 만나 그가 몸담은 절 해선사 주지의 도움을 받는다.

한문을 알고 총명한 탓에 해선사의 본산인 소지지總持寺에 들어가 공부했다. 그 절은 해선사에서 멀지 않은 데 있었다. 이진영은 계율이 엄하기로 유명한 소지지의 생활도 잘 견뎌냈다. 그러나 억불숭유를 펼쳤던 조선에서 자라난 이진영은 불문에 들어가지 못하고 사이요의 도움을 받았는지 1605년 다시 오사카로 간다. 이때는 노예 생활이 아니라 오사카에서 9년 남짓 한학을 가르치고, 사람들의 점을 치고 운명을 예견해 주며 지냈다.

조선으로 귀국하고 싶었지만 아마 조선의 쇄환사 일행과 만나지 못했던 것 같다. 다만 그의 아들 매계가 훗날 조선통신사를 만나 아버지에 관해 "갖은 고생이 겹쳐도 호소할 데가 없고, 외로운 신세로 혼자 고독하게 지냈다."라고 한 것으로 보아 귀국하고 싶었지만 기회가 없었던 것 같다.

1614년 도쿠가와 이에야스가 일본 천하를 통일하려는 오사카 겨울 전투가 발발한다. 오사카는 아비규환의 수라장이 되고, 이진영은 다시 와카야마로 돌아갔다. 해선사의 스님 사이요는 다시 진영을 따뜻하게 맞아 주었다. 그는 해선사 앞에 개인 학교인 테라고야寺小屋를 열어 오사카에서의 경험을 살려 아이들에게 글을 가르치기 시작했고, 이것이 입소문이 나면서, 테라고야는 유명해졌다. 특히 경서와 사서에 조예가 깊은 그에 대해 좋은 평판이 났을 것으로 판단되고 꽤 많은 제자를 배출했다. 1616년 46세의 이진영은 아리타군有田郡 토호인 미야자키 사부로우에몬宮崎三郎右衛門의 딸

이진영, 이매계의 묘 　　이매계공 현창 기념비와 부모장

을 소개받아 그녀와 결혼했다. 포로로 잡혀 온 지 25년째 되던 해다. 그는 귀국을 포기했던 것 같다. 1617년 이듬해 아들 매계梅渓가 태어났다.

1619년 도쿠가와 이에야스의 열 번째 아들 도쿠가와 요리노부德川頼宣)가 와카야마의 초대 번주로 와카야마성에 입성한다. 그때 진영은 1천336자로 작성한 장문의 글을 다케다 케이안竹田慶庵을 통해 요리노부에게 보낸다. 그 중에서 번주가 갖춰야 할 덕목을 "번주는 천하의 누구보다도 걱정은 제일 먼저 하고 즐거움은 제일 나중에 느껴야 하며 시정에서는 마음을 넓게 쓰고 도량을 넓히라."고 했다.

이후로 진영은 56세에 요리노부의 시강侍講이 되었는데 유학자로서 번의 무사 자제들 교육에 헌신하고 1633년 63세에 사망했다. 이진영의 아들 이매계는 부모장을 작성하였으며, 아버지 이진영에 이어서 번주 도쿠가와 요리노부의 아들로 세자였던 도쿠가와 미츠사다德川光貞의 교육을 담당한 시강의 대를 이어 맡았다.

부모장의 내용은 매계가 설파한 '부모 모시는 글父母狀'이다.[9]

---

[9] 父母に孝行し、法を守り、質素に、家業に勤め、正直に暮らすことは、誰でも知っていることではあるけれども、しっかりと心得るように常々言い聞かせなければならない

'어버이에게 효도하고 법도를 지키며, 염치와 겸손을 제일로 중시해야 하는 것, 정직을 근본으로 삼아야 하는 것은 누구나 알지만, 확실히 터득하도록 위해서는 항상 가르치고 타이르도록 해야 한다.'

이 두 부자가 기슈현 와카야마에서 상당한 학문의 힘을 펼쳤던 것을 알 수 있다. 1655년 에도성에서 4대 쇼군 도쿠가와 이에쓰나의 습직을 축하하는 제6차 조선통신사 국서 전영식이 행해진 후 미토의 도쿠가와 미츠구니德川光圀 등의 고산케御三家가 주최하는 향연이 열렸는데, 이 자리에 기슈 번주인 도쿠가와 요리노부德川頼宣가 젊은 시강인 이진영의 아들 이매계를 데리고 왔다고 한다. 이매계는 조선통신사 3사에 대해 아버지인 이진영 약력을 설명하며 고국과 선조의 일들을 알고 싶다며 눈물을 흘렸다고 한다. 일본 자료에 의하면 당시의 상황을 1655년 6차 통신사의 종사관이었던 남용익의 『부상일록扶桑日錄』에 나와 있다고 한다.

이 기록이 사실이라면 매계는 도쿠가와 요리노부와 상당히 친밀했던 것 같다. 이진영, 이매계 부자가 독자적인 학풍으로 기슈의 주자학을 발전시켰으니 신묘 통신사에 대한 빙례聘禮 개혁을 시도한 아라이 하쿠세키新井白石로 인해 조선과의 불화가 계속되는 중에서도 8대 쇼군인 도쿠가와 요시무네는 조선에 대해 상당한 대접을 하였다고 본다. 그런데 흥미로운 것은 도쿠가와 요시무네는 이매계가 시강으로 교육했던 도쿠가와 미츠사다德川光貞의 4남으로 태어났으며 도쿠가와 이에야스의 증손에 해당된다. 1702년 큰형인 기슈의 3대 번주인 스나노리綱教가 사망하면서 셋째 형인 요리모토가 가독을 이어받아 4대 번주가 되었다. 그런데 요리모토가 3개월 뒤에 사망하면서 요시무네가 5대 번주가 되었다.

3대, 4대, 5대 번주들은 미츠사다光貞의 아들로 전부 이매계의 교육을 받았다고 한다. 그래서인지 요시무네가 쇼군에 취임하자마자 아라이 하쿠세키는 쫓겨나고 조선통신사의 빙례聘禮는 원래대로 돌아간 것을 보면 이매계의 주자학 태도와 관련이 있지 않았을까 하는 이야기를 지인이 귀띔해 준다. 필자가 높이 평가한 것은 이 씨 성을 계속 사용하였던 점이다. 이것은 이진영의 노력도 있지만 번주인 도쿠가와 요리노부의 배려도 작용했을 것으로 판단된다. 당시 무사들의 습성으로 성을 바꾸거나 하는 것은 예사로 있는 일이었는데 여하튼 이진영은 요리노부와 후손인 번주들의 배려로 1984년 13대로 절손될 때까지 이 씨 성을 지키게 하였다고 한다. 상당히 드문 일이다.

● 피로인 홍호연의 학문과 혹부리 글씨 그리고 순사(殉死)

필자가 사가현을 두 번 방문하였는데 두 번 다 홍호연 때문이 아니고 사실은 아리타 자기磁器의 시조로 추앙받는 이삼평李參平 때문이었다. 그런데 이삼평을 말하던 지인인 일본인이 갑자기 조선 피로인이라 하면서 홍호연을 거론하며, 혹부리 글씨들을 설명하였다. 아리타 자기와 이삼평 때문에 건성으로 듣고 자료만 받고 나왔는데 다시 그의 발자취를 보면 유학자로서의 홍호현도 대단한 인물이었다. 일본에서는 고우코젠으로 불리는 홍호연洪浩然, 1582~1657의 본래 이름은 홍운해洪雲海였다. 호현浩然은 홍씨의 관인이었기에 호연이라고도 했다고 전한다.

임진왜란 최대 비극의 싸

홍호연의 묘

홍호연의 인

움이라고 일컬어지는 1593년 제2차 진주성 전투 때 진주성이 함락되고, 일본군은 또 주변 여러 고을을 침탈했다. 현재 산청군 오부면은 당시 진주목 속현인 산음山陰에 해당하며 왜군을 피해 피신에 올랐으나 형은 죽임을 당하고 부모와 형수와도 흩어져 헤매다 12세의 어린 나이로 바위틈에 붓을 들고 숨어 있다가 나베시마 나오시게鍋島直茂 군대에 잡혔다고 한다.

그는 동굴에 혼자 숨어 있었으며, 개들이 짖어대는 바람에 일본군에 들켜 포로가 되었으며, 당시 그는 큰 붓을 들고 어깨에 짊어지고 있는 기이한 모습이었다는 것이다. 그의 장형 홍성해洪成海의 문집 『오촌선생실기五村先生實記』에 따르면, 제2차 진주성 전투 때 왜병들이 산청군 오부면 중촌리 남양홍씨 집성촌에 들이닥쳤다. 긴급한 피란길에서 가족과 헤어져 바위굴 속에 숨었다. 4형제 중 막내였던 그는 피란길에도 큰 붓을 어깨에 메고 갈 만큼 글씨 쓰기를 좋아했던 모양이다. 그때 12살 소년 홍운해는 큰 붓을 가지고 있었고 일본군이 지필묵을 주어 글을 써보게 했다. 큰 바위에다 형과 가족이 죽고 자신이 일본군에게 끌려가게 되어 가족에게 이별을 고하는 글을 남겼다고 한다. 이것을 본 나오시게는 일본에는 12살 정도의 소년이 한문으로 글을 쓰거나 시를 짓는다는 것은 상상할 수도 없었으므로 높이 평가했다.

어리지만 영특한 홍호연을 인정한 나오시게는 홍호연을 나이가 비슷한 그의 아들 가쓰시게勝茂와 친구로 지내게 했고 교토로 보내 유학시켰다. 수학 후, 사가번으로 돌아온 그는 나베시마 집안의 가신이 되었다.

나베시마 나오시게는 1592년 임진왜란 때 제2진 가토 기요마사加藤清正의 휘하 장수로 본대보다 더 많은 1만 2000명을 이끌고 참전하였다. 함경도로 진격해 조선의 왕자 임해군과 순화군을 붙잡는 등 기세를 떨쳤으나 북

관대첩에서 의병장 정문부에게 크게 패했다. 전후 귀국하여 1600년 세키가하라 전투에서 도쿠가와 이에야스의 동군 측에 참전하였다. 1608년 사가성을 수축해 나베시마가의 번조藩祖가 되었다.

    도요토미 히데요시는 나베시마 나오시게에게 4만 4천 석과 아들인 가쓰시게에게 7천 석의 소령안자를 인정했다. 즉, 나베시마는 히데요시로부터 국정의 실권을 장악한 것까지도 인정받았다. 히데요시 사후에 패자가 된 이에야스도 나베시마 가문의 히젠 지배를 승인하였고, 나오시게 장자인 가쓰시게를 번주로 인정하여 1613년 사가佐賀의 초대 번주가 된 나베시마 가쓰시게는 35만 7천 석을 인정받았다. 이러한 시기에 홍호연이 가쓰시게의 측근으로 이러저러한 기록을 정리하여 이에야스에게 발송하였다고 한다. 이 공로로 외국인인 홍호연이 800석의 중직에 해당할 만큼 나베시마 가쓰시게에게 중요한 일을 했다고 판단한다. 후일 가쓰시게의 우필右筆, 즉 번주의 서신을 대필하는 서기관과 서예가, 유학자로서의 활약을 하였다.

    홍호연의 6대손인 야스츠네安常와 사돈 관계를 맺었던 고가 세이리古賀精里가 1783년에 작성한 『홍호연전洪浩然傳』에 의하면, 타국인으로 측근에서 주군을 모시게 된 은혜의 감사를 표한 뒤 "이제는 나이가 들어 좀처럼 도울 일도 없어졌으니 자리에서 물러나 조선으로 돌아갔으면 합니다. 저를 가엾게 여기신다면 아무쪼록 허락해 주소서." 하는 청원을 하였다는 내용이 들어 있다. 가쓰시게는 일단 그 청원을 받아들였으나 호연이 행장을 차리고 사가를 떠나 조선으로 가는 배를 타려고 가라쓰에 당도할 무렵 관리가 급히 말을 달려 그를 따라잡았다. 번주인 가쓰시게가 "호연이 없으면 너무 외롭고 마음이 아파서 안 되겠다." 내용으로 호소하여 눈물을 머금고 귀국을 포기하고 돌아왔다고 한다. 그리고 돌아와서는 글을 올려 무사의 봉록보다는 낮은 학자의 길을 택한 것이 아닌가 판단한다.

"지금까지 큰 은혜를 입었는데 지금 또 머물러 있으란 말씀은 참으로 송구하옵니다. 그리하오면 늙고 병들었으니 지금까지의 봉록의 반만 받겠습니다."라고 했다고 한다.

1657년 주군인 나베시마 가쓰시게가 죽었다는 소식을 통보받고 주군이 사망하면 가신들이 함께 순사殉死하는 일본 관습에 따라 할복을 하였다. 홍호연은 사무라이가 아니라 유학을 한 선비이기에 할복할 이유가 없었다. 유학자로서 다음 글귀를 항상 인지하고 있었을 것인데 아마도 후손들을 위해서 할복한 것으로 판단하고 있다.

> 신체발부身體髮膚는 수지부모受之父母이니 불감훼상不敢毀傷이며 효지시야孝之始也니라.
> 몸과 머리카락, 털 하나까지도 부모에게서 받은 것이니 감히 훼손하고 상하지 않도록 하여야 하며, 이것이 효의 시작이니라.

홍호현의 순사는 한국인들이 이해하지 못하는 부분이다. 왜냐면 조선의 양반들이 자결하는 것은 이해하나 할복하는 문화는 없기 때문이다. 조선의 유학자는 철저한 붓의 윤리를 통한 사고를 하는데, 칼의 윤리로 할복한 것을 두고 한국인들은 이해하기 어려울 것이다. 일본인들은 홍호연의 할복을 주군과 자손에 대한 보답과 배려로 평가하고, 한국인들은 자손에 대한 배려와 조국에 돌아갈 수 없음의 비애로 평가하는데 아무래도 이 부분은 일본인의 평가가 맞는 것 같다. 그리고 호연은 할복하기 전 자식을

불러 '인忍'자 유묵을 남겼다. 큰 글자 '忍' 아래에

'인즉신지보忍則心之寶 불인즉신지앙不忍則身之殃'

참는 것이 몸에 보배요, 참지 못함은 몸에 재앙이다.

'인忍'은 고국으로 돌아가지 못한 슬픔을 참는 인이요, 이국인으로서 참지 못하면 재앙이 온다고 하는 것을 가훈으로 남긴 덕목이다. 인은 사가현 중요문화재이다. 우연한 기회에 나라학원대학奈良学園大学 스지 키이치로辻毅一郎 학장의 글을 읽은 적이 있다.

스지 씨의 외할아버지가 홍호연의 제11대인 고 준이치洪純一이고 그의 장남이며 외삼촌인 고 요시로洪悦郎가 12대 후손이다. 고 요시로는 동경대학을 졸업하고 동경대 조교수를 거쳐 북해도 대학교수를 거쳐 일본건축학회 부회장을 역임하였다. 2009년 요시로가 85세에 사망하자 홍호연의 가문은 단절되었다. 요시로의 두 딸은 다른 가문으로 출가하였기 때문이다. 이때 요시로는 대대로 이어온 병풍, 글씨 등의 작품을 사가 현립나고야박물관佐賀県立名護屋城博物館에 기증하였다.

이진영과 홍호연은 두 가문 모두 이제는 단절되었으나 각각의 지역에서의 유학을 가르치며 제자들을 양성하고 높이 존경받고, 두 가문 모두 원래의 성을 그대로 사용하고 있으며 아직도 그 지역에서 높이 평가받는다는 점 모두 대단하다. 두 가문처럼 원래의 성을 유지하기도 했으나 성이 바뀌면서 유학자로서 이름난 가문도 있다. 두 사람만큼 알려지지는 않았으나 구마모토 지역에서는 알려진 히고肥後 구마모토번의 이종한과 그의 후손들이다.

타카모토 가문의 시조는 조선 왕족의 서족인 이종한李宗閑이라고 한다. 종한은 도요토미 히데요시의 조선 침략인 구마모토에 해당하는 히고肥後에

끌려왔다. 이종한의 아들인 경택은 호소카와 타다토시細川忠利의 부름을 받았고 이때 타다토시는 경택에게 조선(고려)과 일본의 국명 하나씩을 뽑아서 타카모토高本라는 성을 하사한다. 그리고 의학을 배우게 하여 타카모토 가문은 번의로서 의학을 생업으로 삼았다. 조선시으로는 말도 안 되는 논리이다. 왜냐면 의업이나 의사는 조선에서는 중인 계급으로 양반 밑의 신분이었지만 이종한은 살기 위해서 어쩔 수 없이 선택할 수밖에 없었다. 이후로 타카모토 가문의 번주藩主 주치의격인 번의藩医로 활동하며 봉록은 200석을 받았다고 하니 파격적인 대우였다.

그러나 4대째에 남자의 혈통이 없어서 같은 번의인 하라다 소콘原田宗昆의 여섯째 아들을 양자로 데려와 대를 이었는데 사람이 유학과 한시로 유명한 타카모토 시메이高本紫溟였다. 이순李順 또는 이자명李紫溟이라고도 했다. 어렸을 때부터 시에 능하고 한학과 유학에 뛰어났다고 한다. 그는 1771년 34세에 구마모토 번의 번교인 시준칸時習館의 훈도로 초청을 받았으며 1788년에 시준칸의 3대 교수 즉 학장으로서 취임하였다.

국학 강좌를 하려고 하였으나 처음에는 허가가 나지 않아 방과 후외 교실이나 자택에서 희망자들에게만 국학을 가르쳤다고 한다. 타카모토 시메이 즉 이순은 히고(구마모토) 국학의 시조로 불리는데 나중에는 국학에 몰두했다. 그런데 국학은 일본이 최고라는 일본 중심주의로 한국, 대만 등을 침략하여야 한다는 사상으로 이어지는데 조선 후예의 가문이 구마모토 국학의 시조라는 것이 아이러니컬하다.

일본에서 붓의 윤리와 칼의 윤리의 충돌

아메노모리 호슈雨森芳洲의 조선 입장을 고려한 외교 방식은 막부의 외교 담당자였던 아라이 하쿠세키新井白石와의 충돌을 불러일으켰다. 하쿠세키는 일본의 이익을 대변하며 강경하게 조일 외교를 전개했다. 1711년(숙종 37년) 조선이 막부 제6대 장군 도쿠가와 이에노부德川家宣의 습직을 축하하러 통신사를 파견했는데, 이는 역대 500여 명으로 구성한 최대 규모의 8대 조선통신사였다. 그런데 일본은 뜻밖에 외교 의례를 일방적으로 변경하였다. 정사는 조태억趙泰億, 부사는 임수간任守幹, 종사관은 이방언李邦彦이었다.

일본 측의 외교 의례 변경은 장군직 습직 직후인 1709년 6월부터 아라이 하쿠세키에 의해 추진되었다. 장군의 외교 칭호를 대군大君에서 일본국왕日本國王으로 부활시킨 것을 비롯, 장군직 계승권자若君의 예물 정지, 막부 사자가 통신사의 객관客館 방문 금지했고 방문하더라도 통신사 일행은 나와서 환영할 것 등이었다. 이는 유교 경전에 바탕을 둔 것으로 통교 재개 직후 임기응변적으로 마련된 외교 의례를 수정하여 표면상 대등 외교를 추구하고는 있었다. 그러나 위의 요구는 빙례 내용 중 간접적으로 조선을 멸시하는 부분이었기에 반대하였으나 어쩔 수 없이 부분적 수용했다.

아라이 하쿠세키가 제안한 막부 장군 중심의 빙례 개혁은 조선 측의 반발은 물론, 일본 자체에서도 비판을 받았다. 특히 아메노모리 호슈雨森芳洲는 아라이 하쿠세키를 강력하게 비난하였다. 아라이 하쿠세키는 대군大君은 유교 경전에서 천자天子를 이르는 말이므로 폐지해야 하며, 왕王은 한 대漢代 이래 천자 칭호가 아니라서 사용해도 상관이 없다고 주장하였다. 그러나 아메노모리 호슈 등 명분론자들은 국왕=천황=천자라는 일본의 전통적인 통념과, 왕도 유교 경전에서는 천자를 의미하고, 대군도 한漢 이후에는 천자를 칭한 적이 없다는 예를 들어 반론을 제기하였다. 천황은 국가적 상징이고, 실질적인 통치자는 쇼군이었던 일본의 통치 체제와 전제 왕정인 조선의 통치 체제가 다른 데서 기인한 문제였다. 아메노모리 호슈는 쇼군을 일본 국왕으로 지칭하는 것은 천황과 황실의 존엄성을 침해하는 것이며, 조선의 국왕과는 동등하게 볼 수 없다고 여겼다.

그러나 아라이 하쿠세키는 일본의 천황은 중국의 황제와 동격이며, 왕은 현실의 정치 권력을 가진 사람이라고 표현하면서 쇼군을 일본 국왕으로 지칭하는 데 문제가 없다고 주장했다. 특히 그는 쇼군을 지칭할 때 대군大君이란 표현을 쓰는 것 역시 쇼군의 권위와 어울리지 않는다고 여겼다. 그러나 그는 대군은 제후의 우두머리를 표현하는 것이며, 따라서 쇼군을 표현하기에 적합한 명칭이라고 주장했다. 그의 이런 입장은 천황가에 대한 존중의 의미도 있었으나 조선 측의 입장을 고려한 것이기도 했다.

아라이 하쿠세키는 조선통신사 접대 비용과 대우를 대폭 삭감하고 줄여야 한다고 주장했으며, 일본의 쇼군에 대한 조선이 문서상 호칭도 '일본국대군日本國大君'에서 '일본국왕日本國王'으로 고쳤다. 이 때문에 조선통신사 대표인 조태억趙泰億, 이방언李邦彦 등은 조선에 돌아와서 한양에 입성하지도 못하고 관직 삭탈 후 지방으로 쫓겨났다가 훗날 복귀했다.

조선통신사의 정사인 조태억과 아라이 하쿠세키의 필담이 2번 있었는데, 1711년 11월 5일과 11월 6일이었다. 아사쿠사의 본원사에서 필담의 회담이 있었다고 한다. 임수간任守幹이 저술한 『동사일기東槎日記』에 나오는 〈강관필담江關筆談〉에 내용이 자세히 나와 있다.

임수관과 조태억은 아라이 하쿠세키와 필담을 나누었는데 역시 그의 재빠른 글솜씨에 놀랐다고 한다. 우리 측 국서國書가 우연히 광光을 쓰자 그가 고의로 우리의 중종의 이름인 역懌의 휘자를 범해서 맞받아쳤다. 조태억이 이를 따지자 우리 측의 국서를 내보이며 노하여 회담이 긴장되었다고 한다. 조태억과 임수간은 1712년 귀국하자마자 나라를 욕보였다 하여 삭탈관직을 당하고 한양 밖으로 추방당하는 문외출송의 형벌을 받았다가 이듬해 풀려났다.

1712년에 6대 쇼군인 이에노부가 죽었지만, 아라이 하쿠세키는 7대 쇼군인 도쿠가와 이에쓰구가 일본을 다스리는 동안 계속 정부에 남아서 실권을 휘둘렀다. 그러나 아라이 하쿠세키도 8대 쇼군인 도쿠가와 요시무네가 등극하자 공직에서 물러나고 쇼군의 호칭도 일본 국왕에서 원래대로 일본국대군日本國大君으로 바뀌었다.

나는 아메노모리 호슈와 하쿠세키의 초상화를 보고 아메노모리 호슈는 유학자 같은 분위기의 초상화이며 한, 중, 일 어느 곳에다 내놓아도 학자의 분위기라는 것을 금방 알 수 있다. 그런데 아라이 하쿠세키의 초상화를 보면 칼을 차고 있다. 두 사람의 충돌은 붓의 윤리와 칼의 윤리의 정면 충돌이다. 중국과 조선에서는 학자가 칼을 차지도 않고 초상화에서는 더욱 칼을 멀리 한다. 학자는 붓의 윤리를 표방하기 때문이다.

아메노모리 호슈는 1720년 조선 20대 임금인 경종景宗의 즉위를 축하하는 쓰시마 번의 사절단에 참가하여 부산으로 건너갔으나 인삼 밀수 등 번의 조선 정책의 불만으로 1721년 조선 방좌역朝鮮方佐役 가문을 장남에게 잇게 했다. 그리고 집에 개인 학교인 사숙을 마련하고 저작과 교육의 나날을 보냈지만, 1729년 쓰시마 번의 전권 특사로 부산 왜관으로 가서 조선으로부터 수입된 미곡인 공작미公作米의 연한갱신과 및 각종 수입품의 품질 문제 등의 과제를 일 년에 걸친 협상에 참여했다. 1734년에는 조선 외교 지침서인 『교린제성交隣提醒』를 저술하였다.

1719년 8대 쇼군인 도쿠가와 요시무네의 쇼군 취임을 축하하는 조선통신사로 일본을 방문한 신유한申維翰, 1681~?은 쓰시마 번의 아메노모리 호슈의 만남과 에도까지의 길과 일본의 풍속 습관을 기록한 『해유록海游錄』을 저술했다.

1719년 조선통신사로 파견된 신유한과 일본의 유학자 아메노모리 호슈가 만났다. 신유한이 대화 중 일본인이라고 부르지 않고 왜놈이라고 한 것을 두고, 아메노모리 호슈가 "외교를 하는 사람이 상대를 왜놈이라고 부르면 되겠느냐? 일본인으로 불러 달라."고 했다. 이에 대해 신유한은 "너희들이 조선에서 한 짓을 볼 때 왜놈으로 부르는 게 맞다."고 질책한 뒤 "외교에서 가장 중요한 것이 무엇이라고 생각하느냐?"고 물었다. 이에 아메노모리 호슈가 '조선과 일본은 신의와 성실로 사귀어야 한다.'며 성신교린誠信交隣을 얘기하자 신유한도 동감하며 '외교에 있어 중요한 것은 경敬'이라고 화답했다. 신유한은 문집 『해유록』에 아메노모리 호슈와의 대화를 기록해 놓았다.

아메노모리 호슈는 통신사 신유한과의 대담에서, 일본에서 유행하던 남색(동성애) 행위를 이야기하자, 신유한이 "음양이 조화되어야 이치인데 양과 양이 이끌린다니 해괴하지 않느냐?"고 따져 물었더니 아메노모리 호슈는 "학사께서 아직 그 즐거움을 모르시는구려."라고 웃으면서 대꾸했다. 신유한은 그것을 "성리학자인 아메노모리 호슈도 저 정도인데 보통 일본인들은 오죽하겠나?"라고 평했다. 참고로 해당 대담이 수록된 『해유록』 〈문견잡록〉에는 유학자로서 점잖게 말해서 일본의 성적인 개방성은 물론,

서민들에게 춘화가 널리 퍼진 점, 유곽 문화 등 여러모로 성적으로 진보된 부분의 관찰과 소감이 수록되어 있다. 또한 신유한은 『해유록』에서 이렇게 적고 있다.

"아메노모리 호슈는 일본 문인 가운데 걸출한 인물로 한국어, 중국어, 일본어에 능하고, 제자백가를 잘 이해하고 있다. 일본어로 번역할 때 다름과 같음, 문자의 쉬움과 어려움을 잘 알고 있다. 스스로 마음속에서 더러움과 깨끗함을 구별한다."

아메노모리 호슈는 조선에 대한 성신誠信을 기본으로 하는 외교 이념은 조선의 풍습, 관습, 역사, 인정에 정통한 지식 등이 있어야 비로소 진정한 의미에서 조선과 일본 사이에 우호 관계가 만들어질 수 있다고 말을 한다. '성신 외교'로 알려진 아메노모리 호슈는 『교린제성交隣提醒』에서, '성신誠信은 서로 속이지 않고 싸우지 않으며 진실로서 교제하는 것이고 조금이라도 상대국의 방법에 응하지 않으면 참된 성신이라고 말할 수 없다.'라고 기록하고 있다. 여기에서 주장하는 '성신'은 맹목적인 친조선이 아니라 쓰시마의 정치적, 외교적 상황을 고려한 실리적 관계를 바탕으로 조선과 평화적인 관계를 유지하는 것을 의미한다.

아메노모리 호슈는 조선인 역관 현덕윤玄德潤과도 친하게 지냈다. 현덕윤은 1711년 통신사행 때 일본을 방문하여 아메노모리 호슈를 처음 만났다. 1729년 아메노모리 호슈가 재판차왜裁判差倭로 초량 왜관에 왔을 때 현덕윤은 훈도訓導로 왜관 업무를 보고 있었다. 재판차왜는 왜관에 체류하면서 조선과의 외교 교섭 업무를 하였고, 한양에서 파견된 훈도는 동래부와 왜관

사이에서 일어나는 일을 처리하는 실무자였기 때문에 두 사람은 자주 만날 수밖에 없었다. 현덕윤은 동래부의 지원으로 1727년(영조 3) 훈도 집무소인 성신당誠信堂을 건립했다. 쓰시마 번의 노련한 외교가이자 유학자였던 아메노모리 호슈는 조선 표류민 송환선의 서계개찬書契改撰 건을 타결 짓기 위해 바다를 건너와 현덕윤에게 성신당의 기문記文을 지어주었다.

신유한, 현덕윤 같은 유학자들은 아메노모리 호슈를 학자로 취급하여 서로의 나라를 사랑하면서도 붓의 윤리로서 교류를 계속하였다. 특히 각자의 나라를 사랑하면서도 성신외교를 주장한 것은 칼의 윤리로 불가능하고 오직 붓의 윤리로만 가능하다.

아라이 하쿠세키와 조태억의 갈등

1711년(숙종 37년) 조선이 막부의 제6대 장군 도쿠가와 이에노부 습직을 축하하기 위해 역대 최대 규모의 8대 통신사를 파견했는데, 정사는 조태억, 부사는 임수간, 종사관은 이방언이었다. 11월 5일 에도의 아사쿠사 본원사에서 이루어진 세 사신과 일본 측 사이의 〈강관필담江關筆談〉에서, 아라이 하쿠세키新井白石는 조태억에게 물었다

"지금 서방의 모든 나라는 모두가 대청의 복장과 제도를 사용하는데 귀국만은 아직도 옛날의 대명의 복장을 하는 것은 무슨 이유인가?"

조태억이 말했다.

"천하가 오랑캐를 따르나 조선만은 대명의 제도를 고치지 않았다."

조선 선비는 칼(무력)의 윤리를 무시한 붓의 윤리를 가치를 가졌다. 중

화사상은 중국이 세계의 중심이라고 믿는 자문화 중심주의적 사상이다. 조선에서는 중화사상의 영향을 받아 한족의 나라인 명이 여진이 세운 나라인 청에 멸망하자 조선이 명의 뒤를 이은 유일한 소중화小中華라는 인식을 지니고 있었다. 이런 부분을 놓치지 않고 아라이 하쿠세키는 질문했다.

"귀국은 류구琉球와 같이 중국의 번이 되었지만 두 나라(류구, 조선)에 변발과 만주 복장을 강요하지 않는 것은 청국은 대국이라 아량으로 봐줘서 영토 욕심보다는 도덕을 중시해서 그런 것 아니겠는가?"

라고 직설적인 공격을 하였다. 그리고 아라이 하쿠세키가 말했다.

"대서양과 구라파의 이탈리아, 네덜란드 사람들을 직접 보았고 지금 공公들과 한집에 있으니 기이하다."

부사 임수간이 아는 체를 했다.

"대서양은 서역 '나라' 이름이다. 구라파와 이탈리아는 어디에 있는가?"

대서양이 나라 이름이라고 아는 체하자 아라이 하쿠세키가 어이가 없다는 듯 웃으며 반문했다.

"귀국에는 '만국전도'가 없는가?"

라고 반문하였다고 하는 것을 보면 일본은 이미 지도가 있었음을 간접적으로 인정하며 슬며시 무시하는 태도를 보였다. 특히 조선에서는 잘 알지 못하는 언어와 '만국지도' 등을 은근히 자랑하고 있는 듯하다. 일본은 당시 서양을 향한 관심이 커서 만국지도 수준도 상당했던 것으로 판단한다.

아라이 하쿠세키는 이미 서양과 각 이탈리아, 네덜란드 등의 국가의 지식을 얻어내고 있었다. 조태억을 만나기 3년 전인 1708년 기독교 포교를 위해 가고시마에 잠입한 이탈리아 출신인 선교사 지오바니 시도티Giovanni Siddotti, 1668~1714를 심문하고 거기에서 얻은 세계 지리 등을 익히 알고 있었다. 아라이 하쿠세키는 지오바니 시도티의 인격과 학식에 감동해 경의를 표했고 지오바니 시도티도 아라이 하쿠세키의 학식을 이해하고 신뢰하여 두 사람은 많은 학문적 대화를 나눴다.

아라이 하쿠세키와 지오바니 시도티의 첫 만남에서, 우연히 아라이 하쿠세키가 동석한 관리에게 현재 시간을 물었을 때, 정원에 앉아있던 지오바니 시도티도 아라이 하쿠세키는 태양의 위치와 자신의 그림자를 관찰하고 계산하여 서양 시간으로는 몇 년 몇 월 며칠 몇 시 몇 분을 즉시 대답했다고 한다. 또 아라이 하쿠세키가 세계지도를 열고 로마는 어디에 있는지 물었더니, 지오바니 시도티는 나침반을 여러 번 조작한 후 그 위치를 가리켰다. 아라이 하쿠세키는 천주교의 교리를 정확히 평가하지 않았지만 천문·지리학 등에서는 서양 학문이 뛰어난 것으로 인정했다. 아라이 하쿠세키는 시도티 신부와 대화 중 천문·지리에 관한 박식함에 감탄하면서 쇄국정책을 펴는 일본의 학술 지연을 통감하고, 서양의 과학과 기술을 적극적으로 도입해야 한다고 주장한 인물이었다. 이처럼 서양 문물을 받아들이는 노력을 보면 당시 일본이 우리보다 훨씬 적극적이었다.

PART 4

붓의 리더십과
칼의 리더십
경쟁

일본의 역사는 칼의 역사이며 전쟁의 역사를 가졌다. 유명한 학자의 집에 가도, 사업가의 집에 가도 일본도日本刀를 장식해 놓고 있다. 질문하면 100년 전, 200년 전 자기 선조의 칼이라고 하는데 일본인들은 자기의 선조가 무사라는 것을 내세운다. 칼의 윤리 아래서 성장했기 때문이다. 반대로 한국인들의 집에 가면 거의 서예와 족보가 있고 과거 합격증서나 선조의 문집을 자랑한다. 은근히 양반 집안이란 것을 내세운다. 이것이 칼의 윤리와 붓의 윤리의 차이이다.

일본은 무사 나라여서 지금도 칼의 논리가 우선되는 나라이다. 한국은 양반 즉, 선비의 나라라서 무력(칼) 선비의 정의와 논리를 신봉하는 나라이다. 한·일 양국은 이웃 나라라서 문화도 크게 다르지 않고 외모나 복장도 비슷하지만 성격과 삶의 태도는 근본적으로는 다르다.

일본인은 천황제라는 독특한 국가 체제의 밑바탕을 이루는 '황국 사상'과 무사의 나라답게 칼의 윤리가 이들의 문화 속에 깊이 길들어져 있다. 일본인의 생각 속에 들어있는 근본적인 삶의 방식은 바로 칼에 의한 평화이고 힘을 중심으로 한 칼의 윤리이다.

1
선악 기준인 붓의 윤리
승패 기준인 칼의 윤리

칼과 붓의 윤리에서의 생존 전략

적자생존의 원칙만 강요하는 세계의 흐름에서 일본에 대한 우리 감정은 편협하고 때로는 감정적이기도 했다. 한국은 과거의 아픈 역사로 일본을 평가하는 데 정확하게 볼 수 없었고 감정적인 일본 무시와 폄하가 정확한 일본 평가인 줄 알고 있다. 일본을 칭찬하거나 일본의 장점을 이야기하면 친일파로 몰거나 토착 왜구라고 평가한다. 아직은 우리가 일본이라는 덫과 늪에 빠져 있다고 생각한다. 바르게 보는 정확한 일본 평가가 요구되는 시기이다.

일본의 역사는 칼의 역사이며 전쟁의 역사를 가졌다. 유명한 학자의 집에 가도, 사업가의 집에 가도 일본도(日本刀)를 장식해 놓고 있다. 질문하면

100년 전, 200년 전 자기 선조의 칼이라고 하는데 일본인들은 자기의 선조가 무사라는 것을 내세운다. 칼의 윤리 아래서 성장했기 때문이다. 반대로 한국인들의 집에 가면 거의 서예와 족보가 있고 과거 합격증서나 선조의 문집을 자랑한다. 은근히 양반 집안이란 것을 내세운다. 이것이 칼의 윤리와 붓의 윤리의 차이이다.

일본은 무사 나라여서 지금도 칼의 논리가 우선되는 나라이다. 한국은 양반 즉, 선비의 나라라서 무력(칼) 선비의 정의와 논리를 신봉하는 나라이다. 한·일 양국은 이웃 나라라서 문화도 크게 다르지 않고 외모나 복장도 비슷하지만 성격과 삶의 태도는 근본적으로는 다르다.

일본인은 천황제라는 독특한 국가 체제의 밑바탕을 이루는 '황국 사상'과 무사의 나라답게 칼의 윤리가 이들의 문화 속에 깊이 길들어져 있다. 일본인의 생각 속에 들어있는 근본적인 삶의 방식은 바로 칼에 의한 평화이고 힘을 중심으로 한 칼의 윤리이다.

그렇다면 우리 한국인은 어떤가? 한국인들의 기본적인 사고는 우선 선비 文化 즉 붓이 윤리에 깊이 빠져 있다. 우선 교양인이라면 50~60대는 『논어』나 『맹자』에서 중요한 한 포인트를 이야기하거나 연설이나 인사를 하더라도 이 테두리를 벗어나지 않는다. 그것은 조선 왕조가 유교를 국교로 삼아 500년 넘게 과거 제도하에 붓의 논리와 윤리로 이어져 왔기 때문이다.

일본은 틈만 나면 칼의 논리, 칼의 윤리를 내세워 한국을 공격하려고 하며, 한국은 많은 침략과 피해를 보았으면서도 이에 대한 방어나 반성 없는 평화를 앞세운다. 그리고 붓의 윤리로 칼의 윤리를 폄하하거나 무시한다.

일본 내에서는 무사도 정신과 무사에의 동경이 남아 있어 먼저 힘이 있으면 한국을 치려고 한 정한론을 품고 있다. 힘이 없거나 불경기가 되면 한국을 일본 잣대로 평가하여 매스컴까지 등장하여 '한국 때리기'에 골몰한다. 과거에 일본이 식민지 시절에 한국의 근대화를 성장시켜주고 잘살게 해 주었는데 의리가 없다는 식으로 한국을 폄하한다.

그러나 이런 칼의 윤리를 자세히 들여다보면 과거의 임진왜란이나 경술국치를 은근히 자랑삼는 분위기를 보여 듣고 있는 한국인들을 당황케 한다. 칼의 윤리 아래에서는 요시다 쇼인처럼 타국 침략을 무조건 긍정하거나 당연하다고 생각하는 것이 문제이다. 칼의 윤리 아래서는 병법은 존재하나 패자에 대한 윤리와 도덕을 가르치지 않는다. 무조건 이겨야 한다.

'이기면 관군, 지면 역적'이라는 일본의 관용어처럼 무조건 이겨야 한다. 이기기 위해서는 미야모토 무사시宮本武蔵처럼 늦게 가거나 일찍 도착해서 갑자기 공격해도 비판을 하지 않는다. 어떤 방법을 동원해서라도 이기면 되기에 모든 기술과 방법을 동원해서 이기려고 노력한다.

일본 무사도에는 화랑도의 '세속오계世俗五戒'의 살생하는 데에 가림이 있다는 뜻으로, 살생을 함부로 하지 말고 가려서 하라는 살생유택殺生有擇은 존재하지 않는다.

칼의 윤리 아래에서 최고의 악은 지는 것이다. 따라서 인류의 보편적인 선악善惡의 기준보다는 승패勝敗의 기준이 있을 뿐이다.

필자가 항상 일본을 공부하면서 왜 신사의 사관들이 국학주의자가

일본 시조 진무천황

한국의 시조 단군

되는가 의아해했다. 일본인들이 존경하는 일본 건국의 신인 진무천황神武天皇의 초상화와 우리 단군의 초상화를 보면 어느 정도 이해가 된다. 일본의 건국 신화에 등장하는 진무천황이 칼을 차고 활을 들고 있는데, 우리의 단군은 온화한 웃음을 머금고 학자 같은 부드러움을 갖추고 있다. 일본과 조선은 칼의 사고로 이루어진 칼의 윤리와, 붓의 사고로 이루어진 붓의 윤리의 역사적 출발에서부터 차이를 둔다고 하겠다.

진검승부 정신과 대의명분의 정신

일본은 칼의 윤리, 칼의 문화를 바탕으로 하니 일본 국기國技인 스모도 단판 승부로 결정한다. 아무리 실력 있는 최고 스모 챔피언인 요코즈나橫綱도 경기를 치르다 보면 실수하거나 아래 급수 선수들에게도 질 경우가 많다. 그런데 일본은 실수하지 않는 단판, 진검승부를 중요시하다 보니 단 한판으로 끝낸다. 한국에서는 씨름은 대개가 예선전에서는 3판 2승이고 결승전에서는 5판 3승이다. 아무리 최고 실력의 천하장사라도 실수가 있고 그날의 컨디션에 따라 승패가 좌우되기 때문에 이런 경기 방식을 이어가고 있다. 이는 바로 붓의 윤리 아래 지켜온 문화적 영향 때문이다.

그래서 그런지 붓의 윤리를 지키는 한국에서는 '너 죽인다.' 는 말은 욕설에 해당하나 미국에서는 이 말을 영어 그대로 사용하면 협박죄에 해당하여 벌을 받는다. 붓의 윤리에서는 사람을 죽이거나 상해를 입히는 경우가 많지 않다. 그래서 발달한 것이 욕이다. 그러나 일본에서는 욕이 없지 않으나 붓의 윤리보다는 칼의 윤리를 지켜왔기에 150년 전만 해도 일본에

서는 '키리스테 고멘切捨て御免'의 문화가 있어 무사가 무례한 평민을 그 자리에서 칼로 베어 죽여도 처벌하지 않았던 특권이 있었다.

일본 검도에서 진검으로 겨룰 때 승패는 바로 결정된다. 이때 중상을 입거나 사망하기도 한다. 만약 살았으면 '마잇다參った, 졌다!'라고 외치면 "당신이 나보다 실력이 월등하니 이제는 당신 마음대로 하세요."라는 항복의 표시를 나타낸다. 그러나 과거 제도가 발달했던 우리의 붓의 윤리 아래에서는 한번 실수한 과거 시험이나 필기 시험에서는 다시 노력하면 된다. '두고 보자! 다시 한번 하자!' 는 정신을 요구한다. 노력하면 이길 수 있기 때문이다. 이렇게 칼의 윤리 아래에서는 승패勝敗가 중요하고 붓의 윤리 아래에서는 선악善惡이 중요하다. 대의명분이 정해지면 선악이 결정되고 이것이 사실이라면 목숨을 걸고 대드는 것이 사대부, 즉 붓의 윤리였다. 한국과 일본은 서로 문화가 달라 윤리적 기준이 다르다 보니 서로를 향해 거짓말쟁이나 겉과 속이 다른 이중인격자라고 한다.

우선 많은 일본인은 한국인을 거짓말쟁이로 표현한다. 겉으로는 공자나 맹자의 사상을 논하며 도덕군자처럼 행동하는데, 행동은 말처럼 예절과 예의를 구분하지 못하는 경우가 많다는 것이다. 국가 간 합의도 쉽게 깨는 한국인과 한국 문화를 이해할 수 없다고 한다. 한편 한국인들은 마음속으로는 불쾌하더라도 겉으로는 부드러운 표정과 웃는 얼굴로 대하는 일본인의 모습을 보고 한국인들은 이중인격자라고 한다. 속 마음(혼네)과 겉 마음(다테마에)을 이해하지 못한 한국인으로서는 당연한 그런 생각을 품을 수 있는데, 무사적 공동체 사회, 즉 칼의 윤리 속 공동체에서는 말을 잘못하다가는 죽을 수도 있기에 겉으로는 상대방에게는 부드러운 말로 대할 수밖에 없었고 이것이 문화가 된 것이다.

칼의 윤리에서 자란 '진검승부真劍勝負'의 일본은 한국인을 이해하지 못한다. 붓의 윤리에서는 졌어도 단 한 번의 승부로 졌다고 하지 않기 때문이다. "비록 오늘 졌어도 노력해서 다음에 보자!"는 '너 한 번 두고 보자 정신'이 선비들의 붓의 윤리로 고집스럽게 나타나기 때문이다. 한·일 두 이웃 나라의 비슷한 것 같은데 이렇게 다른 모습의 정신세계는 지도자들의 리더십에도 많은 차이를 보였다.

- 손자병법과 한·일 리더십

역사적으로 뛰어난 전략가로 손자와 카를 폰 클라우제비츠Karl von Clausewitz, 1780~1831를 꼽는다. 그러나 두 사람의 논제는 현저하게 다르다. 손자는 다수의 경쟁자 가운데 살아남는 것을 전제로 한 것에 비해 클라우제비츠는 결투의 확대된 것으로 기술하고 있다. 결투의 확대 개념은 일대일의 상황을 기본적으로 상정한다. 따라서 전투에서는 적의 주력을 파괴하는 것을 최고의 목표로 삼는다.

손자는 지휘관이 갖추어야 할 덕목으로 손자병법 '시계편'에서 지신인용엄知信仁勇嚴의 5개 요소를 들고 있다. 여기에서 지知는 지혜(전략 역량), 신信은 리더와 조직원 간 신뢰(통솔력)을 의미하고, 인仁은 따뜻한 마음으로 구성원을 대하고, 용勇은 싸우는 용기와 퇴각하는 용기, 추진력을 말한다. 엄嚴은 부하에게 엄격함을 보여주라는 말이 아니고 본인에게는 엄격함이 부하에게는 엄정함과 공정함을 보여줘야 한다는 말이다.

지·신·인·용·엄의 다섯 요인을 전부 갖춘 리더를 '파이브 툴 리더Five-Tool Leader'라고 한국에서는 이순신 장군, 해외에서는 러시아 발틱 함대를 쳐부수고 러일전쟁을 승리로 이끈 도고 헤이하치로東鄕平八郎라고 생각한다. 그러나 일본에서는 도고 헤이하치로보다는 칼의 윤리로 무사도를 표현한 노기 마레스케乃木希典가 훨씬 인기가 높다. 필자는 노기 신사와 도고 신사를 방문했는데 규모는 비슷하나 참배자는 노기 신사가 훨씬 많다. 그리고 전국에 11개 정도의 노기 신사가 있는 것을 봐도 도고보다는 인기가 높은 게 의아했다. 노기는 전쟁에서는 도고보다 평가가 낮았으나 두 아들을 전쟁에서 잃고 자신을 신임하던 메이지 천황이 죽자, 장례 일에 도쿄의 자택에서 부인과 함께 할복했기 때문에 자식, 부인 그리고 모든 것을 국가에 바친 마지막 무사도의 정신으로 추앙받는다. 이것이 칼의 윤리이다.

서양의 손자로 불리는 클라우제비츠는 지휘관의 역량을 불확실한 사태에 대한 통찰력과 위험을 돌아보지 않고 자신의 행동에 책임을 지는 용기라고 정의하였다.

최근, 한국이나 일본이나 전국에 많은 대형 할인점과 편의점이 생기면서 백화점과 전통 시장이 많은 타격을 받고 있다. 일본에서도 백 년 이상인 백화점 도산의 소식이 들려오고 한국의 지방 백화점은 이미 크게 타격을 받아 사라진 지 오래다. 특히 편의점은 체인점이어서 경쟁이 심하다. 특히 소도시의 경우에는 경쟁사의 편의점 중 제일 매출액이 좋은 곳(경쟁사의 편의점 앞)에 출점하는 경우가 많다. 그러다 보니 경쟁사 편의점의 매출액이 떨어지면 그 대응책으로 타 지역 상대측 편의 지점 중 가장 경쟁력이 좋은 곳에 출점하여 이전투구식의 경쟁을 한다.

이것은 클라우제비츠의 전쟁론에서 주장하는 상대의 전력이 가장 집중된 부분을 공격하라는 말과 통한다. 요즈음 편의점이 많이 생겨서 소비자들은 좋으나 업계에서는 힘들다. 편의점 A는 확실히 경쟁사 편의점 B의 제일 매출이 좋은 곳을 공격하면 상대의 이익이 악화하여 A쪽이 유리해질 것은 말할 필요도 없다. 그러나 결과는 의외의 방향으로 흘러 신규 출점과 대응으로 힘을 쏟은 편의점은 결국 같이 망하고 만다. 이런 전략은 일대일의 결투에서는 필요할지 모르지만, 다수의 경쟁 시대에는 제3의 유명한 편의점이 새로운 아이템으로 등장하거나 원스톱 마케팅으로 더 효용이 큰 대형 할인점에 고객을 빼앗긴다.

적은 눈앞에 있는 경쟁자만이 아니다. 더욱 강력한 제3자가 어부지리를 취하려고 호시탐탐 노리고 있다는 것을 알아야 한다. 이러한 의미를 담은 고사성어로 '당랑포선 황작재후螳螂捕蟬 黃雀在後'가 있다. 풀이하면, 이슬을 먹고 사는 매미는 뒤에 사마귀가 자기를 노리고 있는 줄 모른다. 사마귀는 매미를 잡으려 하지만 뒤에 참새가 노리고 있는 줄 모르고 있으며 참새는 사냥꾼이 자기를 노리고 있는 줄 모른다는 말이다. 즉 눈앞의 이익만 보지 말고 등 뒤의 적(근심)도 보아야 한다는 의미이다.

특히 일본의 전국 시대에는 다수의 적과 경쟁하여 생존하고 현재는 기업이든 국가이든 경쟁자는 하나만이 아닌 다수이기 때문에 '당랑포선 황작재후'가 설정된 형편이다.

일본의 전국 통일을 눈앞에 두고 병으로 죽은 비운의 명장 다케다 신겐武田信玄은 풍림화산風·林·火·山이라고 쓰인 깃발을 들고 싸움에 임하였는데, 이 글귀를 다케다 신겐이 임의로 만들었다고 생각했는데 알고 보니 이 글자들 역시『손자병법』에서 나왔다. '군쟁편'에는 이렇게 쓰여 있다.

기질여풍基疾如風	빠르기를 바람과 같이하고
기서여림基徐如林	조용하기를 숲과 같이하고
침략여화侵掠如火	침략하기를 불과 같이하고

부동여산不動如山   움직이지 않기를 산과 같이한다

그런데 여기에서 한·일의 리더십과 문화를 보면 기질여풍基疾如風 침략여화侵掠如火는 일본의 칼의 윤리와 닮은 것이 많고, 기서여림基徐如林 부동여산不動如山은 붓의 윤리와 닮은 것이 많다고 생각한다.

붓의 문화의 리더십

10여 년 전 정옥자 교수의 『한국의 리더십 선비를 말하다』를 읽고 고개를 끄덕이고 감동한 점이 있다. 선비는 '고품격 인성과 지성을 겸비한 지식인'으로서 내 몸을 닦아 남을 교화한다는 의미인 수기치인修己治人을 기초로 어려서부터 철저한 인성 교육과 학문을 연마하여 완성된 인격체로서 남을 다스리는 단계로 나아가는 인물이라는 것이다.

수기의 단계의 사士, 치인 단계의 대부大夫가 합쳐진 인물이 사대부士大夫라고 하며 중국의 왕조는 150년~200년 정도가 일반적인데 조선에서는 500년간 이어간 저력을 조선의 지식인 그룹인 선비 정신에서 찾았다는 점이다. 이 점은 일본도 마찬가지이다. 에도 시대는 264년 정도이고 가마쿠라 막부는 148년이었으니 이점은 이해가 간다. 사회가 어지럽고 외세가 창궐하여 국난을 맞았을 때 더욱 빛을 발한 선비의 리더십이 있었기에 가능한 일이었다.

그리고 서양의 지식인들은 권력자의 참모 역할에 그쳤으나 조선의 선비는 본인들 자신이 사회를 이끌어 간 주체였다. 다시 말해 서양의 지식인들이 지식을 직접 실현하지 못하는 한계인이기에 논리에만 매달려 냉소적이었다면 동양의 지식인들은 자신들이 학적, 지적 능력을 국가 사회에 실현할 수 있는 여건 속에 있었던 것이다. 정확한 붓의 윤리이다. 조선의 선비들은 무엇보다 지시의 많고 적음보다 실천에 무게 중심을 두었는데, '학행일치學行一致'의 자세였다.

현재 우리 문화의 근간을 두는 것도 선비 정신임에는 틀림없다. 한국의 모든 리더는 아직도 선비 정신을 포용하려 하며, 선비의 배움은 학행일치와 함께 학문과 예술을 일치시키려는 '학예일치學藝一致'를 추구했고 전공 필수로 문학, 역사, 철학의 문文, 사史, 철哲을 교양필수로 시와 글씨 그리고 그림의 시詩, 서書, 화畵를 연마했다. 전자를 통해 이성 훈련을, 후자를 통해 감성 훈련을 했다. 이성 훈련은 의리義理의 구현으로, 감성 훈련은 인정人情의 구현으로 나타난다고 보았다.

붓의 윤리에서는 학행일치와 학예일치가 선행되어야 한다. 이는 한국의 붓의 윤리에의 리더에게 가장 중요한 항목 중 하나로 본다. 그런데 지인인 모 대학 이공계 교수인 S가 문文, 사史, 철哲과 시詩, 서書, 화畵만 해서는 과학적 사고, 수학적 사고가 결여한 리더가 될 수밖에 없으니 합리적 사고와 효율성에서 뒤떨어진다는 논리를 보였다. 나는 S 교수의 논리도 맞지만, 학행일치, 학예일치의 정신으로 융합해서 국가를 운영하라는 뜻으로 받아들이면 될 것 같다고 얘기하였고 그는 아직도 한국의 리더십과 선비에 대해서는 약간의 불만을 하고 있다.

리더십의 우리말은 '지도자상' '지도자 자질' '지도자 역량'으로 표현하거나 좀 더 넓게 보자면 지도력指導力이나 영도력領導力, 통솔력統率力을 말한다. 지금에는 리더십이란 어휘 자체가 일반화되어 통상적으로 리더십이라 말한다. 리더십에서는 목표 지향성, 사람들 간의 커뮤니케이션 능력, 상호교류, 카리스마, 자발성, 영향력 행사 과정 등과 관련된다.

최근에는 '서번트 리더십'이란 단어도 등장했듯이 개개인을 존중해 주며 조직 구성원들의 잠재력을 최대한 끌어내는 것이 서번트 리더십이다. 구성원 한 사람, 한 사람을 존중하고 조직 구성원을 위해 봉사하고 섬기는 것이 마치 '하인=서번트'임을 자처한다는 의미이다.

그런데 무엇보다도 군대 조직이든 기업 조직이든 막론하고 어느 조직이건 리더십에서 가장 중요한 것은 리더의 책임감이다. 기업이 망하면 종업원들이 다른 곳으로 가서 피해를 보지만 자기 나라가 망하면 국민이 어떻게 될 것인가? 이 점에 있어서 조선의 왕이나 선비들이 보여주던 리더십에 회의를 갖는다.

임진왜란 때 선조는 국민을 염두에 두지 않고 몽진蒙塵이란 핑계로 평양으로, 의주로 몰래 도망가서 국민에게 원성을 샀다. 6.25 전쟁은 북한군의 남침으로 시작되었지만 1950년 6월 28일 한강 인도교를 폭파하여 많은 국민에게 정부를 믿지 못하게 하는 결정적 요인을 만들었다. 당시 대통령 이승만, 국방부 장관 신성모를 비롯한 대다수 각료는 이미 서울을 떠나 피난 간 뒤였다. 1950년 6월 27일 저녁 대전 충청남도지사 관저에서 제작된 이승만 육성이 녹음된 방송이 KBS 제1라디오로 송출된 것은 밤 10시였다. 서울 시민은 이승만이 서울에 남아서 직접 방송한다고 생각했다. 그러나 앞서 언급하였듯 이승만과 정부는 전일 이미 피신한 뒤였으며 피난을 떠나지 않은 서울 시민은 다음날 한강 교량들이 폭파되어 발이 묶이고, 서울시가 북한군에 의해 점령되는 것을 지켜봐야 했다. 한강 이북에는 국군 병력도 많이 남았었기에 국군 전력에도 상당한 타격을 입었다. 물론 이승만

이 폭파를 직접 지시했다고는 볼 수 없지만 국민과 함께 피난을 떠나지 않은 책임은 면하기 어렵다. 붓의 윤리에서 가장 치명적으로 작용하는 것이 몽진과 대통령 피난이다. 그중에서도 선조의 몽진은 인조의 삼전도의 굴욕과 함께 붓의 윤리인 한국인들이 가장 치욕적인 것으로 생각한다.

신종 코로나바이러스 감염증(코로나 19) 장기화로 지친 국민을 위로하는 취지로 기획된 2020년 9월 30 '가황歌皇' 나훈아의 단독 콘서트 '대한민국 어게인'에서 시청률 30%를 기록하였는데 그보다는 그의 소신 있는 발언에 리더십을 생각하게 되었다.

가황으로 불리는 나훈아는 "역사책을 봐도 국민 때문에 목숨을 걸었다는 왕이나 대통령은 한 사람도 본 적이 없다.", "이 나라를 누가 지켰냐 하면 바로 오늘 여러분들이 이 나라를 지켰다."고 했다. 이어 "유관순 누나, 진주의 논개, 윤봉길 의사, 안중근 열사 이런 분들 모두가 다 보통 우리 국민이었다. IMF 외환 위기 때도 나라를 위해서 집에 있는 금붙이 다 꺼내 팔고 해서 세계가 깜짝 놀라지 않았느냐."며, "국민이 힘이 있으면 이상한 위정자들이 생길 수가 없다."고 강조했다. 역시 가수 나훈아가 주장하려고 했던 것은 한국 지도자의 책임감이었던 것 같다.

그런데 우리나라에는 훌륭한 인물이 많다. 그러나 붓의 윤리로 보면 부족한 모습도 보이기 때문에 많은 대통령이 감옥에 간 것도 사실이다. 모든 것을 갖춘 세종대왕 같은 대통령을 원하는 국민이 많다 보니 실망도 크나 효孝를 강조한 붓의 윤리 아래에서는 대통령의 아들과 형제, 자매 그리고 친척 때문에 망가진 경우가 많다.

2

붓의 윤리 아래
한국의 리더십 스타일

한국의 지도자들은 어떤 리더십을 발휘하나

일본의 무장 스타일과는 달리 한국에서는 문신 위주의 붓의 문화였기 때문에 장군(장수)은 일본만큼 많지 않다. 한국에서 존경할 만한 사람으로는 이순신 장군과 세종대왕을 따를 만한 사람이 없고 정복왕으로서는 광개토대왕을 따를 만한 인물이 없다. 항상 세종대왕과 이순신 장군은 1등과 2등을 번갈아 하면서 할 정도로 인기가 높다.

대통령으로서는 의견을 달리하는 사람도 있지만 박정희와 김대중을 따를 만한 인물이 없다. 물론, 김영삼 대통령도 민주화로서 유명한 대통령이었지만 IMF 위기로 그의 평가는 많이 낮아진 것도 사실이다. 노무현 대통령은 사후에 평가가가 높아졌다.

야구 감독으로서는 해태의 김응용 감독과 야신으로 불리는 김성근 감독을 따를 만한 감독은 아직 존재하지 않는다. 김응용은 통산 한국시리즈 우승 10회, 정규 시즌 우승 7회를 기록하였을 정도로 한국에서는 유명한 감독이며 타의 추종을 불허한다. 김응용에 맞선 감독이 꼴찌들을 일등으로 만든 야구의 신神 즉 야신, 김성근이다. 김성근은 SK 와이번스 감독으로 재임한 기간, 4년 연속 한국시리즈 진출 및 6할 승률, 우승 3회, 준우승 1회라는 업적을 남겼고 많은 하위 팀을 강한 훈련으로 우승이나 상위 팀으로 올려놓았지만, 그의 고집과 선수 혹사 등으로 많은 물의를 일으켰다. 그러나 지도자로서는 김성근 만한 감독도 없다고 하는 사람이 많다.

축구 감독으로서는 현재 유명한 한국 감독도 많지만 한국 감독보다는 2002년 월드컵의 한국 국가 대표팀 감독인 히딩크를 넘어설 감독은 현재는 없고 그의 밑에서 코치를 했던 현재 베트남 국가 대표인 박항서 감독이 인기를 얻고 있다. 훌륭한 선수가 명감독이 될 수 없다는 말과 함께 구단에서는 야구나 축구의 구기球技 종목에서는 오래 기다려 주는 전통도 필요하다. 일본의 요미우리 자이언츠의 하라 다츠노리原辰德 감독처럼 2006년부터 2015년까지 9년간 감독을 하다가 2018년 다시 요미우리 자이언츠 감독을 맡고 있다.

한국에서의 유명한 장군을 보면 김유신과 계백, 강감찬과 서희 이성계와 최영 등이다. 김유신 장군은 외국 세력 즉 당나라 소정방을 끌어들여 백제와 고구려를 멸망케 한 인물로 평가되어 오히려 황산벌에서 전사한 계백을 최근에는 더 높이 평가하기도 한다.

● 세종의 리더십

우리나라에서 최고로 인기 있는 리더는 세종대왕이다. 세종은 과학 기술, 예술, 문화, 국방 등 많은 분야에서 뛰어난 업적을 남겼는데, 백성들에게 농사에 관한 책을 펴내었으나 글을 몰라 읽지 못하는 모습을 보고, 누구나 쉽게 배울 수 있는 효율적이고 과학적인 문자 체계인 훈민정음訓民正音 한글을 창제하였다. 누구나 읽을 수 있는 한글을 창조하여 한문 사회에서 벗어나도록 했으며 집현전으로 성삼문, 정인지, 신숙주 등 인재를 양성하고 천민賤民인 장영실에게 측우기, 천문 관측기, 휴대용 해시계, 천평일구, 앙부일구(해시계), 자격루(물시계), 갑인자(글자), 간의(천문관측 기기나침판)의 시작을 개발, 관천대, 간의, 자격루 등 기술력은 당시 중국과 일본을 능가하였다.

세종 때는 우리 민족의 역사에서 가장 훌륭한 유교 정치, 찬란한 문화가 이룩된 시대였다. 이 시기에는 정치적으로 안정되어 정치·경제·사회·문화 등 전반적인 기틀을 잡은 시기였다. 즉, 집현전을 통해 많은 인재가 양성되었고, 유교 정치의 기반이 되는 의례·제도가 정비되었으며, 다양하고 방대한 편찬 사업이 이루어졌다. 농업과 과학 기술의 발전, 의약 기술과 음악 및 법제의 정리, 공법貢法의 제정, 국토의 확장 등 수많은 사업을 통해 민족 국가의 기틀을 확고히 하였다.

세종실록(세종 32년)에 의하면, 세종은 세자 때부터 슬기롭고 도리에 밝으매, 마음이 밝고 뛰어나게 지혜롭고, 인자하고 효성이 지극하며, 지혜롭고 용감하게 결단하며, 세자로 있을 때부터 배우기를 좋아하되 게으르지 않아, 손에서 책이 떠나지 않았다고 한다. 태종이 근심하여 명하여 서적을 거두어 감추게 하였을 정도로 책을 좋아했다. 가히 붓의 윤리에서 좋아할 만한 예비 군주이다.

왕으로 즉위 후에도 매일 새벽이면 옷을 입고, 날이 환하게 밝으면 조회를 받고, 다음에 정사를 보고, 다음에는 윤대輪對를 행하고, 다음 경연經筵에 나아가기를 한 번도 조금도 게으르지 않았다. 해동의 요순堯舜이라 일컬었다. 처음으로 집현전을 두고 글 잘하는 선비를 뽑아 고문顧問으로 하고, 경서와 역사를 열람할 때는 즐거워하여 싫어할 줄을 몰랐다고 하니 붓의 윤리에서 성군聖君으로 뽑힐 만한 재질이 있었다.

세종은 과학 기술의 경우, 1983년 이토 슌타로伊東俊太郎[10]를 비롯한 일본 도쿄대 연구진이 편찬한『과학사기술사사전』에 따르면, 1400년~1450년 사이의 세계 과학 기술 주요 업적으로 올라온 건수가 C4, J0, K21, O19로 적혀 있다. 여기서 C는 중국, J는 일본, K는 한국, O는 다른 지역을 말한다. 여기에서 한국 21건이나 되는데 모두 세종 시대의 업적들이다. 같은 시기의 중국은 4건, 일본 0건, 동아시아 이외 전 지역 19건이다. 세종대왕은 과학적인 면에서도 말로 표현할 수 없을 정도의 성군이었다.

● **이순신의 23전 23승**

한국영화 역대 박스 오피스 최고 기록인 '명량'은 1761만 명을 기록해 12척의 배로 330척의 일본 수군을 상대했던 이순신李舜臣 장군의 명량대첩을 다룬 영화이다.

이순신은 조선 선조 때 도요토미 히데요시의 조선 침략인 임진왜란과 정유재란의 해전에서 일본 수군을 격파하여 승리로 이끈 조선의 명장으로,

---

10) 伊東 俊太郎)科学史技術史事典. 科学史技術史 事典. 伊東 俊太郎 編, 1983弘文堂

1592년 4월 임진왜란이 일어나자 5월에 옥포 앞바다에서 첫 승리를 거둔 이후 한산도 대첩, 명량 대첩 등에서 적선을 크게 격퇴하여 23전 23승을 기록하였다고 하나 해군사관학교의 제장명 교수는 43전 38승 5무라고도 한다.

서울 광화문 광장에 우뚝 서 있는 충무공 이순신 장군의 동상은 그가 한국사에서 차지하는 위상을 말해 준다. 한국 역사상 가장 뛰어난 명장으로, 성웅聖雄이란 엄청난 호칭으로 칭송받고 있다. 이순신 장군의 『난중일기亂中日記』는 2013년 유네스코 세계기록유산으로 등재되었다. 개인 일기 형식이지만 교전 상황이나 개인적 소회, 당시 날씨나 지형과 백성들의 생활상까지 상세하게 기록했다. 선비 중심인 붓의 윤리에서도 인정받은 칼의 무장이다.

이순신은 지금의 서울 충무로인 건천동에서 태어나 유년을 보내고, 아산으로 이사했다. 32살에 무과에 급제했으나, 관운이 좋은 편은 아니었다. 변방을 떠돌며 승진과 강등을 반복했다.

그러나 임진왜란 1년 전 이순신을 종6품 정읍현감에서 정3품 전라 좌수사로 7계급의 파격적인 승진을 하였다. 류성룡의 천거로 선조가 발탁했다. 아마도 이러한 파격적 승진은 이순신에 압박감으로 작용했고 주위에서는 시기와 질투가 있었다고 본다.

- 한산도 대첩(閑山島大捷)

한산도 대첩은 1592년 8월 14일 통영 한산도 앞바다에서 조선 수군이 왜군을 크게 무찌른 해전으로, 이 전투에서 육전에서 사용하던 포위 섬멸 전술 형태인 학익진鶴翼陣을 처음으로 해전에서 펼쳤다.

이순신은 견내량 주변이 좁고 암초가 많아서 판옥전선板屋戰船의 활동이 자유롭지 못한 것을 확인하고, 한산섬 앞바다로 유인해 격멸할 계획을 세웠다. 먼저 판옥전선 5~6척이 일본 수군을 공격하여 반격해 오면 한산섬으로 물러나며 유인하였다. 일본 수군들은 그때까지 패전한 것에 보복하려는 듯 의기양양하게 공격해 왔다. 그때 일본 수군 세력은 대선 36척, 중선 24척, 소선 13척 등 모두 73척으로서 지휘관은 수군 장수 와키자카 야스하루脇坂安治였다. 와키자카는 한산도 해전에서 조선군에 대패하고 인근 섬에서 해초로 연명했다. 물론 일본측 자료는 다르다.

이순신은 모든 전선에 학익진鶴翼陣을 짜서 공격했고, 여러 장수와 군사들은 각종 총통을 쏘면서 돌진하였다. 싸움의 결과 중위장 권준權俊이 층각대선層閣大船 1척을 나포하는 것을 비롯해 47척을 분파焚破하고 12척을 나포하였다.

한산도 대첩은 육지에서 잇단 패전으로 사기가 떨어진 조선군에게 승리의 용기를 주었다. 나아가 조선 수군이 남해안 일대의 제해권을 확보함으로써 이미 상륙한 적군에게도 위협을 주어, 그때까지 매우 불리했던 임진왜란의 전세를 유리하게 전환할 수 있었다.

한산도 대첩은 행주 대첩, 진주 대첩과 아울러 임란 삼대첩壬亂三大捷의 하나였는데, 일본의 일부 학자들은 이순신 장군의 전적을 날조라고 하거나 과대 포장된 것이라지만 그래도 이순신의 훌륭한 전적을 인정한다.

조지 알렉산더 발라드George Alexander Ballard의 저서인 『일본의 정치사에 대한 바다의 영향』[11)]에서는 "영국인의 자존심은 그 누구도 넬슨 제독과 비

----
11) George Alexander Ballard, The Influence of the Sea on the Political History of Japan, E.P. Dutton, 1921, pp54-55, pp66-67.

교하길 거부하지만, 유일하게 인정할 만한 인물을 꼽자면, 한반도의 이순신 제독으로, 처음부터 끝까지 실수가 없었으며, 그야말로 모든 면에서 완벽해 흠잡을 점이 전혀 없을 정도다."고 하여 이순신을 영국의 해군 제독인 넬슨과 비슷한 훌륭한 제독으로 칭송했다.

1908년 발행된 일본 해군의 사토 테츠타로佐藤鉄太郎 제독의 저서『제국국방사론』에서 이 순신을 넬슨 이상의 제독으로 평가하고 유럽에서 이순신에 필적할 인물을 든다면 네덜란드의 미힐 더 라위터르Michiel de Ruyter 이상이 아니면 안 된다고 적고 있다. 넬슨은 인간적, 도덕적인 면에선 이순신에 떨어진다. 조선에서 태어났다는 불행으로 서양에 잘 알려지지 못했다.[12]

우리나라에서는 이순신 장군이지만 외국에서는 이순신 제독이라고 부른다. 일부 일본인은 일본 교과서에도 등장하는 인물이고, 과거 40년 전만 해도 한국의 모든 초등학교, 중학교, 고등학교에 가면 이순신의 동상과 이순신의 표어가 있었다는 기록도 알 정도로 이순신 장군을 잘 안다.

일본인들은 거북선을 철갑선鐵甲船이라고 주로 알고 있으며, 임진왜란의 전투에 대해서는 육군은 일본군과 명군의 싸움이었고 해군은 조선 수군과 일본 수군의 싸움이 아니고 일본 수군과 이순신의 싸움이었다고 주장을 한다.

　　한산섬 달 밝은 밤에 수루에 혼자 앉아
　　큰 갈 옆에 차고 깊은 시름 하는 적에
　　어디서 일성호가는 나의 애를 끊나니

----

12) 佐藤鉄太郎 著『帝国国防史論　上巻』, P399

이순신의 시조 '한산섬 달 밝은 밤에'는 전 국민이 모르는 사람이 없을 정도로 유명하다. 임진왜란 때 삼도수군통제사로서 총지휘의 본영이었던 한산도의 수루에 올라 일본 수군의 침략에 따른 나라의 장래를 걱정하며 지은 작품이다.

나라를 걱정하는 '우국가'로 큰 칼을 허리에 찬 이순신 장군의 기상이 잘 드러난 작품인데 구전으로만 전하다가 『청구영언』에서 비로소 기록으로 남겨졌다. 시조와 『난중일기』는 문학 작품으로도 손색이 없을 정도이니, 무장인 이순신 장군이야말로 붓의 윤리를 갖춘 리더의 덕목을 제대로 갖추었다.

한국의 경영자들의 리더십 스타일

한국의 경영자들은 대개 두 유형으로 구분한다. 이병철 스타일과 정주영 스타일로 구분하는데 이들의 일반적인 평가는 시대에 따라 다르고 사람에 따라 다르다. 과거에는 김우중 스타일도 평가를 받았지만, 대우그룹이 도산한 후에는 많이 평가절하되었다.

삼성의 이병철은 1910년생이고 정주영은 1915년생으로 5살 차이가 나지만 경영자로서의 활동 시기가 비슷하여 삼성과 함께 현대는 한국 재계의 양대 산맥을 이루었다. 세심하고 치밀한 사전준비 끝에 착수해 성취해내는 이병철 스타일, 저돌적이고 공격형으로 목표를 달성하고마는 정주영 스타일은 달랐다.

경북 의령에서 자란 이병철은 갑부 출신의 전형적 귀공자 스타일로 그는 하루를 원두커피로 시작할 정도로 낭만적이었고, 명품 정장을 즐겨 입었고, 아무리 화가 나는 일이 있어도 큰소리를 내지 않았다. 그는 조용하고 섬세하고 차분한 성품의 소유자였다.

강원도 통천에서 자란 정주영은 전형적인 서민 스타일이었다. 우선 가난한 소작농을 아버지로 두었으며 많은 형제 덕분에 소학교까지 다닐 수밖에 없었다. 온종일 일하고도 아침은 보리밥에, 점심은 거르기를 밥 먹듯이 하고 저녁은 죽으로 때우는 가난한 삶을 견디지 못하고 가출을 했다. 거친 현장과 싸구려 점퍼와 싼 구두를 즐겨 입었고, 화가 나면 참지 못하는 다혈질이었으며 이는 경영 스타일에 그대로 작용하였다.

우선 삼성과 현대 두 그룹은 반도체, 중공업, 유통업(백화점), 건설업 등지의 분야에서 팽팽한 경쟁을 벌여왔다. 두 사람 모두 일류를 추구하고 1등이 되어야 살아남는 승부의 갈림길에 수없이 서 봤다는 공통점이 있었지만, 삼성은 이병철의 고집으로 반도체를, 현대는 정주영의 고집대로 자동차와 조선으로 나누었다. 노조 문제에서도 대표적 강성 노조로 거듭난 현대그룹과 무노조 원칙이 이어진 삼성의 경영 스타일은 매우 달랐다.

정주영은 정치 권력에도 도전하는 모습을 보였다. 자식 중 6남인 정몽준을 국회에 진출시킨 것을 시작으로 1992년에는 통일국민당을 창당하여 직접 대통령에 출마했다. 1987년 명예회장으로 은퇴한 정주영은 정치에 관심을 두고 노태우 정부 말기부터 갑자기 역대 정권에 바친 비자금을 공개하면서 슬슬 레임덕 증상을 보이던 노태우 정권을 곤경에 빠뜨리더니, 마침내 통일국민당을 조직하고 코미디언 이주일을 영입하는 등 노력 끝에 14대 국회의원 선거에서 31석을 얻는 의미 있는 성과를 보여주었다. 본인도 전국구 의원으로 당선되었다. 이 과정에서 현대그룹 임직원과 가족을 노골적으로 동원하여 많은 사회적 물의를 일으키고 다른 재벌들의 경계를 받았다.

그리고 1992년 12월 마침내 제14대 대통령 선거에 통일국민당 대통령 후보로 출마하였으나, 금전 정치의 한계를 보여주며 3위로 낙선하였다. 개표 직후 정주영은 "당원이 1천200만인데 득표수가 400만(정확히는 388만 정도)이라니 우리 당원들은 다 어디에 투표한 것인가?" 하며 고개를 떨구었다고 한다. 그는 기업인이었지 정치인은 아니었던 모양이다. 세계적 기업인은 정치 앞에서 사라졌다. 14대 대선이 끝난 뒤 선거 운동을 도왔던 아들 고 정몽헌, 정몽준 회장과 함께 비자금 사건 때문에 수사를 받으며 모진 고초를 겪고 나서 정치에 손을 떼었다. 대선 출마 이후로 대북 사업으로 다시 활력을 얻기까지 현대그룹은 침체기에 빠져 안타까움을 샀다.

나는 개인적으로 너무나 안타깝게 생각한다. 세계적인 기업가인 정주영이 정치에 참여해 곤욕을 치르다 보니 그가 원했던 현대자동차가 세계적 자동차가 되기에는 약간 부족한 모습을 보여주었다. 선거 자금을 연구 자금이나 기술 자금으로 사용했다면 현대자동차는 토요타와 비슷한 수준을 가지지 않았을까 하는 나만의 생각을 해본다.

삼성이 소니와 도요타를 이겼지만, 현대자동차는 아직도 브랜드 가치 등 모든 면에서 도요타를 이기지 못한다. 붓의 윤리인 현실 정치 참여를 기업인이 하다 보면 기업은 흔들릴 수밖에 없다. 반면, 삼성의 이병철은 선친과의 인연으로 인해 이름만 올려놓은 당 때문에 억울하게 정치적 희생양이 되고 나서 철저히 정치를 배제하는 모습을 보였다. "기업가는 정치와 직접 인연을 맺어서는 안 된다."라는 것을 금기로 삼으며 정치에 확고한 신중함을 드러냈다.

2021년 2월 1일 삼성전자 시가 총액이 495조 원으로 253조 원의 도요타자동차의 두 배가 되었다. 2011년 1월 시가 총액 첫 역전 이후 10년 만에 격차가 2배로 벌어졌다는 이야기다. 일본의 도요타, 닛산 혼다자동차를 합한 3대 차 시가 총액 합계액이 삼성전자의 63%를 기록하였고, 소니(12조 8061억 엔), 파나소닉(3조 2865억 엔), 히타치(4조 3313억 엔), 도시바(1조 5480억 엔), 샤프(1조 1963억 엔) 등 일본 5대 전자업체의 시가 총액 합계는 23조 1682억 엔으로 약 247조 2163억 원에 해당하여 삼성전자의 절반에도 못 미친다.

삼성의 지도자가 만약에 대통령 선거나 국회의원 등 정치에 참여했다면 오늘과 같은 영광은 없었을 것이다. 한국에서 아직도 아쉬워하는 경영자가 대한민국의 기업인이자 대우그룹 창업주로, 한때 정주영, 이병철과 함께 대한민국 3대 재벌 신화 중의 하나이자 샐러리맨 신화의 대명사로 불리던 김우중이다. 그는 무역회사에서 바이어로 근무하다 1967년 독립해 자본금 500만 원으로 대우실업이라는 회사를 차렸다.

대우실업은 창업 초기에는 동남아시아의 의류 원단 및 자재 공급 관련 사업을 주로 하는 중소기업이었지만, 본인의 유창한 영어 실력과 제2금융권으로부터 돈을 빌린 뒤 해외 회사에 오퍼를 내고, 계약이 성사되면 그때 돈을 갚는 독특한 자금 동원 능력, 박정희 대통령과의 인맥과 경기고 인맥 등을 잘 활용해 창업 5년 만에 100만 달러 수출을 기록했다. 이후 사업 범위를 공격적으로 확장했는데, 특히 중동 붐으로 엄청난 성공을 거두며 불과 10여 년 만에 대한전선, 동명목재, 쌍용그룹 등 여타 쟁쟁한 기업들을 제치고 현대그룹, 삼성그룹, 럭키그룹에 이은 4대 재벌의 반열에 올랐다.

바이어 출신이라 기술은 사서 쓰면 된다는 말처럼 기술을 경시했다는 말도 들릴 정도로 기술보다는 판매에 중점을 두는 스타일이었는데, 중요한 것은 삼성은 반도체, 현대는 자동차인데 대우는 핵심 역량 사업이 없었다. 그러나 그의 능력을 아쉬워한 사람들은 IMF 시기에 대우를 도와주었더라면 하고 아쉬워하는 사람과 도움을 줬어도 부채가 많아 회생은 어려웠을 것으로 보는 사람도 있다.

1992년 14대 대통령 후보 출마 여부로 관심을 모았던 김우중 대우그룹 회장이 동년 10월 29일 제14대 대통령 선거에 출마하지 않겠다고 공식 선언했다. 김 회장은 "본인의 새한국당 대통령 후보 추대 문제로 인해 어수선함을 끼쳐드려 국민에게 송구스럽게 생각한다."고 말했다. 김 회장은 "정치사적 맥락에서 이번 대선은 김영삼 민자당 총재와 김대중 민주당 대표 간의 양김 구도 청산이라는 의미를 무시할 수 없기에 국민에게 양김 구도를 청산할 길을 마련해 드리기 위해 출마하지 않기로 했다."며 출마 포기 배경을 밝혔다.

나는 다시 생각한다. 붓의 윤리인 선비의 현실 정치 참여는 나쁜 점도 있고 좋은 점도 있으나 기업인은 절대 현실 정치에 참여하지 않는 것이 낫다고 본다. 사실 김우중은 1992년 제14대 대선 때도 출마 가능성이 언급되었고, 그 스스로 "정치에 참여해 정치판에 자극을 주고 싶었다."고 인정했을 정도다. 1997년 대통령 선거에도 관심이 있었던 것처럼 보도됐으나 YS(김영삼 전 대통령)와 DJ(김대중 전 대통령)에 현대그룹의 정주영까지 참여한 대선 구도에 그가 끼어들 틈은 없었고, 김우중은 불출마를 선언하며 기업인으로 남기로 결심했다. 이러한 대우의 정치 참여의 가능성은 김우중과 대우를 1999년 도산으로 이끄는 계기가 된다. 붓의 윤리를 바탕한 기업인들의 정치를 향한 유혹이다.

● 일본에서 배워 일본을 이긴 '철의 사나이' – 박태준

　박태준은 2008년 〈월간중앙〉 '한국의 상징'에서 한국 경제계의 두 거두인 정주영 현대그룹 창업주, 이병철 삼성그룹 창업주에 이어 경제인 상징 3위에 뽑혔다. 역시 한국 경제에 있어서 박태준을 제외하고 논하는 것은 한국 경제사를 보지 않고 논하는 것과 마찬가지이다. 박태준을 논할 때 등장하는 것이 일본에서 받은 기술로 극일克日하여 세계 최고의 포스코를 만든 기업인으로서의 박태준이다. 세계 철강업계의 '신화 창조자Miracle-Maker'로 우뚝 선 박태준을 정확히 알려면 포항제철의 창업에서 시작하여야 한다.

　『태백산맥』의 작가 조정래는 "단군 이래 최대 기적이라 부르는 한국의 경제 발전 중심엔 박태준 명예회장이 있었다며 수조 원의 순이익을 내는 회사를 키우고 조용히 물러난 진정한 철강왕이었다."고 평가했다.

　한국 전쟁 직후 어떠한 기술과 자본도 없었던 철강 불모지에서 1968년 16억 원의 차관으로 포스코를 이끌어 40년 뒤인 2008년에 자산 37조 335억 원, 매출액 30조 6424억 원, 조강생산량 3313만 6000톤의 기업을 이루고, 2016년에는 WSD 평가 철강사 경쟁에서 7년 연속 세계 1위를 기록한 바 있다. 명실공히 세계 최고의 철강 기업이다. 이런 것을 보면 박태준은 국가 철강 산업의 기틀을 다진 한국 기업가 중 열 손가락 안에 드는 업적을 쌓은 거물 중 하나가 분명하다.

　박태준은 1927년 경남 동래 출생으로 1933년 아버지가 일하던 일본으로 건너가 그곳에서 어린 시절을 보내다가 1945년 일본 와세다대학 예비과정에 입학하였으나 일본 패전으로 해방되면서 귀국하였고 1947년 조선국방경비사관학교(現 육군사관학교) 6기로 입교하여 1948년 육군 소위로 임관하였다. 사관학교 생도 시절 당시 제1 중대장이자 탄도학 교관이었던

박정희 대위와 인연을 맺었다. 이는 그가 후일 포항제철로 가는 중요한 계기였다. 한국 전쟁을 거치는 등 육군 초창기 일선에서 뛰었고 한국 전쟁 이후에는 5사단 작전 참모, 육사 교무처장, 국방부 인사과장, 25사단 참모장 및 일선 연대장 등을 거쳤다. 5.16 군사 쿠데타로 국가재건최고회의가 설치되자 박태준은 의장인 박정희 국가재건최고회의장 비서실장에 임명되며 경제 분야 최고위원으로도 일했다.

1965년 한·일 수교 당시 체결된 한·일기본조약을 통해 일본 정부에게서 얻어낸 배상금의 상당 부분을 투입하여 포항제철소를 건립하는 사업을 박정희 대통령의 지시를 받아 추진하였다. 이후 포항제철을 10년 만에 세계 굴지의 대기업으로 성장시켰다.

박태준은 일본어에 능통할 뿐만 아니라 박정희의 신임을 받아 한·일 국교 정상화를 위한 특사로 파견되었다. 임무를 마치자마자 박태준은 대한중석 사장에 임명됐고, 여기서 경영의 실제를 배우며 만성 적자와 부패의 온상이었던 기업을 흑자 기업으로 돌려놓으면서 기업인으로 첫발을 내디뎠다.

제철소 건설의 제반 준비에 착수한 박태준은, 자금 원조를 해 줄 모든 외국 기관들로부터 '불가' 판정을 받고 어려움을 당하였다. 그러한 와중에 한·일 국교 정상화 때 얻어낸 대일 청구권 자금을 유용하는 획기적인 아이디어를 떠올린 박태준은 대일 청구권 자금의 잔여금을 포철 건설용으로 전용하겠다는 포부를 박정희에게 건의했다. 박정희는 '기막힌 아이디어'라고 무릎을 쳤다.

당시 야와타 제철의 이나야마 요시히로 稲山 嘉寬 사장과 일본강관의 아카사카 다케시 赤坂武 사장 등 일본 철강 산업의 주역들을 만나 일일이 설득해서 우리나라에 기술을 제공하기로 약속을 받아냈고, 포항제철로 신일본제철의 기술과 자금을 투입하게 되었다.

박태준은 일본 정계와 제철업계 요인들을 끈질기게 설득해서 일본수출입은행 상업차관과 신일본제철의 기술 지원을 받는 데 성공한다. 박태준은 아버지뻘이었던 이나야마 요시히로와 국적과 세대를 뛰어넘은 깊은 유대를 맺었다. 함께 차로 이동할 때면 박태준이 이나야마 요시히로에게 가사를 적어주면서 미리 익힌 일본의 유행가를 전수했다고 할 정도이다. 그렇게 해서 '일본인들의 영혼을 얻었다.'고 박태준은 회고했다.

박태준과 이나야마 요시히로와의 관계는 박태준이 물건을 훔치는 것은 도둑이 할 짓이지만 마음을 훔치는 것은 괜찮다며, 이나야마 요시히로와 도움을 주고받았다고 평가했다. 포항제철소는 신일본제철의 기술로 지어졌다. 포철이 제철소를 단기간에 완공하자 일본 철강업계에서 한국에 많은 기술을 넘겨준 게 아니냐는 소리가 나왔다. 그러자 이나야마 요시히로 신일본제철 회장이 "많이 가르쳐준 게 아니라 그 사람들이 워낙 잘한 것."이라고 일축했다고 한다.

박태준 아니었으면 이나야마 요시히로의 협력은 없었을 것이고, 이나야마 요시히로의 협력 없었으면 포항제철은 없었을 것이어서 두 사람의 연결이 없었으면 오늘날 포스코는 존재하기 어려웠다.

나는 아쉽다. 정치인 박태준보다는 철강인 박태준이 더 세계인으로 더 유명했을 것으로 판단하기 때문이다. 특히 박태준은 일본에서 기술을 배워 일본을 이긴 사람이다. 1979년 10.26 사건으로 박정희 대통령이 사망한 후 민주정의당 소속으로 제11대 국회의원에 당선되며 정계에 입문하였다.

노태우 정부가 들어서고 나선 제13대 국회의원과 민주정의당 대표최고위원을 지내며 노태우 대통령을 대리하여 당 운영을 맡기도 했다. 그러나 훌륭한 기업인이었으나 정치에 입문하면서 그의 굴곡진 인생이 시작되었고 포스코와도 불편한 관계에 놓였다. 3당 합당으로 창당된 민주자유당 내에서 김영삼과의 불화로 인해 결국 문민정부 출범 직전에 포항제철 회장직과 제14대 국회의원직을 사임했다.

1997년 문민정부 말기 15대 총선 때 포항시 북구에서 무소속으로 당선되어 정계 복귀에 성공했다. 이후 김종필의 자유민주연합에 입당해 총재가 되었고, DJP연합을 통해 김대중 대통령 당선에 기여하여 2000년에는 국무총리로 임명되었지만, 부동산 명의 신탁 의혹으로 불과 4개월 만에 사임했다. 국무총리 사임 이후에는 포스코 명예회장과 포스코 청암재단 이사장을 역임하였으며 2011년 12월 13일에 세브란스병원에서 치료받던 중 사망했다.

정말 안타까운 사람이다. 붓의 윤리인 선비의 현실 정치 참여를 하지 않았더라면 더욱 유명했으며 포스코나 철강 산업을 위해서도 더욱 공헌했을 것이다.

3 칼의 윤리 아래 일본의 리더십 스타일

일본 경영자들의 리더십 스타일

일본 경영자들은 대개 세 유형으로 나뉜다. 도쿠가와형, 히데요시형, 노부나가형이 그것인데 이들의 일반적인 평가는 시대에 따라 다르다. 요미우리 자이언츠의 하라 감독의 리더십을 일본인들은 기다림의 도쿠가와 스타일로 평가한다. 2008년 베이징올림픽에서 일본 국가대표팀 야구 감독 호시노 센이치星野仙一 감독은 노부나가 스타일로 분류된다. 물론 호시노는 올림픽에서 한국 팀에 2번이나 지면서 일본 야구 사상 올림픽 노메달로 스타일을 구겼지만 WBC의 하라 감독은 일본인이 좋아하는 칼의 윤리인 '사무라이 재팬'이란 팀을 만들어 WBC 2연패를 달성하여 나름대로 좋은 평가를 얻었다. 야구 승부에서 지지 않겠다는 의미인 사무라이 재팬 역시 칼의 윤리에서 등장한 일본적 마인드이다.

2000년 〈역사 독본〉이라는 잡지에서 일본 전국 시대戰國時代 인물들에 대한 인기투표를 한 적이 있는데 그 결과는 다음과 같다.

1위 오다 노부나가(織田信長, 1534~1582)

2위 도요토미 히데요시(豊臣秀吉, 1537~1598)

3위 우에스기 겐신(上杉謙信, 1530~1578)

4위 다케다 신겐(武田信玄, 1521~1573)

5위 도쿠가와 이에야스(德川家康, 1542~1616)

또 다른 경영 잡지에서 조사한 결과는 이랬다.

1위 오다 노부나가(織田信長, 1534~1582)

2위 도쿠가와 이에야스(德川家康, 1542~1616)

3위 사카모토 류마(坂本竜馬, 1835~1867)

4위 도요토미 히데요시(豊臣秀吉, 1537~1598)

5위 우에스기 겐신(上杉謙信, 1530~1578)

20년이 지난 2020년 4월 27일 아사히 텔레비전에 일본 국민 10만 명이 집계한 가장 사랑받는 '전국 무장 랭킹 베스트 30'의 프로그램이 있었다. 지인인 H 씨가 문자로 아사히 텔레비전 방송 프로를 알려와서 보게 되었다. 결과는,

1위 오다 노부나가(織田信長, 1534~1582)

2위 우에스기 겐신(上杉謙信, 1530~1578)

3위 다테 마사무네(伊達政宗, 1567~1636)

4위 사나다 유키무라(真田信繁, 1567~1615)

5위 도쿠가와 이에야스(德川家康, 1542~1616)

6위 도요토미 히데요시(豊臣秀吉, 1537~1598)

7위 다케다 신겐(武田信玄, 1521~1573)

필자는 이 결과를 두 가지로 생각해 보았다. 하나는 일본의 불황과 관계가 있다. 다시 말하면 일본이 고도 안정기에 들어갔을 무렵인 1980년대 말에는 1위가 도쿠가와 이에야스, 2위가 도요토미 히데요시, 3위가 오다 노부나가였다. 그로부터 20년이 지난 2000년에는 오다 노부나가가 1등을 유지했고 2위가 도요토미 히데요시 3위가 사카모토 료마, 5위가 도쿠가와 이에야스, 우에스기 겐신과 다케다 신겐이 3위와 4위를 차지하였다. 도쿠가와 이에야스와 히데요시는 순번을 바꾸어 등장하는데 항상 노부나가는 1등을 유지하였다.

그리고 20년이 지난 최근 2020년에 1위 오다 노부나가, 5위 도쿠가와 이에야스, 6위가 도요토미 히데요시이다. 2위 우에스기 겐신과 7위의 다케다 신겐을 넣으면 이해가 가는 조합이지만 3위의 다테 마사무네와 4위의 사나다 유키무라의 랭킹이 상승한 것은 코로나 불황 시기에 사나다 유키무라같이 어느 곳에도 적응할 수 있는 리더를 요구하는 분위기 탓도 있을 것으로 보인다. 5위 도쿠가와 이에야스와 6위 도요토미 히데요시가 추락한 것도 흥미롭다. 특히 도요토미 히데요시가 6위로 하락한 것은 몇십

년 동안의 랭킹에 처음이 아닐까 싶다.

한국에서는 도요토미 히데요시가 임진왜란 탓에 부정적 이미지가 강하지만 일본에서는 밑바닥의 아시가루(병졸)부터 시작해서 일본의 최고 위치까지 오른 입지전적인 출세 경력과 일본 국내에서의 업적 등으로 평가가 높았었다. 지인인 일본인은 코로나로 인하여 그의 출세 전략 등이 현대 일본인에게 어필되지 않은 것 같다고 했다. 그러나 한국인인 필자는 도요토미 히데요시는 원래 무사 출신이 아니었고 본인의 행동거지도 무사답지 않았고 혁신적인 면에서는 오다 노부나가, 부하의 신뢰에서는 도쿠가와 이에야스보다 약해서 랭킹 순위가 떨어진 것 같다. 즉, 무사도를 숭상하는 일본인 정서의 칼의 윤리에서 약간 벗어났기에 그럴 것으로 본다.

현대는 새로운 전환의 시기이다. 공동체적 집단 문화인 일본에서는 항상 시대적 전환기에는 메이지 유신의 사가모토 료마, 사이고 다카모리西鄕隆盛 등이 그랬듯이 젊고 천재적인 독단적 리더십이 요구된다. 그래서 오다 노부나가가 다시 1위를 차지한 것으로 보였다.

그렇다면 오다 노부나가가 일본의 현대 사회에서도 이처럼 인기를 얻는 이유는 무엇일까? 일본 매스컴에서는 일반적으로 오다 노부나가는 독단적이고 비정한 인물로 알려져 있다. 애정이라고는 전혀 느낄 수 없는 잔인한 짓도 많이 했다. 그러나 그는 지금도 일본인들의 가슴속에 일인자로 기억되고 있다. 그 이유는 무엇일까?

첫 번째, 결단력 있는 의사 결정자였다. 특히 요즘처럼 시대적 전환기와 불경기에는 일본인들은 창조적 리더십의 노부나가 같은 창조적 혁신 리더를 그리워한다.

두 번째, 시대적 흐름을 이용할 줄 아는 개혁자였다. 능력을 존중하고 능력이 있으면 신분에 얽매이지 않고 부하로 등용했다. 떠돌이 출신의 아케치 미쓰히데明智光秀와 농민 출신의 도요토미 히데요시를 측근으로 거느린 것이 좋은 예이다. 그는 일본인 최초로 서양을 인정했고 서양의 기술과 과학을 배우려 했다. 위와 같이 현대 사회의 관점에서 평가해 보았을 때도 뛰어난 경영자였고 지도자였다. 그뿐만 아니라 낭만성과 자유와 혁신적 개방성과 창조성으로 지금까지 인기가 있다.

필자는 이 결과에 두 가지를 생각해 보았다.

첫째, 일본의 장기적 불황과 관계가 있다. 다시 말하면 일본이 고도 안정기에 들어갔을 무렵인 1980년대 말에는 1위가 도쿠가와 이에야스, 2위가 도요토미 히데요시, 3위가 오다 노부나가였다. 당시에는 오다 노부나가가 일본인의 공동체적 집단 문화에는 맞지 않는 천재적 경영자였기 때문에 실패하였다고 평가하였다. 그러나 지금처럼 시대적 전환기에 오다 노부나가가 새롭게 등장한 것은 손정의孫正義처럼 천재적 경영자가 필요하다는 이야기이다.

둘째, 공동체적 집단 문화인 일본에서도 시대적 전환기에는 메이지 유신의 사카모토 료마, 사이고 다카모리 등이 그랬듯이 젊고 천재적인 독단적 리더십이 요구된다.

일본 전국 시대의 리더십

흔히 후세 사람들은 오다 노부나가, 도요토미 히데요시, 도쿠가와 이에야스 세 사람을 두견새에 비유하여 그들의 성격을 묘사한다.

오다 노부나가: 울지 않는 두견새는 죽여 버린다.
도요토미 히데요시: 울지 않는 두견새는 울게 만든다.
도쿠가와 이에야스: 울지 않는 두견새는 울 때까지 기다린다.

세 사람의 천하 패권 과정을 떡으로 비유한 것도 있다.

오다 노부나가가 떡을 열심히 치고,
도요토미 히데요시가 떡을 맛있게 빚고,
도쿠가와 이에야스가 가만히 앉아 그 떡을 먹는다.

잘 알다시피 오다 노부나가는 늘씬한 키에 잘생긴 용모를 가진 젊은 장군으로 특유의 천재적인 날카로운 품성, 용감무쌍한 기백으로 일본 전국을 3분의 1 정도 통일했지만 애석하게도 혈기왕성한 49세에 측근인 아케츠 미쓰히데明智光秀의 배신으로 죽음을 맞는다. 그래서 일본의 천하통일 과정에 비유해서 떡메를 열심히 쳤다고 비유한다.

2020년의 NHK 대하 드라마 '기린이 온다麒麟がくる'에서는 천하통일을 앞두고 미쓰히데의 배신으로 포위당한 노부나가가 할복하는 모습을 보며 많은 일본인은 아쉬워한다. 혁신적, 창조적이라는 단어를 갖고 등장한 전국시대의 영웅답게 지금도 그에게는 많은 전설이 등장한다. 일본인의 칼의 윤리에서는 장수하며 죽는 노인도 존경하지만, 국가를 위해 할복하거나 천하를 목전에 두고 할복하는 무사가 인기가 있다. 이 점에서는 노부나가를 따라갈 영웅은 없다. 일본에서 인기 있는 미나모토노 요시쓰네도 할복, 사이고 다카모리도 할복 그리고 노기 마레스케도 할복했다. 무사의 마지막은 할복이 필수인가 보다.

도요토미 히데요시는 자그마한 키, 원숭이처럼 생긴 얼굴에 볼품이라곤 없지만, 지혜와 천문 지리에 통달한 번뜩이는 지략가였으며, 그가 모신 주군 오다 노부나가를 이어 전국 통일의 위업을 이룬다. 하지만, 두 번에 걸친 조선 출병으로 쇠퇴하며 63세에 6살 어린 자식 도요토미 히데요리豊臣秀頼를 두고 눈을 감는다. 도요토미 히데요시는 일본의 천하를 통일했지만 무사 정신을 잃어버려 정권과 가문이 사라졌다.

도쿠가와 이에야스는 어린 시절부터 볼모로 유배되어 온갖 고초를 견뎌내며 인내의 삶을 살아야 했기에 운명을 관조하며 때를 기다릴 줄 알아 마침내 일본 전국을 통일한다. 이때가 그의 나이 61살 때이다. 도요토미 히데요시에 이어 전국 통일 시대의 영화와 천수(74세)를 누리며 265년간 도쿠가와 막부의 시대를 개척하여 태평성대를 이루었다. 그런데 이상의 비유는 세 사람의 성격과 리더십을 짐작게 한다.

오다 노부나가: 혁신적 리더십을 발휘하는 급한 성격의 독단적인 전제 군주형 스타일.
도요토미 히데요시: 사람들의 융화를 존중하고 현장의 사기 증진을 도모하며, 또한 한 번 마음 먹은 일은 반드시 관철하는 스타일.
도쿠가와 이에야스: 인내심이 강하고 조직의 질서와 체계를 중요시하며, 끈기 있게 구성원의 의식과 능력을 끌어내는 스타일.

이러한 성격을 알면 조금이나마 그들이 역사의 흐름을 어떻게 받아들였고 어떤 자세와 태도로 대응했는지도 알 수 있다. 도쿠토미 이치로德富猪一

郎는『근세 일본 국민사』에서 세 사람을 이렇게 평했다.

"노부나가의 특기는 매사에 사람들이 예상하지 못한 새로운 일을 하여 사람들의 마음속에 놀라움을 주었고, 히데요시의 특기는 때에 따라 사람의 뜻을 알고 때에 따라 사람의 마음속을 읽었다. 이에야스의 특기는 사람의 마음속을 헤아려 맞추는 일이었다."

일본의 전국 시대는 '천하통일'의 목표를 가진 무장들이 전쟁을 되풀이한 시대다. 천하를 움켜쥐겠다는 무사의 꿈은 교토京都로 상경하여 자신의 깃발을 높이고 천하를 호령하는 것이었다. 자기가 원하는 대로 국민을 지배하고 오직 자신만 누릴 수 있는 영광을 탐닉하는 야망을 충족시키는 방법이었다. 그러나 적어도 오다 노부나가, 도요토미 히데요시, 도쿠가와 이에야스의 마음가짐은 달랐고 사회의 욕구에 대응하는 자세가 바로잡혀 있어 어지럽던 시대를 풍미할 수 있었다.

경영에는 자본과 기술, 그리고 인적자원의 활용이라는 세 가지 측면에서의 완성도가 매우 중요하다. 자본이 튼튼해야 끊임없는 투자와 기술 개발로 기업이 발전하지만, 인적자원을 얼마나 훌륭하게 활용하는가도 기업의 성패를 크게 좌우한다고 할 수 있다. 지금 말한 것이 기업이 경영에서 갖추어야 할 기본이며, 그리고 이것에서 빼놓을 수 없는 부분이 '경영자의 자질'이다. 경영자가 어떤 사고방식과 어떤 운영 능력을 갖추고 있느냐에 따라 사원들의 내부에 잠재된 눈에 보이지 않는 능력이 최대한 발휘될 수 있기 때문이다.

그렇다면 오다 노부다가는 과연 경영자로서 어떤 자질을 갖추고 있었을까? 그가 과연 도요토미 히데요시와 도쿠가와 이에야스 등과 같은 여러 명의 인물을 일본의 영웅으로 만들 수 있었던 능력은 어떠한 자질 때문이었을까?

● 노부나가의 평가

흔히들 도요토미 히데요시는 임기응변이 뛰어나고, 도쿠가와 이에야스는 인내심이 강하다고 한다. 그에 비해 오다 노부나가는 창의적이고 독단적이며 냉정한 카리스마를 갖춘 인물로 평가된다. 임진왜란과 함께 도요토미 히데요시와 도쿠가와 이에야스는 잘 알려졌고 그들에 비해 덜 알려졌지만 도요토미 히데요시와 도쿠가와 이에야스를 일본 역사에 존재케 한 인물이 바로 오다 노부나가이다.[13]

기업이나 조직을 경영하는 데 있어서 중요한 문제와 난관에 부딪혔을 때 가장 필요한 것은 결단력이다. 오케하자마 전투에서 2만 5000명의 이마가와군을 3000명의 노부나가군이 격파했을 때도 과감한 전면 공격으로 이마가와 요시모토今川義元는 전사하고 오다 노부나가가 전국 최고의 무장으로 등장하는 것도 역시 결단력이 아닐까 생각한다. 그리고 결단력에는 냉정한 판단과 정확한 정보, 실리 추구가 따라야 성공적이라고 할 것이다.

오다 노부나가는 카리스마가 강한 인물이었다. 당시 일본이 호족들을 중심으로 분열되어 있었다는 점과 봉건사회였다는 점을 감안할 때, 그 시기 오다 노부나가의 창조적 카리스마야말로 가장 필요한 자질이 아니었나 싶다. 물론 독단적인 면이 모든 점에서 장점으로 활용되는 것은 아니다.

---

13) 『別冊 歷史讀本』7호, 織田信長, 1994年 6月 참조.

그리고 어떤 경우이든 그것은 리더를 따르는 자들이 수긍할 수 있는 배경이 깔려 있어야 성공을 거두고 오해를 피할 수 있다. 경영자나 리더가 창조적이고 독단적 결단력을 갖추고 있다고 해도 그것이 편향적으로 작용하여 추종자들의 오해와 반감을 불러일으키게 되는 가장 큰 원인은 독단적 결단력의 바탕에 인간미와 객관성이 부족하기 때문이다. 그러나 오다 노부나가는 인간미는 물론 객관성도 분명하게 갖추었다.

- 공격적 리더십

오다 노부나가에게는 공격적 리더십이 있었다. 이것은 그의 끊임없이 이어지는 개혁을 통해서, 당시 한 지역에 밀착되어 부와 권력을 누리는 것을 최고의 행복으로 여기던 다이묘들에게 새로운 세계와 새로운 문화를 전달함으로써 그들의 좁은 시야를 넓혀 주는 계기를 만들었다. 바로 그런 개혁 정신을 바탕으로 자신의 위치를 분명하게 확립했다는 점에서도 오다 노부나가는 일본인의 우상이 되기에 충분한 자질을 갖추었다.

무엇보다도 오다 노부나가의 가장 큰 장점은 혁신성이다. 우물 안 개구리처럼 자신의 울타리 안에서만 권력을 과시하며 부를 즐기는 것이 아니라 늘 새로운 도전과 새로운 구상을 통해서 그야말로 스스로 역사를 만들어 나갔던 오다 노부나가의 과감한 개방성은 당시에 서양을 알려고 했으며 서양의 천주교를 수입했다는 것만으로도 도요토미 히데요시와 도쿠가와 이에야스보다도 선진 문물 수용에는 큰 역할을 했다. 오다 노부나가가 처음으로 시행했던 라쿠이치 라쿠자樂市樂座도 최근에는 높게 평가하고 있다.

라쿠이치 라쿠자란 자유 시장을 개설하여 좌座의 특권을 부정하고 자유 시장 정책을 취한 것으로 오다 노부나가의 영내로 상인들이 몰려들어 경제가 발전한다. 이는 당시로는 엄청난 혁신적이며 창조적 발상이라고 할 수 있다.

- 혁신적 파괴

물론 이상의 오다 노부나가 성격이 기업을 경영하는 경영자에게 꼭 필요한 필수 덕목이 될 수는 없겠지만 최고의 위치에 있는 외로운 경영자의 입장에서는 오다 노부나가의 과감한 결단력과 카리스마는 정말 필요한 덕목이다.

당시의 유명한 장군이었던 다케다 신겐武田信玄이나 우에스기 겐신上杉謙信도 전부 불교를 믿었고 이름도 불교식으로 바꾸었을 정도였다. 오다 노부나가는 자신을 적대시하는 히에이 산, 혼간지, 나가시마 폭도들을 토벌하였는데, 그것은 단지 자신을 무시하거나 종교 배척 차원에서 벌인 충동적인 일이 아니라 그만한 이유가 있어서였다.

첫째 이유는, 낡은 권위의 파괴이다. 조지프 슘페터Joseph Alois Schumpeter가 말하는 창조적 파괴와 비슷하다. 사찰의 스님들이 오다 노부나가에 반기를 들었을 뿐만 아니라 성 하나쯤은 충분히 함락할 수 있는 무력을 지녔기 때문이다. 어떤 의미에서는 정치와 종교의 분리를 감행한 것이고 종교까지도 국가 경영에 이롭다면 바꾸겠다는 의지였던 셈이다. 그리고 자기를 반대하는 불교를 대신하여 서양의 천주교를 인정했다. 이것은 당시의 일본으로서는 천지개벽이라고 할 만큼 대단한 일이었다.

둘째 이유는, 카리스마 리더십이다. 그는 서양의 담배를 피우고 포도주를 마시며 망원경으로 적진을 살피는 부하들이 감히 엄두도 내지 못할 혁신적 카리스마 이미지를 확립하였다. 그리고 전투에 조총을 들여와 승승장구했기 때문에 부하들의 존경을 받았다.

- 혁신적 최강 조총 부대

오다 노부나가는 중국과 조선 등의 군대가 농업을 경영하는 겸업 군인이었던 때에 지금의 군대처럼 전투만 하는 용병 군대를 만들어 냈다. 당시에는 엄청난 혁신적 군대였다. 전투에 강한 군대를 만들기 위해 무사뿐만 아니라 일본 전역을 떠돌아다니는 유랑자들을 중시하여 그들의 정보와 유연한 사고력을 자신의 정책 전개에 도입했다. 강한 군대를 만들기 위해 무사들의 칼과 창이 중요시되는 시대에 조총 부대를 만들어 일본 전국을 평정하기 시작했다. 이 또한 당시에는 생각하지 못했던 칼과 총을 결합한 최강의 군대였다.

1575년 나가시노 전투에서 오다 노부나가는 3000여 정의 조총을 3열로 나누어(3단 사격법) 약 2km의 달하는 마방진(마방책)에 따라 분산 배치하고 이를 번갈아 발사하여 당시 천하무적이던 다케다 가츠요리(다케다 신겐의 아들)의 기마대 1만 5000명을 궤멸시켰다. 당시 일본에서는 조총이 화살이나 칼보다 강점을 가졌음에도 한 번 사격하고 난 후 다시 사격하는 데 시간이 오래 걸린다는 약점 때문에 잘 쓰지 않았다고 한다. 하지만 오다 노부나가는 조총의 강점에 집중하여 이를 적극 활용할 수 있는 그만의 사격법을 개발하였는데 이것이 바로 3단 사격법이었다.

조총 부대가 3열로 정렬하여 1열이 사격한 후 다음 사격을 준비할 동안 2열과 3열이 차례로 사격하였다. 그동안 1열은 사격 준비가 끝나 3열 사격 후 바로 사격할 수 있었다. 상대측에서 보면 오다 노부나가 조총 부대는 기관총을 쏘듯 계속 사격하는 것처럼 보였을 것이다. 나가시노 전투에서 처음으로 조총이 대량으로 동원되었는데 당시에 오다 노부나가의 이런 전술은 그 누구도 상상도 하지 못했던 것으로 그의 혁신적 리더십 일면이다.

나가시노 전투 이후 일본 전국 시대의 전투 유형이 바뀌었다. 전통적으로 칼을 쓰던 사무라이 중심의 전투 유형에서 조총 부대 중심의 전투로 변화했다. 부하들을 출신이 아니라 지적 능력으로 평가하여 병참 능력, 정보 능력, 타협 능력 등으로 나누어 전쟁 수행 능력에 따라 봉록을 정하는 현재의 연봉제 개념을 도입하여 각자의 경쟁의식을 끌어냈다. 나가시노 전투에서 활용되었던 3단 발사 방식(3단 사격법)은 오다 노부나가 대신 일본을 통일한 도요토미 히데요시가 조선을 침략하는 데에도 그대로 사용되어 조선에서는 상당한 타격을 받았다.

● 도요토미 히데요시의 평가

도요토미 히데요시는 일본의 비즈니스 잡지들이 연례 행사로 행하는 '역사상 상사로서 같이 일해 보고 싶은 인물'이란 앙케트에서 항상 상위에 오르는 무장 중의 하나지만, 우리나라에서는 침략자라는 이미지로 그 행적이 별로 알려 있지 않았다. 풍운아 기질에 걸맞게 일본에는 그의 전기가 많이 나와 있지만 거의 조선 침략 이전까지의 이야기로 막을 내린다.

- 최하급 출신

도요토미 히데요시는 일본인이 좋아하는 천재적인 인물로, 천민에서 출세하여 오다 노부나가의 뒤를 이어 일본을 통일하고 근세 봉건 사회의 기초를 확립하였다. 부친은 오와리尾張 나카무라中村 지역의 농부 기노시타 야에몬木下彌右衛門이며 모친도 오와리 태생이다. 7세 때 부친이 병사하고 모친이 재가함에 따라 양부 슬하에서 보냈는데, 무사가 될 것을 결심하고 집을 나와 1554년 18세 때 오다 노부나가의 종복이 되었다.

도요토미 히데요시는 겨울에 오다 노부나가의 신발(조리)을 가슴에 품고 있다가 따뜻한 신발을 언제나 오다 노부나가에게 주는 등 감동 어린 섬김으로 오다 노부나가의 신임을 얻어, 이러한 도요토미 히데요시의 충실함을 보고 신임을 하고 그를 중용하였다.

- 뛰어난 기지와 용병술

도요토미 히데요시는 기지와 용병술에 뛰어나 각 지방을 정벌하여 세력 확장에 공을 세워 오다 노부나가가 죽자 그의 뒤를 이어 권력을 잡고 오다 노부나가의 원수를 갚았다. 1561년 오네를 아내로 맞아들이고 그때부터 기노시타 도키치로 히데요시木下藤吉郎秀吉라는 이름을 얻어 점점 두각을 나타내었다. 1573년 전공을 세움으로써 아사이淺井의 소유인 3군三郡을 받아, 12만 석의 무사가 되고 기노시타를 하시바羽柴로 개명하였다. 영주이며 오다 노부나가의 부장으로서 가지를 전전하며 활동하던 중 1582년 혼노지本能寺의 변으로 오다 노부나가가 횡사하자 후계자로 부상하여 1587년 규슈를 정벌하고, 1590년 오다와라小田原·오우슈奧羽州를 평정하여 전 일본의 통일을 이룩하였다.

야전의 경험을 쌓아, 무장한 군단의 이동 능력이 하루 50리에 불과하던 시절에 무려 200리나 진격하는 전격 작전을 감행하여 적의 허를 찌른 일이 종종 있었다. 그는 무장으로도 귀재지만 정치적인 면에서도 발군의 기량을 발휘했다. 고마키, 나가쿠테 전투에서 도쿠가와 이에야스에게 패전하고도 뛰어난 정치력으로 그를 굴복시켰다.

- 영토의 확장과 몰락

만년의 도요토미 히데요시는 발전하는 국운에 발맞추어 이를 경영할 역량이 부족했다. 끊임없는 전쟁 의욕과 영토 확장의 야망으로 명나라를 치기 위하여 길을 빌린다는 명목 아래 1592년 조선을 침략하여 임진왜란을 일으켰고, 1596년 재차 조선을 침략하여 정유재란을 일으켰으나 뜻을 이루지 못하였다.

도요토미 히데요시는 오다 노부나가가 발굴한 하급 농민 출신의 무장이었다. 그는 오다 노부나가의 부하로 종횡무진 지략과 권모술수를 발휘했다. 그러나 성격적인 결함을 극복하지 못하고 결국 조선 침략이란 무모한 도전을 감행했다가 자신의 파멸과 정권의 몰락을 동시에 초래했다. 많은 한국인이 가장 싫어하는 일본인이라고 생각한다.

● **도쿠가와 이에야스의 평가**

일본에는 15세기 말부터 약 100년 동안 계속된 전국 시대에 유명한 무장이 다케다 신겐, 우에스기 겐신, 오다 노부나가, 도요토미 히데요시, 도쿠가와 이에야스 등 여러 명이 있었으나 최후의 승리자는 이에야스였다.

- 승자의 조건

도쿠가와 이에야스는 오다 노부나가처럼 혁신적이지도 않았고 도요토미 히데요시처럼 천재적인 자질을 가진 것도 아니었다. 오로지 견디기 어려운 일을 참아내는 남이 흉내 낼 수 없는 인내, 부하들과 함께하는 고난과 위기 속에서의 지혜, 판단력이 그에게 천하 패권을 갖게 하였다. 이것이 바로 일본 천하를 통일한 패자霸者 즉, 승자의 조건이었다. 신뢰를 바탕으로 인간관계, 강력한 조직력으로 조그만 조직을 성공적으로 이끄는 리더십 등이 오늘을 사는 현대인의 처세술과도 직결되기 때문에 도쿠가와 이에야스를 존경하는 일본인이 많은 것도 아마 이 때문일 것이다.

- 인질로 시작된 인생

도쿠가와 이에야스는 1542년, 지금의 아이치현 지방인 미카와의 오카자키 성주 마쓰다이라 히로타다松平廣忠의 아들로 태어났다. 지방 토호로 출발한 마쓰다이라 가문은 전국의 풍운에 편승해 차차 인근 지방을 공략하여 영지를 넓혀갔다. 그러나 그 이상의 확장은 불가능했다. 동쪽의 이마가와今川와 서쪽의 오다織田라는 양대 세력으로부터 잇따라 공격을 받았기 때문이다. 그로 인해 존립마저 위협받기에 이르렀다.

마쓰다이라 히로타다 대에 이르러 마쓰다이라 가문은 이마가와 밑에 들어갔다. 마쓰다이라 히로타다는 영지 보존을 약속받는 대가로 그의 아들인 다케치요(도쿠가와 이에야스의 어릴 적 이름)를 인질로 보냈다. 그러나 다케치요를 호송하던 마쓰다이라 히로타다의 가신이 돈에 매수되어 그를 오다 쪽에 넘기고 만다. 그리하여 다케치요는 어쩔 수 없이 아버지 마쓰다이라 히로타다로부터 버림을 받았다. 오다 쪽은 전략적으로 다케치요를 죽이지 않고 연금했으며, 2년 후 이마가와와 인질 교환을 하여 그를 석방했다. 그러나 보름 후 다케치요는 다시 이마가와의 본거지인 슨푸駿府로 끌려가야 했다. 그동안 다케치요는 아버지의 변사로 가문을 승계하였으나 성주 신분인 채 12년 동안 인질로 고초를 겪었다.

오다 2년과 이마가와 12년을 합한 14년간의 인질 생활은 역설적으로 그에게 놀라운 인내력과 언제나 합리적인 판단과 리더로서의 덕목과 무사로서의 검소, 극기, 신의 등을 갖추는 기간이 되었다.

- 도쿠가와 이에야스의 보배, 미카와 무사

다케치요(어릴 때 이에야스의 이름)가 슨푸에서 치욕스러운 인질 생활을 하는 동안, 오카자키에 있는 부하들도 강요받고 있었다. 오카자키성에서 산출되는 쌀은 모조리 슨푸로 실어갔다. 그러므로 주군이 인질로 가 있는 오카자키의 가신들에게 녹봉이 지급될 리 없었고, 가신들은 신분이 다른 농민과 마찬가지로 농기구를 들고 땅을 파서 가족들을 부양해야 했다. 이처럼 절망적인 상황에 신음하는 가신들의 희망은 주군인 다케치요가 인질에서 풀려나 어엿한 주군으로서 그들에게 돌아오는 것이었다. 미카와의 가신들은 그때를 위해 와신상담을 하면서 끈기 있게 기다렸다. 이때를 보여주는 일화가 있다.

다케치요가 13세 때 성묘를 위해 잠시 자기 영지로 돌아온 적이 있다. 오카자키에서는 80이 넘은 노신 도리이 타다요시鳥居忠吉가 그를 맞았다. 도리이 타다요시는 감시의 눈을 피해 다케치요를 자기 집으로 데려갔다. 다케치요가 들어가니 거기에는 놀랍게도 돈과 식량, 무기가 가득 숨겨져 있었다. 가신들이 곤궁에 처해 있다는 것을 잘 아는 다케치요는 깜짝 놀랐다. 이를 본 도리이 타다요시가 눈물을 흘리면서 설명했다. "주군이 성장하셨을 때를 대비하여 적의 눈을 속여 가며 비축한 것입니다. 이것을 기초로 재기하여 훌륭한 주군이 되십시오. 이것이 이 노신의 희망입니다."

감격한 다케치요는 도리이 타다요시의 손을 잡고 울었다고 한다. '이에야스의 가신이란 미카와의 '후다이譜代', 즉 대를 이어 도쿠가와 가문을 섬겨온 가신을 말한다. 그들은 전국 시대를 통틀어 유례가 없을 만큼 결집력과 충성심이 강했다. 주군과 가신의 충성심이 나타난 칼의 윤리이다.

- 무서울 정도의 인내력 – 힘이 없다는 것은 슬프다

오케하자마 전투 이래 오다 노부나가와 도쿠가와 이에야스의 동맹은 20년 가까이 유지되었다. 그러나 쌍방이 서로를 완전히 신뢰했기에 유지된 것은 아니었다. 오다 노부나가의 힘이 컸기 때문에 도쿠가와 이에야스가 일방적으로 오다 노부나가의 뜻에 따랐던 것이다.

당시의 천하 패권은 오다 노부나가에게 있었고 의심이 많은 오다 노부나가는 도쿠가와 이에야스의 충성도를 시험할 필요성도 있었다. 그는 자기 딸 도쿠히메德姬를 이에야스의 장남 도쿠가와 노부야스德川信康에게 정략적으로 출가시킨 후 그녀와 서신을 주고받았다.

"쓰키야마 부인(이에야스의 정실)이 우리 부부를 이간하고 아들을 낳지 못한다는 것을 이유로 남편 노부야스에게 소실을 들이게 했습니다. 쓰키야마 부인 자신은 다케다 쪽의 첩자와 정을 통하며 모반을 꾀하고 있으며, 여기에 노부야스까지 끌어들이고 있습니다. 노부야스는 황음荒淫을 일삼고 내가 데려온 시녀의 입을 찢어 죽였습니다." 등등….

딸의 서신을 정보 삼아 오다 노부나가는 도쿠가와 이에야스에게 모자의 처형을 명했다. 도쿠가와 이에야스는 사흘 동안 식음을 전폐하고 생각하고 생각한 후에 비정한 결단을 내렸다. 자기의 본처인 쓰키야마 부인을 1579년 8월 29일에 처형하고, 며칠 후 도쿠가와 노부야스에게는 할복을 명했다. 그는 "힘이 없다는 것은 슬픈 일이다."고 하며 울면서 명령을 하달했다.

도쿠가와 이에야스의 처자 살해는 오다 노부나가와 동맹을 유지해 도쿠가와 가문을 존속시키기 위한 결단이었다. 이로써 도쿠가와 이에야스에 대한 오다 노부나가의 신뢰는 더욱 깊어져, 도쿠가와 이에야스는 대망을 향한 탄탄대로를 걷게 되었다.

- 참고 참으며 또 한 번 참은 천하 패권

1581년 끊임없이 변경을 위협하던 다카텐신高天神 성을 공략하여 현재의 시즈오카현靜岡県의 서부 지방에 해당하는 엔슈遠州 일대를 평정한 도쿠가와 이에야스는 그 이듬해 3만 5000명의 대군을 거느리고 호조北條군 3만과 함께 다케다 영지로 진입했다. 천하무적을 자랑하던 다케다 군단과 가쓰요리도 도쿠가와 이에야스에게는 대적이 되지 않아 1582년 3월 따르던 33명의 가신과 함께 자결함으로써 다케다 군단은 사라졌고 오다 노부나가는 다케다 영지를 도쿠가와 이에야스에게 넘겨주었다.

오다 노부나가는 도쿠가와 이에야스의 전공을 높이 치하하고 스루가를 그의 영지로 삼도록 했다. 도쿠가와 이에야스는 1582년 정월, 답례하러 오다 노부나가의 본거지인 아즈치安土로 향했다. 오다 노부나가는 도쿠가와 이에야스를 대대적으로 환영했다. 며칠 동안 향연을 베풀고 교토, 오사카, 나라, 사카이堺 등지를 유람하게 했다. 도쿠가와 이에야스가 유람을 마치고 작별을 고하기 위해 교토로 향하고 있을 때 청천벽력 같은 소식이 들려왔다. 6월 2일 새벽, 교토의 혼노지에서 오다 노부나가가 최측근 참모이며 중신인 아케치 미쓰히데明智光秀의 기습 공격을 받아 자결했다는 것이었다. 이른바 혼노지의 변이다.

오다 노부나가에 이어 일본 천하를 휘어잡은 도요토미 히데요시는 원래 장돌뱅이 평민 출신이다. 그는 바늘 장수였고 또 생김새 때문에 사루

(원숭이)란 별명이 따라다녔다. 도쿠가와 이에야스는 이런 천민 출신인 도요토미 히데요시에게 무릎을 꿇고 신하의 예를 갖춤으로써 천하를 양보했다. 그러나 이 인내는 도요토미 히데요시의 사후 천하를 잡으면서 그를 마지막으로 웃게 했고 도쿠가와 막부 270년의 기초를 세웠다.

전국 시대 3인의 영웅과 일본적 마인드

위의 3명 모두가 전쟁에서 승리하면서 등장한 무장 세력들이었다. 무사도를 기조로 전투에서 승리한 이들은 일본적 경영의 일면을 보여주었는데 그것은 부하들과 같이한다는 점이다.

① 오다 노부나가를 영웅으로 만든 이마가와 요시모토今川義元는 무사이기보다 일본의 구케公家 흉내 낸 다이묘로 전투에서 패배하고 역사에서 사라졌다. 이마가와 요시모토는 전투에 임하면서도 갑옷보다 구게의 복장과 습관으로 출신을 높이 드러냈는데 부하와 함께 숙식하는 무사도의 본심이 없어 역사에서 사라져야 했다. 칼의 윤리를 무시한 이마가와는 역사 속으로 사라졌다.

② 일본 전국을 통일한 도요토미 히데요시는 무사를 흉내 내면서 성공했으나 무사의 최고봉인 쇼군보다는 관백(関白, 천황 최고 보좌관)을 택해 전쟁에서 스스로 멀어지려 했다. 부하 무사들은 주군이 관백 전하로 바뀌게 되면서 칼의 윤리는 약해지게 되어 후일 도요토미 정권을 붕괴하게 만들었다.

③ 도쿠가와 이에야스는 근검과 절약, 인내를 통해 도쿠가와 막부 270년을 만들면서 무사의 최고봉인 세이이다이쇼군(정이대장군, 征夷大將軍)을 택해 스스로 무사임을 천하에 알리고 무사처럼 행동하고 새로운 무사도 정신을 통해 일본을 통치하였다. 전형적인 칼의 윤리를 내세운 리더십이었다.

이상의 정리를 잠깐 살펴보아도 일본 리더십의 특징은 현장 중심이다. 일본적 사고의 칼의 윤리는 무사처럼 부하들과 같은 음식을 먹고, 같은 장소에서 자는 주군에게 충성을 다한다. 그리고 이것은 현재에도 이어져 일본에서는 사장과 평사원이 같은 식당에서 같이 먹는 것이 사기를 북돋우는 역할을 한다. 현장 중심의 경영자가 많아 현장에 강한 자가 승리한다는 마인드는 일본인들의 사고에 깊이 자리 잡고 있고 이는 일본의 칼의 윤리인 무사도에 기인한다.

우에스기 겐신과 다케다 신겐

2020년에 전국 시대의 무장들의 인기 순위가 1위 오다 노부나가, 5위 도쿠가와 이에야스, 6위가 도요토미 히데요시로 변화한 것은 코로나의 영향과 일본의 경제적 불황 때문이라 생각한다. 금번 필자가 정말 놀란 것은 2위 우에스기 겐신上杉謙信과 7위의 다케다 신겐武田信玄의 등장이다.

물론, 3위의 다테 마사무네伊達政宗와 4위의 사나다 유키무라眞田幸村의 랭킹이 상승한 것은 의외이다. 특히 외눈으로 친어머니로부터 버림당한 후 여러 전략으로 번주가 되고[14] 일본 전국의 무장으로 등장한 것과 사나다 유키무라같이 어느 곳에도 적응할 수 있는 리더를 요구하는 분위기 탓도 있을 것으로 보인다.

천하의 도쿠가와 이에야스(5위)와 도요토미 히데요시(6위)가 추락한 것도 흥미롭다. 특히 히데요시가 6위로 하락한 것은 몇십 년 동안의 랭킹에 처음이 아닐까 싶다. 2위로 상승한 우에스기 겐신의 이야기가 나오면 다케다 신겐이 등장하고 다케다 신겐의 이야기가 나오면 거의 우에스기 겐신을 떠올릴 정도로 이 두 사람은 숙명적인 라이벌이었고 드라마나 영화에서도 라이벌로 등장한다.

● 우에스기 겐신

우에스기 겐신 일본의 전국 시대의 세 명의 호걸인 오다 노부나가, 도요토미 히데요시, 도쿠가와 이에야스 다음으로 인지도가 높은 인물로 지금도 많은 인기를 누리는 무장이다. '카이의 호랑이甲斐の虎' 다케다 신겐과 '에치고의 용越後の龍'이라는 우에스기 겐신은 라이벌 관계로 유명하며 스스로 비사문천毘沙門天의 화신이라 믿었으며 정의감이 투철한 의리남이었다고 전한다. 명분을 중시하고 구시대 질서의 신봉자로서 난세 시대에 어울리지 않는 결정을 자주 내렸고 이타적이었던 탓에 정의의 화신으로 종종 미화되기도 하여 일본인에게는 다케다 신겐보다 더 인기가 높다.

---

14) 다테 마사무네는 다섯 살 때 천연두를 앓는 바람에 한쪽 눈을 잃었다. 그 몰골이 추하다고 하여 친모인 요시히메와 동생 다테 코지로에게 미움을 받았으며, 심지어는 살해 위협까지 받아야 했다. 어머니와 동생이 그를 독살하려 했던 사실이 밝혀지면서 그 덕분에 동생을 죽이고 어머니를 내쫓아 버린 슬픈 가족사가 있었으며 이를 극복하고 천하의 무장으로 성장하여 인기가 높다.

● 다케다 신겐

부친인 다케다 노부토라武田信虎와의 관계가 좋지 않았지만 무혈 쿠데타를 일으켜 부친의 지위를 빼앗은 뒤, 스루가駿河의 이마가와今川가로 추방한 후 젊은 나이에 카이(甲斐, 현재의 야마나시현)의 다이묘의 자리에 올랐다.

카이의 내외부를 평정하고 북부의 시나노에 세력을 형성하기 시작해, 유력한 지방 호족들을 격파하고 카이, 시나노에 걸쳐 패권을 장악했다. 그러나 이 과정에서 최후의 장애물이었던 북시나노의 호족 무라카미 요시키요村上義淸가 에치고의 우에스기 겐신에게 원군을 요청하면서 승승장구하던 그의 인생에 최대 호적수를 만났다.

다케다 신겐은 "사람이 성이고 사람은 석축이고 사람이 해자다."라는 말을 자주 했는데, 이 말의 의미는 견고한 성이라도 가신(사람)과의 신뢰관계 없이는 견고한 시스템을 만들기 어렵다는 인재 중심의 리더십을 표현했다.

● 적에게 소금을 보내다

필자의 지도 교수였던 고 후지모리 교수는 나가노현 출신이었는데 다케다 신겐의 팬이어서 많은 이야기를 들었다. 다케다 겐신이 우에스기 신겐의 천하 통일을 방해하는 듯한 인상을 받았는데, "적에게 소금을 보낸다."는 의미를 알고는 겐신을 다시 알게 되었다. 일본인들이 무사의 인정을 이야기할 때 많이 등장하는 단어가 "적에게 소금을 보내다."인데, 이는 아무리 적이지만 힘든 상황에 있는 적을 도와준다는 의미이고, 적과 싸울 때는 정정당당하게 싸워야 한다는 의미로 적의 약점을 잡아 뒤통수치며 거머잡는 승리를 하지 말라는 의미였다.

가와나카지마 전투가 있고 나서 1567년, 다케다 신겐은 이마가와와의 동맹을 포기하고 지금의 도쿄와 시즈오카 방면으로 진출하자, 카이甲斐, 스루가駿河, 사가미相模의 3국 동맹이 깨어지자 스루가와 사가미의 두 영주는 바다가 없는 산으로 둘러싸인 카이(현재의 야마나시현)에서 소금을 팔지 못하게 하는 소금 봉쇄塩留め 작전에 돌입했다.

하지만 가와나카지마에서 다섯 번의 전쟁으로 서로의 감정이 상할 대로 상했지만 우에스기 겐신은 다케다 신겐 지역인 카이가 소금 부족으로 힘들다는 소식을 듣고 '무사도에 어긋난다.'며 적군인 다케다 신겐의 영민의 어려움을 염려하여 소금을 보냈다. 힘든 상황에 있을 때는 적이지만 도와주고 정정당당하게 싸워 이겨야 한다는 무사 정신의 표현이었다. 다케다 신겐은 이에 대한 답례로 명도를 보냈고, 현재도 이 칼은 남아서 중요 문화재로 지정받았다고 한다.

우에스기 겐신은 의인으로 불리며 의리와 인정이 두터운 인물로 평가되어 미담으로 기록되었다. 다케다 신겐의 에치고(현재의 니가타)에서 나가노까지 장장 120km에 이르는 이 길은 지금도 소금길로 불린다. 바다가 없는 나가노현 산골인 마을에 시오지리塩尻市란 지명이 있는데, 시오塩,소금란 말이 지명에 붙은 것은 내륙 지방이므로 소금을 중요시하게 여겨서 옛날부터 소금을 중개하던 지역이란 곳에서 유래되었다.

- 신겐 제방

다케다 가문의 본거지로 있는 카이는 평야가 적어 연공 수입은 기대할 수 없어서 다케다 신겐은 황무지 개간을 적극적으로 실시한다. 그때까지 하천 범람으로 농지로 쓸 수 없었던 토지도 농사지을 수 있도록 신겐 제방이라고 불리는 제방을 쌓고, 하천의 흐름을 바꾸어 개간했다.

전국 시대 카이의 다케다 신겐이 계속 전투했으나 최대 난적은 우에스기 겐신이 아니라 이 카이를 관통하는 가마나시강釜無川이었다고 전한다. 홍수의 원흉인 미다이강御勅使川과 가마나시강과의 합류 지점인 류오竜王의 높은 바위를 어떻게 제압할 것인지가 최대의 난제였다. 자주 범람하는 강을 관리하지 않는 한 카이에는 풍부한 곡식과 풍년의 안락함은 오지 않기 때문이다.

필자는 돌아가신 후지모리 교수 덕분으로 신겐 제방을 보고 다케다 신겐의 대단함을 알게 되었다.

● 다케다 신겐과 우에스기 겐신의 가와나카지마 전투

이후 둘은 가와나카지마川中島란 지역을 두고 다섯 차례에 걸쳐 현재 나가노현의 북부 지방의 옛 이름인 북시나노北信濃의 패권을 두고 전투를 벌였는데, 대부분 직접적 충돌 없이 마무리되었으나 네 번째 전투에서는 쌍방의 생사를 걸고 크게 맞부딪쳐 서로 괴멸적인 피해를 받았다. 보통 가와나카지마 전투라면 네 번째 전투를 일컫는다.

이 지역은 매우 중요한 지점이었다. 다케다 신겐 입장에서는 가와나카지마를 통해서만 에치고越後를 침공하는 것이 가능했고, 우에스기 겐신 입장에서 가와나카지마를 빼앗기면 본인의 영지인 에치고로 들어오는 길이 열리는 것을 의미했다.

게다가 경제적 입장에서도 이 땅은 중요한 곳이었다. 두 개의 강이 실어온 토양이 퇴적되어 비옥해진 토양 덕에 쌀의 수확량은 에치젠越前을 능가할 정도였다고 한다. 한마디로 전략적 요충지였다고 하겠다.

이곳은 중소 무사들이 난립하던 곳이었지만, 시나노 북부에서 세력을 떨치던 무라카미 요시키요村上義清를 중심으로 여러 세력이 연합하여 다케다 신겐에 맞섰다. 양자 간의 대결은 초반엔 대등하다가 1551년 무라카미의 지성인 도이시砥石 성이 함락되면서 다케다 신겐 측의 우세가 굳어졌다. 다케다 신겐군에 대항할 능력을 상실한 무라카미 요시키요는 가츠라오葛尾성을 버리고, 에치고로 도망해 에치고의 우에스기 겐신(당시의 이름은 나가오 가게도라(長尾景虎))에게 도움을 요청하기에 이르렀다.

우에스기 겐신 입장에서는 가와나카지마가 전략상으로 매우 중요한 요충지였을 뿐만 아니라 이 지역의 토호인 무사 계급들과 오랫동안 동맹을 맺어온 사이였기 때문에 이곳을 지킬 필요가 있었다.

우에스기 겐신은 약 1만 3000명의 병력을 이끌고 남하를 계속하여 카이즈海津 성을 바로 공격할 수 있는 사이조 산에 진을 치는데, 이유는 알 수 없지만 카이즈 성을 공격하지 않고 가만히 전황을 관망하기 시작했다. 이 때문에 북쪽이 본거지인 우에스기 겐신군이 다케다 신겐군보다 더 남쪽에 진지를 구축하게 된다. 대치가 이어지자 다케다 신겐의 군사 야마모토 간스케山本勘助는 딱따구리 전법을 제안하는데, 우에스기 겐신의 진을 별동대로 야습하여 겐신을 벌판으로 몰아내고 기다리던 본대와 협공을 퍼붓는다는 전법이었다. 즉, 딱따구리가 나무를 쪼고 놀라서 나무에서 튀어나온 벌레를 잡아먹는 것과 흡사하다 하여 딱따구리 전법으로 칭하였다.

다케다 신겐은 총 병력 2만 중에서 별동대 1만 2000명을 떼어 산을 공격하기 위해 보내고, 본대 8000을 스스로 이끌고 하치만바라에서 대기하는 행동을 취하는데, 우에스기 겐신에게 보기 좋게 역습당했다. 우에스기 겐신은 별동대가 올 것을 예견하여, 전격적으로 산에서 내려와 1만 3000

의 군대로 8000의 다케다 신겐 본대를 기습해 버렸다. 새벽 동이 틀 무렵 안개 속에서 소리 없이 우에스기 겐신의 대군이 나타난 것을 보고 다케다 신겐 측은 깜짝 놀라 전투력을 잃었다고 한다. 우에스기 겐신 측의 선봉대장은 카키자키 가게이에柿崎景家로 처음 안개가 걷혔을 때 양군은 정면으로 서로 바라보는 것이 아니라 우에스기군이 직진하면서 다케다군의 우측을 공격할 수 있는 대형이 되어 있었다고 한다.

이 모습을 라이산요頼山陽가 '가와나카지마' 란 한시에 이 모습을 묘사하고 있다.

채찍 소리를 죽이고 조용히 밤에 강을 건너다. 鞭声肅肅夜過河

새벽에 갑자기 나타난 대장기와 수천 대군 曉見千兵擁大牙

10년 동안 오직 한 자루의 검을 연마하면서 遺恨十年磨一劍

유성처럼 힘차게 내려쳤지만 기회를 놓쳤다. 流星光底逸長蛇

원래의 제목은 가와나카지마(원제: 不識庵機山を擊つの図に題す)란 시인데 여기에서 후시기안不識庵은 우에스기 겐신의 법호이고 기잔機山은 다케다 신겐의 법호이다. 이 시는 라이산요가 자기의 저서 『일본 외사』의 자료에서 겐신의 마음에 동정하는 형태로 만들어진 것이다.

우에스기 겐신의 군대는 조용히 채찍 소리도 내지 않는 형태로 밤에 강(치쿠마가와, 千曲川)을 건너 가와나카지마川中島의 적진으로 공격한다. 이 싸움에서 우에스기 겐신은 다케다 신겐을 죽이지는 못했고 그 마음속을 살펴 끝없이 동정하여 유성처럼 힘차게 내려쳤다. 기회를 놓쳤다는 것은 다케다 겐신이 칼을 쳤지만 기회를 놓치고 그가 막으면서 기회를 놓쳤다는 의미이다.

그리고 마침내 다케다 신겐의 본진마저 적(우에스기)의 공격에 노출되어 우에스기 겐신이 직접 돌격해 칼을 휘둘렀고 다케다 신겐이 이를 부채로 방어했다는 일화가 유명하다.

우에스기 겐신은 차현진車懸りの陣으로 각 부대가 시간 차 없이 교대로 적을 타격해 쉴새 없이 맹공을 퍼붓는 전술을 택하고, 다케다 신겐은 학익진으로 안개 속의 적을 급히 맞아들이지만 때는 이미 늦어 다케다 신겐의 본진은 큰 타격을 입는다. 단 한 번의 돌격에 그의 참모이자 카게무샤로도 유명했던 동생 다케다 노부시게武田信繁는 전사하고 딱따구리 작전을 제안한 신겐의 군사로 유명한 야마모토 간스케는 자신의 실책에 절망해 적진에 뛰어들어 부상을 입은 채 근처의 산에 올라가 할복했고 그 외의 수많은 이름 있는 무장이 전사했다.

가와나카지마는 우에스기 겐신과 다케다 신겐의 전투가 되었는데, 일부에서는 우에스기 겐신이 없었으면 다케다 신겐은 노부나가보다 더 빨리 상경히어 천히를 통일할 수 있었을 것이라고 아쉬워히는 일본인들도 있다.

PART 5

지금도 남아 있는 일본의 무사 문화

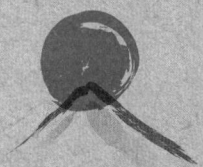

일본 사회론, 일본 문화론을 논할 때 꼭 등장하는 것이 무사도의 이에(家) 문화와 집단과 조직의 문화, 그리고 집단과 조직의 효율을 위해 개인을 매몰, 또는 희생하는 연대적 자율성 등을 높이 평가하는 집단주의적 특성이 나타난다. 즉, 바다로 둘러싸인 섬나라의 풍토, 역사, 언어, 민족이 같고 동류 의식과 귀속 의식이 강한 집단주의 사회를 형성했다는 데는 이론이 없다. 서열과 복종, 집단주의로 대변되는 무사 사회의 일본은 무사 사회의 세계에서 한 직업으로 죽을 때까지 일생일업(一生一業), 일인일업(一人一業) 정신으로 세계의 모든 제품을 만들어 세계 제일의 산업 국가를 이룬 것도 사실이다.

그러나 획일적인 노력과 근면 정신도 중요하나 개인의 창조와 능력이 요구되는 정보화 사회와 글로벌 사회에서는 새로운 융합(融合)Convergence 정신과 통섭(統攝) 정신이 요구된다. 일본인들의 자존심인 소니, 마쓰시타 등이 자기들이 얕잡아보았던 삼성에 진 이유를 필자에게 가끔 질문하는데 필자는 융합(融合)과 통섭(統攝) 그리고 글로벌 사고로 설명한다.

1 일본에 존재하는 무사 문화

칼의 윤리에서 등장하는 21세기 일본 문화

2020년 연구년으로 일본에서 생활하다 보니(신문과 TV를 보면서 느낀 점 포함) 일본은 무사 사회의 연속성이 강한 사회라는 점을 새삼 느꼈다. 2020년 2월 신종 코로나 19라는 세계적 재난이 닥친 뒤 일본의 아베 신조 행정부는 여러 가지 혼란이 생길 만큼 모든 국민에게 힘겹게 대응했다. 요코하마항에 정박한 크루즈 선에서 감염자가 나왔는데도 25일이 지나서야 승객의 하선을 허용했으며, 일본인 승객은 증상이 없다는 이유로 격리 절차도 없이 지역 사회로 돌려보냈다. 대규모 검사를 요구하는 일본 국민의 목소리를 계속해서 외면했다.

2020년 코로나 대응 미비로 아베 신조 전 총리에게 '회의만 하는 오다와라 효조<small>小田原評定</small>', '할복하라.' 등의 네티즌의 항의 댓글이 쇄도했다. 오다와라 효조는 많은 사람이 장시간 모여 의논해도 결론이 나오지 않고, 결정을 보지 못한 것을 말한다. 1590년 오다와라 성주<small>小田原城主</small>였던 호조 우지나오<small>北条氏直</small>는 성 밖에는 이미 적인 도요토미 히데요시 규대가 오다와라성<small>小田原城</small>을 포위하고 있는데도 싸움이냐 항복이냐의 장기 회의에도 결론을 내지 않고 결국 호조 우지나오가 패망했던 것을 비유한 관용어이다.

할복과 오다와라 효조의 단어는 역시 칼의 윤리인 무사들 용어이다. 10여 년 전 일본 동경의 게이오대학 연구년<small>研究年</small>으로 왔던 2009년 당시, 일본 동경의 도의회 선거에서 자민당이 민주당에 제1당 자리를 내주면서 매스컴에서 나온 말은 당시에 나를 놀라게 했다. '동경도 공략<small>攻落</small>, 함락<small>陷落</small>'이란 용어를 사용하고 자민당의 선거대책위원장을 패장<small>敗將</small>으로 취급하고 전투에서 진 패장으로서 할복하여야 한다고 소리높였다. 중의원 선거 전의 예비 선거로 치러진 동경도의회 선거이기에 일부 학자들은 도쿠가와 이에야스가 1620년 오사카 여름 전쟁에서 오사카성의 해자를 없앤 것에 비유하여 배를 가르라(책임을 지라)고 외쳤던 것을 보면 섬뜩하다.

2017년 동경도의회선거에서 고이케 유리코<small>小池百合子</small> 동경도지사는 본인이 이끄는 지역 정당 도민퍼스트회에 여성 후보를 중심으로 옹립을 검토 중이며 동경도의회 자민당 요직의 후보자 선거구에 자객으로 파견할 예정이라는 기사는 나를 당황케 했다. 고이케 유리코 자신도 2005년 고이즈미 준이치로 내각 때 자객으로서 동경 10구에 출마했을 때에 여자 자객 아즈미로 불린 적이 있을 정도이다.

2017년 중의원선거에도 여자 자객과 공성<small>攻城</small>, 수성<small>守城</small> 등의 칼의 윤리인 무사적 용어가 중심을 이루고 있다. 심지어는 여자 자객을 쿠노이치<small>くのいち</small>

후보라고 부르는데 일반적으로 쿠노이치는 여자를 무시하는 단어이며 여자 닌자女忍者를 지칭하기도 한다.

2020년 동경도지사 선거에서 히부다오키루火蓋を切る라는 단어가 등장했다. 히부다오키루의 의미는 점화 준비를 하여 총을 쏘려고 한다는 뜻을 지녔는데 전쟁이나 선거를 시작한다는 뜻으로 전이되었다. 우리나라에서는 서울시장선거라고 하지만 일본에서는 선거전選擧戰을 사용한다. 예를 들면 일본에서는 '도지사 선거가 시작되었다.'에서 히부다오키루火蓋を切る를 사용하여 선거전이 시작되었다選擧戰の火蓋を切る는 뜻으로 사용된다.

이런 용어를 정리해 보면 21세기 일본 선거는 400~500년 전의 전국 시대처럼 전쟁을 하는 것 같은 분위기를 느낀다. 칼의 윤리하의 문화가 보인다.

칼의 윤리 표현, 붓의 윤리 표현

21세기 현재에도 칼의 윤리에서 파생한 관용어는 그대로 사용하는데 이는 무사 사회에서 사용한 말로 우리는 알기가 쉽지 않다. 소리가 아와나이反りが合わない는 일본에서는 칼을 칼집에 넣을 수 없다는 뜻에서 유래한다. 다시 말하자면 칼과 칼집이 맞지 않는다는 뜻으로 마음이 맞지 않음을 나타내며, 사야바시루鞘走る는 칼이 칼집에서 저절로 빠져나온다는 의미에서 유래한 관용어로 예리한 검을 지칭하는데 일반적으로는 도를 지나친 행동이나 주제 넘는 언동을 지칭한다.

모토노 사야니 오사마루元の鞘に収まる는 원래의 제자리에 다시 들어간다는 의미인데 뽑은 칼이 원래 칼집에 들어가는 동작에서 유래한 관용어로, 다시 말하면 갈라졌다가(헤어졌다가) 다시 합쳐지는 것을 표현한다. 시노기오 게즈루しのぎを削る는 시노기는 '칼날 부분을 말하며 칼날 부분이 깎여 나가도록 양측이 격렬히 싸우다.' 라는 어원에서 유래했다.

사야아테さや当て는 무사가 길을 가다가 서로 칼집이 스친 것을 비난하여 싸움으로 번진 것을 말하는데 사소한 일로 다투는 것을 말한다. 이웃 국가인 한·일 양국이 표현과 의식이 다른 점은 붓의 윤리가 발달한 한국에서는 선뜻 이해하기 어려운 칼과 칼집에서 파생한 관용어가 많기 때문이다.

물론, 한국도 한국에서 사용하는 붓의 정신 세계를 나타내는 관용어나 고사성어가 있다. 우선 두문불출杜門不出이라는 고사성어를 보자. 이는 이성계의 역성 혁명을 반대하여 고려의 유신 72명이 새 왕조를 섬기기를 거부하고 경기도 개풍군에 있는 두문동杜門洞에서 죽도록 나오지를 않았다 한 데서 생겨났다. 붓의 윤리에서 사대부 72인(두문동 72현)이 목숨을 바쳐 새 왕조를 반대하며 구 왕조를 지켰다는 의미이지만 문을 닫고 나오지 않는다는 뜻으로, 세상과의 인연을 끊고 은거한다는 뜻이 강하다.

함흥차사咸興差使는 심부름 간 사람이 돌아오지도 않고, 아무런 소식도 없는 것을 비유하는 말이지만 원래는 조선 초기, 1398년 제1차 왕자의 난으로 평소 가장 아끼던 두 아들 방번, 방석과 정도전 등을 잃은 태조 이성계는 상심하여 정사에 뜻을 잃고 장남인 정종에게 양위하였다. 이어서 1400년 제2차 왕자의 난이 일어나자 방간이 죽자 방원에게 환멸을 느낀 그는 1401년 고향 함흥으로 갔다. 태종 이방원은 평소 태조가 신임하던 성석린을 보내어 그해 4월에 겨우 데리고 왔으나, 1402년 11월 다시 함흥으로 간 뒤 돌아오지 않았다.

이방원은 분노한 태조의 마음을 돌리기 위해 함흥으로 차사를 보냈으나 태조가 번번이 활을 쏘아 차사들을 죽이거나 가두어 돌려보내지 않았다. 여기에서 유래하여 '함흥차사'는 심부름 간 사람이 아무런 소식이 없는 것을 비유하는 말로 쓰이게 되었다.

계란유골鷄卵有骨은 세종 때 황희 정승과 연결된 고사로 문자대로면 달걀에 뼈가 있다는 뜻이지만, 골骨자는 음차로 곯았다는 뜻으로 해석하여야 한다. 세종 때 청렴하기로 이름난 재상 황희는 집이 가난하여 먹을 것이 없었다. 이것을 안타깝게 여긴 세종이 "오늘 하루 남대문으로 들어오는 물건을 모두 황희 대감께 드리라."고 명하였다. 그런데 마침 그날 하루 큰비가 내려 통행하는 물품이 아무것도 없었다. 저녁때 겨우 계란 한 꾸러미가 들어왔지만 그나마 모두 곯아서 먹을 수가 없었다고 한다. 그래서 이 일화를 한자로 옮겨 쓴 말이 계란유골이다. 이렇듯이 하늘이 내린 운은 사람의 의지로 바꿀 수 없는 부분이 있다는 것을 사람들은 황희 정승의 일화를 빌어 계란유골이라고 표현했다.

붓의 윤리에서 등장한 '서당 개 삼 년이면 풍월을 읊는다.'는 의미인 '당구삼년 폐풍월堂狗三年 吠風月'의 뜻은 아무리 무식쟁이라도 유식한 사람과 사귀면 견문이 넓어진다는 의미와 또는 잘 모르는 일이라도 삼 년 정도 오래 보고 듣고 하면 무엇이든 할 줄 알게 되더라는 의미이다.

'글씨 못 쓰는 사람이 붓 타령한다.'는 말도 붓을 많이 사용하던 문화에서 나타난 것으로 본다. 이 말도 붓의 윤리에서 등장한 말이다. 또한 '먹물'이란 단어는 지금은 그다지 사용되지 않지만, 필자가 대학 재학 중 휴학하고 70년대 중반에 입대하자 '먹물'이란 소리를 많이 들었다. 먹물이란 공부깨나 한 사람을 멸시해서 사용하는 말이다. 당시에는 한국 사회에 대학 출신이 많지 않았기 때문이다. 이 또한 붓의 윤리에서 등장한 문화가 아닌가 생각한다.

칼과 서당, 칼집과 두문동 선비들의 이야기는 한·일 간의 문화적 차이, 즉 칼의 윤리와 붓의 윤리를 단적으로 표현하는 것으로 보면 된다.

최근에 후쿠시마 원전 사고와 신종 코로나 대책 등을 보면서 느낀 점은 일본의 정치인들은 막부 시대의 쇼군 같은 분위기로 경제와 국방만 잘하면 재난 등에서 다소 실패해도 국민이 참아야 한다는 막부 시대 오카미 정신お上御上을 보이는 것 같다. 일본인은 오카미 정신お上·御上을 지니고 위에서 시키면, 또는 사회적 대세이면 마음에 들든 아니든 내색하지 않고 일단 따른다. 오카미お上·御上는 신성神聖한 것이고 행정부의 각료도 선하며 국민은 신성한 국가와 착한(善) 각료와 공무원들을 위해 희생하여야 한다는 사고이기 때문이다.

오카미お上·御上는 귀인과 주군에 대한 존칭이다. 따라서 공권력을 나타내는 용어이다. 일본에서는 옛날부터 최상위의 권력자를 카미カミ라고 칭하여 왔다. 무가 정권武家政権 시대에는 서민에게 오카미는 영주이며, 무사에게 오카미는 주군이며 귀족에게 오카미는 천황이었다. 메이지 시기에 들어오면서 일군만민론一君万民論의 침투와 함께 협의적으로는 천황 한 명을, 광의적으로는 천황의 정부로서 공권력을 지칭하게 되었다. 제2차 세계대전 후에는 오카미お上를 천황을 지칭하지는 않고 비유적으로 관공서, 정부 내지는 정부 기관의 부처를 가리키는 단어로만 남아 있다고 하겠다.

일본은 지금도 여전히 관, 정부 등의 오카미お上에 지배되는 문화라고 할 수 있다. 지역 주민 센터의 동사무소 직원도 EMS의 직원도 주민과 고객보다는 지금도 여전히 '오카미お上 문화'임을 느끼게 만드는 경우가 적지 않은

데 이는 칼의 윤리에서 나오는 문화라고 볼 수 있다.

외국인인 필자도 일본에서 석사와 박사 과정을 거치면서도 오카미의 권위를 알았지만 다시 연구년을 통해 일본에 체류했을 때도 변함없이 일본은 공무원이나 서비스 직원들조차 오카미에 지배되고 있다고 본다. 최근에는 요청要請과 자숙自肅의 일본 문화로 코로나도 통제했다고 평하던 일본의 지도자들은 코로나 확산으로 지금은 조용하다.

칼의 윤리에서의 남성 권력과 여성 권력

● 언어와 성

우선 일본은 남성 언어와 여성 언어가 다르다. 일본인의 경우 여성이 본인(나)을 지칭할 경우 '와타시わたし, 私'를, 남성은 '보쿠ぼく, 僕'를 쓴다. 남성의 언어인 나를 지칭한 좀 더 평범한 말투의 경우에는 '오레おれ, 俺'를 사용하는데 여성들이 오레를 쓰는 경우는 거의 없고, 만약 사용하면 아주 격식 없는 여성이나 교양 없는 여자로 오해받을 수 있다. 여성의 경우에는 와타시わたし, 아타시あたし, 우치うち로 본인을 지칭한다.

한국에서는 여성들이 가장을 남편이라고 부르고 아내를 여편네라(결혼한 여자를 낮잡아 부르는 말)고 부르거나 집사람(아내)으로 부르는데 일본에서는 여자들이 남편을 주인主人으로 부르며 복종과 순종을 나타내는 관계를 보여준다. 주인이라는 의미는 상하 관계, 주종 관계를 나타내는 의미이고 일가의 가장을 의미하는 경우도 포함된다. 일본의 남자들은 태어날 때부터 여성과 남성의 차이를 구별하는 남성 중심의 사회에서 살아왔기에, 중국과 한국에서는 여성이 결혼하여도 본인의 성을 그대로 사용하나 일본에서는 남성의 성을 따른다.

한편, 칼의 윤리로 등장하는 무사 사회의 문화로 표현되는 것이 혼네本音와 다테마에建前라고 할 수 있다. 혼네本音와 다테마에建前는 사람에 대한 감정과 태도의 차이를 표현한 말로, 특히 일본 문화, 일본인을 논할 때 등장한다. 혼네는 진실한 자기 기분을 표현하는 것을 말하며, 다테마에는 여러 가지 사정을 고려한 뒤에 말하는 공식 언어 즉 겉으로 보이는 의견이다.

아케익 스마일Archaic Smile로 불리는 일본인 특유의 애매한 미소는 표정에 의한 다테마에이고, 내심으로는 상대에 대한 반감이나 분노를 느끼더라도 표현하지는 않는다. 따라서 상대방은 이것을 모르고 일본인이 미소를 지으니 허락을 받았다고 오해하여 나중에 서로 알력을 일으키기도 한다.

혼네는 솔직하고 자유스러운 마음의 움직임으로 표현되어 동의어는 본심本心이다. 다테마에는 혼네로는 본인이 원하지 않으나 집단에 피해를 주기에 긍정하는 표현이 되어 버린다. 무사 사회에서 복종과 순종의 미를 강조한 문화에서 상관에게 대놓고 반대를 하기는 어려웠으며 공동체가 공유되는 의식까지 기다리는 하나의 문화로 보는 것이 타당하다.

회사나 사회에서 거래처, 고객, 직장의 동료 등은 본인에게 중요한 사람들이라 혼네만을 내세우다 보면 다테마에 사회의 일본에서 생활하기가 어렵다. 그러므로 일본인들의 미소를 보면서 그들이 '검토해 보겠다.'라는 말을 외국인들은 이해하기 어렵다. 한국에서는 '검토해 보겠다.' 하면 긍정적인 표시이지만 일본에서는 검토해 보겠다는 것은 안 하겠다는 말의 정중한 표시이다.

2013년 3월 15일 일본에서 방송된 네프와 이모토의 세계 랭킹ネプ&イモトの

世界番付에서 거짓말쟁이 국별 랭킹으로 일본이 세계 4위를 기록하고 아시아에서 1등의 거짓말쟁이 나라로 발표되었다. 특히 한국이 15위여서 당시의 많은 일본인이 납득하지 못했는데 아마 혼네와 다테마에와의 관계라고 생각한다.

● 여성의 권력

일본에서는 여성 권력이 등장하지 않는다. 역사적으로 미나모토노 요리토모源賴朝의 아내로서 가마쿠라[鎌倉] 막부(바쿠후)를 이끌어 간 호조 마사코北條政子를 꼽을 수 있을 정도다. 중국과 한국에서는 서태후와 헌애왕후와 같이 섭정을 통해 여성이 권력을 잡는 경우가 있으나, 일본에서는 천황의 아내(황후)나 쇼군의 어머니가 권력에 나서는 경우가 없다.

섭정攝政은 군주가 통치하는 국가에서 군주가 어려서 정무를 수행할 능력이 없을 때, 또 군주가 병환으로 정사를 돌보지 못할 때 국왕을 대신해 통치권을 맡아 국가를 다스리던 사람이나 그 일을 가리킨다. 황태자나 왕세자가 다스리는 것은 대리청정, 황태후나 대왕대비 등이 다스리는 것은 수렴청정, 그리고 신하 중 고명대신이 다스리는 경우도 있었다. 그 대신을 섭정승攝政丞이라 한다. 조선에서는 섭정이라는 용어가 거의 쓰이지 않고, 수렴청정과 대리청정이라는 말이 주로 쓰였다. 중국에서는 섭정왕攝政王도 있었지만, 서태후의 수렴청정에 의한 섭정은 유명하다.

수렴청정은 '수렴동청정垂簾同聽政'을 줄인 용어로, 발을 치고 함께 정치를 듣는다는 의미이다. 조선 시대에 미성년의 어린 왕이 즉위하였을 때 왕실의 가장 어른인 대왕대비 혹은 왕대비가 발을 치고 왕과 함께 정치에 참여하는 정치 제도이자 운영 방식이다. 발을 치는 이유는 조선이 남녀 간 내외內外를 엄격히 구분하였던 유교 국가였기 때문이다. 아무리 왕실의 어른인 대비라도 남성들인 신하들과 얼굴을 맞대고 업무를 보는 것은 내외법內外法에 어긋나는 것이기 때문이다.

대왕대비가 수렴청정할 때 문제가 생긴 것은 외척들의 진출이 두드러지고 이로 인한 폐단이 발생했기 때문이다. 대왕대비는 여성이었고, 조선시대 여성은 공적 영역에서 활동하지 않았기 때문에 손자인 어린 왕이 즉위한 비상 상황에서 정치하기는 했으나, 그 이전에 정치 경험이 없었던 대왕대비들은 자연스레 자신의 인척들에게 의지할 수밖에 없었다. 그러다 보니 대윤(윤임 일파)과 소윤(윤원형 일파)가 등장하고 안동 김씨, 풍양 조씨 등이 등장하였다.

이에 비해 일본에서는 섭관 정치가 이루어졌다. 섭정攝政과 관백關白인데, 천황이 어려서 대신 정무를 집행하는 것을 섭정이라 하고, 천황이 성인이 되어서도 천황을 도와서 정무를 대행한 것을 관백이라 한다. 도요토미 히데요시만 무사로서 관백關白을 칭했으며 무사들의 대표는 쇼군征夷大將軍이었으며, 쇼군을 대리해서 정무를 담당하는 사람인 싯켄執權이 등장하기도 하였다. 그러나 막부의 최고 통치자인 쇼군의 부인인 미다이도코로御臺所가 권력을 휘두른 일은 없었다. 쇼군이 죽으면 부인은 삭발하고 불교로 귀의하는 것이 일반적이었다. 쇼군의 어머니라도 쇼군의 부하이므로 수렴청정은 할 수 없었다.

조선에서는 일곱 번이나 수렴청정이 이루어졌다. 특히 일곱 명의 대비들은 왕위 계승의 절대적 권한을 갖고 있었으므로 권력이 막강했다. 반면 흥미롭게도 일본의 미다이도코로 권한은 왕위 계승이나 쇼군 계승에는 나서지 못했다. 그러함에도 미다이도코로의 권한도 무시 못 했으므로 도쿠

가와 막부에서는 쇼군과 미다이도코로의 합방 시 궁녀의 최고 직위인 오도시요리 お年寄 의 지시로 병풍 뒤에 여자 나인 둘을 두었는데, 이는 미다이도코로의 청탁이나 베개 정치를 금한 데에서 비롯되었다고 한다. 사생활 보호라는 면에서 보면 큰 문제인데 이는 칼의 윤리 아래서는 여성보다는 남성이 위에 섰던 것 같다.

조선과 중국에서는 국왕의 생모인 대비나 태후의 권력이 막강했던 데 비해 일본에서는 실질적 지배자인 쇼군의 생모 권력이 없었던 이유는 무엇일까?

조선과 중국은 효를 중심으로 한 국가였고, 일본은 칼의 윤리를 기초로 하는 충(忠)을 중심으로 한 무사 국가였기에 쇼군의 생모도 쇼군의 아래에 있는 어머니였다. 권력보다는 불교에 귀의한 어머니로 해석할 수 있다. 특히 일본의 한국 유학생들은 천하를 얻기 위해 도요토미 히데요시는 자신에게 복속하지 않는 당시 관동의 최고 실력자 도쿠가와 이에야스를 설득하기 위해 누이동생 아사히 히메 朝日姫 를 이혼시켜 도쿠가와의 후처로 보내고 친어머니(오만도코로)까지 인질로 보냈다는 것을 이해하기 어려워했다.

그러나 도쿠가와 이에야스의 경우도 친어머니인 오다이노카타 於大の方 가 도쿠가와 이에야스의 가문을 위해 다른 다이묘 히사마츠 토시카츠 久松俊勝 와 재혼하였고, 도쿠가와 이에야스도 10년 넘게 인질 생활을 하였으며, 자신의 자식과 처도 공개적으로 죽임을 당하는 모욕 속에서도 가문의 존속과 영광을 위해 참았다. 이것은 충의 논리로는 이해할 수 있으나 효의 나라 한국에서는 이해 불가한 부분이다. 칼의 윤리와 문화인 무사들의 논리로 효보다는 충을 중요시했던 점을 알 수 있다.

문화적 공통성에 바탕해 동아시아 지역의 자본주의 발전을 설명할 수 있는 말을 유교 시스템이라 할 때 한국과 중국은 일본과 또 다르다고 하겠다. 다시 말하자면 일본은 사무라이武士가 신도와 불교를 중심으로 유교적 사상을 도입하였으나 과거 제도는 존재하지 않았으며 유교 문화의 가치인 효를 숭상하지는 않았다. 중국은 유교와 상인이 밀착된 분위기로 발전하였고, 조선에서는 불교를 배척하고 무武보다는 문文을 숭상하는 선비 즉 사대부士大夫 정신의 유교 문화라고 하겠다.

일본은 무사 계급이지만 우리가 생각하는 무사가 아니고 사무라이 계급이다 보니 초기에는 무를 중심으로 여기다가 문무양도文武兩道로 이어졌는데, 중국에서는 유상儒商이라는 단어가 등장할 정도로 상인을 무시하지는 않았다. 조선은 과거 제도의 사회였으므로 과거를 위해서는 오직 사서삼경만을 공부하다 보니 무를 경시하였으며 상인을 더욱 멸시하였다.

일본은 무사적 유교 시스템으로, 중국은 문관 위주의 상인 인정 정도의 흐름이었으며 조선은 오직 주자학의 선비적 유교 시스템(문관 우선주의)으로 보아야 한다는 말이다.

2

무사 문화 속에 싹튼 일본의 세습적 직업

세습 의원인 현대의 다이묘 국회의원

일본에서 무사적 분위기가 가장 많이 남아 있는 곳이 정치계이다. 아베 신조 전 총리의 아버지는 일본 외상을 역임한 아베 신타로이며 외조부는 총리대신을 역임한 기시 노부스케이며 작은 외조부는 역시 총리를 역임한 사토 에이사쿠이다. 세습 정치인으로 등장한 아베 총리처럼 구마모토의 다이묘였던 호소가와^{細川} 가문에서 호소가와 모리히로^{細川護熙} 총리가 등장하였고 개혁적으로 인정받았던 고이즈미 준이치로 총리의 아들인 고이즈미 신지로^{小泉 進次郎}가 아버지의 선거구를 물려받아 다이묘처럼 존재하는 것이 일본이다.

일본의 국회의원은 다이묘^{大名} 같다. 선거하는 것만 제외하고는 마치 자기의 부하들을 챙기고 국회의원이 잘못하면 비서가 대신 벌을 받고 아버지, 할아버지의 선거구를 마치 도쿠가와 막부 시절처럼 물려받는 세습世襲적인 것이 일본 정치계로 가장 일본 무사적인 분위기가 존재하는 곳이다. 3대, 4대째의 세습 의원이 세계에서 가장 많은 곳이 일본이기 때문에 이들은 현대의 세습 다이묘와 비슷하다.

한국의 국회의원들이 일본의 국회의원을 만나서 놀라는 것은 선수選數이다. 30대 초반에 부친한테 국회의원 지역을 물려받아 그 경력만으로도 25~26년 정도가 된 50대 중반 의원들을 보고 한국의 국회의원들은 놀라서 기가 죽는다고 한다. 이들은 부친이나 조부에게 3개의 가방을 물려받는다고 말한다. 우선 지역구 후원회(조직)를 그대로 물려받고, 둘째로, 지명도를 말하는 간판을 물려받아 이미 유권자에게 익숙한 부친 등 친족의 지명도를 물려받아 인지도를 이어가니 비세습 후보와는 처음부터 유리한 위치에 있다. 일본에는 선거용 광고에 제한이 있다. 따라서 어느 후보자에게도 공평 정당하게는 되어 있으나 스포츠 선수, 예능인, 지방 유명 기업의 사장, 다선자, 세습世襲 후보 등 지명도가 높은 후보가 처음부터 유리하다. 간판(지명도)이 없는 후보는 자신의 존재와 이름을 알릴 필요가 생겨 처음부터 시간적, 공간적으로도 불리하다.

셋째는 돈 가방을 의미한다. 돈다발이 가득 든 가방을 이미지로 비유한 것이다. 공영 선거를 부르짖으나 자금이 필요한 이유는 고액의 공탁금과 선거 기간 중 행하는 선거 대책(정치 활동)이 필요한 사무실 경비(임대료, 인건비, 통신비), 교통비나 후원회 활동비(기관지, 내부 자료, 포스터, 가두 선전차) 등이다. 그 외, 입후보하기 위해 직장을 퇴직하면 수입이 없기에 낙선하는 경우에는 재취직의 걱정이 없는 조직형 후보가 유리하다.

이러한 세 가지를 상속받으니 권력의 세습화世襲化가 이어진다고 하겠다. 최근 20년 동안 일본 총리 8명이 전직 국회의원 아들이거나 손자이고 아베 내각 중 세습 의원은 60%에 해당하고 국회의원의 약 30%는 세습 의원이라는 점이다. 일본인들은 정치에 관심도 없지만, 정치 세습에 대해 그다지 반발도 없으며 오히려 돈 없이 정치하는 신인들보다는 금수저 의원들을 동경하는 분위기이다.

낙하산 인사의 고질적인 관료주의

도쿠가와 막부 시절에 쇼군과 지방을 담당하는 다이묘는 대대로 세습적이었지만 그 밑을 담당하는 행정 관료인 무사 계급 가로家老 등도 전부 세습적 문화로 이어졌다. 지금도 과거와는 다르나 고급 공무원 중심 사회에서는 아직도 세습적 분위기가 강하며 가장 무사적 분위기가 남아 있는 곳이라고 지적한다.

공무원 정년이 끝나면 은퇴를 하는 것이 일반적이나 고급 관료들은 정년퇴직 후에 정부가 만든 회사나 정부와 관련이 깊은 민간 회사로 자리 이동하는데 우리의 낙하산 인사에 해당하는 용어로 아마쿠다리天下り라고 한다. 아마쿠다리는 원래 신도의 용어로 신神이 천계에서 지상으로 내려오는 것을 말하며, 이 경우는 강림으로 표기된다. 관료들이 출신 관청에서 주관하는 외곽 단체, 관련 민간 기업이나 독립 행정법인 국립대학 법인, 특수 법인, 공사, 공단, 단체 등에 취업 주선을 받는 것을 말한다. 일시적으로는 'Descent from Heaven'라고 영역되기도 했지만, 영어로는 일반적으로

'Revolving Door'로 표현한다.

일본의 고급 관료는 엘리트 관료라 불리며 동경대, 교토대, 게이오대학 등 고학력 경력의 인재들이 높은 임금을 받아야 하는데도 재직 기간 얻는 임금은 타의 직장과 비교해 보면 낮다.

우리나라 행정고시에 해당하는 일본의 국가 공무원 I 종 시험을 거쳐 간부 후보생으로 채택된 공무원은 정도의 차이는 있지만, 동기들은 거의 일률적으로 승진해 나간다. 그 과정에서 상위직에 가지 못한 사람은 직책을 주지 않아, 퇴직하는 수밖에는 없다. 사무직의 톱인 사무차관事務次官은 1명이기에 동기 또는 후배가 사무차관事務次官에 나오면 동기들은 전부 퇴직한다. 이 퇴직자들은 각 부처의 알선을 받아 각각 퇴직 때의 지위에 따른 지위, 대우 포스트에 재취업한다. 일반적으로 이 조기 권장 퇴직 관행을 아마쿠다리天下り 라고 한다.

일본 관료의 세계는 각 성청省庁의 사무차관을 필두로 계급 서열이 있어 동기들 간의 출세 경쟁에 밀린 자는 떠난다는 암묵적인 규칙이 있다. 관료(공무원)가 되는 사람들은 민간 기업에 진출한 동급생에 비교하며 박봉薄俸으로 일한다. 뜻(의지)을 갖고 공무원의 길을 선택, 국가 공무원으로 국가 발전에 최선을 다해 온 사람들을 각 성에서 임기가 끝나면 민간 기업이나 단체에서 자기의 능력을 발휘하고 어느 정도의 급료도 받아야 한다는 것이 일본의 문화라고 볼 수도 있다.

기본적으로 이들은 전 경력의 50%에서 70% 정도를 차지하는 관료 시대의 임금을 낙하산 인사로 이동한 후 나머지 높은 임금을 받는 형태이다. 일단, 낙하산으로 내려온 관료가 조성금이나 업무 위탁 등으로 깊은 관계가 있는 민간 회사나 공익 법인 각 단체로 내려 간다. 재취직과 퇴직 등을 할 때마다 퇴직금이 발생하여 문제가 되고 있다.

일본의 정치와 관료의 연구에서 존 마크 램세이어John Mark Ramseyer와 프란시스 로젠부르츠Frances McCall Rosenbluth의 정당 우위론의 대표적 저서인 『Japan's Political Marketplace』, 일본어로는 『일본 정치의 경제학-정권 정당의 합리적 선택』에서 일본은 아마쿠다리는 관료 통제의 수단으로 무척 유효했다는 평가를 했다. 특히 1955년부터 2009년까지의 자민당 정권과 관료에 있어서 정당 관료의 우위성을 분석한 것으로 주목을 받고 있다.

그러나 현재 일본의 모든 단체는 약 2만 5000명의 전직 관료가 아마쿠다리(낙하산 인사)로 전직 관료들이 대접받지만 많은 부정과 부패로 이어진다는 것이 일본 사람들의 견해이다. 〈산케이신문産経新聞〉 2009년 2월 4일의 기사를 보면, 농수산성의 퇴직 간부는 퇴직 후 6단체를 걸쳐 3억 2000만 엔(약 35억 원)의 퇴직금을 받았다고 한다. 문부과학성에 의한 조직적인 재취업 알선 문제에서 마츠노 히로카즈松野博一 문부과학대신(장관)은 2017년 3월 30일 국가공무원법国家公務員法을 위반하는 행위가 있었다고 판단하여 역대 사무차관 8명을 포함한 37명을 처분했다고 발표했다. 2017년 2월의 중간 정리 이후 문부과학성의 조사를 통해 27건의 위반을 발견했고 위법 사안은 2010년부터 총 62건을 기록했다. 그중 절반을 현역 직원이 직접 관여했다고 전했다.

2017년 문부과학성에 의한 조직적이며 위법적인 아마쿠다리가 이루어져 과거의 일반적인 관료 문화였던 아마쿠다리의 문화는 나쁜 이미지로 전락해 지금은 조금씩 변화를 시도한다.

가업을 잇는 세습 문화의 전통

일본에서는 가부키나 스모, 바둑 등 전통 기예 분야에서 기능과 함께 이름까지 물려받는 슈메이(襲名, 습명)가 제도화되어 있다. '슈메이'라는 제도는 호적상의 이름을 전부 그대로 본인의 자식이나 타인이 이어받는 것을 의미한다.

예능 및 스포츠 그리고 연기자에서 부모 또는 스승의 이름을 이어받아 생활의 대를 잇는 것으로 이름만 물려받는 것이 아니라 연기, 실력, 전통과 역사를 모두 물려받는 제도이다. 우리에게 낯익은 임진왜란 때 끌려간 조선 도공 심수관沈壽官의 15대 후손이 지금도 같은 이름 심수관을 쓰는 것도 그런 이유에서이다.

대표적인 습명은 가부키와 스모에 등장하는데, 남자 배우만으로 연기하는 가부키에서는 남성 문화와 함께 슈메이로 주목을 받아왔다. 2020년 가부키자歌舞伎座에서 행해지는 이치가와 에비조市川海老蔵의 13대 이치가와 단주로市川団十郎白猿의 슈메이 피로연이 2020년 2월 7일 열렸으며 8대째의 이치가와 신노스케市川新之助의 첫 무대 교겐狂言이 발표되었다.

가부키 배우로서 유명한 슈메이는 18대째 나카무라 간사부로中村勘三郎가 유명했다. 2012년 12월 세상을 하직했지만, 그가 2005년 3월 5대째 나카무라 간구로中村勘九郎가 나카무라 간사부로中村勘三郎로 습명하며 기념 공연을 600회 넘게 한 것은 유명하다. 나카무라 간구로는 45년 동안 사용하던 이름을 간사부로 18대 습명襲名을 하며 가부키를 세계에 알렸다. 아들이 6대째 나카무라 간구로中村勘九郎이기 때문에 19대째의 나카무라 간사부로가 등장할 것으로 기대된다. 19대째이면 약 500년의 전통을 지니는 것인데 이는 무사 제도가 정착한 에도 시대부터 이어진 것으로 역시 칼의 윤리 아래 생긴 하나의 예술이다. 가부키 하면 온나카타(女形, 남자 배우만으로 꾸려지는 가부키에서 여자로 분장하는 남자 배우)의 7대 나카무라 시칸中村芝翫 역시 빼놓을 수 없는데, 일본의 중요 무형문화재로서 인간 국보로 취급받으며 80세 고령에도 열연 중이다.

온나카타의 의상은 화려하고 무거워서 고급 창부역인 오이란을 연기할 때는 20kg 정도지만 가발과 게다를 합치면 40kg까지 무게가 나간다고 한다. 여자의 역할로 몸에 장신구 등이 필요해서 장시간 춤을 출 때는 관객한테 아름답게 보여야 함으로써 상당히 힘든 역할이라고 한다. 따라서 온나카타는 엄청난 기술과 체력을 필요한다고 한다.

일본의 국민적 인기를 끄는 라쿠고가(落語家, 일본의 만담가)인 하야시야 잇페가 2009년 3월 2대째 하야시야 산페이林家三平로 습명을 하여 지금도 활동 중이다. 습명은 가부키나 라쿠고 등에서 명칭을 이어받지만, 상가에서도 당주의 이름을 이어받는 것이 일본의 문화이다. 가부키歌舞伎나 라쿠고落語처럼 예명을 물려받는 것이 아니고 법률상의 이름까지도 개명을 한다는 특징이 있다. 상가의 당주 이름을 이어받아 노포인 시니세老舗의 상표도 이어져서 주인이 바뀌어도 상점, 상가의 정신은 변하지 않는다는 것을 고객이나 거래처에 보여주는 하나의 증거라고도 하겠다.

이름	창업년도	습명한 이름(당대)	특기 사항
에이타로 소혼포 (榮太樓總本鋪, 화과자)	1857년	호소다 야스베 (細田安兵衛, 6대)	야스베(安兵衛) 계승
야마모토노리텐 (山本海苔店, 김)	1849년	야마모토 도쿠지로 (山本德治郎, 6대)	도쿠지로(德治郎) 계승
야마모토야마 (山本山, 차, 김)	1690년	야마모토 카헤에 (山本嘉兵衛, 9대)	카헤에(嘉兵衛) 계승
구로에야 (黒江屋, 칠기)	1689년	가시와바라 마고자에몬 (柏原孫左衛門, 12대)	마고자에몬(孫左衛門) 계승
닌벤 (にんべん, 다랭이포)	1699년	다카츠이헤 (髙津伊兵衛, 13대)	이헤에(伊兵衛) 계승
에치고야 (越後屋, 의복)	1755년	나가이 진에몬 (永井甚右衛門, 8대)	진에몬(甚右衛門) 계승
요시도쿠 (吉德, 인형)	1711년	야마다 도쿠배 (山田德兵衛, 12대)	도쿠베(德兵衛) 계승
하부다에단고 (羽二重団子, 경단)	1819년	사와노 쇼고로 (澤野庄五郎, 16대)	쇼고로(庄五郎) 계승

구로에야^{黒江屋}는 와카야마현에 해당하는 기슈 칠기를 1689년 창업하고 에도로 이전하여 칠기점을 차렸다. 초기에는 니혼바시 4정목에 상점을 열어 대대로 가시와바라 마고자에몬^{柏原孫左衛門}의 이름을 습명하였다. 현재는 12대의 가시와바라 마고자에몬의 이름과 점포를 이어받아 시니세를 이어가고 있다.

야마모토 야마^{山本山}는 1690년에 창업하고 초대의 야마모토 가헤에^{山本嘉兵衛}가 에도에 진출하여 나가타니 소엔이 개발한 우지차^{宇治茶} 센차^{煎茶}를 위탁 판매하여 큰돈을 벌었고, 이후에는 종이를 팔았으며 전후에는 김도 취급하여 9대의 야마모토 가헤에^{山本嘉兵衛}란 이름도 습명하고 있다.

이처럼 100년 이상 계속 이어지는 시니세^{노포, 老舗} 기업의 조건은 여러 가지가 있지만 두 가지 점에서 특징을 이룬다.

첫째, 이에※ 제도를 주축으로 한 기업 경영이라는 점이다. 후계자를 혈연 이외의 양자 제도를 도입하여 양자에게 이름을 습명해 가업을 계속, 존속, 발전시켜 온 것이다. 이는 무사 문화와 깊은 관계가 있다.

둘째, 전통을 지키며 혁신의 균형을 유지하여 시대의 변화에 대응하고 있다는 점이다. 고객 제일과 품질 제일을 주장하여 소비자가 원하는 유행의 제품과 지켜야 할 품질의 균형을 취하면서 전통 속에서의 새로운 제품을 내놓아서 발전했다.

한국에서는 일반적으로 장사나 사업할 때에 본인의 이름이나 성보다는 고향이나 지명을 나타내는 경우가 많다. 공주, 부여, 춘천, 목포 등의 지명이 등장하는 경우가 많았다. 본인의 이름을 걸고 하는 경우는 최근에 등장했는데 그것도 전문직이 많았다. 예를 들면 안과나 외과, 내과 등에 본인의 이름보다는 성으로 이안과, 김내과, 박외과가 등장하였다. 최근에는 회계사무소나 법률사무소에 본인의 이름 전체를 내걸었고 미용실, 의복 등에 등장하였다.

그러나 칼국수집이나 빵집에서 본인의 이름을 걸고 50년 이상 된 상점은 거의 없고 지역이나 본인의 이념과 사상을 내건 것이 많다. 예를 들면 100년 이상 된 빵집인 군산의 '이성당'과 70년 된 전주 '풍년제과', 65년 된 대전의 '성심당' 등이 등장하였다. 이름을 표기하지 않았던 것은 붓의 윤리를 주장한 한국의 양반문화와 관련이 있다.

남성 주방장과 식칼로 대변되는 칼의 윤리

일본의 식당 어느 지역이나 지방을 가도 주방장은 여자는 없고 남자가 주방장이다. 특히 사시미刺身나 스시壽司, 초밥 등의 주방장은 말할 필요도 없다. 이들은 생선의 종류에 따라 자르는 두께가 다르고, 간장이나 고추냉이를 소량 곁들여 먹는데 직접 생선을 자르는 것을 보여 준다.

한국 식당은 대개가 여성이 주방장이고 남편은 계산대를 보는 것이 일반적인데 일본에서는 반대이다. 일본에서는 요리사나 주방장을 이타마에板前라는 직인職人으로 지칭한다. 요정料亭, 캇포割烹, 일품 요리점, 각종 일식 전문점 등 일본 요리점에서 조리 작업에 종사하는 장인을 말한다. 일식 조리사(주방장), 조리인은 동의어이다. 서양 요리의 쿡Cook과 프랑스 요리의 세프Chef에 해당한다.

참고로 일본의 라면집이나 우동집을 가보면 남자 주방장은 요리하고 부인이나 딸은 서비스한다. 그리고 라면집은 역사가 짧으나 우동집은 5대에서 10대가 넘는 집도 있다. 일본이 우동집에 해당하는 우리의 칼국수집은 대개 주방장은 할머니나 아주머니들이 맡는다. 그리고 계산대에는 아들이나 남편이 앉아있다. 일본의 몇백 년 이어오는 맛과 서비스를 창출하는 분위기의 우동집이나 소바 집은 역시 무사 문화에서 등장한 칼의 윤리 속에서 나타난 문화이다.

지금은 한국도 일본과 비슷하게 남성들도 부엌에서 요리 등을 하지만 필자가 어렸을 때는 한국의 남성들은 부엌에 가면 아버지한테 꾸지람을 듣거나 모자란 남성이나 이상한 남성으로 취급당했다.

이타마에(직인)의 세계는 수행 단계에 따라 엄격한 상하 계층 구조가 존

재한다. 이 직위 직분의 명칭과 의미는 각 지역 및 각 점포에 따라 다양한 차이가 있고, 또한 각 총감독으로 불리는 오야카타親方의 취향과 함께 천차만별이다. 조리장소로 불리는 이타바板場의 톱인 오야카타는 당연하지만, 맛을 결정하는 니가타煮方와 견습 제자인 오이마와시追い回는 어떤 식당에서도 공통으로 등장한다. 신기한 것은 이 사람들이 전부 남성이라는 점이다. 지인한테 물어보니 원래 일본의 전통이라고만 한다.

이타마에가 가장 중요하게 생각하는 것이 호초라고 부르는 일본 식칼包丁이다. 현재 전통 있는 일본 식칼은 전 세계의 전문 요리사에서 최고의 제품으로 인정받고 있다. '일본도처럼 잘 베어지는 식칼'이라는 것이 최고의 칭찬이라고 한다. 식칼은 식도라고도 하며 영어로는 키친 나이프Kitchen Knife라고 한다.

일본 식칼인 호초도 유명하지만 특히 생선과 관련 깊은 일본에는 데바보초出刃包丁가 유명하다. 데바보초는 일본 식칼의 하나로 간단히 데바出刃라고도 한다. 데바는 생선을 해체하기 위한 칼이며, 현대에서는 고기 절단에도 사용된다. 칼날 길이는 10cm 정도의 것에서 50cm 정도의 큰 것까지 다양하다. 일반적으로 15cm에서 20cm 정도의 것이 많다.

우리말로는 생선 식칼로 불리는 데바보초를 확인할 수 있는 가장 오래된 기록은 1684년의 키누가사 잇칸소카츠衣笠一閑宗葛가 저술한 『사카이 카가미堺鑑』이며, 생선의 살코기를 요리하는 식칼로 소개되어 있다. 당시에도 이미 사카이堺 명품으로 인식되고 있었다고 한다. 이 생선칼은 생선의 목을 자르고, 물고기의 뼈를 자르게 만들다 보니 다른 식칼보다 무겁다.

무로마치 시대에 들어서서 시각적 감각을 중시하는 당시의 수도인 교토를 중심으로 한 간사이 지방에서 초밥의 발전을 이루었다. 우선 스시 틀에 밥을 깔고 그 위에 다양한 발효 생선을 넣은 후 꽉 눌러 판화처럼 만드는 하코스시箱寿司가 등장한 것이다. 당시에는 냉장 기술이 미숙했기 때문에 싱싱한 생선은 사용하지 않았다고 한다. 거기에 밥은 소금으로만 간을 해서 짭짤하고, 신맛은 도리어 생선이 담당하는 부분이었다. 이러다 보니 발효된 생선의 비린내를 잡기 위해 고추냉이를 넣지만, 당시 고추냉이는 귀족들만이 먹을 수 있었던 고가품이라 일반 서민들은 하코스시를 먹기가 쉽지 않았다고 한다.

에도 시대에 들어서면서 전쟁이 없는 평화의 세상이 확립된 겐로쿠 시대元禄時代에는 명검을 만들던 수많은 도공의 직업이 없어졌고 일본도에서 식칼 등으로 옮겨갔다. 몇백 년의 전통에서 등장한 도검 제작 기술이 에도 시대 중기에는 소비가 줄어 어쩔 수 없이 식칼에 활용되었다. 특히 생선을 잘 먹는 일본인으로서는 일본도처럼 잘 단련된 예리한 생선 식칼이 등장하게 되었다는 점이다.

도쿄에서 특히 많이 볼 수 있는 것이 에도의 문화가 만두 초밥 에도마에 스시江戸前寿司인데, 이는 에도(동경) 사람이 좋아하는 향토 요리이며 전국 각지로 퍼졌다고 한다. 간사이의 하코스시와는 달리 에도 마에江戸前의 바다(현재의 도쿄만)는 얕은 갯벌을 안은 천연 어장이라 눈앞에서 잡힌 신선한 해산물을 잡아 발효되지 않은 생선을 초밥으로 만들어 제공하였으며 이는 에도마에 스시라고 한다.

우타가와 히로시게歌川広重의「동도명소다카나와26야대유흥지도東都名所高輪二六夜待遊興之図」에는 1842년~43년경 심야의 달뜨기를 기다리는 행사를 위해 일본식 포장마차인 야다이屋台가 길게 늘어선 모습을 볼 수 있다. 이 그

림에는 당시 유행을 알 수 있어 매우 흥미롭다. 판매되던 것은 오징어구이 또는 튀김, 꼬치 경단, 단팥죽, 스시 등이다. 불꽃놀이를 보고 밤을 즐기는 모습은 이미 180년 전에도 불꽃놀이와 스시(에도마에 스시)가 유행되었음을 알 수 있다. 일본에는 여자들에게는 칼을 들게 하지 않는 문화 즉 칼의 윤리에서 생긴 하나의 관습으로 생선을 해체할 때도 여성들이 쉽게 하기 어렵다 보니 일본의 식당의 주방장에는 100% 남성으로 봐도 무방하다.

주방장 격인 이타마에들이 식칼을 가는 것도 직업상 중요한 일 중 하나이다. '식칼을 갈다包丁を研ぐ'의 의미는 두 가지인데 하나는 칼날을 날카롭게 하는 것이며, 또 하나는 형태를 깨끗하게 한다는 뜻이다. 식칼도包丁道는 요리에 관한 작법 및 의식, 조리법 등을 가장 빈번히 하는 조리 기구의 식칼로 상징되는 명칭이다.

3

칼의 윤리 아래
전통 기업 존속

프로의 정신적 경지를 지키려는 직분 의식

우리가 보기에는 일본은 도^道라는 단어를 아무 데나 붙이는 것처럼 보인다. 무사도^{武士道}와 검도^{劍道}, 유도^{柔道}까지는 외국인들도 인정하지만 차의 다도^{茶道}, 꽃꽂이의 화도^{華道}, 바둑의 기도^{棋道} 등처럼 우리가 인식하기 어려운 부분도 일본인은 도를 붙이며 몇백 년 이어진 가업으로 여긴다.

센노 리큐^{千利休}는 오다 노부나가와 도요토미 히데요시의 다도 자문 역할을 했다. 다구^{茶具}를 디자인하고 다실^{茶室} 구조를 일본식으로 꾸미는 등 차 전반에 걸쳐 혁신을 일으켰다. 주인과 손님이 서로의 마음을 부드럽게 하여 경의를 표하고 다실 가구와 다회^{茶會} 분위기를 깨끗이 할 수 있다는 뜻의 화경청적^{和敬淸寂}의 정신을 강조해 다도를 일본을 대표하는 독특한 문화로 자리 잡게 만든 사람이다. 또 일본 무사 사회에도 도^道가 있고, 바둑에도 도가 있다. 최근에는 스포츠인 스모에도 도, 야구에서도 도를 추구하고 있다.

특히 야구는 국제 시합에서 일본이 지면 상당히 자존심이 상해한다. 특히 한·일전에서 지면 일본 매스컴까지 나서 분석하고 난리를 친다. 일본은 무사 사회의 교육이 야구에서 이루어지고 있다고 생각하기 때문이다.

일본에는 미를 추구하는 학문과 예술에서도 도를 중시하여 전통적으로 모든 분야에서의 도道를 구명하는 사고를 지녔다. 도라는 개념은 기技와 술術보다는 우위에 있어 끝없이 도를 추구하는 것이 근면성과 자기계발의 성장을 가져다주는 커다란 요인의 하나로 본다.

스포츠는 물론, 정치, 사업, 학문에 이르기까지 모든 분야는 어떻게 보면 승부와 경쟁의 세계라 할 수 있다. 승부에 이기기 위해서는 끊임없는 노력(공부, 연구, 훈련)과 본인의 고통(단련, 수련, 수양)을 수반해야 한다. 승패와 관계없이 마음이 흔들리지 않는 무심無心의 경지를 최대의 무기로 여긴다. 이런 무심의 경지는 하루아침에 되는 것이 아니라, 몇 년 또는 몇십 년을 뼈를 깎는 듯한 고통과 노력으로 습득하는 기技, 즉 끊임없는 자기 수양으로 타인이 체득하기 어려운 기의 경지라고 할 수 있다.

일본인에게서 도道는 우리가 논하는 성인의 도나 교육의 도와 같은 추상적인 개념의 도道보다는 사람의 기技를 뼈를 깎는 듯한 고통의 노력과 피를 토하는 정성이 합쳐진 프로의 정신적 경지를 도라고 한다. 일본인의 이 같은 도의 원천의 하나가 유교적 의무감에서 생기는 근면성과 자기 수양을 통한 새로운 유교적 직분 의식이라고 본다.

100년 넘는 전통 기업의 유명세

일본에서는 100년이 넘는 오래되고 유명한 전통 기업을 시니세^{老舗}라고 한다. 몇 대 또는 몇십대에 걸쳐 교대하면서 경영을 이어가고 있고, 꾸준히 발전하여 세대를 넘어 존속한다. 개인 경영의 중소 기업에서는 세습^{世襲}으로 가문이 계승하는 경우가 많지만, 기업 규모가 큰 곳에서는 다각화^{多角化} 및 시장 요구에 유연하게 대응하며 분할과 합병을 거듭하고 경영자를 교체한다. 대기업이 되어서도 대표 이사(사장)는 세습에 연고와 인맥으로 형성된 이사회가 하부 조직의 총괄을 맡는 업태를 취하는 곳도 많다.

이런 지속적 경영 형태에서는 회사 이름이 하나의 신용 지표가 되고, 소위 브랜드가 확고한 기업의 신용에 따라 제품을 애호하는 소비자층이 형성되고 은행 거래에서도 유리하게 작용한다. 도쿄 상공 리서치의 조사에 의하면, 2017년 창업 100년 이상 되는 전통 기업은 전국에서 33,069개로 기업의 역사인 업력^{業歷}이 1천 년 이상인 곳도 현재 7개라고 한다.

이름	창업년도	업종
곤고 구미(金剛組)	578년	목조 건축 공사업
이케노보 화도회(池坊華道会)	587년	꽃꽂이 다도 교수 업체
니시야마 온천 케이운칸(西山温泉慶雲館)	705년	여관업
센넨노유 코만(千年の湯 古まん)	717년	여관업
젠고로우(善吾楼吾楼)	718년	여관업
다나카이가(田中伊雅)	889년	종교 불구 제조업
사칸(佐勘)	1000년	여관업

실제로 음식점 이치몬자와스케一文字屋和輔도 포함되므로 8개 존재한다고 본다. 포목점은 에도 시대에 창업한 곳도 많지만, 백화점으로 변화한 시니세도 많고, 2000년대 현재 백화점(특히 고급 상점)에서 전철 계 백화점과 격전을 벌이고 있다. 포목점에서 백화점으로 변한 곳에는 미츠코시(三越, 창업 1673년)가 대표 격이다.(포목점→백화점) 화학 산업은 아라카와(荒川) 화학 공업(창업 1876년), 화장품 업체로는 야나기야柳屋 본점(창업 1615년)이 가장 오래된 기업이다.

한국에서 100년을 넘긴 기업은 두산(1896년), 동화약품(1897년), 몽고식품(1905년), 광장(1911년), 보진재(1912년), 성창기업(1916년) 등의 6개로 기록되고 있는데, 일본은 100년 이상 된 기업이 3만 3000개가 존재한다. 3만 3000개 이상의 장수 기업에서는 기업의 후계자 양성에 중점을 둔다. 이들은 기업의 최고 가치를 기업의 존속(승계)에 두기 때문이다. 기업이 지속 가능하려면 좋은 후계자가 있어야 하기에 시니세 기업들은 후계자 양성의 힘을 쏟고 있다. 자녀 승계를 원하지만 자녀의 관심이 기업 승계에 있지 않거나 업종에 맞지 않고 능력이 없는 경우에는 지금도 사위나 아니면 종업원 중에서도 양자養子를 받아 기업을 승계한다. 혈연보다는 기업의 영속성을 더 중요하게 생각하기 때문이다. 이는 전적으로 칼의 윤리를 중심으로 한 무사 문화와 관련이 있다고 하겠다.

이주 노동자들의 등장

호코(奉公, 봉공)란 원래 국가와 공적인 일에 봉행, 봉사하는 것을 의미했는데, 후일 천황, 상황, 섭정, 관백 등 특정의 인물이나 집안에 봉사하는 것을 지칭하였다. 무사들이 등장하자 주군主君 또는 주가主家에 봉공, 헌신한다는 의미와, 은혜와 더불어 주종 관계를 구성하는 요소로서 받아들였다. 봉공은 초기에는 무사가 주군에게 신하로서의 복종(따름)을 나타냈으나, 나중에 하인이 주인에게 봉공하는 의미까지 확대되었다.

특히 고온御恩, 은혜과 봉공의 관계는 가마쿠라 막부에서 에도 막부로 이어지며 민간 상인이나 농민 사이에서도 '봉공인奉公人'이라는 신분이 성립되었다.

호코(봉공)는 주로 무사의 주종 관계를 구성하는 요소와 개념이다. 일본의 중세 무사 간의 주종 관계는 단편적인 것이 아니라 주인과 시종(가신)이 서로 이익을 주고받는 호혜적인 유지를 형성해 왔다. 여기서 주인이 하인에게 준 이익을 고온御恩, 은혜이라고 하고, 시종(가신)이 주인에게 준 이익을 호코라고 했다. 헤이안平安 시대 중기에서 후기에는 무사 층에 은혜와 봉공의 관계가 서서히 형성되다가 본격적으로 가마쿠라 막부에서 그 관계의 형성이 본격화되었고, 에도 시대에는 더욱더 강하게 이어졌다고 하겠다.

따라서 호코는 사용자인 주가主家에 대한 절대적 복종을 의미했고, 거기에는 일종의 고용 계약처럼 연계 봉공인(미리 햇수를 정하고 하는 고용살이)과 같이 계약 기간과 일정의 급료, 우대 약속 등이 정해진 때도 있었다. 만약 주가에 더부살이하며 종신 근무하면 연한에 따라 소정의 대우가 따르는 구조였다. 무가 봉공의 패턴이 상가나 농가의 연계 봉공의 패턴이 되었다.

가업 경영에도 '개인'을 버리는 것이 요구되었다. 가업과 가산은 선조로부터 맡겨진 것으로 생각해 가업을 귀중히 여기고 끊임없이 힘쓰고 분수를 지키며 위험을 범하지 않고 집안의 발전을 위해 헌신하고 선조의 얼굴을 더럽히지 않게 명예를 높이는 것이 상속자의 의무이다.

가업에 있어서 반토^{番頭}(상가 고용인 우두머리) 경영이나 합의제 등의 경영 방식을 취한 것은 근대 일본의 경영으로 이어진 특징이다. 봉공 제도에 있어서 연공 서열제와 종신 고용 제도 또한, 근대 일본 기업의 고용 관계와 밀접한 관계를 가진다.

에도 시대에 고용되어 일하는 사람 가운데는 일반 봉공인 외에, 데카세기^{出稼}가 있었다. 주로 겨울철 농한기에 에도로 나오는 사람들이다. 1843년 조사에서는 총 3만 4000명, 그중 남자가 2만 5000명이었다. 출신지는 에도 주변의 무사시(도쿄, 사이타마), 시모우사(치바, 이바라키) 사가미(가나가와)가 중요하다. 시나노(나가노)와 에치고(니가타) 등 눈 깊은 지방에서도 많은 사람이 데카세기로 에도에 왔었다.

데카세기는 소득이 낮은 지역이나 직장이 적은 지역에 거주하는 사람이 단독으로 소득이 높고 일자리도 많은 지역에 취업하는 것을 말한다. 거주지에서 멀리 떨어진 곳에서의 노동을 의미하며, 이동 노동을 통해 얻은 소득 일부는 거주지 가족에게 송금하는 경우가 많다고 한다. 메이지 시대부터 쇼와 초기에는 계절 노동, 이주의 의미를 포함하지만, 최근 일본의 공문서는 '데카세기'를 그대로 이용하고 있다.

일본의 데카세기는 제2차 세계대전 전에는 농촌이나 산촌에서 탄광 등에 종사하는 노동력을 다른 마을에서 받아들일 수 있었다. 전후 고도 성장기(1970년까지)에 주로 동북^{東北} 지방과 호쿠리쿠^{北陸} 신에츠^{信越} 지역 등 추운 지역의 농민들이 겨울철 등 농한기에 수도권을 비롯한 도시 건설 현장 등에 일할 장소를 찾아 데카세기로 가는 것이 많았다. 데카세기 노동자의 소득을 보장으로, 한편으로는 70년대의 고도성장에 따른 왕성한 수요에 따라 노동자 부족에 고민하는 도시로의 중요한 공급원이 되었다.

무사 문화에서 싹튼 집단 조직의 문화

일본 사회론, 일본 문화론을 논할 때 꼭 등장하는 것이 무사도의 이에^家 문화와 집단과 조직의 문화, 그리고 집단과 조직의 효율을 위해 개인을 매몰, 또는 희생하는 연대적 자율성 등을 높이 평가하는 집단주의적 특성이 나타난다.[15] 즉, 바다로 둘러싸인 섬나라의 풍토, 역사, 언어, 민족이 같고 동류 의식과 귀속 의식이 강한 집단주의 사회를 형성했다는 데는 이론이 없다. 서열과 복종, 집단주의로 대변되는 무사 사회의 일본은 무사 사회의 세계에서 한 직업으로 죽을 때까지 일생일업^{一生一業}, 일인일업^{一人一業} 정신으로 세계의 모든 제품을 만들어 세계 제일의 산업 국가를 이루었다.

그러나 획일적인 노력과 근면 정신도 중요하나 개인의 창조와 능력이 요구되는 정보화 사회와 글로벌 사회에서는 새로운 융합^{Convergence} 정신과 통섭^{統攝} 정신이 요구된다. 일본인들의 자존심인 소니, 마쓰시타 등이 자기들이 얕잡아보았던 삼성에 진 이유를 필자에게 가끔 질문하는데 필자는 융합^{融合}과 통섭^{統攝} 그리고 글로벌 사고로 설명한다.

일본 기업이 혁신이 안 되는 이유를 미국 MIT의 마이클 쿠스모노^{Michael Cusumano}는 일본 기업이 큰 성공을 거두었기 때문이라고 주장했는데(2019년 7월 12일 「닛케이 비즈니스」), 이는 70년대부터 80년대의 자동차, 가전 산업 등 모든 제조업에 성공을 이루었기 때문으로 해석된다. 완벽주의와 가격을 무시한 기업 정신이 그 이유이기도 하고 배경에는 서열 의식과 집단주의의 무사 사회의 문화로 보는 것이 타당하다.

---

15) 濱口惠俊, 『日本社會は何か?』, NHK BOOKS, 1998, p.61.

2017년 시점의 데이코국 데이터 뱅크帝国データバンク의 자료에 의하면, 일본 기업의 평균 수명은 36.2세로 1989년도 18.4세의 약 2배로 장수화 추세에 있다고 하겠다. 이는 기업이 안정되나 벤처 기업이나 AI 기업 등 창조적인 새로운 기업에 도전하는 흐름은 약하다는 것을 나타낸다.

무사와 벚꽃의 칼의 윤리, 선비와 사군자의 붓의 윤리

일본에는 '사람은 사무라이, 꽃은 벚꽃人は武士、花は桜'이란 말이 있다. 꽃 중에는 벚꽃을 최고로 치고 사농공상의 계급 중에는 사무라이를 최고로 친다는 말이다. 일본 사람들의 벚꽃 사랑은 '하나미花見'라고 하여 3월 말에서 4월 말이면 대대적으로 열리는 일종의 벚꽃놀이 행사에서도 나타난다. 그들은 일시에 활짝 피었다가 순식간에 져 버리는 벚꽃을 사무라이의 지조에 비교하기를 좋아한다. '사쿠라'로 불리는 벚꽃 역시 무사의 사랑을 받았다. 봄에 단숨에 피었다가 한 번의 바람결에 지는 꽃잎 모습이 주군에게 미련 없이 목숨을 바친다는 상징으로 여겨졌기 때문이다.

에도 시대의 국학자이며 국수주의자인 모토오리 노리나가本居宣長는 시키지마敷嶋[16] 라는 단가에서 '일본인의 정신은 무엇인가?'라고 스스로 질문한 뒤 아침에 빛나는 벚꽃이라는 의미를 읊으며 일본인의 정서를 기조로 한 정신은 벚꽃이라고 했다. 메이지 시대의 니토베 이나조新渡戸稲造도 무사도를 벚꽃과 같은 일본 고유의 꽃이라고 표현했다.

---

16) 「敷島の大和心を人問はば朝日に匂ふ山桜花」

역사적으로도 벚꽃을 노래한 하이쿠^{俳句}나 벚꽃이 그려진 우키요에^{浮世繪} 등 일본 문화나 예술에서 벚꽃이 빠지는 경우는 없다. 최근 벚꽃 문제로 제주왕벚나무와 소메이 요시노^{染井吉野}의 문제로 한·일 갈등이 있었으나 벚꽃은 일본에서는 국화^{國花}처럼 인식되고 있다.

조선 시대의 사대부들은 순식간에 피었다가 급히 지는 벚꽃보다는 사군자인 매화, 난초, 국화, 대나무를 높이 평가했다. 매화^{梅花}는 이른 봄의 추위를 무릅쓰고 제일 먼저 꽃을 피운다. 특히 눈이 내릴 때 핀 매화를 설중매^{雪中梅}라 하여 높이 평가했다. 옛 선비들이 지조, 절개의 상징이라 해서 좋아했던 매화가 설중매이다. 난초^{蘭草}는 깊은 산중에서 홀로 숨어 은은한 꽃향기를 멀리까지 퍼뜨린다. 난은 고결한 선비가 속세의 출세 공명을 초개같이 여기며 학문을 수행하는 선비의 자세로 비유했다.

국화는 늦은 가을에 첫 추위를 이겨내며 핀다. 눈 내린 날 첫서리에도 가을의 끝자락을 지키는 선비의 모습을 연상시킨다. 선비는 '국화'라고 표현하거나 사람이 담백하기를 국화와 같다는 뜻의 아름다운 삶을 표현한 사공도^{司空圖17)}의 24시품^{二十四詩品}에 등장하는 인담여국^{人淡如菊}도 등장하다 대나무는 모든 식물의 잎이 떨어진 추운 겨울에도 푸른 잎을 계속 유지하며, 매서운 추위 속에서 더 돋보이는 푸른 기개, 깨끗하게 안을 비워 두는 결백함 등 맑고 푸르고 곧은 그 성정이 절개를 생명과 같이 여겼던 우리의 옛 선비 정신과 통한다.

각 식물 특유의 장점을 군자^{君子}, 즉 덕^德과 학식을 갖춘 사람의 인품에 비유하여 매^梅 난^蘭 국^菊 죽^竹을 사군자^{四君子}라고 부른다. 특히 어려운 환경을

---

17) 당나라 말기 중국 사회가 극도로 혼란했던 때, 절의(節義)를 숭상하고 시문에도 뛰어난 인물이다.

이겨내고 꽃을 피우고 싱싱함을 유지하는 것이 화려하게 피었다가 순식간에 없어지는 칼의 문화의 상징인 벚꽃보다는 높이 평가한 것이 선비들의 붓의 문화이다. 조선에서는 사군자를 실지 생활에 받아들여 회화에도 사군자를 그린 것은 많으나 벚꽃을 그린 경우는 거의 없다. 이를 보더라도 선비는 사군자를 중시하며, 사군자는 붓의 문화 상징이라고 본다

필자는 벚꽃을 좋아하고 벚꽃 축제 등에도 많이 가본다. 벚꽃이 지면서 눈처럼 휘날리는 것을 볼 때도 있다. 그런데 대나무와 소나무, 눈 속의 매화인 설중매雪中梅를 감상하는 것보다는 강렬함이 덜하다고 느끼는데, 이것 또한 붓의 문화의 영향 때문인지도 모른다.

칼의 문화인 무사 사회에서는 우리와는 조금 다르다. 전쟁터에서의 죽음이 일상화되는 일본의 전국 시대에 용맹스러운 죽음이 명예를 가져다주고 존경받게 되는 사무라이 사회에서의 죽음은 독특한 것이 된다. 사무라이에게 죽음은 예술의 대상이 되고 미학으로까지 발전했다. 일본인들에게 벚꽃은 고결함과 순결함을 상징하는 꽃으로 간혹 죽음과 연관해 해석한다. 전쟁 중에 죽은 젊은이를 애도하며 '꽃이 피면 지는 것은 당연지사'라고 표현한 것도 그런 의미가 있다. 사무라이라면 흔히 떠올리는 할복割腹 역시 충과 의와 명예를 위해 목숨을 초개草芥처럼 버리는 자결自決이 하나의 의식으로 미화된 것이다. 일본의 무가 사회에서는 할복을 '무사의 꽃'이라 하여 무사다운 죽음이라고 칭송했다.

헤이안 시대부터 시작된 할복割腹은 무사 이상의 신분에게만 내려지는 형벌이었으며 스스로 목숨을 끊을 기회를 부여하는 명예형이었다. 이때 배를 가르는 것은 마음속에 사심이 없음을, 결백함을 증명하려는 방편이다. 주로 패배한 무사들이 주군에 대한 충성과 맹종, 직무상의 책임 이행

의 표시로서 행해지는 경우가 많았다. 즉 할복이라는 자살 형태는 자신에게 주어진 모든 책임과 의무를 죽음으로써 이행한다는 하나의 도리이자 예이며 혼(정신)의 재생만을 목적으로 한 의식이다.

할복은 죽음이 최고의 무용^{武勇}으로 권장되고 죽음까지도 주군과 함께한다는 충성을 강조하는 가운데 탄생했다. 배를 갈라서 자살하는 할복은 오랜 고통으로 죽음을 지연시키는 지극히 끔찍한 방법이다. 카이샤쿠^{介錯}는 보조한다는 의미가 있어서 할복을 보조한다는 뜻이다. 할복자를 즉사시켜 부담과 고통을 경감시키기 위해 보조자가 배후에서 할복자의 목을 자르는 행위를 말한다.

할복에는 카이샤쿠진^{介錯人}이라 하여 할복자의 목을 뒤에서 쳐 주는 보조자가 동반한다. 할복자의 고통을 덜어주기 위해서이기도 했으나 할복에 실패하여 구차한 생을 연명하게 되는 것을 미리 방지하기 위함이었다. 할복 때 복부 절개로만 해서는 죽는 데 시간이 걸리고 비참한 고통을 당하기에 할복한 뒤 스스로 목이나 심장을 찔러 마무리를 하는 것이 정식 예절이었다. 그러나 이는 실질적으로 불가능하다고 한다. 무사의 책임을 완수하고 무사의 체면을 지켜주기 위해 일반적으로는 할복 직후 카이샤쿠^{介錯}를 실행한다.

그렇기에 카이샤쿠진^{介錯人}은 명예로운 죽음을 도와주는 인생의 은인으로서 평소에 신뢰하는 친구나 친분이 있는 상관이나 부하에게 부탁하는 것이 상례였다. 일본의 성 중 가장 아름답다고 평가받는 효고현의 히메지성^{姬路城}은 1333년경에 처음 지어졌으며 1600년대에 개축으로 완성되었는데 당시에 성의 한쪽에 따로 마련된 할복 장소가 아직 남아 있다고 한다.

붓의 윤리인 조선의 선비들은 할복은 하지 않고 자결하였다. 1910년 한·일 병합이 이루어지자 망국의 선비 매천梅泉 황현은 1910년 9월 10일 절명시 4수를 남기고 구례 대월헌에서 자결했다.

> 새와 짐승들이 슬피 울고 바다와 산이 찡그리니 鳥獸哀鳴海岳嚬
> 무궁화세계가 이미 몰락하였네. 槿花世界已沈淪
> 가을 등불에 책을 덮고서 천년 옛일을 생각하니 秋燈掩卷懷千古
> 인간 세상에 지식인 되기가 어렵구나. 難作人間識字人

매천은 "무릇 선비를 기른 지 500년, 나라가 망하는 날에 한 사람도 죽는 사람이 없다면 어찌 통탄할 일이 아니겠느냐?"고 하여, 망국의 지식인으로서 순국을 결행하는 고결한 선비의 정신 세계를 보여주었다. 위의 시는 4편의 자결하기 전의 읊은 절명시絶命詩 중 하나이다.

1906년 을사의병을 일으켰던 최익현 선생이 일본군에게 잡혀 대마도로 끌려와서 일본이 주는 음식을 거절하며 단식을 거행하자 당황한 일본군인들이 '음식은 조선에서 보낸 쌀로 짓고 있다.'며 단식 중단을 설득했다. 함께 갇힌 의병들도 울면서 단식 중단을 권했다. 단식은 중단됐으나 74세의 노령으로 면암 최익현은 순국하였다. 할복은 아니나 선비들은 자결과 단식으로 체통과 절개를 지키면서 사라진다. 이것이 붓의 윤리이다.

PART 6

●

황국사관으로
제국 식민지론을
키우다

에도 시대 존왕 사상은 고학古學파에 시작되어, 모토오리 노리나가本居宣長 히라타 아츠타네平田篤胤, 라이산요賴山陽, 가모쿤페이蒲生君平, 하야시 시헤이林子平들에 의해 전개되고 나갔다. 한편, 명나라에서 망명한 주 순수朱舜水를 초청하여 주자학을 연구했던 미토 도쿠가와 가문은 대일본사 편찬 과정에서 미토학水戸学이 형성되고, 후지타 유코쿠藤田幽谷들이 존왕 사상을 전개했다. 유코쿠의 제자인 아이자와 세이시사이는 신론新論에서 존왕양이尊王攘夷 사상을 체계화하여 막부 말기의 전국의 지사들에게 전달되어갔다. 요시다 쇼인吉田松陰은 그중 하나이며, 맹자, 미토학 양명학을 쇼카손주쿠松下村塾에서 가르치고 제자인 다카스기 신사쿠高杉晋作 등 조슈의 도막倒幕 지사들이 등장하는 계기가 되었다.

1 전형적 칼의 윤리를 실천한 후기 미토학파와 존왕양이

권위는 천황, 권력은 막부-존왕경막(尊王敬幕)

일본의 막부 말기 청년 무사들에게 존왕양이^{尊王攘夷}, 막부 타도 등의 정신을 선도한 것은 후기 미토학파^{水戶学派}이다. 제2대 미토 번주^{水戶藩主} 도쿠가와 미츠구니^{德川光圀}가 시작한 역사서인 『대일본사^{大日本史}』의 편찬을 중심으로 한 학파를 전기 미토학^{前期水戶学}이라 한다면, 9대 미토 번주인 도쿠가와 나리아키^{德川斉昭}가 설치한 번교 코도칸^{弘道館}을 무대로 한 학파를 후기 미토학이라 한다.

전기 미토학의 도쿠가와 미츠쿠니와 아사카 탄파쿠^{安積澹泊} 쿠리야마 센포^{栗山潜鋒} 등은 존왕경막^{尊王敬幕} 즉 천황을 높이 받들고 막부도 그 아래서 존경받을 것을 주장하여 권위는 천황, 권력은 막부를 주장하여 나름대로 인정을 받았다.

후기 미토학은 18세기 후반에 등장한 서양 배의 접근으로 나타나는 서양 제국의 진출과 막부의 동요로 내우외환의 위기의식이 독특한 학풍을 형성하는 뿌리가 된 것은 부정할 수는 없다. 막부 말기 정치 운동의 지주였던 존왕양이론은 미토학의 중핵이 되기 때문이다. 후기 미토학의 대표적 학자는 후지타 유코쿠藤田幽谷와 그의 아들 후지타 도고藤田東湖와 제자 아이자와 세이시사이会沢正志斎이다.

후지타 유코쿠는 어려서부터 신동으로 소문이 났는데, 무엇보다도 유명한 것은 1791년 18세에 1300여 자의 한문으로 쓴 소논문의 『정명론正名論』을 저술한 일이다. 여기에서 정명正名은 명분을 정확히 한다는 의미로 군신상하의 명분을 바로잡는다는 의미로 "막부가 천황을 존중함으로써, 영주는 막부를 존중하고 영주가 막부를 존중하면 번사藩士가 영주(다이묘)를 존중하는 사회적 상하질서가 유지된다."고 주장하여 군주와 신하의 상하질서를 엄격하게 지키는 것으로 존왕尊王의 중요성을 강조했다.

즉 막부가 아무리 군사적으로 강력한 실권자(쇼군)라도 천황이 군주이고 윗사람이라는 것을 확실히 한 후지타 유코쿠는 이런 상하 관계가 서야 천하가 안정된다고 주장했다. 이런 천황의 권위는 제사를 통해 확립되어 천황이 천天과 황실의 위패에 제사를 지냄으로써 천황이 일본의 군주임을 드러낸다.

전기 미토학의 존왕경막 사상보다는 한 걸음 더 나아가는 흐름이라 유코쿠의 스승인 타치하라 수이켄立原翠軒은 막부 비판으로 의심받을 소지가 있다고 판단하여 제출하지 않았다. 후지타 유코쿠는 천황을 신격화하는 경신애국敬神愛國, 존왕양이尊皇攘夷, 신도와 유학의 조화를 강조한 신유조화神

儒調和, 충과 효는 하나라는 충효일본忠孝一本 등 문과 무를 일치시키는 문무일치文武一致를 내세워 후기 미토학의 근간이 되었다.

아이자와 세이시사이는 후지타 유코쿠의 제자로, 스승의 의지를 계승한 『신론新論』을 1825년 저술하였다. 『신론』은 미토 번水戸藩 8대 번주 도쿠가와 나리노부德川斉脩에게 상정한 책이다. 집필 4년 후 번주가 나리노부斉脩의 동생 나리아키斉昭로 바뀌는데, 번정 개혁을 기대하고 나리노부를 향한 정책 방안을 제시한 문서였다. 하지만 여기에는 미토 번만의 특수한 조건이 등장하게 된다.

미토 도쿠가와水戸德川家는 오와리 도쿠가와尾張德川家, 기슈 도쿠가와紀州德川家와 겨눌 만한 세 가문의 하나로서 영주로는 특별한 지위를 가졌다. 쇼군의 후계자를 정할 수 없을 때는 세 가문 중에서 후계자를 낼 수 있는 권한을 가졌다. 에도 성의 쇼군이 나올 가능성도 있는 가문이며, 하타모토旗本를 감독하고 북방 방비의 역할도 맡았다. 따라서 아이자와 세이시사이는 아마도 도쿠가와 나리노부를 통해 에도성의 신하들에 전해질 것을 예상하며 일본 전체 통치의 제언을 『신론』에 담았다고 볼 수 있다.

존왕경막에서 존왕양이로

『신론』에서 아이자와 세이시사이는 일본의 독립을 유지하기 위해 일본 민심을 통합을 주장했다. 또 서양 국가들이 인도와 자바, 필리핀에 진출하고 지배하에 둘 수 있었던 것은 기독교를 침략의 수단으로 이용했기 때문이라며, 서양 국가들이 일본에 접근해 밀무역하면서 기독교의 신비적인 가르침으로 서양의 문화와 사상을 퍼지게 했고, 그렇게 함으로써 크리스천 다이묘가 배출한 전국 시대처럼 일본 국내는 분열하여 결국 서양인에게 지배되어 버린다고 주장하였다.

무사뿐만 아니라 상인, 농민까지도 포함하는 충성 대상을 통일하기 위해 신론에서 제기한 것은 국체國體 즉 일본 독자적인 국가의 모습이었다. 그곳에서는 천조天祖 즉 아마테라스 오오미카미가 역대 천황에게 천하를 다스리게 하여 모든 사람이 군신의 예를 지키며 일본 전체의 통치에 관련하게 하는 것이다. 상하 질서는 천황 선조인 천조天祖가 정한 것이므로 움직일 수 없다는 논리로, 일본에서는 천황에 절대적인 충성을 다하는 것이 과거 천황의 통치를 같이 지원한 조상의 뜻을 계승하는 것이라며 효孝의 실천과 일치한다는 충효일치를 주장했다.

일본에서 천황이 즉위한 후 처음으로 조상 및 천신지기에게 햇곡식을 바치고 이것을 먹는 의식인 다이조사이大嘗祭, 또는 오니나메大新嘗로 불리는 대규모 행사를 벌인다. 사농공상의 모든 신분의 사람들에게 그동안 잊혔던 국체國體를 재인식시켜 일본 전체의 질서를 유지하여 민심을 통합할 수 있다고 주장했다.

전기 미토학이나 후지타 유코쿠의 존왕경막을 약간 벗어나 천황을 존경하자는 아이자와 세이시사이의 논의는 일본 전체의 통치는 어디까지나 에도 막부가 행하는 것을 전제로 하고 있어, 존왕尊王론이 있어도 막부를 타도한다는 도막倒幕 사상으로 결부된 것은 아니다. 다만 형식적인 천황을 존경하고 받드는 것을 좀 더 실질적으로 하자는 움직임이었다.

아이자와 세이시사이의 『신론』은 특히 일본에서도 1811년 홋카이도에서 러시아의 함선이 일본명으로는 치시마 열도千島列島에 해당하는 쿠릴

열도Kuril Islands를 측량하다 포박된 러시아의 디이아나 함장인 고로닌Vasilii Mikhailovich Golovnin 사건과 1824년 영국의 포경선이 오쓰하마大津浜에 접근하여 선원이 음식을 찾아 보트로 상륙하는 사건이 일어났다.

아이자와 세이시사이가 스스로 그 조사를 실행하여 서양 제국의 동향에 관한 정보를 얻어 이듬해인 1825년에 『신론』을 썼다. 서양의 무역선과 포경선 등의 마찰이 발생하기 시작하면서 외부(외국인) 방문자를 처결하고 일본을 구미 열강으로부터 방어할 것이라는 생각이 팽배해졌다. 이런 서양의 침략과 식민지 거부를 목적으로 하는 사상이 양이攘夷론이다.

1811년에 쿠릴열도의 분쟁을 보면 조선에서는 홍경래의 난이 일어났다. 이 시기에 러시아와 일본이 쿠릴열도(치시마 열도)를 놓고 각축하는 것을 보면 칼의 논리는 영토를 중심으로 하고 확장하려는 사상이었다.

존왕론과 국체의 존엄성을 부르짖다

『신론』은 외세의 침략에 대항하기 위해 어떻게 하면 좋을지를 거론했는데, 국내외의 정치적 위기를 극복하고 부국강병을 실현하기 위해서는 사람들의 마음을 정리하는 방법으로 존왕尊王과 양이攘夷가 필요하다고 강하게 주장한 내용이다. 『신론』은 역사에 기초해서 논의되는 곳이 많고 또한 논리적이다. 예를 들면 천조대신(天照大神, 아마테라스 오오미카미)과 건국의 시작을 되돌아보고 그것을 근거로 가져오는 경우가 많다. 거기에서 존왕론을 느끼게 하여 오로지 국체國體의 존엄성을 주장하였다.

아이자와 세이시사이는 일본의 국체는 군신의 대의와 부자의 지친이 확립되어 충효일체, 제정교祭政敎일치의 국체라고 주장했다. 일본 국가의 건국 원리라는 의미로 국체라는 단어를 사용한 것은 아이자와 세이시사이가 최초인데 불교, 완고한 유학자, 서양의 기독교를 배척하여 존왕과 양이를 통합한 의미로서의 국체이다.

아이자와 세이시사이는 1834년 저술한 『초언화언草偃和言』에서 '국체를 명확히 하고 명분을 정확하게' 한 천 년 세월의 귀감으로 『천황정통기天皇正統記』를 평가한 것은 스승인 후지타 유코쿠 『천황정통기』[18] 해석과 같았다.

아이자와 세이시사이의 『신론』이 일본 전국의 무사들에게 주목을 받은 것은 1840년 청나라와 영국과 전쟁인 아편전쟁으로 홍콩을 빼앗기게 되면서 서양에의 침략을 경계할 때부터이다. 그리고 이것을 계기로 양이론이 대두되기에 이르렀다.

나마무기 사건과 존왕양이, 일군만민론으로

이 시기에 일어난 나마무기 사건生麥事件은 존왕양이 운동을 더욱 가속화시키는 역할을 하였다. 1862년 9월 14일 무사시 국 다치바나 군 나마무기촌(현 요코하마시 쓰루미구) 근처에서 사쓰마 국부 시마즈 히사미쓰島津久光의 행렬에 난입했던 말 탄 영국인들을 향해 호위하던 사쓰마 번 사무라이들

---

18) 키타바타케 치카후사(北畠親房, 1293~1354)가 저술한 『천황정통기(天皇正統記)』는 역사서이지만 신화기(神代)부터 1339년까지의 고무라카미 천황(後村上天皇)의 즉위까지 썼다. 단지 역사를 객관적으로 서술하는 것이 아니라 자신의 어떤 주관적인 사상을 매우 강한 확신으로 썼기 때문에 신빙성이 없다는 게 정론이다.

이 '무례하다'는 이유로 살상(1명 사망 2명 중상)한 사건이다

존왕양이 운동이 고조되던 중에 이 사건은 정치적 문제가 되었다. 이 사건의 배상 문제로 사쓰마 번과 영국 간의 사쓰에이薩英 전쟁이 1863년 7월에 일어났고, 전쟁 결과로 영국은 막부를 지지하던 예전 방침을 변경해 사쓰마 번에 접근했으며 사쓰마 번과 영국 간의 상호 이해를 깊게 하는 계기를 마련하였다. 사쓰에이 전쟁은 사쓰마 번이 서양 기술의 우수성을 깨닫고 양이에서 개화 중심으로 입장을 바꿨으며, 영국은 사쓰마 번 측의 군사력을 높게 평가하였고, 프랑스를 견제할 정치적 목적으로 막부를 지지하던 이전의 방침을 바꿔 사쓰마 번과 관계를 깊게 한다.

1863년 5월, 조슈 번이 바칸 해협馬関海峡[19]을 봉쇄하고 항해 중인 미국과 프랑스 네덜란드 함선에 아무런 경고도 하지 않고 포격을 가했다. 약 보름 후인 6월 보복으로 미국과 프랑스 군함이 바칸 해협에 정박 중인 조슈 군함을 포격하여 조슈 해군에 치명적인 타격을 주었으나 조슈는 포대를 복구한 후, 해협 봉쇄를 계속했다.

이듬해 전년의 해협 봉쇄로 엄청난 경제적 손실을 받은 영국은 조슈에 대해 징벌적 보복 조치를 취할 것을 결정하고 프랑스, 네덜란드, 미국 삼국에 참가를 호소하여 함선 17척으로 연합함대를 편성했다. 이 함대는 8월 5일부터 8월 7일까지 바칸(현 시모노세키 시 중심)과 히코 섬의 포대를 철저하게 포격하여 각국의 해병대가 출동하여 이들을 점거하고, 파괴했다. 이른바 시모노세키 전쟁下関戦争 이 일어났다.

바칸 해협의 포대를 무력화시킨 4개국 연합함대로 조슈 번은 이후 열

---

19) 현재의 칸몬 해협(関門海峡)에 해당하는 해협

강으로 대처하는 무력에 의한 양이를 포기하고 해외에서 새로운 지식과 기술을 적극적으로 도입하여 군비와 군제를 현대화시키는 적극적 정책으로 전환했다. 사카모토 료마坂本龍馬와 나카오카 신타로中岡慎太郎 등의 중개로 1866년 3월 7일에 서로 비슷하게 양이 정책과 근대화를 추진했던 사쓰마 번과 삿초 동맹薩長同盟을 체결하여 막부 전복에 앞장섰다.

당시의 사쓰마와 조슈의 영국과의 전쟁은 엄청난 무기와 군함의 차이로 패배하다 보니 막부 중심의 각 번 체제로서는 서양을 이길 수 없다는 움직임 즉, 일본 전체가 하나가 되어 서양과의 전쟁을 준비하여야 한다는 양이론과, 막부를 타도하여 천황 중심의 일본을 만들자는 존왕이 합쳐진 존왕막토尊王幕討와 존왕양이尊王攘夷 사상이 등장했다.

아이자와 세이시사이의 『신론』은 막부 말기에 각지의 지사들의 혼을 흔들어 움직이게 했으며 이는 존왕양이尊王攘夷 운동으로 이를 이어받은 요시다 쇼인吉田松陰은 일본 전체가 하나로 되는 "천황은 고귀하고, 무력으로 패권을 잡은 막부는 천한 권력이라는 사상인 존왕천패尊王賤覇"를 주장했다. 그리고 요시다 쇼인은 '일군만민론一君萬民論'을 주장하였는데 이 말은 "천하는 천황이 지배하고, 천황 이외의 모든 만민은 평등하다."는 논리를 주장하였다.

일군만민一君萬民 즉, 천황을 중심으로 모든 만민이 평등한 국가를 이루려면 반드시 막부를 쓰러트려야 한다는 존왕 사상의 대표적 주장자가 요시다 쇼인이었다. 다시 말하면 쇼카손주쿠松下村塾가 막부에게 빼앗겼던 권력을 천황에게 되돌려준 천황 친정을 부활하게 한 본산이라는 말이다. 따라서 막부 타도를 실행하게 하여 메이지 유신을 일으키는 원동력이 되었으며 이것이 후에는 정한론征韓論과 군국주의軍國主義로 가게 되는 계기였다. 이것이 요시다 쇼인을 일본에서 존경받는 인물로 만들었고, 요시다 쇼인이 제자들을 가르친 쇼카손주쿠松下村塾가 관심의 대상이 되는 이유였다.

2. 세계문화유산 등재로 한·일 갈등에 섰던 군함도

군함도의 세계문화유산 등재

2019년 6월 22일 한국의 강경화 외교부 장관은 유네스코 측에 서한을 보내 "일본이 근대 산업시설 유산 등재 당시 약속을 이행하지 않고 있다면서 등재 취소가 가능한지를 검토해달라."고 요청했다. 한국 정부는 6월 4일 일본 정부가 군함도(端島·하시마) 탄광 등 유네스코 세계문화유산으로 등재된 일본 근대 산업 시설의 역사를 소개하는 '문화유산센터'에서 약속과 달리 강제 노역 희생자를 기념하는 조치를 하지 않은 데 대해 유감을 표했다.

이에 대해 일본 측 기사는 한국 측이 억지를 부려 반대하는 듯한 기사가 난무했고 일부 우익 단체들은 한국과 국교 단절을 주장하며 온갖 비난과 욕설도 등장했다. 2020년 12월 4일 한국외교부에 따르면, 일본 근대 산업 시설 관련 제42차 세계유산위원회 결정에 따라 일본 측이 제출한 '해석 전략이행현황보고서'가 지난 12월 1일 세계유산센터 홈페이지에 게재됐다고 한다. 보고서는 9개 해석 계획 과제별 이행 경과를 설명한 본문과 2017년 보고서에 포함된 해석 전략과 동일한 내용의 부속서로 구성됐다.

지난 2015년 세계유산위원회는 2015년 군함도 탄광 등 조선인 강제 노역 시설 7곳을 포함한 메이지 시대 산업 유산 23곳의 세계유산 등록을 결정하고, 각 시설의 전체 역사를 이해할 수 있는 해석 전략을 마련할 것을 권고했다. 군함도는 2014년 10월 6일 일본 문화재 지정이 되었고 이것을 계기로 세계유산 등록을 향해 비가동 유산으로 필요한 조건이었다.

일본 측 자료에는 2015년 3월 31일에 한국 정부가 하시마의 세계유산 등록에 반대를 표명하여 박근혜 전 대통령과 윤병세 외교부 장관이 필두 지휘하여 유네스코 국제 기념물유작회의 세계유산위원국 등에 군함도를 세계유산 등록으로 인정할 수 없다는 외교 활동으로 한·일 외교 문제가 되고 있다고 밝혔다.

한국이 일본의 산업 유산의 세계유산 등재에 왜 반대하겠는가? 일본의 일이라면 무턱대고 반대하거나 이유 없이 대통령까지 나서서 반대하는 것이 아니고 그곳이 조선인의 강제 노역으로 문제를 제기한 것인데, 일본 매스컴은 묘한 분위기를 만들고 있다.

2015년 7월 열린 유네스코 세계유산위원회에서는 '일본의 23개 근대 산업 시설이 일본 메이지 산업 혁명: 철강, 조선 그리고 탄광 산업'라는 이름으로 세계유산에 등재됐다. 이중 일제 강점기 조선인 수만 명이 강제 노역했던 군함도 탄광, 나가사키 조선소 등 7개 시설이 포함되어 논란이 됐다.

한국 정부는 강제 동원 사실을 공식적으로 포함해야 한다고 요구했다.

이에 유네스코 일본 대표단은 "1940년대 몇몇 시설에서 많은 한국인과 다른 나라 사람들이 자신들의 의사에 반해 끌려와 가혹한 환경에서 일하기를 강요받았다forced to work."고 발표했고 한국을 포함한 세계유산위원회의 만장일치 속에 세계문화유산에 포함됐다.

그러나 세계유산으로 등재되자마자 일본 기시다 후미오岸田文雄 외무상이 조선인 강제 노역을 인정한 것이 아니라고 주장해 논란을 키웠고, 세계유산 등재의 형식 측면에서도 강제 노역 사실은 공식적으로 발표되는 결정문에 포함되지 않고 주석에만 포함되어 아쉬움을 남겼다.

일본 측 자료에는 기시다 후미오 외상과 한국의 윤병세 외교부 장관의 회담이 이루어져 일본이 한국의 백제 역사적 지구를 세계문화유산에 등록하는 것을 지원하는 대신에 한국도 메이지 일본의 산업 혁명 유산의 등록을 지원하는 것에 합의했는데, 한국이 백제 역사적 지구의 등록이 채택한 다음 날 합의를 어겨 메이지 산업 혁명 유산에 반대를 표명했다고 전해진다. 최종적으로 일본 정부는 한국 정부에 양보하여 일본이 징용 정책의 실시를 이해할 조치를 취한다고 약속하여 하시마의 등록이 체결되었다.

이런 사항으로 일본에서는 한국과는 협의하면 안 된다는 분위기가 확산했으며 또한 국가 간 협의한 위안부 최종 합의도 뒤엎은 한국과는 어떠한 사항도 합의할 수 없다는 흐름이 일본을 뒤엎고 있다. 이러한 기사가 사실이라면 한국 측은 대의명분을 앞세운 붓의 윤리답지 않은 행동이다. 대의명분이 없는 일시적 이익이나 약속은 사대부나 군자가 할 일은 아니다. 이것은 좀 더 확인이 필요하다. 붓의 윤리와는 다른 칼의 윤리에서는 대의명분보다도 자국만을 이롭게 하는 국익 위주 사상이 발달했는데 세계에서는 그다지 환영을 받지 못한다. 대의명분을 중시하는 붓의 윤리에서는 백제 역사적 지구의 세계문화유산 등록도 중요하지만, 피해를 본 강제노동자와 그에 대한 후속 조치가 더욱 중요하다.

1939~45년간의 '화장인가증하촌신청서'에는 일본인 1,162명 조선인 122명, 중국인 15명이 사망하였으며 조선인, 중국인보다 더 많은 일본인 사망으로 나와 있다고 한다. 칼로서 타국을 공격해서 그 식민지 사람들을 강제적으로 데려왔지만, 임금을 정확하게 주었으며 조선인뿐 아니고 일본인들도 힘들었다고 이야기한다.

당시의 황국사관으로 보면 천황과 국가를 위해 일본인들도 가혹한 노동으로 죽어도 말이 없는데 하물며 식민지 국가인 조선에서 "조선인이 죽었다고 해서 이런 소리를 하면 되느냐?" 하는 논리로 들려 불편하기 짝이 없다. 이러한 묵시적 논리에는 당연히 칼의 윤리가 포함되었다.

여기에 한술 더 떠서 아베 신조 전 일본 총리가 군함도 전 주민들을 만나 일제 강점기 한국인 강제징용이 이뤄졌다는 한국 정부의 지적을 '근거 없는 비방'이라고 주장했다. 아베 신조 퇴임 후 한 달 사이 야스쿠니 신사를 두 차례 참배한 데 이어 2020년 10월 22일 일제 강점기 수백 명의 조선인이 강제 노역하다 목숨을 잃은 군함도 등 자료를 전시한 산업유산정보센터를 방문했다고 〈산케이신문〉이 보도했다. 센터는 군함도 탄광이 일본 근대화에 기여했다는 증언과 자료를 선별적으로 전시한 곳이다.

아베 신조는 군함도 전 주민들을 만나 한국 정부를 비난했다. 그는 "이유 없는 중상(모략)은 반드시 되받아쳐야 한다."며 "일본의 강력한 산업화 행보를 전해야 한다."고 주민들에게 당부했다. 군함도에서 조선인 징용공이 임금 차별과 착취에 시달렸다는 한국 측 주장을 근거 없는 억측이라 깎아내린 것이 대표적인 칼의 윤리이다. 세계의 모든 나라가 200년 전이든 400년 전이든 국가 간의 잘못된 일도 상의해서 화해하는 데 이러한 발언과 행동은 무사다운 행동은 아니다.

2017년 일본 대표는 "1940년대 일부 시설에서 수많은 한국인 등이 본인 의사에 반해 동원돼 가혹한 조건 아래에서 강제 노역한 사실에 이해할 수 있는 조치를 취하고, 인포메이션 센터 설치와 같은 희생자를 기리기 위한 적절한 조치를 해석 전략에 포함시키겠다."고 말했다.

하지만 일본이 2020년 6월 도쿄에 개관한 산업유산정보센터 전시에는 희생자를 추모하는 노력이 없고, 역사적 사실을 완전히 왜곡하는 내용을 포함한 것으로 확인됐다. 이에 한국 정부는 유네스코 본부에 문제를 제기하고, 회원국에게도 약속 불이행 문제를 알리며 일본 정부에 시정을 촉구했다.

1992년 세계유산으로 등재된 독일의 '람멜스베르크 광산 박물관'은 강제 노역의 아픔에 관한 수많은 자료를 전시함으로써 강제 노역 희생자를 기리고, 유산의 전체 역사를 균형적으로 보여준다는 점에서 일본의 군함도와는 다르고 일본의 태도와도 다르다.

2019년 7월 6일 제43차 세계유산위원회에서는 '한국의 서원'이라는 이름으로 한국의 서원 9곳을 한국의 14번째 유네스코 세계문화유산으로 등재했다. 등재된 서원은 소수서원(1543년), 남계서원(1552년), 옥산서원(1573년), 도산서원(1574년), 필암서원(1590년), 도동서원(1605년), 병산서원(1613년), 무성서원(1615년), 돈암서원(1634년)이며, 오늘날까지 한국에서 교육과 사회적 관습 형태로 지속한 성리학과 관련된 문화적 전통의 증거이며 성리학 개념이 여건에 맞게 바뀌는 역사적 과정을 보여준다는 점에서 탁월

한 보편적 가치를 인정받았다. 서원은 성리학의 문제점과 관계없이 조선의 대표적 교육 기관으로 지금도 한국의 대표적인 붓의 윤리로 등장하는 곳이기 때문이다.

작년 필자는 동경의 게이오대학의 교환 교수로 가게 되어 많은 일본인을 만났지만(코로나로 제약은 있었지만) 한 일본인은 한국의 서원이 2019년 7월에 세계문화유산으로 등재되었다고 하며 9개 서원 중 3개를 방문하였다며 필자를 또 놀라게 하였다. 그리고 코로나가 해결되면 나머지 6개 서원을 방문하고 싶다고 하였다.

일본에서 서원과 가장 비슷한 것이 번교인데, 본인은 쇼카손주쿠가 더 한국의 서당과 비슷하다고 하며 쇼카손주쿠 방문을 추천하였다. 3개 서원이 어디냐고 묻지는 않았다. 그리고 좀 더 일본식으로 한국에 오시면 안내하겠노라고 인사도 못 했다. 왜냐면 한국에 관심을 지닌 것은 좋으나 쇼카손주쿠와 서원은 다르다는 생각이 앞섰기 때문이다. 쇼카손주쿠는 대표적 칼의 윤리로 틈만 나면 이웃 국가를 쳐들어가야 한다는 침략 사상을 가르친 곳이어서 서당과는 다르기에 안타깝다.

쇼카손주쿠의 산업 혁명 유산목록

필자는 메이지 일본의 산업 혁명 유산의 하시마(군함도)도 문제지만, 이것은 일본이 자료를 보충하면 해결될 문제이고 최근에는 이러한 강제 노역 등은 세계에서 그다지 환영을 받지 못하기에 칼의 윤리를 앞세워도 조만간 타격을 받게 될 것으로 본다. 필자는 메이지 일본의 산업 혁명 유산

중 더욱 문제시되는 것이 쇼카손주쿠^{松下村塾}이고 이것이 우리가 간과해서는 안 될 더 큰 문제라고 생각한다.

일본이 신청한 메이지 일본의 산업 혁명 유산 목록에는 어이없게도 근대 산업 시설도 아니며 메이지 시대의 것도 아닌 특이한 시설이 포함되어 있다. 쇼카손주쿠가 그것이다. 쇼카손주쿠는 조슈 번(야마쿠치현)의 조그만 도시인 하기^萩에 있는 일종의 사설 학당이다. 일본은 조그만 도시 하기의 작달막한 일개 사설 학당을 왜 산업 혁명 유산에 집어넣은 것일까? 쇼카손주쿠가 자리하는 쇼인 신사 입구에 '메이지 유신 태동지'라고 쓰인 커다란 돌비석이 그 이유를 말해 준다.

그러나 근대화의 공적으로 말하자면 사이고 다카모리^{西鄕隆盛}와 오쿠보 도시미치^{大久保利通}의 사쓰마 번이 단연 압도적으로 앞선다. 그러함에도 쇼카손주쿠가 유신의 태동지로 꼽히는 것은 사이고 다카모리는 세이난 전쟁으로 역적으로 평가받았고 오쿠보는 암살당했으며 이후에는 조슈 번이 주도권을 잡았기 때문이다.

메이지 유신의 3걸 산걸^{三傑}은 사이고 다카모리, 오쿠보 도시미치, 기도 다카요시^{木戶孝允}인데, 기도 다카요시가 쇼카손주쿠 출신으로 평가받고 도쿠가와 막부 타도와 메이지 유신으로 가는 길목에서 큰 역할을 했던 구사카 겐즈이^{久坂玄瑞}, 다카스키 신사쿠^{高杉晉作} 등과 메이지 정부의 첫 총리였던 초대 조선 통감 이토 히로부미, 조슈 군벌의 대부이며 육군 대장을 거쳐 원수와 총리에까지 오른 야마가타 아리모토^{山縣有朋} 등도 쇼카손주쿠의 문하생들이다.

쇼카손주쿠 출신은 아니나 조선주재공사 이노우에 가오루^{井上馨}, 명성황후 시해 주도자 미우라 고로^{三浦梧} 예비역 중장, 조선 합병의 서곡인 가쓰라

– 태프트 밀약의 주인공 가쓰라 타로桂太郞 초대 조선 총독 데라우치 마사다케寺內正毅 등이 모두 조슈 출신이다. 일군만민즉, 천황을 중심으로 모든 만민이 평등한 국가를 이루려면 반드시 막부를 쓰러트려야 한다는 존왕사상의 대표적 주장자가 요시다 쇼인이었다. 단 한 사람의 군주 즉 천황의 권위, 권한만을 인정하고 그 외의 신하와 백성 사이에는 원칙적으로 일체의 차별 없다는 일군만민설一君萬民論을 주장하였는데, 이는 에도 막부를 쓰러뜨리고 천황 친정의 메이지 유신을 완성하는 데 결정적 역할을 하였기 때문이다.

메이지 유신 이후 쇼카손주쿠 출신이 신정부 요직 발탁에서 사쓰마 번과 토사 번보다 우위에 서는 이유이다. 이후 일본이 민주주의나 국민을 위한 근대 산업화보다는 칼을 중심으로 한 칼의 윤리인 국수주의가 등장하여 군국주의로 가게 된 원인도 여기에 있다. 요시다 쇼인은 일본에서 도쿄 야스쿠니 신사 신위 제1호로 되어 있고 일본 국민이 존경하는 인물로 등장하기도 한다. 특히 우익에서는 요시다 쇼인을 지금의 일본을 있게 한 인물로 추앙하고 있다.

3

아베의 영원한 스승
요시다 쇼인과 제자들

정한론 주창자들의 스승, 요시다 쇼인

일반적으로 메이지 유신의 정신적 지도자, 사상가이며 막부를 타도하자는 도막倒幕주의자로 알려진 요시다 쇼인吉田松陰이 쇼카손주쿠松下村塾에서 훗날 메이지 유신에서 중요한 역할을 하는 많은 젊은이에게 영향을 준 사상가로서 막부를 타도하는 방법과 정한론征韓論 사상을 어떻게 가르쳤는가를 살펴보기로 한다.

그렇다면 쇼카손주쿠松下村塾는 어떤 곳일까.

일본인들은 요시다 쇼인이 신분의 차별 없이 누구나 참여할 수 있는 배움의 장소인 쇼카손주쿠에서 92명의 제자를 배출했다. 쇼카손주쿠는 외관으로는 기와지붕의 단층 목조 건물로 50.90㎡의 작은 교육 시설이지만, 다카스키 신사쿠^{高杉晋作}, 야마카타 아리토모^{山縣有朋}, 우리에게 익숙한 이름의 이토 히로부미, 데라우치 마사타케^{寺內正毅} 등 근대 일본을 이끈 걸출한 인물들이다. 이들은 존왕양이^{尊王攘夷} 운동을 선도하는 리더로 메이지 유신을 성공시키는 주체 세력이 되었다. 이곳을 메이지 유신의 태동지라고 하는 것은 바로 이러한 이유 때문이다.

일본 근대화인 메이지 유신을 주도했던 세력은 사쓰마(가고시마)와 조슈(야마구치)이다. 아베의 우익 DNA는 야마구치에서 비롯됐다. 야마구치현은 한국과 가까운 혼슈 서쪽에 있는데 이곳이 바로 '타도 한국, 정벌 한국'을 가장 앞세웠던 곳이다. 기도 다카요시^{木戶孝允}, 이토 히로부미, 야마가타 아리모토^{山縣有朋} 등 메이지 유신의 중심인물이자 정한론^{征韓論}의 주창자 중 상당수가 이곳 출신이다.

정한론 주창자의 정점에는 이들의 스승이자 아베 신조 전 총리가 가장 존경하는 인물인 요시다 쇼인이 있다. 요시다 쇼인은 야스쿠니 신사 신위 제1호는 물론, 일본의 총리 등 최고 국가지도자들이 가장 존경하는 인물 등으로 추앙받으며 참교육자이고 실천적 교육자로서도 높이 평가를 받고 있다. 중국과 한국에서는 일제 침략의 설계자이자 침략 정책에 이론을 제공한 인물 일제 침략 선봉자들의 정신적 스승 등으로 비난받는 인물이다.

요즘 아베 신조 전 총리가 자기가 큰 거물처럼 요시다 쇼인의 좌우명인 '至誠而不動者未之有也(지성이불동자미지유야)'를 내걸고 본인의 좌우명과 같다고 했다. 이는 맹자^{孟子} '이루^{離婁}장'에 나오는 말로 "(목숨을 바칠 정도의) 지극한 정성이면 움직이지 못할 것이 없다."는 뜻이다.

2013년 집권하면서 아베 신조 전 총리는 전후 70년 체제의 혁파와 강한 일본을 내세웠고, 그 핵심은 일본의 무장을 금지한 평화헌법 9조를 개혁

하겠다는 것이다. 이것은 19세기 말 요시다 쇼인의 정한론과 아베의 전후 막부 체제 혁파와는 크게 다르지 않다. 물론 아베 신조의 뜻대로는 되지 않았으나 그의 사상과 행동은 주변 국가를 당황하게 하고 단결하게 한다.

일본의 유명 작가 무라카미 하루키는 "사죄는 부끄러운 것이 아닌데 일본은 자신감 상실 같은 것이 있어서 좀처럼 한국과 중국을 받아들이지 못하는 것 같다."고 아베 정부의 행동을 지적했다. 필자는 일본이 다른 것은 지나칠 정도로 사과를 잘하는데, 과거사를 두고는 사과결핍증을 보이며 외면하고 있다고 여긴다. 이는 칼의 윤리 아래에서 나온 행동인 것이다.

아베 신조는 총리에 취임하자마자 야마구치현 하기萩 시에 있는 쇼인 신사를 찾았고, 2015년 메이지 시대 산업 혁명 유산으로 군함도 등 23곳과 함께 요시다 쇼인이 세운 학당인 쇼카손주쿠를 유네스코 세계문화유산으로 올렸다.

메이지 유신의 아버지라 불리는 요시다 쇼인은 존왕양이 사상을 넘어 이를 실천으로 옮기려다 막부 정권에 의해 29세에 처형당했다. 요시다 쇼인은 조슈 번의 하기에서 하급 무사의 아들로 태어나 서양 학문을 배운 뒤 고향 조슈로 돌아와 사설 학교 쇼카손주쿠을 열었다. 쇼카손주쿠 출신들의 면모를 들여다보면 대단하다고 할 수밖에 없다.

요시다 쇼인은 일본인이 가장 존경하는 병법학자로는 대단할지 모른다. 조그만 섬나라에서 청일전쟁, 러일전쟁을 이끌게 한 원동력으로 볼 수 있기 때문이다. 그러나 세계인이나 한국, 중국 등 아시아에서도 교육자로서는 존경할 수 없는 인물이다. 일본의 확장 사상과 국수주의에서는 대단한 인물일지 모르겠으나 사상적으로 아시아의 사람들이 존경하기는 어려운 인물이다. 왜냐면 이 사람의 사상으로 아시아의 많은 사람이 피해를 보았고 많은 일본인도 전사하였기 때문이다.

요시다 쇼인과 쇼카손주쿠의 존재 의미

요시다 쇼인은 1830년 조슈의 하기 시에서 출생했으며 숙부인 타마키 분노신玉木文之進이 설립한 쇼카손주쿠에서 교육을 받았다. 요시다 쇼인은 어릴 때 아버지로부터 신국 사상神国思想, 존황尊皇 사상을 주입식으로 교육받았다. 일본을 신의 나라로 인식하였는데 이것은 요시다 쇼인에게만 한정된 것이 아니고 일반 무사들과 자제들에게도 널리 인식되었다.

그는 서양 병학兵学을 배우기 위하여 1850년에 규슈九州로 공부하러 가서 사쿠마 쇼잔佐久間象山, 아사카 곤사이安積艮斎에게 사사하여 스승으로 섬겼다. 각 번의 번교藩校 교육은 18세기 초부터 19세기에 거쳐 유학에서 국학으로 변화되었지만, 번교 자체에서는 논어 등 사서오경四書五經을 배우기 전 꼭 검술과 병법을 가르쳤다.

요시다 쇼인은 1857년 숙부가 주재하던 쇼카손주쿠의 이름을 계승해, 원래 가문인 스기 가杉家의 부지에 쇼카손주쿠를 다시 시작했다. 1858년 막부가 천황의 허락 없이 미일수호통상조약을 체결한 것을 알고 격노하여 마나베 요충책間部要撃策을 제언한다. 막부의 총리 격인 마나베 아키가츠間部詮勝는 고메이 천황孝明天皇이 조약에 대한 변명을 위해 상경하는 것을 파악하고 조약 파기와 양이攘夷의 실행을 강요하여 그것이 받아들여지지 않으면 죽이자는 계획이다. 무서운 칼의 윤리였지만 일본인은 이러한 사상에 감동하여 의사義士로 높이 평가한다. 당시 사상으로는 높이 평가받을 수도 있었다.

그는 마나베 요충책^{間部要擊策} 등이 받아들여지지 않자 조슈 번 정부^{藩政府}의 대응에 불신을 품어 '초망궐기론^{草莽崛起論}'을 제창한다. 감옥에 수감 직전인 1859년 4월 7일, 친구에게 쓴 서신에서,

쇼카손주쿠(松下村塾)

"지금의 막부도 제후도 이미 술 취한 자와 같아서 구할 방법이 없다. 민중들이 일어나는 초망궐기^{草莽崛起}를 기대하는 것밖에 없다."

는 말을 보내기도 했다.

여기에서 초망^{草莽}은 민중^{民衆}을 의미한다. 초망은 『맹자^{孟子}』에서 나오는 초목 사이에 숨은 은자^{隱者}를 지칭하는데 일반적으로는 일반 백성(대중)을 가리켰다.

요시다 쇼인은 무사 이외의 사람들, 즉 부농, 호상, 향사 등의 계층, 그리고 사회적 신분을 버린 번을 벗어나 떠돌이 무사 등을 초망^{草莽}이라며, 그들이 신분을 넘어 국가를 논하고 변혁에 기여해야 한다고 주장했다. 이것은 에도 막부 시대에는 받아들여질 수 없는 혁신적 사고였다. 국가를 발전시키는 변혁 사상이야말로 교육자가 해야 할 사상이다. 그러나 요시다 쇼인의 생각은 침략 사상으로 이어졌다는 것이 문제이고 아시아인이 존경하기에는 국수주의적인 병법학자일 뿐이다.

요시다 쇼인은 1859년 감옥에 투옥되었다가 암살 계획인 마나베 요충

책間部要擊策을 스스로 고백하여 사형을 선고받아 29세의 나이에 사망했다. 다른 사람 같으면 있는 죄도 없다고 할 판인데 그것도 목숨을 내놓고 스스로 자백하는 용기야말로 일본인이 가장 좋아하는 형태의 칼의 윤리를 실천한 것이다.

그는 쇼카손주쿠에서 입학생 신분을 불문하고 누구에게나 개방했으며 출입 시간 등의 제한도 없었다고 한다. 무사도 상인도 농부도 신분과 관계없이 다양한 사람들이 모여 같은 방에서 배웠다고 한다. 일반인들은 요시다 쇼인을 교육자로 보는데, 교육자보다는 군사학을 가르치는 병법학자로 보는 것이 타당하다.

죽어서 부활한 요시다 쇼인의 사상과 문하생

요시다 쇼인은 29세의 짧은 생을 살았지만 이토 히로부미, 야마가타 아리모토 다카스키 신사쿠 등 그의 문하에서 두 명의 총리와 여섯 명의 장관이 배출되는 등 메이지 유신의 지도자들이 탄생하여 그의 사상을 실현하는 데 총력을 기울였다. 특히 이토 히로부미는 1907년 일본이 한국을 강점하기 위한 예비 조처로서 7개 항목의 정미7조약[20]을 체결한 후 요시다 쇼인의 무덤에 이를 고했다고 전한다. 2006년 당시 아베 신조 총리는 가장 존경하는 인물로 요시다 쇼인을 꼽을 정도로 근대 이후 일본의 정치계에

---

[20] 조선의 사법권, 경찰권이 일본에 넘어감. 이는 일본이 조선에 대한 내정 간섭을 하겠다는 의도. 고종 황제 폐위, 조선인 군대 해산, 조선의 행정 내정 간섭하는 법을 제정하였다.

그가 끼친 영향력은 크다. 요시다 쇼인이 메이지 유신과 그 후의 영향력은 현재 야스쿠니 신사에 그의 위패가 신위 제1호로 되어 있다는 것을 보면 더욱 명확하게 알 수 있다.

구사카 겐즈이^{久坂玄瑞}는 의사 출신의 자제로 요시다 쇼인의 매제였다. 요시다 쇼인이 사형당한 후 1861년 쇼카손주쿠의 학생을 중심으로 한 존왕양이 운동에 필요한 모금을 결의한 회의인 일등전신합^{一灯銭申合}을 만들어 24명의 회원을 확보하였다. 교토에서 시가전을 벌인 '킨몬의 변'을 일으켰으나, 아이즈, 사쓰마 등의 막부 측 병사들과의 전투에서 부상으로 24세에 자결하였다. 역시 요시다 쇼인의 사상을 이어받은 칼의 윤리의 행동을 보인 결과였다.

다카스키 신사쿠^{高杉晋作}는 상급 무사 출신으로 요시다 쇼인의 쇼카손주쿠에서 구사카 겐즈이와 쌍벽을 이뤘다. 번의 명령으로 1863년에 기병대를 조직하고 총감이 되어, 시코쿠 연합함대의 시모노세키 포격 사건에서는 강화에 부딪혔다. 규슈에 망명, 1865년 거병하여 막부 토벌에 나섰다. 1866년 제2차 주슈 정벌에서 주슈 번 전체를 지휘하여 서양 무기로 무장하고 엄격한 규율 아래 움직이는 군대를 보내 막부 군대를 물리침으로써 일본 국내의 세력 균형에 큰 변화를 가져오는 대정봉환이 이루어졌다. 그러나 폐결핵으로 29세에 사망하였다.

야마가타 아리모토^{山縣有朋}는 조슈 번의 하급 무사로 태어나 메이지 정부를 반대하고 막부의 편을 드는 다이묘들과의 전쟁인 보신 전쟁^{戊辰戦争}에 참가 승리하여 오무라 마스지로^{大村益次郎}의 뒤를 이어 육군경이 되었다. 1877년 서남 전쟁에서 승리한 후 이토 히로부미와 함께 메이지 정부의 최고 지도자가 되고, 내무경, 추밀원 의장, 총리대신 등을 역임했다. 일본이 제2

차 세계대전에서 항복할 때까지 일본 육군의 정신적 지침이 된 칼의 윤리를 내보인 대표적 무사, 군인, 정치인 총리이다.

마에바라 잇세이前原一誠는 조슈 번의 무사 출신으로 메이지 유신 성공 후 참의에 올랐으나 징병제 실시에 반대해 기도 다카요시와 갈등을 빚었다. 징병제를 지지하는 야마가타 아리모토 등에게 밀려 낙향했다. 기병대 해체 때 해직자 반란의 무자비한 탄압에 항의하다가 신정부와의 의견 충돌로 낙향해서 '하기의 난'을 일으켰다가 실패한 그는 야마구치 지방법원 하기 출장소에서 43세에 사형당했다.

시나가와 야지로品川弥二郎는 조슈 번의 무사가 아닌 아시가루 출신이었지만 사농공상 누구나 받아들이는 요시다 쇼인의 쇼카손주쿠에 입문, 존왕양이 운동에 헌신했다. 1870년 독일로 유학 가서 보불 전쟁을 시찰한 후 1884년 자작을 받고 그 후 외무부 장관, 특명 전권 공사로 독일에 주재하고 귀국 후 궁중 고문관, 추밀 고문관을 거쳐 만년에는 교토에 은둔했다.

야마다 아키요시山田顕義는 조슈 번의 무사 출신으로 태어나 요시다 쇼인의 쇼카손주쿠의 마지막 문하생이 되었다. 25세의 나이에 보신 전쟁戊辰戦争에서 토벌군의 지휘를 맡아 1000여 명 정도의 조슈 번 병사를 인솔했다. 메이지 유신 시대의 군인으로 새 정부에 기여했고 신일본의 설립자로 근대 일본의 법전 편찬에 노력한 것에서 법전 백작이라는 별명을 가졌다. 일본 법률 학교(후일의 일본 대학)를 설립했으며 평의원의 한 사람으로서 참여했기에 일본 대학의 학조学祖로 불린다. 군인으로도 문관으로도 뛰어난 실적을 남긴 근대 일본에서는 이색적인 인물로 알려져 있다.

노무라 야스시野村靖는 조슈 번의 무사가 아닌 아시가루 출신으로 요시다 쇼인의 투옥 후에도 그의 지시를 받아 움직이다가 자신도 투옥되나 끝까지 요시다 쇼인에 대한 존경을 잃지 않았다. 요시다 쇼인 사후 지사로서 분발하여 1863년에는 번에서 그 의지를 높이 사서 사무라이로 승진시켰고, 그 후 전투에 참가해 승리에 기여했다. 1907년 요시다 쇼인의 친가 사람들이 사적으로 요시다 쇼인을 모시는 사당을 설립하는 것을 보고 공적으로 신사 설립을 위해 이토 히로부미 등과 야마구치현에 청원하여 쇼인 신사松陰神社를 창건하였다.

와타나베 고조渡辺蒿蔵는 1867년 번의 허가를 받아 미국, 영국에 유학하여 조선造船을 배우고, 1873년에 귀국하여 공부성工部省에 들어가서 나가사키 제작소의 관할자로 발탁되어 당시 동양에서 처음으로 배를 건조하기 위한 부두Dock를 완성하였다. 나가사키 조선국이 설치되면서 초대 국장이 되는 등 일본 조선造船의 근대화에 노력하였다.

이토 히로부미는 1841년 조슈 번에서 무사 출신이 아닌 일반 농부의 장남으로 태어났다. 요시다 쇼인의 쇼카손주쿠의 문하생이 되었지만 신분이 낮아 학원의 문턱을 넘는 것이 허용되지 않았으나 요시다 쇼인의 배려로 청강에 만족했다고 전한다.

요시다 쇼인이 사형을 당한 후 기도 다카요시木戸孝允는 스승의 유골을 갖고 온다. 이때 이토 히로부미는 자신이 하고 있던 혁대를 시체에 둘렀다. 이후 다카요시를 시작으로 구사카 겐즈이久坂玄瑞, 다카스키 신사쿠高杉晋作, 이노우에 가오루井上馨 등과 존왕양이 운동에 참여했다. 메이지 유신 후 사쓰마, 조슈 번의 파벌 정권에 힘을 얻어 해외 시찰을 다녀온 후 일본 제국 헌법 초안의 중심자가 된다. 내각 총리대신 및 초대 추밀원 의장, 초대 귀족원 의장, 초대 한국 통감 등을 역임했다. 국내에서는 입헌 정우회立憲政友会를 결성하고 초대 총재가 되었으며 외교에서는 청일전쟁 승리에 따른 청일강화조약講和条約으로 조선의 독립을 청나라에 인정하게 했다. 이는 이토 히로부미의 외교 수완이었다. 1909년 하얼빈역에서 구한말의 독립운동가인 안중근에게 암살되었다.

기도 다카요시는 1833년 야마구치현 하기 시에 의사의 장남으로 태어났다. 요시다 쇼인에게 병학을 배우고 재주와 능력이 있다는 평가를 받았다. 그는 쇼카손주쿠의 문하생은 아니었지만, 후에도 요시다 쇼인에게 제자의 예를 계속했다. 많은 지사와 교류하면서 조슈 번의 존왕양이파의 리더로 성장했다. 후배 무사의 육성에도 크게 관여했고 요시다 쇼인이 처형될 때 이토 히로부미 등과 함께 시신을 거두어 매장했다.

그 후, 사카모토 료마坂本龍馬의 주선으로 삿초 동맹薩長同盟을 체결. 이듬해 제2차 조슈 정벌전에서 막부군을 물리치고 대정봉환大政奉還을 거쳐 조슈 번의 복권 성공해 사쓰마와 조슈 주도의 무력으로 막부를 토벌하여 메이지 신정부를 수립했다. 사이고 다카모리西郷隆盛와 오쿠보 도시미츠大久保利通와 함께 메이지 유신의 삼걸三傑로 꼽힌다.

4 선비적 쿠데타, 조선의 갑신정변

무코가오카의 김옥균 묘와 카이군지

김옥균金玉均의 묘는 3개가 있는데, 그중 일본에만 2개가 있다고 한다. 아오야마靑山의 외국인 묘지와 무코가오카向丘의 진정사眞淨寺에 있다. 이번 연구년을 맞아 김옥균 묘를 찾기로 했다. 시로카네白金가 주거지인지라 에비스역에서 출발하여 하쿠산白山에서 하차하여 한동안 걸어서 진정사眞淨寺를 찾아가니 김옥균 묘가 있었다.

이곳은 약 10여 년 전 유학 선배인 고 정동호 사장과 같이 왔었다. 당시 갑신정변과 김옥균의 행동을 두고 서로 언성을 높인 적도 있다. 무척 친했던 선배와 같이 왔다가 김옥균의 행적을 두고 평가를 달리할 만큼 김옥균의 평가는 지금도 엇갈릴 정도이다. 이것이 구한말 개화파의 다양한 평가가 아닐까 여겨진다. 이번에는 혼자서 이곳저곳 살펴볼 시간이 있었다.

절 내 묘비 중 가장 큰 김옥균의 비석은 약 4m 정도로 컸는데 원래는 '대조선국 김옥균지묘大朝鮮國金玉均之墓'라는 비석이었지만 세월이 흐른 탓인지 앞의 '大'자는 없어지고 '조' 자도 희미하게 남아 있어 보는 이를 더욱 처량하게 만든다. 제2차 세계대전 말기의 동경 대공습 때의 피해로 대조선국大朝鮮國의 대大자가 떨어져 나갔다는 설과 누군가가 일부러 대大자 를 잘랐다는 설도 있다. 어쨌든 역사의 흔적인지 세월의 연륜을 느낄 정도인 검은 비석은 '조선국김옥균지묘'라고 되어 있다. 날씨가 흐려서 그런지 더욱 분위기가 을씨년스러웠다. 그런데 10여 년 전에 왔을 때는 눈에 들어오지 않았던 김옥균의 묘와 나란히 붙어있는 묘지가 보였다. 바로 1m 옆에 붙은 묘가 바로 카이군지甲斐軍治의 묘지였다.

카이군지甲斐軍治는 김옥균을 이야기할 때 등장하는 일본인 중의 하나로 한양에서 김옥균 머리가 효수되었을 때, 김옥균 머리카락과 의복 일부를 숨겨서 일본으로 유입했던 인물이다. 당시 한양에서 사진관을 경영했던 일본인으로 김옥균이 처음 방일訪日 시 부산에서 나가사키長崎까지 동행한 인물로 김옥균의 인격에 감명받았다고 한다.

김옥균이 상하이에서 홍종우洪鍾宇에게 암살을 당하고 당시 조선 정부가 선생의 유해를 상하이에서 서울로 옮겨 다가 양화진에서 시체를 능지처참한 후 다시 김옥균의 머리를 효수했을 때, 카

김옥균의 묘비

카이군지의 묘비

이군지는 자기 애첩인 오오야부 마사코大藪雅子를 시켜서 엄중한 경비 속에서도 김옥균의 유체 일부인 모발毛髮을 일본에 가져오게 했다.

그 후 카이군지는 김옥균을 도와주던 당시 일본 지식인들인 후쿠자와 유키치福澤諭吉, 이누가이 쓰요시犬養毅 등과 협의하여 당시 진정사의 주지이며 후쿠자와의 제자인 데라다 후쿠주寺田福壽에게 부탁하여 묘소를 만들었다. 나중에 한국의 아산에 그의 산소를 만들 때도 이곳에서 유발 일부를 나누어 가져가 산소를 만들었다. 김옥균의 사후 처리는 모두 카이군지가 했다 해도 과언은 아니다.

사진 기사로 조선에 왔던 카이군지는 김옥균의 인격과 사상에 감명받아 "자신이 죽으면 김옥균과 나란히 묻어 달라."는 유언을 했다. 사람이 사람을 좋아하는 데 국적과 계급, 나이는 상관이 없다. 얼마나 그의 인격에 감동받았으면 죽어서도 같이 있고 싶다고 했을까? 그의 소원대로 김옥균 묘지 옆에 나란히 있는 것을 보면 김옥균과 카이군지의 국적을 떠난 인간관계를 알 수 있다. 가슴이 찡하다. 최악의 한·일 관계로 치닫는 이 시기에 카이군지는 우리에게 무슨 말을 하려고 했을까? 아니면 김옥균은 무슨 말을 하고 싶었을까? 한·일 관계도 안 좋은 데다 날씨가 흐린 탓에 나의 마음은 우울해졌다.

아오야마 공원의 김옥균 묘

제2의 김옥균 묘지가 있는 아오야마 묘지를 은사였던 게이오대학 명예교수인 고故 후지모리 마츠오 교수가 10여 년 전에 알려주었다. 차일피일 미루다 보니 가지 못했는데 이번 연구년에 많이 다녀왔다. 시로카네의 거주지에서 아오야마 공원의 묘지까지는 걸어서 25분 정도 걸린다. 코로나 19로 모든 행사나 모임이 취소되며 아오야마 공원에서 운동하는 사람도 많고 신주쿠 방향으로 외출할 때는 아오야마 공원 묘지까지 걸어야 하니 김옥균의 묘지는 약 20번을 간 것 같다.

아오야마靑山 공원의 묘지에는

비상한 능력을 지니고, 抱非常之才
비상한 시기를 만났지만, 遇非常之時
비상한 공을 세우지 못하고, 無非常之功
비상하게 죽음을 당했구나. 有非常之死

비문을 보면 김옥균의 풍운아다움이 느껴진다. 이 비문은 김옥균과 같은 사상을 가졌던 개화파 유길준俞吉濬이 지었다. 1882년 김옥균은 후쿠자와 유키치의 영향으로 청나라의 속국이었던 조선 독립을 열망하게 되었다고 한다. 후쿠자와 유키치는 김옥균에게 그의 저택 사용을 권하여 여기를 거점으로 유명한 지식인, 정치인들과 교류하여 세계 흐름 속의 조선을 보았고 조속하게 혁명을 일으키려고 했다.

아오야마의 김옥균 묘지

김옥균은 중심으로 한 청년 개화파는 약 2년 뒤 1884년 12월 4일 조선을 위해 갑신정변을 일으켰다. 우정총국 완공 축하연에서 민 씨 정권 고위 인사와 수구파들을 처단했다. 정변을 주도한 김옥균은 33세, 홍영식은 29세, 서광범은

25세, 박영효는 23세, 서재필은 19세였다. 말 그대로 청년들이 중심으로 일으킨 청년 정변이었다.

그러나 김옥균을 지원한 다케조에 신이치로竹添進一郞 일본 공사가 지휘하는 일본군 150명은 위안스카이袁世凱의 1천500명 청군의 상대가 되지 못했다. 이를 막아야 할 일본군은 소수에 불과했고 일본 공사 다케조에 신이치로는 지원 약속을 어겼다. 일본의 대패로 '삼일 천하'로 끝난 갑신정변은 실패하였으나, 당시 조선 종주국인 청나라 조공 철폐와 문벌 제도를 폐지한 사상은 높이 평가할 만하다고 할 수 있다.

급히 몸을 피한 개화파들은 일본 국적선 치토세마루에 올라 일본으로 도주했고 김옥균은 이와다 슈사쿠岩田周作로 개명 후 망명 생활을 했다. 이때 정변에 적극 가담한 김옥균 형제들은 물론 가족들까지 모두 떼죽음을 당했다.

조선 조정은 김옥균을 가만두지 않고 암살하려 했고 일본에 2번이나 송환을 요청했으나 거절당했다. 김옥균에게 민 씨의 친척들이 줄줄이 살해 당했던 명성왕후는 원한에 사무쳐 두 차례에 걸쳐 장은규와 지운영이라는 자객들을 밀파하여 김옥균의 암살을 시도했다. 특히 역관인 지운영을 몰래 일본으로 보내 김옥균의 암살을 시도했으나 사전에 발각되는 바람에 실패했고 지운영은 일본 경찰에 체포되어 조선으로 추방되었다.

청나라와 일본 양국은 김옥균의 신병 문제로 계속 부딪혔으며, 조선 정부도 김옥균을 소환해 달라는 요청을 거듭하자, 일본은 김옥균을 보호하자니, 청나라 조선에 불편하고, 그렇다고 내팽개치자니 암살당할 우려가 있어 일본 정부의 보호라는 명목으로 김옥균을 방치했다. 그렇게 김옥균의 유배 생활이 시작되었다. 일본 정부는 그를 신변 보호라는 이유로

1886년 오가사와라 제도小笠原諸島에 유배했는데, 오가사와라 섬은 30여 개의 화산섬으로 이루어져서 거의 무인도 수준이었다. 당시 일본 이주민이 불과 40여 명이었다고 한다.

배를 타고 3주 후에 도착한 오가사와라 섬에서의 유배 생활은 거의 형벌 수준이었다. 일본에서 태평양 방향으로 1000km 떨어진 곳, 연평균 기온 22.6도, 비 내리는 날은 연중 190여 일을 넘었다. 아열대 지역으로 건강에 매우 나쁜 환경이었다. 김옥균은 일본인들을 속으로 원망했지만 이런 섬에 목숨을 걸고 한 달 동안 돛단배를 타고 일본인이 찾아왔다. 바로 그가 바로 17대 혼인보本因坊인 슈에이秀榮였다. 김옥균과 슈에이는 국적을 떠나 좋아했던 것 같다. 슈에이 홀로 김옥균을 위해 오가사와라를 찾아와 3개월이나 같이 숙식을 하며 바둑을 두고 교제를 나눌 정도였다.

일본 정부는 1888년 여름, 김옥균의 유배지를 북해도 지역으로 옮기도록 조치했다. 김옥균을 태운 배가 북해도 삿포로를 향해 가던 중 요코하마 항에 잠시 멈추었는데, 놀랍게도 그곳에 혼인보 슈에이가 기다렸다고 한다. 신분 보호라는 명목 아래 배에서 벗어나지 못하는 김옥균을 보기 위해 승선한 슈에이는 하선을 거부하며 김옥균을 따라 북해도까지 동행했다고 한다.

이렇게 김옥균을 따라 홋카이도로 간 슈에이는 북해도에서 김옥균과 장장 7개월을 같이 있었다고 한다. 정말로 대단한 교제이며 이 정도의 벗이 있을 수 있을까? 할 정도이다. 김옥균이 슈에이와 헤어질 때 쓴 글이다.

본인방 슈에이 군은 내 스승이요 친구이다. 바둑의 스승일 뿐만 아니라 의義에 있어 친구이다. 本因坊秀榮君我師也我友也非獨碁道之師焉以義而友焉

일본 정부는 1년 뒤인 1890년에 김옥균을 동경으로 돌아오게 하고 유배에서 풀었지만 김옥균은 이후 정신적, 육체적으로 고갈되어 많은 것을 포기한 듯한 모습을 보였다. 이때, 김옥균 암살 미수 사건과 유배 생활이 이어지자 도야마 미치루頭山滿라는 우익 정치인은 일본 47인 무사들이 할복하는 '추신구라忠臣藏'에서 나오는 오오이시 구라노스케大石良雄처럼, 적이었던 기라의 눈을 속이려고 억지로 주색잡기로 세월을 보내는 것인 양 조선 정부의 눈을 속여 세월을 이기라는 충고를 했다. 그 뒤 김옥균은 난잡한 여성 관계와 유흥을 시작하며 온천과 여관, 홍등가에서 살다시피 했다. 오타루에서 사귄 일본 기생을 데려다 동거에 들어가 살림을 차린 뒤 한량처럼 먹고 놀았을 정도였다.

박영효는 김옥균의 이런 복잡한 여자관계로 망명 동지들의 명예를 떨어뜨리게 했다고도 비판했다. 미국으로 망명한 윤치호가 동경을 방문했을 때도 박영효는 김옥균을 강하게 비난했다. 일본인들은 김옥균과 박영효의 사이가 좋지 않았다고 하는데 철종 부마인 금릉위 박영효는 문벌이나 신분이 높았고 침착했으며 내성적인 관계로 세상사를 멀리하는 편이었고, 김옥균은 서예에도 유명했고 달변가였다. 그래서 김옥균은 사교성 뛰어나 일본인과의 교제도 많았는데, 일본인들은 문벌이 높은 박영효보다 조선의 개화 사상을 정확하게 전하는 김옥균을 더 높이 평가해서인지 자연히 두 사람 사이가 벌어졌다고 한다. 김옥균은 일본에서 생활했고 박영효가 미국으로 떠난 것도 이 때문이었다.

필자는 김옥균의 일본 망명 생활을 이해할 수 있다. 그러나 10년간의 일본 망명 생활했던 손문孫文도 있지만, 손문은 이를 잘 이겨내어 신해혁명辛亥革命을 일으켜 성공한 것과 대비해 김옥균은 이런 부분에서 평가절하되었다. 당시의 동지이자 절친한 후배 박영효가 그를 보고 사람이 변했다며 저런 인간을 믿었던 자신이 멍청했다고 대놓고 욕을 했다고 할 정도로, 김옥균은 나름대로 세상을 속였을지는 모르지만 가장 친한 동지들을 잃어버렸다. 이처럼 김옥균은 망명 10년간의 일본 생활에서 갖은 수모를 겪으면서도 조선 개화의 뜻을 놓치지는 않고 권토중래의 기회를 엿보고 있었다.

김옥균 암살과 능지처참

김옥균은 '일본은 동양의 영국으로, 조선은 동양의 프랑스로 가자.'라는 말을 일본 정치인들에게 많이 해왔지만, 칼의 윤리 아래 성장한 무사 정치인들을 혈기왕성한 젊은 선비가 당해 내기 쉽지 않았다. 망명 생활이 길어지며 김옥균은 일본 정치가와 정부에 푸대접을 받는다고 여겼고, 특히 일본 유력 정치가에게 배신당했다는 생각에 이를 만회하려고 노력했다.

이런 시기에 김옥균은 청나라의 리훙장과 면담하여 재집권을 생각하자는 프랑스 유학생 출신 홍종우洪鐘宇의 유혹으로 청국 공사 리징팡李經方이 양부인 중국 실력자 리훙장李鴻章을 만나도록 주선한다는 거짓 서한으로 상하이로 간다고 할 때 많은 사람이 만류했다. 홍종우는 프랑스 유학 생활을 끝내고 일본에서 이일직李逸稙이라는 사람을 만났다.

이일직은 고종으로부터 김옥균, 박영효를 제거하라는 명을 받고 왔고, 홍종우는 이일직에게서 고종의 뜻을 전달받아 김옥균에게 접근해 왔다. 1890년 김옥균이 유배지인 북해도로부터 동경으로 다시 돌아오자, 민 씨 정권은 다시 김옥균을 암살하려는 계획을 세웠다. 1892년 5월 김옥균 암살을 위해 민영소閔泳韶는 이일직을 대표로 권동수, 권재수 형제를 파견하였다.

일본으로 건너온 이일직은 풍부한 자금을 쓰면서 일본 정객을 통해 김옥균, 박영효 등에게 접근하였다. 그리고 권동수, 권재수 형제 외에 프랑스 유학생으로 당시 일본에 머물던 홍종우를 포섭해, 그에게 김옥균을 유인해 암살하도록 사주하였다.

1894년 3월경 이일직은 경제적으로 궁핍하게 지내던 김옥균에게 일본에서의 부채를 상환해 주고 상하이로 가는 도항료까지 부담하였다. 중국에서의 활동 자금으로 5000원짜리 수표까지 제공하였다. 김옥균은 조선 정부가 자기를 암살하려는 계획을 알고 있었기에 무척 조심했었다고 한다. 그러나 당시 프랑스 유학파인 홍종우을 신뢰했으며 1894년 3월 김옥균은 그를 암살코자 하는 프랑스 유학생 출신 홍종우의 꾐에 빠져 상하이로 갔다. 홍종우는 김옥균에게 청나라로 가서 다시 뜻을 펼쳐 보자고 설득했고, 김옥균이 리홍장의 양아들인 리징팡과 친했기 때문에 홍종우의 말에 넘어간 것으로 추측된다.

1894년 2월, 후쿠자와 유키치를 만났을 때도 김옥균이 상하이로 간다고 하자 후쿠자와 유키치는 만류했다. 그러나, '호랑이를 잡으려면 호랑이굴로 들어가야 한다.'라고 결심하고 상하이로 건너갔다. 청나라 정치가 리홍장을 만나러 위험을 무릅쓰고 상하이로 떠나는 결단은 일본에서 무시당한 자신을 청나라 이홍장과의 담판으로 새로운 자기 입지를 세우고 제2의 갑신정변을 생각했다.

당시 청나라는 조선에서 일본보다 우월한 지위를 누리며 상권을 독점하고 있었기 때문이었고 일본에서 김옥균의 냉대와 멸시를 극복하려는 마지막 선택이었다고 하겠다.

홍종우는 상하이의 조계지에 있는 일본인이 경영하는 동화양행 호텔 방에서 김옥균을 피스톨로 저격 암살했다. 도쿄경제대학에 보관된 당시 언론에 보도된 삽화를 보면 흰 도포에 갓을 쓴 홍종우에게 세 발의 총탄으로 암살당했다. 세 발의 탄환은 볼과 가슴, 어깨를 관통했고, 김옥균은 그 자리에서 즉사했다. 누구보다도 조선을 사랑했으며 누구보다도 조선을 걱정했던 선비의 빠른 죽음이었다. 붓의 윤리의 선비가 이국땅에서 사라지는 순간이었다.

조선 조정에서는 김옥균을 인조仁祖 때 반란을 일으킨 이괄에 준하여 처단해야 한다는 상소가 받아들여져 능지처참凌遲處斬했다. 이는 시신을 여섯 토막 내고 그 시체를 머리, 왼팔, 오른팔, 왼다리, 오른다리, 몸통의 순서로 여섯 부분으로 나누어 팔도 전국을 고루 돌아다니며 각지에 보내어 백성들에게 보이는 형벌이다. 효수한 머리를 '대역부도옥균大逆不道玉均'이라고 쓴 깃발을 날려 한강 변에 전시하였다. 그리고 몸을 여섯 토막 내어 나누어 끌고 다니다 버렸다.

마포의 양화진에서 능지처참 후 시신 형태를 알아볼 수 없을 때까지 효수했다. 그래서 그의 자손도, 그를 존경하던 일본인들도 그의 시체를 온전히 수습하여 장례를 치르지 못하고 의복과 머리카락 등을 조금씩 구해 묘소를 세웠다는 것이다.

그 무렵 일본에는 김옥균을 후원하는 일본인들이 많았으며, 이들이 모여 김옥균의 머리털을 구해, 도쿄의 아오야마 묘지에 무덤을 만들었으며 카이군지도 김옥균의 시신은 사라져버렸지만, 머리카락과 유품을 챙겨 진정사에 묘지를 만들었다. 후쿠자와 유키치는 김옥균이 죽은 후 법명을 의뢰하여 위패를 만들었다고 한다.

김옥균의 죽음과 붓의 윤리의 쿠데타

김옥균의 죽음을 역사적 사실로만 바라본다면 아쉬움이 남지만, 개인 김옥균 입장에는 분함이 있으며 민 씨 등 수구파 측에는 화평을 주었고, 조선에는 개화, 독립의 불꽃을 사라지게 만들었다. 그리고 사대주의가 강화되며 김옥균과 갑신정변의 장단점 등이 비로소 역사적 평가를 누리게 되었다.

일본의 대정봉환을 이룬 메이지 유신은 무사들의 손에 의해 이루어졌으며 이는 강력한 무기와 병력을 바탕으로 이루어진 것이지만 갑신정변을 일으킨 조선의 개화파들은 무기와 병력이 없는 붓을 통한 지식과 경전의 양반 지식인들이었다. 이들은 군자금도 없었으며 무기, 병력도 없이 일본의 협력만을 믿고 갑신정변을 단행했다가 실패했다. 생존을 위한 교활함까지도 높이 평가하는 일본의 무사도와 대의명분과 대의를 위해 목숨을 버리는 양반 정신의 협력은 결국 이뤄지지 않고 갑신정변은 삼일 천하로 끝났다.

김옥균은 사리판단이 빠르고 영리하여 국제적으로 시세를 잘 파악하는 개혁적인 인물이었지만, 성격이 급한 단점과 연륜이 부족하여 쉽게 일본을 믿었다는 점을 실패의 요인으로 찾는다. 정변을 일으키기 위해 일본의 힘을 빌렸다는 것이나, 백성과 군대의 지지가 없는 양반 지식인들만의 개혁 때문에 선비 쿠데타, 또는 부르주아 쿠데타로 불린다.

양화진에 효수된 김옥균 머리
출처 : 미국 헌팅턴 도서관

정말 안타깝다. 칼의 윤리를 이해하지 못한

붓의 윤리의 쿠데타이다. 본국 군대 없이 외국 군대를 이용하여 쿠데타를 일으킨 것 자체가 선비의 마음이다. 칼을 들은 본국 군인 없이 어떻게 쿠데타가 성공한단 말인가? 성공했으면 갑신혁명이 되었을까? 남의 나라 군대로 쿠데타가 성공했으면 그다음은 어떻게 되었을까?

이성계의 위화도 회군, 수양대군의 계유정난, 인조반정, 중종반정 그리고 5.16 군사 쿠데타와 그리고 최근 전두환 신군부의 12.12 사태도 선비들이 한 것은 없다. 왜냐면 반정이나 쿠데타는 목숨을 걸 만큼 신중해야 하고 힘있는 군대가 동원되기 때문이다. 갑신정변 때 개화파 청년들은 평균 나이 25도 안 되는 그야말로 상류층 양반 엘리트들이었다. 김옥균이 유일하게 30대였으며, 서재필은 19세로 군대 동원 능력이 문제가 되었고 더 큰 문제는 자체적인 군사력이 없어서 전적으로 일본에 의존하였다는 점이다. 만약 조선 군대 1만 명 정도 아니면 최소한 5000명 정도의 군대가 있었더라면 청국 군대 1500명과 대결할 수도 있었다.

한때 김옥균이 청나라의 속국을 인정하지 않았던 청의 이홍장을 만나려고 했다는 점도 연륜 부족으로 평가하고 있다. 한편 김옥균이 일본의 메이지 유신처럼 하려 했던 점은 높이 평가할 만하지만, 청의 속국에서 벗어나 독립 국가를 이루려 했는데 이것이 성공했을까?

일본을 이용하려고 했다는 점에서 많은 사람이 김옥균을 평가절하하지만, 당시 일본을 보고 세계를 인식하려 했다는 점은 높게 평가한다. 메이지 유신을 보고 일본식으로 독립하려고 했으나 실패하고 일본 망명 생활의 반을 오가사와라, 삿포로 등의 섬에서 유배 생활하며 처음 환대에서 다시 냉대로 그리고 멸시에서 유배로 이어진 그가 정변을 어떻게 평가하고 반성하고 울분을 삭혔을까?

김옥균의 묘를 보고 나는 현재의 대한민국을 생각한다. 김옥균이 생각한 독립과 자주는 어떤 것이었으며 근대화를 위한 개화파와 수구파의 갈등, 36년간의 식민지 지배, 남북 분단과 갈등 등으로 이어진 우리의 역사를 그는 어떻게 평가하고 앞으로의 100년을 어떻게 보고 있을까? 지금도 이념적으로 갈등하여 실리 없는 명분 중심의 정치적 흐름을 김옥균을 중심으로 한 개화파들은 어떻게 생각했을까?

죽은 자는 말이 없지만 적어도 그의 묘비에는 근대화나 통일은 다른 나라의 협력으로 하는 것이 아니라 우리 자신의 힘으로 하는 것이며, 이는 100년 전이나 지금이나 앞으로 100년 후에도 같다는 것을 알려주고 있다.

5. 씨 없는 수박 우장춘과 한국인의 애환

우장춘 박사 기념관과 아버지 우범선

15년 전 부산에 학술 행사로 갔다가 우연한 기회에 부산 동래의 우장춘禹長春, 1898~1959 박사 기념관에 간 적이 있었다. 씨 없는 수박으로 우리에게 잘 알려진 세계적 육종학자인 고故 우장춘 박사의 탄생 1백 주년을 맞아 그가 생전에 육종학을 연구하던 원예시험장 유적지인 부산광역시 동래구 온천2동 850-48번지에 건립한 기념관은 1999년 10월 21일 개관하였다.

대지 면적 3백여 평, 연건평 73평 규모의 지상 2층 콘크리트 구조로 1, 2층을 전시실로 구성하였고 현대식 디자인에 야외 마당에는 '자애로운 엄마의 젖'이라는 의미인 자유천과 우장춘 박사의 흉상이 잘 다듬어진 조경시설과 함께 아담하고 짜임새 있게 놓여 있었다. 우 박사의 업적을 생각해서 조금 더 크게 지었으면 하는 마음이 앞섰지만 그나마 우 박사를 기념해서 건립된 것에 만족해야 했다. 그러나 미남 교차로에서 금강공원 식물원에 이르는 도로는 우장춘로로 명명된 것을 보면서 한국 농업의 아버지로 여겨지는 우장춘 박사를 기념하는 일 같아 안심했다.

저녁 식사 중 지인이 오늘 부산 하루 일정이 어떠했느냐 하고 묻기에 우장춘 박사 기념관을 왔다고 하며 우 박사를 칭찬하자 대뜸 부산의 한 지인이 우장춘 부친이 우범선禹範善이며 친일파라고 하여 좋아하지 않은 사람도 많다고 하여 분위기가 이상해졌다. 당시 필자의 한 선배가 "우장춘 박사의 업적과 한국에 끼친 영향을 봐야지, 아버지의 행동으로 우 박사를 폄하되어서는 안 된다."고 하면서, "1936년 「종의 합성」이라는 논문으로 도쿄제국대학으로부터 박사 학위를 받는데 이 논문으로 일약 세계적인 농학자요, 유전학자로 이름을 떨치게 되었다."라고 주장하였다.

"당시에는 박사 학위라는 것이 극히 드물던 시절이었는데 일본인도 아닌 조선인이 도쿄제국대학에서 박사를 받는다는 일이 대단하다."고 이야기하며 박사 학위 취득 소식은 NHK라디오를 통해서 방송되었고, 당연히 조선에도 대서특필되어 이때부터 많은 사람이 우장춘을 알게 되었다.

우 박사의 아버지 우범선이 친일파라고 이야기했던 사람은 일반적인 친일파보다는 명성황후 시해 사건의 주모자 즉 반역자라고 다시 흥분했는데, 이 사람은 사회과학 계통의 교수였고 종의 합성을 주장했던 선배는 역시 이공 계통의 교수였다. 합석한 지인 7~8명은 우장춘 박사의 업적이 대단하니 흠집을 내지 말라는 의미로 서먹서먹한 토론을 마무리하고 식사를 한

우장춘 기념관
출처 : 부산광역시청

적이 있었다. '우장춘 기념관'에서 발행하는 홍보 전단이나 동래구청 홈페이지에 소개된 우장춘 박사의 소개 일부이다.

"우장춘 박사는 일본 동경에서 한말 일본으로 망명한 아버지 우범선과 일본인 어머니 사이에서 출생하였다."

이 글귀는 아마도 우장춘 박사의 행적에 방해된다고 하여 우범선의 행위를 망명자로 표시하는 것이 우장춘 박사에 대한 예의로 생각했을 것이다. 그러나 이제는 아버지 우범선의 행위를 논한다고 해서 우장춘 박사의 업적이 반감되거나 폄하되는 것은 아니기 때문이다.

몇 년 뒤에 후배 교수가 우장춘 박사 아버지가 명성황후 시해 사건의 주모자인 우범선이란 사람인데 이런 나쁜 사람의 자식인 우장춘을 과학계 영웅으로 포장하다니 한국 정부가 문제라고 흥분하였다. '씨 없는 수박'의 우장춘 박사가 친일파에 휩쓸리다니 상당히 고민이 되었다.

우범선 하면 많은 한국인도 잘 모르지만, 우장춘 박사의 아버지라면 납득하고 우범선이 명성황후 시해 사건의 주모자라면 한층 더 놀라면서 우장춘 박사를 흠집을 내려는 듯 접근하는 것을 보면서 박사의 아버지 우범선의 행동과 우장춘 박사의 한국 농업에 끼친 행동을 다시 한번 돌이켜 보았다

아버지는 증오하더라도 우장춘 박사가 끼친 행동은 많은 한국인에게 존경심을 받는다. 우범선, 우장춘 두 부자의 조국에의 충성과 배신, 그리고 우범선의 명성황후 시해 사건과 우범선의 살해당한 사건, 우장춘 박사의 귀국 후의 한국에서의 공적과 한국에서의 평가, 우범선의 일본에서의

죽음과 아들 우장춘의 한국에서의 죽음, 이것은 단순한 우범선과 우장춘 개인의 가족사가 아닌 우리나라와 일본 근현대사가 그대로 나타나 있는 것 같아 무척 마음이 아팠다.

우범선 우장춘 두 부자의 이야기는 명성황후 시해 사건을 재조명하게 하는 계기가 되었고 조선 근대사의 을미사변! 일본과 조선 러시아의 드라마틱한 당시의 정황을 알게 하는 계기였다.

명성황후 시해와 암살 배후자 우범선

1857년 서울의 중인 집안에서 태어난 우범선은 7세에 한학을 배워 19세에 무과 시험에 합격하여 24세에 별기군別技軍의 참령관參領官이 되면서 개화 정책에 눈을 떠 개화파에 가담하였다. 당시 일본 교관이 지도하는 별기군의 간부로 일하던 중 양반 학도들에게 극심한 모멸을 당하자 사직했다. 이 같은 굴욕이 명성황후 민 씨 일파 등 수구 세력에 대한 불만과 저항심을 품는 계기가 된 것으로 보인다.

명성황후 민 씨를 중심으로 한 수구 세력에 대해 개화 사상에서 영향을 받은 김옥균 등의 젊은 급진 개화파가 근대 자주 국가 수립을 목표로 쿠데타를 일으켰다. 1884년 12월 4일 김옥균, 박영효 등이 주도한 갑신정변이다. 급진 개화파는 일본의 지원을 받아 일단 정변에는 성공했지만, 청나라의 신속한 개입과 일본군의 철수로 개혁 구상은 '삼일 천하'로 끝났다. 정변은 실패하여 김옥균 등이 일본으로 망명하자 명성황후 세력은 일본을 향한 악감정을 가질 수밖에 없었다.

1894년 2월 동학 접주接主 전봉준이 거느리는 1000여 명의 농민과 동학교도들이 전라도 고부에서 봉기한 이래 정부군을 무찌르고 호남 전체를 장악하게 되자 조선 조정에서는 부득이 청국에 원병을 요청하기에 이르렀다. 일본은 이를 빌미로 청일전쟁을 일으켰다. 청일전쟁을 승리로 이끈 일본은 1895년 4월 17일 시모노세키 조약을 통해 '청국은 조선의 자주 독립을 확인한다(제1조)' 하였고, 요동 반도의 할양(제2조) 등을 명시하였다. 일본 우익이 꿈에 그리던 만주를 생각하며 만주 침략의 교두보를 확보함과 동시에 일본의 조선 지배를 기정사실화한 것이었다. 나아가 일본의 모든 전쟁 비용을 상회하는 청국의 3년 치 예산에 해당하는 2억 냥의 배상금을 부과시켜 청국의 재정을 뿌리까지 흔들었다. 그러나 일본의 지나친 세력 확장을 염려한 러시아, 독일, 프랑스는 일제에 압력을 넣어 소위 삼국 간섭(1895년 4월 23일)으로 요동 반도를 다시 청나라에 반환시켰다. 가장 민감한 대응을 보인 쪽은 만주에 관심을 보인 러시아였다.

　　그런데 바로 이 시점에서 조선에서도 반일적인 움직임이 표면화되면서 러시아를 끌어들이고 일본을 배제하려는 인아거일引俄拒日 정책으로 나아가려고 했다. 이러한 분위기를 배후에서 유도한 것은 조선 측의 핵심 인물은 명성왕후 민 씨였다. 카를 이바노비치 베베르Carl Friedrich Theodor von Waeber는 일본의 조선 지배를 견제하려는 것이었고, 명성황후 민 씨는 주한일본공사 이노우에 가오루井上馨 압력으로부터 탈피하여 고종의 권력을 복구시키려는 의도가 있었다.

　　조선이 러시아를 이용해 일본을 견제하자, 주한일본공사인 미우라 고로三浦 梧樓는 우선 일본인 신문 「한성신보漢城新報」 사장인 아다치 겐조安達謙蔵를 시켜 수십 명의 일본 낭인 자객들을 동원하였으며 또 훈련대의 1대대장 우범선禹範善과 2대대장 이두황李斗璜, 전 군부협판 이주회李周會 등을 포섭했다.

당시에 명성황후를 살해한 사람은 일본 낭인으로 밝혀졌으나 안내한 사람은 우범선이었으며 그리고 명성황후의 시신을 불태웠다고 전한다. 왕세자였던 순종은 우범선을 국모의 원수라고 하였으며 현장을 목격하였다고 한다. 우범선도 일본 망명 중에 일본 낭인들이 명성황후의 얼굴을 모르니 우범선을 불러 "왕후가 틀림없는가?"라고 물어서 틀림없다고 하였으며 본인이 시신을 소각시키고 뼈를 연못에 버렸다고 했다는 말을 자주 했다는 기록이 있다.

명성황후 시해 사건은 일국의 공사가 재임국의 왕궁에서 그 나라 왕의 정비인 왕후를 살해하는 전대미문의 사건이었지만 일본에서는 명성황후와 대원군의 내분에 미우라 고로 공사가 끼어든 일에 지나지 않고 미우라 고로의 행동이 국가를 위한 애국심의 발로로 인식했다. 일본 국내에서는 명성황후 사건으로 비난하지 않았으며 오히려 영웅적 행위로 평가하는 듯했다. 이것은 '칼의 윤리도 아니고 똘마니의 윤리나 양아치 윤리가 아닌가?'라고 생각한다.

나는 묻고 싶다. 세계 역사상 타국 공사가 재임국의 왕후를 살해하는 사건이 일어난 경우가 있는지? 일본은 이에 대한 사과도 없고 오히려 미우라 고로를 대단한 영웅처럼 생각해 많은 한국인이 한국을 무시한 최고의 행동으로 여긴다. 그런데 이것을 모르는 일본인은 한국인을 나쁘다고 생각하는 혐한의 감정을 거침없이 내뱉는다니, 이러한 이웃이 어디 있는가? 이웃사촌인데 이웃 원수가 되다니! 일본에서는 은연중 한·일 병합과 식민지 등의 행동, 명성황후 사건의 동경憧憬 등을 보이는 매스컴의 행동을 보인다. 내가 알았던 일본인가 하는 생각마저 들 때가 많다. 이러한 칼의 윤리는 한국의 적이다. 그리고 이것을 무시하거나 영웅시하는 일본이라면 앞으로도 영원히 적이 될 수밖에 없다.

일본에서 만든 '명성황후를 생각하는 모임'

2004년, 20명의 구마모토 출신 전 교사들에 의해 '명성황후를 생각하는 모임'이 결성되었다. 이 모임은 일본 측 실행범의 후손을 찾아내서 관련 기록을 조사하고, 살해 사건의 진상 규명을 목적으로 하는 모임이었다. 작은 모임이나 이러한 모임으로 한·일 관계는 좋아질 수 있다.

이 모임이 2005년에 한국에 사죄하러 왔던 일은, 일본의 다큐멘터리 방송『테레멘터리』에서「114년째의 빙해~반일 감정의 원점, 민비 암살을 응시한 5년」이라는 제목으로 방송되었다. 2005년 5월 10일, 사건의 다큐멘터리를 제작하는 프로듀서인 고^故 정수웅 감독의 요청으로, '명성황후를 생각하는 모임'의 회원 10명과 함께 일본 측의 실행범으로 여겨지는 이에이리 카키츠, 쿠니토모 시게아키의 자손이 한국에 입국하여, 황후가 매장된 홍릉을 찾아가 무릎을 꿇고 사죄하는 모습을 한국의 언론 매체가 전하였다. 많은 한국인은 감동과 감격을 하였다. 이러한 사람들이 진실한 칼의 윤리이다. 쉽지 않은 결정을 내린 후손들과 이 모임을 보면서 순수한 일본인이라 생각했다.

2006년 8월 13일 MBC 시사매거진 2580이 다룬「명성황후 시해 사건」에 등장한 후지 가츠아키^{藤勝顯}의 나무로 만든 히젠도의 칼집에는 '일순전광자

노호一瞬電光刺老狐'— 늙은 여우를 단칼에 찔렀다— 라고 적혀 있는 것을 1908년 후지 가츠아키가 쿠시다 신사에 기증했다며 여기에서 늙은 여우는 명성황후였다. 그리고 칼 주인인 후지 가츠아키가 시해 당일 작전명 '여우사냥'의 성공을 기념하기 위해 새긴 것이라고 한 것을 기억한다.

후지 가츠아키가 정말로 히젠도로 명성황후를 살해했는지는 누구도 모른다. 다만 기록에 의하면 일본의 작가 쓰노다 후사코角田房子의 『민비 암살—조선 왕조 말기의 국모』에는 명성황후의 시해 사건을 기술하고 있다. 그중에 실린 데라자키 타이키치寺崎泰吉의 편지에는 "나카무라 다테오村楯雄, 후지 가츠아키, 나(데라자키) 세 사람은 국왕의 제지를 무시하고 왕비의 방으로 들어갔다."고 적어 놓았다. 그리고 또 하나의 주장에는 "나카무라 다테오가 곤녕합坤寧閤에 숨었던 명성황후를 발견하여 넘어뜨려 처음 칼을 대었고, 곧이어 달려온 후지 가츠아키가 두 번째로 칼을 대어 절명시켰다."고 기재되었다.

정리하자면 후지 가츠아키는 명성황후의 침실로 최초 난입한 세 사람 중 한 명이었고, 명성황후를 향해 두 번째 칼을 휘둘러 절명케 했던 사람으로 보인다. 사건 후 약 3년이 흐르면서 후지 가츠아키는 그날의 범행을 참회하고 칼을 쿠시다 신사에 맡겼다.

일부 한국인들은 일본 정부의 사죄 표명이 없는 것을 두고 불만이지만 나는 현재 상황으로는 일본 정부는 사죄할 마음이 전혀 없다고 보고 민간인들이 자발적으로 사죄 표명을 하는 것이 오히려 바람직하다고 생각한다. 왜냐면 칼의 윤리로 다져진 일본 정치인들은 국익을 위해서는 인류애를 저버리고 언제든지 다시 칼을 들 수 있고 다른 정치인이 마지 못해 사과하기 때문이다.

명성황후 시해 사건 후 우범선은 1896년 1월 일본으로 망명하였으며 망명 뒤에도 미우라 고로 등 명성황후 시해 사건 관련 일본 인사들과 유대 관계를 계속 이어간 것으로 되어 있다. 우범선은 도쿄의 혼고에 살 때 주인집 하녀인 사카이 나카酒井ナカ라는 일본 여성과 결혼했다. 미우라는 나카의 중매인이 우범선의 인품을 묻자 "좋은 친구이지만 언제 살해될지 모르는 사내야."라고 대답했다고 한다. 1898년 4월 장남 장춘이 태어난 후, 우범선은 1898년 11월 가족을 데리고 처의 언니 부부가 사는 히로시마현 구레시吳市 와쇼마치로 이사했다.

그러나 우범선은 망명 7년째 되던 1903년 11월 24일, 미우라의 예언대로 히로시마현 구레시에서 한국에서 온 자객 고영근高永根과 그의 심복인 노원명盧遠明에게 살해되었다.

이것은 붓의 윤리이다. 일반적으로 칼의 윤리가 대단하다고 생각하는 일본인이 많은데 붓의 윤리로 희생된 일본인도 많다. 임진왜란 시의 의병도 마찬가지이며 특히 명성황후 시해 사건은 의병을 일으키는 계기가 되었고 일본의 식민지 정책을 전부 나쁘게 인식하는 계기였다. 이는 1909년 10월 26일 이토 히로부미를 하얼빈에서 사살한 안중근으로 이어졌고, 1919년 2월 8일 일본 도쿄의 유학생들에 의해 조선의 독립을 선언한 2·8 독립 선언은 국내의 민족 지도자들과 학생에게 즉시 알려져 3·1 운동에 큰 자극을 주었다.

1920년 9월 14일 부산경찰서를 폭파한 박재혁, 12월 27일에는 밀양경찰서를 폭파한 최수봉, 1921년 9월에는 조선총독부청사 폭파를 한 김익상, 1926년 12월 28 조선식산은행에 폭탄 투척한 나석주, 1932년 1월 8일 일본 천황 히로히토에게 폭탄을 투척한 한인 애국단 이봉창, 1932년 4월 29

일 중국 상하이 홍커우 공원에서 일본의 수뇌부에 폭탄을 투척한 윤봉길로 이어졌다.

우장춘의 귀국과 조국에 대한 속죄

우범선이 살해되었을 때 장춘은 6살이었다고 한다. 어머니를 따라 히로시마에서 학교를 다녔고, 조선총독부의 후원 등에 힘입어 도쿄제국대 부설 농학부 실과 대학(일종의 전문대학)에 진학했으며, 1919년 실과를 졸업한 우장춘은 농대 출신자에겐 최고의 직장인 농림성의 농사시험장에 취직하였다. 그는 은사인 안도 코타로安藤小太郎 교수 덕분이라고 자주 말했다고 한다.(정상적이라면 평범한 성적의 우장춘으로서는 전국의 농과대학 수석 졸업자만 갈 수 있다는 신의 직장인 국립 농사시험장에 갈 수 없었다.)

1919년 졸업하여 일본 농림성 농사시험장에 취직하여 육종학育種學 연구를 시자했다. 1922년부터 「유전하 잡지」에 '종자로 감별할 수 있는 나팔꽃 품종의 특성에 관하여' 등 다수의 논문을 발표하며 왕성한 연구 활동을 보였다. 1924년 가정교사를 하면서 알게 된 일본인 와타나베 코하루渡辺小春와 결혼했으며, 1927년에는 그를 후원하는 일본인의 양자가 되어 스나가 나가하루須永長春라고 이름을 바꾸었다. 하지만 우 씨 성을 계속 사용했기에 당시 쓴 논문에는 이름의 영어 표시가 '우 나가하루Nagaharu U'로 되어 있다.

우장춘은 입사 10년 후 여러 편의 논문을 잇달아 발표하였고, 1936년 「종의 합성」이라는 논문으로 도쿄제국대학으로부터 박사 학위를 받아 유명해졌다. 그러나 그의 공식적인 위상은 달라진 것이 없었다. 무려 16년 동안 기수技手라는 하위직의 신분에서 벗어나지 못한 채 주변적인 연구 주제로 간주한 원예 분야만을 맡았을 뿐이었다. 왜냐면 기사직인 상급직을 가려면 우 씨 성을 사용하지 않아야 했는데 계속 우 씨 성을 사용하다 보니 승진이 늦어졌다. 1937년에 농사시험장에 사직서를 제출하고 이후 곧 스카우트 제의가 들어온 타키이 종묘 회사에 연구원으로 입사하여 그곳에서 십자화과 식물 연구에 진력하다가 1945년 제2차 세계대전이 끝나고 퇴사했다.

전쟁 이후 4년 반을 실업자로 지내다가 1947년 한국에서 우장춘 박사 귀국 운동이 벌어져 귀국하였다. 이때 일본에서는 우장춘을 보내기가 아쉬워서 여러 수를 동원했으며 그를 감옥에 가두려는 꼼수까지 부리며 귀국을 말렸으나 우장춘은 한 발짝 앞서 자기 발로 조선인 강제 수용소에 들어가 한국 정부에서 보내 준 한국인 신분증을 제시하면서까지 송환선에 탑승하는 방식으로 고국으로 돌아왔다. 역시 그는 한국인을 벗어나지는 못했던 모양이었다. 그리고 보이지 않는 차별이 그를 한국으로 오게 했다고 본다.

1950년 3월 8일, 우장춘 박사는 일본 땅에 어머니와 아내, 그리고 2남 4녀의 사랑하는 자식들을 남겨 둔 채 혈혈단신 가난에 쪼들리는 조국으로 돌아온다. 특히 초기에는 한국어를 전혀 못 하는 우장춘 박사의 석연치 않은 귀국에 달가워하지 않은 한국인도 많았다고 한다. 그러나 조국의 반역자로 인식되었던 아버지 우범선의 명예회복을 위해 본인의 능력을 아버지의 조국에 바침으로써 속죄를 하려 했던 것은 아닌가 하는 심정과 또 하나는 본인을 알아주지 않는 일본보다는 농업 환경이 열악하지만, 본인의 능력을 평가해 주는 한국에서 육종학을 꽃피우고 싶은 학자적 욕망은 있었던 것은 아닌지 생각되는데 아마도 두 조건 전부가 해당했을 것이다. 우장춘의 붓의 윤리로 아버지 우범선에 대한 속죄와 당시에는 최첨단의 육종학의 학자적 능력을 아버지의 조국, 그리고 본인의 잊혔던 조국에 바쳤으리라 생각한다.

두려움과 분노의 명성황후 암살의 단상

'역사는 과거와 현재의 끊임없는 대화'라고 한 카아$^{E.H.\ Carr}$의 말은 역사를 바로 보려면 과거와 현재를 단편적으로 끊어서 보지 말고 흘러가는 물줄기처럼 보아야 한다는 뜻일 것이다.

그러나 한·일 관계에서의 역사는 단편적으로 끊어서 보고 감추다 보니 일방적 역사, 편협적 역사로 이어지고 갈등의 역사가 계속된다. 갈등의 역사에서 일본인이 모르는 대표적인 편협적 역사로 등장하는 것이 명성황후 시해 사건이다. 한국통으로 알려진 일본인 지인도 명성황후 시해 사건을 몇 년 전에 알았다고 한다. 그는 이야기한다. 일본인의 95%는 모르는 사실이고 안다고 해도 멋진 과거의 역사로 보는 사람도 많이 있을 것이라고 이야기한다.

한국인으로서는 명성황후 시해 사건은 슬픔과 분노의 역사이다 보니 일본인들이 미안해할 줄 알지만, 사실은 시해 사건 자체를 모르니 더욱 흥분과 분노가 생길 수 있다. 의병도 이 시해 사건으로 등장하였고 독립군도 임시 정부의 탄생도 시해 사건과 무관하지 않다.

역사를 바르게 보면 미래가 보이고 평화가 보이는데 한·일 관계에서만은 역사를 바로 알게 되면 두려움과 분노가 생긴다. 한·일 갈등이 생길 때마다 그 해답을 역사 속에서 찾는 것은 적어도 한·일 관계에서는 매우 어렵다.

　한·일 관계의 역사는 한국 측에서 보면 '과거 없는 현재의 대화'가 이어져 갈등이 계속되고, 일본 측에서 보면 '현재 없는 과거만의 대화'가 이어진다고 한다. 그렇다면 한·일 관계에서 역사는 도대체 앞으로 어떻게 나아가야 하는가? 해결 주체가 없다 보니 그대로 묻히거나 지워지지는 않는 것인가 하는 우려도 있다. 그러나 역사는 지우려고 해서 지워지는 것이 아니고 감추려고 해서 감춰지는 것이 아니다. 서로가 응어리의 보따리를 풀어 새로운 미래의 보따리를 쌓도록 하여야 한다. 말은 쉽지만 어려운 문제이다. 한·일 관계의 복잡한 역사는 정치를 배제하고 학자들과 민간인들이 만나서 한·일 관계의 복잡한 역사는 간단히 풀어야 한다. 그리고 서로를 이해하고 서로를 감싸야 하고 진실로 사과하면 용서하여야 하고 미래를 향해 나아가야 한다.

6 최후의 아리랑과 조선인 가미카제 특공대

구로다 후쿠미와 가미카제

일본에서 인기 있는 잡지로 알려진 「닛케이 비즈니스日経ビジネス」의 2019년 3월호 특집 '한국, 무슨 일이 일어나고 있나?'에서 한국통, 소위 친한파로 알려진 여배우 구로다 후쿠미黒田福美의 인터뷰 기사는 일본인은 물론, 많은 한국인을 놀라게 했다.

이 기사에서 구로다 후쿠미는 '한국에는 일본인의 분노가 전달되지 않고 있다.'는 내용으로 인터뷰하였는데 한국 매스컴에서는 구로다 후쿠미가 혐한론자로 변신했다는 보도까지 등장했다. 2020년 4월 몇 년 만에 지인인 일본인 S를 시부야의 카페에서 만났다. S조차 30년 이상 한국을 오가며 많은 방송에 출연했던 여배우의 한국 사랑이 식은 것이 아니냐며 그녀의 혐한을 부추기는 발언에 놀랐고, 한국에서의 서운함이 30년 이상 한국과의 관계를 변화시킨 것 아니냐는 말을 했다. 그래서 필자는 지인에게 조선인 가미카제의 건이라고 이야기하자 S는 기사도 보지도 않고 어떻게 아느냐 하며 내용을 보여줬는데 신문 기사의 내용은 다음과 같다.

구로다 후쿠미는 2008년 한국의 경상남도 사천시泗川市에서 구 일본군 조선인 특공 대원의 위령비를 세우려고 준비를 했는데 제막식의 전날 중지를 통지받았다고 한다. 특공 대원은 일본의 전쟁에 협력한 친일파라고 주장하는 반일 단체의 압력이 있어서 사천시는 친일이라는 평가 때문에 위령비를 시에서 부쉈다고 한다. 일본인인 구로다 후쿠미는 설마 공권력인 사천시의 행정에 배신당할 줄은 생각도 못 했다고 하며 이런 것이 자주 있는 것이 한국이라는 내용이었다.

일본인으로서 한국어까지 배워서 한류 전도사로 나선 구로다 후쿠미는 이념과 민족을 초월한 지극한 휴머니즘으로 미쓰야마 후미히로光山文博라는 이름으로 죽어간 조선인 가미카제 즉 탁경현의 슬픈 이야기와 그의 영혼을 귀향시켜 주려다가 한국 내 반일 감정이란 벽에 봉착하여 서운함을 가졌을 것이다. 하지만 『그래도 나는 포기하지 않는다』란 책으로 2018년 출판했을 정도였다.

이러한 그녀가 한·일 갈등에서 일본의 대응을 묻는 질문에는 "일본인의 도덕관은 선악善惡이 기본이지만 한국인은 손익損益이 중요하다. 말의 무게가 일본과 다르다. 한국인에게 말은 상대를 자기 뜻대로 움직이는 수단이므로 자신이 내뱉은 말에 책임 의식이 별로 없다."고 주장하는 것은 상당한 의미가 있다.

구로다 후쿠미는 한·일 관계에 기여한 공로로 2011년 한국 정부가 수교훈장 '흥인장'을 수여했으며, 2013년에는 경기도 관광 홍보 대사까지 지냈던 사람인데 '얼마나 속상했으면 이런 말을 했을까' 하는 재일동포도 있다. 나는 충분히 이해한다. 왜냐면 구로다 후쿠미의 탁경현 추모비(위령비)는 하루아침에 기분으로 한 행동이 아니었기 때문이다.

1991년 어느 날, 구로다는 꿈속에서 낯선 조선인 청년을 만났다고 한다. 청년은 "나는 비행기를 조종한다. 전쟁에 나가 죽는 것에 후회는 없다. 하지만 억울한 것이 있다면 조선인이 일본인의 이름으로 죽는다는 것이다."라고 말했다.

꿈을 꾼 이후 머릿속에서 청년의 얼굴과 목소리가 떠나지 않았다. 여기저기 알아봐도 청년의 정체를 파악한다는 건 쉬운 일이 아니었다. 조선의 청년이 가미카제 특공 대원으로 참여했다는 사실을 전혀 모르고 있었기에 더욱 그랬다. 〈요미우리 신문〉에 꿈의 내용을 칼럼으로 쓴 뒤 결정적 제보를 받았다고 한다. 특공 대원 미쓰야마 후미히로光山文博일 가능성이 높다는 얘기였다. 그의 사진을 보고 꿈속의 청년이란 확신이 섰다. 조사한 결과 한국 이름은 탁경현인데 그때부터 자료를 뒤지고 다녀 탁경현과의 기이한 인연을 운명이라 생각한 구로다 후쿠미는 그의 고향에 비석을 세우기로 마음먹었다는 것이다.

2018년 그래도 나는 포기하지 않는다는 27년이 지난 그녀의 행동에 한국인으로서 깊게 감사하고 이것을 풀지 못한 여러 제약과 감정을 보면서 적어도 추모비 문제는 한국인으로서 개인적으로 미안하게 생각한다. 구로다 후쿠미만의 문제가 아니고 많은 지한파의 일본인들도 최근 한국 정부의 행동에 지한, 친한을 포기하고 반대인 혐한에 선 사람을 많이 보았다.

동경에서 많은 지한파 일본인들에게 설명을 들었고 그에 대한 나의 설명도 해 주었다.

최근 일련의 행동은 10년 사이에 벌어진 독도 문제와 위안부 문제, 징용공 문제에 대한 갈등으로 시작된다. 2015년 한·일 위안부 합의 내용을 특별한 해결책 없이 붓의 윤리의 감정과 뒤집다 보니 한국에서조차 우려의 목소리가 나오기까지 했다.

일본에서는 이제는 국가 간의 협의가 대통령이 바뀌면 파괴되거나 무시되는 것을 보고 한국과 어떤 타협과 협의도 해서는 안 된다며 혐한으로 이어졌고 나하고 친한 일본인들도 이 점이 아쉬워 나의 의견을 듣고 싶어 했다. 최근 한국에서는 일본과 친하게 지내야 된다는 말보다는 일본을 반대하는 소리를 내야만 애국자로 대접받으니 화해와 협의로 일본과 손을 잡자는 분위기보다는 일본의 사죄와 반성이 먼저라는 주장이 해답인 것처럼 등장한다. 이것을 맞받아쳐서 일본은 더 세게 한국을 공격한다. 한국도 이에 대응하여 더욱 일본을 더 세게 공격한다. 이렇게 해서는 한·일 관계의 갈등을 풀 수 없다. 한국에서는 오직 죽창竹槍이 등장하고 일본에서는 국교 단절이 나온다.

한·일 갈등의 해결책 없이 과거사만을 들춰내는 것은 현재에는 한국에 도움이 되지 않는다. 구로다 후쿠미가 한국인인 우리보다 먼저 내놓은 조선인 가미카제의 문제를(구로다 후쿠미에게 개인적으로 상당히 미안하지만) 우리는 아직도 해결하지 못하고 있다.

가미카제 미쓰야마 히로부미의 탁경현

구로다 후쿠미의 저서인 『그래도 나는 포기하지 않는다』에 등장하는 조선인 탁경현卓庚鉉, 즉, 일본 창씨명은 미쓰야마 히로부미光山博文는 어떤 사람이었는가? 탁경현은 1920년 경상남도 사천에서 태어났고 6세 때에 일본으로 이주한다. 교토의 입명관立命館 중학교를 졸업하고 교토약학전문학교를 졸업했다.

1943년 10월 23세에 특별 조종견습사관 1기생으로 합격하여 가고시마의 치란知覽에 있는 타치 아라이리大刀洗 육군비행학교 분교소에 가서 1944년 10월에는 육군 소위로 승진한다. 그리고 45년 5월11일에 생을 마감한다. 탁경현卓庚鉉과 관계있는 영화는 두 개나 제작되었는데, '반디불'(2001년)이란 영화와 '나는, 너를 위해 죽으러 간다'(2007년)가 있는데 약간 상황만 다를 뿐 탁경현에 관한 내용은 비슷하다.

탁경현, 일본명 미쓰야마 후미히로가 영화 '호타루'에 등장하는 가네야마金山의 모델이다. 도미아 식당은 반딧불관館으로도 불리는데 죽음의 땅으로 출격하는 가미카제 특공 대원들이 반딧불이 돼 다시 돌아오겠다는 말을 남겼다고 해서 붙여진 명칭이라고 한다. 출격한 다음 날 밤, 마당에 반딧불이 보이면 토리하마 토메鳥濱 トメ는 사망한 병사의 영혼이 돌아온 것으로 생각했던 것으로 전한다. 일본 가미카제 특공 대원의 어머니로 불린 도미야富屋 식당 주인 토리하마 토메는 가고시마현의 치란知覽에서 도미야 식당을 경영하면서, 많은 특공 대원의 보살펴주었기에 '가미카제의 어머니'로 불렸다.

1929년 27세 때부터 토메는 도미야 식당을 경영했는데 1942년 태평양

전쟁이 시작되면서 육군 지정 식당으로 선정되어 많은 비행 장병들이 방문했다. 그 이유는 치란에 육군비행학교 치란 분교장이 설립되었기 때문이다.

치란은 전쟁 말기 250kg 폭탄을 안고 적의 전함에 '육탄 공격을 감행하는 최전선 기지가 되며 1945년 3월부터는 거의 매일 오키나와 출격했다.

그 출격 전 겨우 며칠을 도미야 식당에서 지낸 대원들은 대부분이 10대에서 20대 초반의 젊은이들이었기 때문에 토메는 대원들을 자식처럼 대하다 보니, 특공의 어머니, 가미카제의 어머니로 불렸다고 한다. 특히 토메는 전쟁이 끝났을 때도 가미카제 특공 대원의 어머니로 불렸는데 과거 비행장 장소에 나무 하나를 세워 '여기가 그 애들의 묘(무덤)' 라고 두 딸한테 얘기하면서 하루도 빠지지 않고 합장을 하며 기도했다. 그리고 전쟁 중에는 군신軍神으로 추켜세워 신神처럼 추앙받았던 특공 대원들이 패전과 함께 세상의 여론은 확 바뀌어져 살아남은 가미카제 특공 대원들은 '퇴물 가미카제'의 의미인 토코 구즈레特攻くずれ로 불려 군국주의의 상징 등의 경멸하는 의미로 사용되었다.

일반 세상의 여론과 관계없이 토메는 목숨을 걸고 국가와 국민을 지키려고 한 그들을 장기간에 걸쳐 특공대에 관한 위로의 마음과 평화의 존귀함을 성심성의껏 전해 왔다. 토메의 노력으로 10년 후인 1955년에야 비행장 장소에 관음당이 건립되었다. 토메라는 사람은 국적을 떠나 가미카제(특공 대원)의 어머니로 불릴 만하다.

이야기를 다시 탁경현으로 돌리면,

1945년의 6월경에 가미카제의 출격이 거의 끝나고 그로부터 2달 뒤인 8월 15일 종전을 맞이했다. 탁경현은 1달만 늦어졌어도 살았으리라 생각된다. 안타깝다. 6월 마지막 출격의 약 20일 전 5월 11일에는 탁경현 즉, 미쓰야마 히로부미가 등장한다. 특공 대원의 어머니로 불린 토메가 특공 대원들을 보내고 서글퍼하면서도 울지 않았는데 특공 대원 앞에서 딱 한 번 크게 운 적이 있다고 한다. 바로 미쓰야마(탁경현)의 출격 전날의 밤이었다. 이것은 토메의 둘째 딸 아카바네 레이코赤羽礼子의 당시 일기에 작은 글씨로 나타나 있다.

미쓰야마光山 씨, 1945년 5월 11일 오전 8시 출격

그리고 레이코는 '다른 분들도 안타깝지만, 우리로서는 가장 잊을 수 없는 분이에요.'라고 인터뷰한 것을 보면 탁경현에 대해서는 상당히 인상이 깊었던 것 같다. 미쓰야마 히로부미는 강도가 센 훈련 중에도 휴식 시간이 되면 도미야 식당을 방문했다. 그러나, 특공 대원들과는 누구와도 말이 없이 항상 혼자서 행동했던 일이 많았던 미쓰야마를 '왜 저 사람은 매일 혼자서 있을까?' 토메는 걱정했는데 어느 날 미쓰야마는 실은 '나는 조선인'이라고 말해 아들이 없던 토메는 더욱 안쓰러워 같이 식사를 하거나 해서 자식처럼 취급했다.

출격 전야인 5월 10일 마지막 이별에 미쓰야마는 여느 때처럼 혼자서 와 있었다. 다른 특공 대원의 노랫소리에 귀 기울이던 미쓰야마(탁경현)에게, 토메가 "오늘 밤이 마지막이니까 미쓰야마도 같이 노래하지 그래."라고 권했더니 "그래요, 마지막이군요. 그럼 제 고향의 노래를 부를 테니까 어머니 들어봐요"라고 평상시 과묵하고 수줍은 모습이었던 미쓰야마(탁경현)는 쓰고 있던 전투모를 눈이 보이지 않을 정도로 고쳐 쓰고 책상다리를

취하여 앉고, 기둥에 기대면서 아리랑을 불렀다.

'나는 조선인이기 때문에 유서도 필요 없다'면서 아리랑을 부르던 미쓰야마는 점차 눈물이 흘러 노래를 부를 수 없었다.

아리랑 아리랑 아라리요! 아리랑고개로 넘어간다. 나를 버리고 가시는 님은~.

영화에서 보면 더욱 슬프다. 마치 탁경현을 버린 님은 당시의 힘없는 우리 조국이었던가? 아니면 당시의 우리 전체의 조선 민족이었던가? '호타루'와 '나는, 너를 위해 죽으러 간다'는 영화를 보면서 눈물이 났는데 여기에다가 친일, 반역자의 논리를 갖다 대는 것은 말도 안 된다고 생각한다. 나라를 빼앗겨서 젊은이들이 사라져 죽으러 가기 전에 불렀던 아리랑은 반역자의 노래가 아닌 우리 조선인의 민족적인 노래였기 때문이다. 그는 반역자가 아니고 식민지 조선의 젊은이였다.

애처롭다고 생각한 토메는 미쓰야마의 손을 잡았고, 토메의 두 딸인 장녀 미아코^{美阿子}와 차녀인 레이코^{礼子}와 같이 손을 잡아 엉엉 울었다고 한다. 미쓰야마는 이때 토메에게 조선 특유의 노란 줄무늬의 옷감으로 만든 지갑을 주며 "그동안 신세를 많이 졌습니다. 죄송하지만 이걸 받아 주세요."라고 말하였다.

도요다 조^{豊田穰}의 저서인 『일본교향악^{日本交響楽}』 완결편의 15장인 '한국인 특공 대원의 죽음이라는 곳'에서는 탁경현이 준 지갑에는 '증 토리하마 토메 귀하 미쓰야마 히로부미'라고 기록하고 있지만,[21] 현재 남아 있는 유품

---

21) 豊田穰 日本交響楽(7) 完結篇 第15, 韓国人特攻に死す「光山文博大尉の突入

의 지갑 사진에서는 '출격 기념 미쓰야마 소위 出擊記念 光山少尉'로 되어 있다.

다음 날 아침 다른 특공 대원과 함께 배웅 나온 토메에게 악수하면서 특공 비행기에 올라탄 미쓰야마 히로부미(탁경현)는 남쪽 하늘로 날아갔고 다시 돌아오지 않았다. 다만 반딧불로 다시 돌아왔을 뿐이었다.

그런데 우리 한국 전체가 몰랐으며(혹시 알았어도 용기가 없어 나서지 못했거나) 잊혔던 이 미쓰야마 히로부미 즉 탁경현을 지한파 여배우로 알려진 일본인 구로다 후쿠미가 탁경현의 고향인 경남 사천에 추모비를 세우려 했다. 세우려던 추모비의 주인공은 경남 사천의 미쓰야마 후미히로이지만, 창씨개명 전의 한국 이름은 '탁경현 卓庚鉉'. 조선인 가미카제 특공 대원이었다. 그러나 경남 사천의 주민들은 그가 친일파라는 이유로 위령비를 반대했다고 한다. 이 뉴스를 듣고 마음이 불편했다.

반대 이유는 강제 징집을 당한 게 아니고 가미카제에 지원을 했다는 이유였다. 물론, 형식적으로는 가미카제 특공대에 본인이 지원하고 특공 대원들이 남긴 유서에 나타난 '천황' '조국' '애국심' 등의 표현은 본인이 쓴 것이지만, 당시 상황에서는 자외적이라기보다는 군국주의 식민지 피지배인들을 집단적 세뇌로 '강제적 지원'을 하게 한 것이다.

사카이야 다이치의 『일본이란 무엇인가』의 책에 일본인의 가미카제 지원 이유[22]는 10%도 안 되었고 그것도 대부분은 가미카제에 지원하기 싫었는데 모두가 성가시게 지원하라고 했기에 달리 방도가 없었다고 말하고 있다. 하물며 조선인의 경우는 어찌했을까? 반강제적 강요와 집단적 세뇌에 의한 지원으로 보아야 한다.

---

22) 사카이야 다이치 지음, 동아일보 출판부 옮김, 『일본이란 무엇인가』, 동아일보사, 1992, P 265

나는 생각한다. 지원이든 어쩔 수 없었던 강제적 지원이든 탁경현은 힘없던 식민지 시절의 희생양이었다. 죽음을 앞두고는 민족의 노래 '아리랑'을 부르면서도 공식적으로는 가미카제의 군가를 부르지 않을 수 없었던 탁경현을 민족의 반역자로 이야기하면 안 된다. 오히려 힘없는 당시의 조선에서 태어나 허무하게 죽음의 길을 간 불쌍한 젊은이로 보아야 하고 그에 대한 구로다 후쿠미의 행동을 다시 높이 평가하고 그녀에게 미안한 마음을 전하고 탁경현을 받아들일 여유와 역사적 평가가 필요하다.

조선인 가미카제의 삶과 죽음

가미카제는 일본어로 '신푸神風. 신풍'이라고 읽는다. 신의 태풍이라는 뜻으로 13세기 고려, 몽골의 '여몽 연합군'이 일본을 공격할 시기에 태풍이 와서 일본이 패전을 면한 사건을 상징한다.

가미카제 특공대는 일본 항공 부대의 '창시자'로 불리는 해군 중장 오오니시 타키지로大西瀧治郎가 처음 고안한 것이다. 그는 특공 작전을 실용화하기 이전부터 '타이아타리體當たり, 몸체 공격, 육탄 공격를 주장했었는데 타이아타리는 자기 몸을 부딪쳐 상대방을 공격하는 전술이다. 군대에서는 전투기나 어뢰에 탄 채 적함에 몸체로 부딪쳐 공격을 가하는 '타이아타리'를 지칭하여 이를 신푸神風, 즉 가미카제라고 불렀다.

육탄 공격 전법은 고대부터 육해공의 전투에서 사용된 전법이다. 영어에서는 '래밍Ramming'이라 하는데, 충격을 가해 요새나 성을 파괴하기 위한 망치형의 무기인 파성퇴Battering Ram에서 유래한다. 전쟁에서는 육탄 공격,

몸체 공격이 파괴 공격형으로 간주한다.

고금동서에서도 육탄 공격, 몸체 공격은 결사적인 공격이며 출격해도 생환의 가능성은 존재하고, 운과 본인의 노력으로 조국을 위해 목적을 달성한 후에도 귀환, 생환의 가능성은 남는다. 그러나 가미카제라 불리는 일본의 자살 특별 공격대의 육탄 공격은 필사적이며 생환의 가능성은 전혀 없고 '오직 죽음'만이 존재한다. 왜냐면 가미카제 대원의 비행기에는 공격할 때의 연료만이 있고 돌아올 연료는 없으며, 폭탄도 투하할 수 없도록 비행기에 고정되어 있기에 죽기 위해 전력투구하는 행동, 출격은 곧 죽음이라는 공식이 존재했기에 가미카제의 출격은 세계 전쟁사에서도 전혀 볼 수 없는 잔혹하고 섬뜩한 공격 전법이다.

다시 말하자면 가미카제라 불리는 신풍 특별 공격대의 육탄 공격 즉, '타이아타리' 공격 전법은 전술적 자살 행위이며 무사로 치면 개착介錯이 없는 전술적 할복 행위였다.

가미카제는 미국의 일본 본토 침공에 대비한 방위 계획으로 시작됐는데, 첫 출격은 1944년 10월 25일 시키시마敷島 부대가 필리핀 레이테만이 미군 함정에 몸체 공격을 감행한 것이었다. 전투가 최고조에 달했던 10월 25일 오전 8시, 각각 250kg의 폭탄을 적재한 4기의 '제로 전투기零戰'가 미 항모를 향해 돌진했다. 가미카제가 세상에 처음 알려지고 등장한 계기였다.

제로센零戰은 미 항모함 1척을 격침하고 3척을 파괴하며 처음에는 위력을 발휘하는 듯하였다. 그러나 가미카제는 이후 10개월 동안 전사자가 해군이 2431명이고 육군이 1417명으로 합계 3830명이었다. 가미카제의 출격 총수 3300기에 대해 연합군의 함대의 명중률은 11.6% 근접 돌격은 5.7%

에 해당된다.[23] 따라서 17.3% 정도가 연합군의 함대에 손해를 끼쳤다. 일반적으로 400척의 손실을 주었다는 데이터가 있으며, 가미카제 특공 전법은 필리핀 작전에서는 혁혁한 전과를 거두었다는 평가가 있지만, 전함 1척에 비행기 28대, 가미카제 특공요원 35명과 바꾼 전함 1척의 침몰이 최대의 전과였다. 계량적 평가보다는 가미카제는 출격하면 100% 죽음으로 표현되는 십사영생十死零生의 육탄 공격은 필사적이었으므로 일본 본토를 지키겠다는 결의의 표명과 미군 등 연합군에 대한 공포감을 주는 정신적 측면의 비중이 컸다.

일본의 가고시마현에 있는 치란知覽은 당시 가미카제 특공대가 출발했던 비행 기지가 있던 곳으로, 이곳에서 출격해 희생된 특공대는 모두 1036명이나 된다. 자살 특공 대원은 대개 20세 전후였는데, 조선인 대원도 10여 명이나 된다. 치란 특공 평화회관 입구 왼편에는 돌비석이 하나 서 있다. 비석에는 "아리랑의 노랫소리도 멀리 어머님의 나라를 그리워하며 진 사쿠라 사쿠라."라는 노래가 새겨져 있다. 이 비석은 조선인 가미카제 11명을 기려 세워졌다. 조선인 가미카제의 전체 숫자는 아직 정확히 확인되지 않는데 대략 16~20명 정도로 추정된다. 대부분 일제 패망 서너 달 전에 오키나와 부근 해상에서 전사했으며, 전사 당시 계급은 오장(하사)에서부터 중위까지 다양했다고 한다. 나이는 대개 20세 전후인데 최연소는 17세(박동훈), 최연장자는 27세(이시바시 시로오 石橋志郎)이며, 전사 후 이들은 2계급 특진하였다. 김상필, 탁경현, 노용우 등 3인은 학도병 출신이다.

조선인 가미카제 가운데 특별히 이름이 알려진 사람은 미당 서정주의 친

---

23) 工藤由雪枝『特攻へのレクイエム』中央公論新社、2001年、p25

일시 '마쓰이 오장 송가松井 伍長 頌歌'의 주인공으로 등장하는 마쓰이 히데오松井秀男인데 한국명으로는 인재웅印在雄이다. 소년 비행병 13기 출신인 그는 1924년 조선 개성 출신으로, 1944년 11월 29일 필리핀 레이테Leyte만에서 전사했다.

조선인 가미카제 가운데 그는 첫 희생자인데 당시 그의 나이는 20세였다. 전사 후 그는 2계급 특진(소위)했다. 조선인 최초의 군신軍神으로 「매일신보」는 마쓰이 히데오(인재웅)의 특공 전사 후에 애도, 추도, 추모가 이어졌으며 그해 12월 1일을 기점으로 약 3주간 마쓰이(인재웅)의 추도 글로 조선과 일본의 신문들이 지면을 할애했다. 조선인이 가미카제로 전사한 것은 전쟁 선전에 좋은 선전도구였기 때문이다. 특공 작전이 종결된 1945년 7월까지 마쓰이(인재웅)의 전사를 영웅화하는 작업이 이어졌는데 그 대표적인 예가 노천명과 서정주의 시이다.

노천명의 '신익神翼—송정오장松井伍長 영전'이라는 시는 「매일신보」 12월 6일 자에 실렸다. 그중 일부분을 인용한다.

11월 29일

우리 松井伍長(송정오장)이

거룩한 죽음을 약속한 이 날

해와 달이 무심했으랴

레이테灣 (만)의 거친 파도를 베며

魚雷(어뢰)를 안고

몸소 함정에 부딪쳐

그대 혜성처럼 떨어지다

오―숭고한 최후여

그 용감한 투혼에 기백에

조선의 청소년들아 뒤를 잇자

3일 뒤에는 미당 서정주가 마쓰이 오장 송가松井伍長頌歌를 발표한다. 그중 일부의 시는 다음과 같다.

얼골에 붉은 홍조를 띄우고

'갓다가 오겟습니다'

웃으며 가드니,

새와가튼 비행기가 날라서 가드니,

아우야 너는 다시 도라오진 안는다

마쓰이 히데오!

그대는 우리 오장(伍長)。우리의 자랑

그대는 조선 경기도 개성사람

인씨(印氏)의 둘째 아들 스물한 살 먹은 사내

마쓰이 히데오!

그대는 우리의 神風特別攻擊隊員。

靖國隊員。

靖國隊員의 푸른 영혼은

살아서 벌서 우리게로 왔느니,

우리 숨쉬는 이 나라의 하늘 우에

조용히 조용히 도라 왓느니

이처럼 인재웅은 조선의 영웅으로 만들어졌으며 젊은이들을 전쟁으로, 죽음으로 가는 안내역을 맡도록 꾸며지며 다음의 가미카제 젊은이들이 등장했다. 당시의 조선총독부는 '마쓰이 정신松井情神을 드높이기 위한 사업'을 그의 고향인 개성에서 시작했다. 조선의 젊은이들은 가미카제의 관심을 갖는다. 죽음을 담보로 한 가미카제 특공대가 되어 전사한 일본과 조선의 군인은 천황과 대일본 제국에 대한 충성과 애국심의 표본으로 선전해 왔기 때문이다. 조선총독부 기관지였던 〈매일신보〉는 특공 대원의 사망 소식을 빠짐없이 기사화하였으며 '결전필승의 인간 신풍神風'이니 비행기 한 대로 전함 한 척을 반드시 파괴해야 한다는 일기일함一機一艦의 필살행'과 같은 주장을 하며 조선의 청년들에게 천황을 위해 죽을 것을 부추겼다.

그런데 해방된 후 5달 만에 1946년 1월 10일, 「자유신문」에 보도된 기사의 내용은 다음과 같다.

"전사했다든 송정오장松井伍長 살아서 귀환" 십일 인천 입항: 재작년 11월 24일 소위 가미카제 특별 공격 대원으로서 전사하였다던 송정오장(松井伍長=本名 印在雄, 23세, 開城出身)이 생존하여 방금 인천 팔미도에 머물고 있는데 오는 10日 아침 미국 포로 수송선으로 수송되어 인천에 상륙하게 되었다. 버젓이 살아있는 사람을 죽었다고 허위 보도하야 세인의 이목을 속인 것만으로 미루어 보더라도 제국주의 일본의 천박한 선전 정책이 얼마나 가증한가를 알 수 있다."고 기사는 보도하고 있다.

그런데 인재웅은 조사에 의하면 죽지 않고 살았는데, 레이테만에서 가미카제로 출격하여 미국 전함과 부딪쳐 미군 측의 30명의 사상자를 냈지만 미군 측의 배려로 포로로 잡혀 하와이의 감옥에서 생활하고 해방 후 한국으로 귀환했다.

다음은 17세의 나이로 죽어간 박동훈朴東薰으로 창씨명은 오가와 마사아키大河正明로, 1928년생으로 15세의 나이로 육군 항공병과 현역 하사관이 되기 위해 소년 비행병 제15기생으로 지원하였다. 최연소 조선인 가미카제 전사자이다. 하사伍長로 출격하여 전사 후 2계급 특진하여 소위로 추서되었다. 1945년 3월 29일, 일본의 가고시마 치란에서 97식 전투기로 오키나와 방면 출격하여 어린 나이인 17세의 나이로 전사하여 주위를 놀라게 하였다. 박동훈의 유서에는 '야스쿠니에 부름받아 일신보다는 단지 천황을 위해'라고 쓰여 있었다고 하지만, 같은 동기의 조선인 가네야마金山 하사伍長에게는 "내선일체內鮮一體라고 하지만, 거짓말이야. 일본은 거짓말쟁이다. 내가 특공 대원으로 죽는다면 부모, 형제에게도 조센징, 조센징이라고 무시하지 않을 거다. 내가, 조선인의 담력을 보여주겠다."라는 말을 남겼다고 한다.

그러나 해방 후 소련군에 의한 재산 몰수 및 한국 전쟁, 그리고 친일파라는 경력 때문에 피해를 받아 아버지가 정신이상이 왔다고 한다. 상황으로 보아서는 북한 출신(함경남도 함주군)이라 그런지 우리에게 잘 알려지지 않고 있다고 하겠다.

다시 한번 논하지만 가미카제를 평가할 때 지원이냐, 강제적 지원 즉, 일본의 명령이냐가 중요할 수도 있다. 가미카제 특공 대원은 지원을 전제로 하지만, 전쟁 말기의 일본 본토마저 연합군에게 공격당할 위기에 처해

'전비행대 특공화'가 당연시되었던 시기에는 일본 육군의 최초의 특별 항공대인 반다타이萬朶隊는 처음부터 육탄 공격을 명령했지만, 다른 부대들은 지원하라고 명령한 경우가 많았다. 그리고 가미카제 특공대 부대의 지휘관들은 국가를 위해서 너희들도 목숨을 바치지만, '나도 곧 간다' '마지막에는 나도 가미카제로 출격한다'고 반복적으로 연설[24]을 했으며, 살고 싶어도 특공 대원이라는 형태로 최후를 맞이하는 방법밖에 남지 않았기 때문에 지원으로 위장된 명령이라고밖에 볼 수 없다.

그렇다면 일본의 식민지로 통치받았던 조선인이 일본의 전쟁을 위해서 자기 목숨을 바친다는 것을 과연 어떻게 해석해야 하는가? 즉, 논란의 핵심은 일본 제국주의가 순진한 젊은이들을 침략 전쟁에 강제로 동원해 이들을 세뇌해 강요된 애국심으로 죽음터(사지)로 내몰았던 것인데 과연, 이들을 친일파라고 할 수 있는가? 아니면 어떻게 평가해야 하는가? 무언가 불편한 마음이 계속 몇 년간 흘렀다.

나는 지금도 가슴이 답답하고, 아프다. 노천명, 서정주를 탓하는 것은 이해할 수 있지만, 20세의 젊은이, 그보다도 더 어린 17세의 젊은 청년이, 식민지 국가에서 태어나 목숨을 담보로, 지원한 자살 특공대들을 친일파로 모는 것은 아직 성숙하지 않은 우리의 자화상이다. 자기 동생이나 부모 등 가족들을 위해, 또는, 생존하기 위해 20세의 젊은이는 죽음 앞에서 몸부림치며, 자살 특공대로 지원하며 죽어가지 않았을까? 식민지의 모순된 현실 속에서 내일이면 죽음의 출격이라 가족들을 위해 밤새 고뇌하며 몸부림치고 죽어가며 아리랑을 불렀던 우리의 젊은이들만 기억했으면 한다.

---

24) 鴻上尚史『不死身の特攻兵軍神はなぜ上官に反抗したか』講談社、2017年、pp.205-218

물론, 가족을 버리고 오직 국가와 민족을 위해서 고향을 등졌던 우리가 본받을 훌륭한 독립군들의 가문이 많이 있다. 그러나 먹고 살기 위해, 일본에 노동자로 왔거나, 십 리 길 걸어서 공부해 교사로 간 사람, 직장을 잡기 위해 일본인 밑에서 면서기를 한 사람. 어떠한 형태로든 식민지 시절에 살아남기 위해 발버둥 친 사람들을, 독립군 가족 또는 후손들이 보기에는 불편할 수도 있었겠지만 그래도 이 사람들을 친일파나 반역자로 몰아서는 안 된다. 특히 조선의 가미카제 특공 대원 전사자들은 제2차 세계대전 중 가미카제神風라는 단어가 부정적이고 선동적인 일본의 정신魂으로 표현되는데 지원했던 것은 우리 민족에게 부정적으로 인식될 수 있다. 또한, 강제 징집이 아닌 지원으로 목숨을 걸고 일제日帝나 천황을 지키려 했다지만 명령에 따른 지원이 많았기 때문에, 일제 찬양 단체나 천황 숭배로 여겨지는 바람에 역사의 치부, 민족의 배반자로 인식되어서는 안 된다.

물론, 이들은 일제 강점기 조선에 태어나 가미카제로 죽었기 때문에, 당시 조선총독부의 선전물로 이용당해 황국 군인으로 싸운, 오오카와나 미쓰야마란 일본인으로서 죽었기 때문에 우리는 그들을 반민족 행위자로 간주해야 되는가, 아니면 일제 찬양자로 보아야 하는가? 당시에 우리가 일본과 싸운 것이 아니고 우리나라는 국제법상 존재하지 않았기에 1936년 독일 베를린 올림픽 마라톤에서 금메달을 손에 쥔 손기정 선수에도 국적은 일본, 이름은 손 키테이로 표시되었을 정도이다.

산화散花된 조선인 가미카제 특공대들은 현재, 일본에서는 조센징이고, 한국에서는 민족의 배반자로서 모두에게 외면당하고 있다는 것은 안타깝다. 이제는 우리 사회가 이들을 냉정하게 받아들이는 포용력이 요구된다. 20세 가미카제 특공대 젊은이들을 친일파로 묘사하거나 매국노로 낙인을 찍을 사람들이 많지 않다. 이들은 죄가 없다고 할 단체나 사람도 별로 없다. 신중한 판단이 요구되기 때문이다.

탁경현도 군가나 천황을 위해 죽어가기보다는 가족과 고향을 생각하면서 우리민요 아리랑을 부른 것을 보면 우리 민족의 젊은이였다. 나는 가미카제 젊은이들은 '전혀 죄가 없어요'라고 말할 수도 없지만 그렇다고 친일파나 민족의 배신자라고 단정해서도 안 된다고 여긴다. 그들을 품을 수 있는 너그러운 논리가 필요하다.

18명이나 되는 조선 가미카제들은 죽어서도 일본 제국주의와 한국의 민족주의에 묶여 이제는 오고 갈 데도 없이 지금 제3지대에 놓여 있다. 가미카제 특공대의 조선인 죽음을 조선총독부 천황 숭배의 죽음보다는 세뇌된 군국주의 교육으로 가문과 부모 형제를 위해 식민지 시절의 신분 상승을 위해 해서는 안 될 자살적 행위로 간 것은 아닐까? 그렇다면 그것은 잘한 일인가? 여기에 대한 대답도 쉽지 않다. 이것을 과연 어떻게 해석해야 하는가? 아직도 이것이 정리가 안 되어 내던져진 이들을 우리는 새롭게 보고, 새롭게 접근하여야 한다고 생각한다. 오히려 일본 제국주의가 어린 소년병들에게 자아보다는 집단적으로 세뇌한 애국심, 강요한 애국심 등으로 본인들이 항공 학교에서 매일 군가를 부르던 벚꽃처럼 진 우리 젊은 가미카제들이란 단순한 사실로 받아들여야 한다고 생각한다.

PART 7

한·일 관계, 새로운 정립이 필요하다

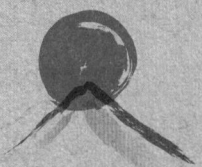

　칼의 윤리 아래에서 최고의 악은 지는 것이다. 따라서 인류의 보편적인 선악의 기준보다는 승패의 기준이 있을 뿐이다. 반대로 붓의 윤리에서는 승패도 중요하나 선악이 중요하다. 주자학을 중심으로 한 대의명분 아래 움직이면 승패보다는 선악을 중심 가치관으로 본다. 예를 들면 일본 외교는 선악보다는 일본이 이겨야 한다는 승패의 논리이고, 한국은 외교에서의 승패도 중요하나 대의명분을 더 가치 있게 따진다. 바로 칼의 윤리와 붓의 윤리의 차이이다.
　한·일 갈등이 고조되는 이유 중 하나가 붓의 윤리와 칼의 윤리에 기준한 인식 차이가 크다고 본다. 한·일 갈등의 차이는 한국이 힘이 없어서 식민지를 경험했고 임진왜란 등을 겪는 수모를 겪은 패배를 했기에 악이다. 패배했으면 승자의 처분을 기다리는 것이 마땅한데 한국이 위안부 문제나 징용공 문제 등을 재거론하며 그들을 압박하는 것을 두고 일본인들은 수치라고 생각한다. 그러나 붓의 윤리를 바탕으로 한 한국에서는 승패도 중요하지만, 정당하지 못한 방법으로 일본에 당한 위안부나 징용공 등의 희생자에게 가해자인 일본은 마땅히 사과하고 해결에 앞장서라는 입장이다.

1

한·일 갈등, 칼의 윤리에 반응하는 붓의 윤리

남을 침범하려는 사상은 우리 적이다

일본은 무사를 중심으로 한 칼의 역사이며 전쟁의 역사이다. 유명한 학자의 집에도 사업가의 집에도 일본도日本刀를 장식해 놓고 있다. 100년 전, 200년 전의 자기 선조의 칼이라며 선조가 무사라는 것을 무척 자랑스러워한다. 우리가 보기엔 이상하지만 메이지 유신 후 사혼상재士魂商才를 주장하여 무사는 실업가實業家로 변신하였고 무사 계급이 학자로 변신해 일본을 움직이는 인물들은 전부 칼의 윤리에서 성장했다고 본다.

반대로 한국인들의 집에 가면 거의 서예나 족보가 있고 과거 합격 증서나 선조의 문집을 자랑스럽게 내놓는다. 몇 대조 할아버지가 무슨 벼슬을 했느니 하며 은근히 양반 집안임을 내세운다. 붓의 윤리이다. 아마도 유명한 양반들의 후예는 상인 출신이 나오지를 않아 조선의 근대화를 지연시키게 만들었다.

일본은 무사의 나라여서 지금도 칼의 논리가 우선되는 나라이다. 한국은 양반 즉, 선비의 나라라서 칼 즉 무력보다는 선비의 사고, 즉 유교 논리를 신봉하는 나라이다. 얼굴 모습과 복장도 비슷하나 성격과 삶의 태도는 비슷하면서도 근본적으로는 다르다.

일본인은 무사의 나라답게 칼의 윤리가 이들의 문화 속에 깊이 새겨져 있다. 일본인의 생각 속에 자리한 근본적인 삶의 방식은 바로 칼에 의한 평화이고 힘을 중심으로 한 칼의 윤리이다.

그렇다면 우리 한국인은 어떤가? 한국인들은 우선 선비 문화 즉 붓의 윤리에 깊이 빠져 있다. 그것은 조선 왕조가 유교를 국교로 500년 넘게 사서삼경을 중심으로 과거 제도하에 등장한 선비 즉, 붓의 논리와 윤리로 이어져 왔기 때문이다. 일본은 틈만 나면 칼의 논리, 칼의 윤리를 내세워 한국을 공격하려고 하며, 한국은 방어보다는 중국 중심의 중화 사상 논리 아래 일본을 폄하하며 제대로 알려고도 하지 않았다. 즉, 붓의 윤리로 칼의 윤리를 무시하는 바람에 임진왜란 전에도 일본 사신을 만나는 것조차 거부하였고 메이지 유신 후에는 황제(천황)을 사칭한다며 사신을 거부하였다. 주자학의 논리를 바탕으로 한 원칙으로 움직이다 보니 비겁한 승리보다는 명분 있는 패배를 높이 평가하였다.

일본 내에서는 무사도 정신과 무사에의 동경이 잔재해 제일 먼저 힘이 있으면 한국을 치려고 한 정한론을 등장시켰다. 지금도 일본은 불경기가 지속하면 탈출구로 먼저 한국 문제를 등장시킨다. 불경기에는 한국을 일본 잣대로 평가하여 매스컴에 등장시켜 '한국 때리기'를 더욱 고조시키고 있다. 과거 일본이 식민지 시절에 잘해 주었는데 한국은 의리가 없다는 식의 칼의 윤리로 폄하한다.

그러나 이 칼의 윤리를 자세히 들여다보면 과거의 임진왜란이나 한·일병합을 은근히 동경하는 분위기를 보여 대다수 한국인을 당황케 만든다. 칼의 윤리 아래에서는 요시다 쇼인처럼 타국 침략을 무조건 긍정하거나 당연하다고 여기는 것이 문제이다. 칼의 윤리 아래에서는 이기는 병법은 존재하나 패자에 대한 윤리와 도덕을 가르치지 않는다. 무조건 이겨야 한다.

이기면 관군, 지면 역적勝てば官軍負ければ賊軍이라는 일본의 가치관처럼 승부 내용이 어떠하든 이기면 되고 무조건 이겨야만 정의가 된다는 내밀한 의미가 일본인들의 머릿속에 잔존해 있다. 따라서 이기기 위해서는 미야모토 무사시처럼 늦게 가거나 일찍 도착해서 갑자기 공격해도 비판을 하지 않는다. 어떤 방법을 동원해서라도 이기면 되기에 모든 기술과 방법을 동원해서 이기려고 노력한다. 칼의 윤리는 선악의 논리보다는 승패의 논리가 중요하다.

칼의 윤리 아래에서 최고의 악은 지는 것이다. 따라서 인류의 보편적인 선악의 기준보다는 승패의 기준이 있을 뿐이다. 반대로 붓의 윤리에서는 승패도 중요하나 선악이 중요하다. 주자학을 중심으로 한 대의명분 아래 움직이면 승패보다는 선악을 중심 가치관으로 본다. 예를 들면 일본 외교는 선악보다는 일본이 이겨야 한다는 승패의 논리이고, 한국은 외교에서의 승패도 중요하나 대의명분을 더 가치 있게 따진다. 바로 칼의 윤리와 붓의 윤리의 차이이다.

한·일 갈등이 고조되는 이유 중 하나가 붓의 윤리와 칼의 윤리에 기준한 인식 차이가 크다고 본다. 한·일 갈등의 차이는 한국이 힘이 없어서 식민지를 경험했고 임진왜란 등을 겪는 수모를 겪은 패배를 했기에 악이다. 패배했으면 승자의 처분을 기다리는 것이 마땅한데, 한국이 위안부 문제나 징용공 문제 등을 재거론하며 압박하는 것을 두고 일본인들은 수치라고 생각한다. 그러나 붓의 윤리를 바탕으로 한 한국에서는 승패도 중요하지만, 정당하지 못한 방법으로 일본에 당한 위안부나 징용공 등의 희생자에게 가해자인 일본은 마땅히 사과하고 해결에 앞장서라는 입장이다. 이같은 사고의 대립은 지금까지 이어진다. 그러나 가깝고도 먼 나라 일본은 우리와 어깨를 맞대고 함께 걸어야 할 동반자임에는 틀림없다.

과거만 이야기하는 한국, 미래만 이야기하는 일본

필자의 일본인 지인인 H는 내가 무사도와 무사 정신에 관심 있는 것을 알고 백호대白虎隊를 무사도의 진수라며, 아이즈와카마쓰會津若松 방문을 권유하였다. 백호대는 최근 일본 무사도 정신의 산실로 알려졌지만, 메이지 정부에 반대하여 군대를 일으키고 조정의 적인 조적朝賊의 신분으로 자결했기 때문에 그 수용 정도가 지역에 따라 다르다.

약 32년 전 한 번 방문한 적이 있었는데 당시에는 소년들이 왜 자결했는지만 알고 나서 다른 역사적 배경에 별 관심을 지니지 않았다. 코로나가 확대된 2020년 6월 중순 백호대에 관한 심층적인 현실성과 역사적 사실성을 찾기 위해 후배인 C와 함께 아이즈와카마쓰會津若松를 방문하였다.

아이즈와카마쓰하면 츠루가성鶴ヶ城으로 불리는 와카마쓰성若松城이 등장

한다. 와카마쓰성하면 백호대가 등장하고 아이즈와카마쓰를 설명할 때 가장 인상 깊은 역사는 백호대의 이야기이다.

백호대는 보신 전쟁戊辰戰爭의 한 국면인 아이즈 전쟁會津戰爭 중 막부 군인 아이즈 번 소속 부대였는데, 12세에서 17세 사이의 소년들로 이뤄진 소년 부대였다. 보신 전쟁은 1868년부터 1869년 사이에 도쿠가와 막부 말기에 막부를 지켜야 하는 세력(관동 지역)과 천황에게 정치 권력을 반환하기를 요구하는 세력(조슈, 사쓰마, 토사) 사이에 일어난 내전이다. 백호대는 막부의 편을 들어 조슈 번長州藩과 사쓰마 번薩摩藩 중심의 메이지 신정부 군과 싸우던 도중, 이곳 와카마쓰성이 불타는 걸 보고 '성이 함락되었고, 우리 아이즈 번會津이 졌다.'고 착각해서 전부 자결하였다. 이번 아이즈와카마쓰를 방문하여 놀란 것은 무사의 자결뿐 아니라 무사의 부인이나 모친, 딸까지도 자결하여 한층 더 놀랐다.

그중 칼의 윤리를 느끼게 하는 사이고 다노모西鄕賴母 가문 여자들의 자결 사건이다. 1868년 10월 8일 사이고 다노모의 모친인 리츠코와 아내인 치에코, 여동생 미스코와 유우코 등 딸 5명, 조카 3명을 포함한 친인척 21명이 자결한 것은 보신 전쟁의 비극적 이야기로 전한다. 그중 2~9세의 사이고 사이고 다노모의 3명의 딸은 그의 처 치에코가 칼로 찔러 어린 생명의 목숨이 꽃처럼 사라졌다. 모친과 여동생들은 서로 칼로 찔러 자결하였다.

치에코는 "애들이 있으면 걸리적거릴 수밖에 없다. 여기에서 자결하는 것이 아이즈 번에 순종하는 것이다."라고 말하면서 세 딸을 모두 찌르고 본인도 자결하였다. 치에코는 34살이었다. 같은 공간에 있던 친척과 모친의 친정 쪽 등 총 21명이 동시에 자결하였다. 아이즈 번은 사이고 치에코와 친족 21명을 포함하여 무사 가문 여성의 자결은 233명이었다고 한다.

섬뜩하지만 이 역시 칼의 윤리를 상징하는 이야기이다.

주군에의 충성을 위해 목숨을 버린 소년 무사(백호대)들의 정신은 아이즈会津 정신이고 무사도 정신이다. 그러나 천황을 위한 메이지 신정부는 아이즈 정신(무사도)은 인식하고 있었으나 천황이 국가인 군국주의로 진입하면서 아이즈 정신-천황적 무사도 즉, 일본 정신인 야마토 다마시大和魂로는 전환되지는 않았다. 아직도 조정의 적인 상태이다.

1986년 조슈 번의 중심지였던 하기萩시가 아이즈 번의 중심 도시였던 아이즈와카마쓰시를 향해 "이미 120년을 넘은 전쟁이니 그때의 상처를 잊고 화해와 우호의 도시로 체결을 약속하자."고 신청했지만 아이즈와카마쓰 측은 '아직 120년밖에 지나지 않았다.'며 거절한 상태이다. '전쟁에 졌다'고 일본인들이 말하는 것은 일반적으로 제2차 세계대전에서 연합군에게 졌다는 것을 일컫는데, 아이즈와카마쓰에서는 보신 전쟁 때 사쓰마와 조슈에게 진 것을 말한다고 할 정도로 지금까지 보신 전쟁의 상흔은 깊다.

일본인 지인인 H는 후쿠시마현 출신으로 영어가 달변인 데다가 국제적 감각을 가졌는데, 백호대와 아이즈 이야기만 나오면 균형감을 놓칠 만큼 고향에 대한 애착이 강했다.(아이즈와 백호대를 이야기하면서 한국을 많이 이해하는 일본인이었다.) 일본 국내에서도 이렇게 용서가 안 되는데 침략당한 한국은 오죽하겠는가? 임진왜란 때 수십만 명(코 무덤이 약 15만)이 살해되고 일본으로 납치된 자가 약 15만 명, 명성황후의 시해 사건, 36년간의 식민지 지배 등이 뒤덮인 민감한 한·일 관계를 도외시하는 그들의 자세는 하루빨리 고쳐져야 할 긴급 문제이다. 사실은 가해자 입장에서(일본인 스스로는 가해자라고 생각도 안 할 수 있겠지만) 일본의 하기시가 아이즈와카마쓰시한테 우호 관계를 체결을 요구한 것처럼 한국에게도 좀 더 노력하여야 한다. 그것은 일본인들이 하루빨리 취해야 할 양심적 행동이다. 그런데 그건 그들 몫이다. 우리 한국에서는 이런 상황을 기대하지 말고 피해자라는 입장도 탈피하여 서로의 장점을 잡아서 새로운 한국을 만들고 세계 속의 한국으로 가야 한다. 과거사 속에 갇혀서는 아무것도 할 수 없다.

해방 후 20년이 지난 1965년 한·일 국교 정상화를 거치며 완전한 식민지 처리 해결이 되지 않아 미국과 소련의 냉전 체제하에 반공을 기치로 한·미·일 공동체가 형성되었다. 힘든 상황에서 한·일 국교 정상화가 이루어졌으며, 성사가 어려울 것 같았는데도 우호 관계를 한 단계 높인 1998년 김대중-오부치 선언은 새로운 21세기의 한·일 공동파트너십으로 높은 평가를 받았다. 이로 말미암아 일본 대중 문화 개방으로 이어져 한·일 관계는 한 단계 더 앞당겨지는 계기를 마련했다.

그러나 이어진 야스쿠니 신사 참배로 인해 한·일 양국의 파트너십은 깨어지고 이제는 친분이 별로 없는 평범한 이웃 국가가 되어 갈등을 품은 채 발전 없는 관계가 이어지고 있다. 특히 한국은 일본의 아이즈와카마쓰가 당한 치욕보다 더한 치욕을 일본에게 받았다.

칼의 윤리로 일어난 명성황후 시해 사건은 붓의 윤리를 바탕으로 한 선비의 주도로 의병이 일어나고 경술국치로 국가를 잃은 선비들의 독립운동이 일어났다. 이런 치욕을 감수하고 선비의 자세로 일관해 온 한국은 일본을 향해 사과 요구를 했다. 그러나 칼의 윤리의 힘을 바탕으로 한 일본인들은 한번 정리된 일을 다시 거론하는 한국을 향해 거친 혐한의 감정을 쏟아붓는다. 이 파란 만장한 양국의 관계는 지혜로운 한·일 관계를 설정할 전략적 대안을 구상하여 우호의 물줄기를 만들어야 한다. 일본인들은 한국인을 만나기만 하면(미래사는 덮어두고) 과거사만 이야기한다고 불평하고, 한국인들은 일본인은(과거사는 외면하고) 미래만 이야기한다며 대척점에 서 있다. 진척되지 않는 이야기를 접고 새로운 물꼬를 터야 한다.

야스쿠니 신사 참배 거부

한국과 일본은 이웃 국가이면서 여러 가지 문제로 가깝고도 먼 나라로 되어 버렸다. 일본에서는 지한에서 혐한으로, 한국에서는 지일에서 반일로 가고 있다. 특히 아베 신조 전 총리가 등장하며 역사 수정주의로 이동해 가는 중에 한·일 관계, 중·일 관계는 금이 가기 시작했다.

과거사 문제로 인한 한·일 양국 간의 갈등이 이어지며 일본이 타국과의 관계를 소개하는 외무성 홈페이지에서 한국을 두고 '기본적인 가치를 공유하는 국가'라는 문구를 삭제하였고, 2018년에는 '가장 중요한 이웃'이라는 표현도 '어려운 문제가 있지만, 미래 지향적 관계로 나가야 하는 국가'라는 표현으로 대체하였다.

2021년 2월 2일 발간한 한국의 『2020 국방백서』가 일본을 '동반자'가 아닌 '이웃 국가'로 표현의 격을 낮춰 미묘한 파장이 일었다. 군은 이날 공개한 『2020 국방백서』에서 "일본은 양국 관계뿐 아니라 동북아와 세계의 평화 번영을 위해서도 함께 협력해 나가야 할 이웃 국가"라고 기술했다. 2년 전 발간된 『2018 국방백서』는 일본에 대해 세계 평화와 번영을 위해 함께 협력해 나가야 할 동반자라고 표현했다.

특히 백서는 대립각을 세우는 한·일 관계 책임이 일본에 있다고 분명히

했다. 또 "일본 정치지도자들의 독도 도발, 2018년 일본 초계기 한국 함정에 대한 근접 위협 비행과 관련 사실을 호도하는 일방적 언론 발표로 한·일 양국 국방 관계가 난항을 겪었다."며, 2019년 7월 일본 측 수출 규제로 미래 지향적 발전에 장애 요소가 되고 있다고 꼬집었다. 수출 규제 철회를 위한 대화를 조건으로 한·일군사정보보호협정(GSOMIA·지소미아) 종료 통보 효력을 정지한 상황도 언급했다.

그러면서 "앞으로도 일본 역사 왜곡, 부당한 독도 영유권 주장, 현안에 관한 일방적이고 자의적인 조치는 단호하고 엄중하게 대처하겠다."고 강조하고 "공동 안보 현안은 한반도·동북아 평화와 안정을 위해 계속 협력해 나갈 것."이라고 밝혔다.

일본에 대해 비판적인 입장인 『2020 국방백서』는 중국과는 관계 개선에 무게를 두고 있다. "2020년 코로나 19 상황으로 인해 양국 간 국방 교류 협력은 새로운 환경과 도전에 직면하고 있지만 한·중 국방 당국은 '전략적 협력 동반자 관계'의 내실화를 위해 전략적 소통을 강화하고 있다."고 밝혔다.

급격히 차가워진 한·일 관계를 느끼는 분위기이다. 일부 한국과 중국의 학자들은 아베 신조 전 총리 이후 한·일 관계가 이렇게 변했다고 하며 아베 신조가 존경하는 메이지 유신의 정신적 지주로 알려진 요시다 쇼인의 사상을 받아 국수주의 노선으로 변했다고 논평했다.

한국인들이 잘 모르던 요시다 쇼인을 등장시킨 아베 신조 전 총리는 조금 더 신중했어야 했다. 야마구치현이 배출한 8번째 총리인 아베 신조가 가장 존경하는 인물이 바로 국수주의의 원조인 요시다 쇼인이다. 아베 신조 전 총리는 2013년 8월 13일 쇼인 신사松陰神社를 찾아가 참배했다. 당시 아베 신조 총리의 쇼인 신사의 참배 후 처음 중의원 의원에 입후보하기로 뜻을 굳혔을 때도 참배했다. 이는 하반기 집단적 자위권 행사를 위한 헌법 해석 변경(헌법 9조)와 소비세 증세 등으로 해석되는데 중요한 것은 헌법 9조 개정이었다.

당시 아베 신조 총리가 본인이 야마구치현 출신이기에 야스쿠니 신사에 참배하지 않고 한국과 중국의 외교적 마찰을 피하기 위한 수단으로서 쇼인 신사를 참배했다고 평가했다. 일부 한국인들은 아베 신조가 자기 존경하는 사람을 참배하는 것도 우리가 신경 써야 하느냐며 한국인의 일본 콤플렉스를 오히려 꾸짖기도 한다.

당연하다. 아베 신조가 학문과 평화의 상징인 일본인의 묘소를 방문하거나 학문의 신을 모시는 신사인 유시마 텐진湯島天神, 스가와라 미치자네菅原道眞를 모시는 다자이후텐만구太宰府天滿宮를 참배하는 것을 한국이나 중국인이 탓하면 그것은 문제이다. 그러나 문제는 일본의 대표적 칼의 윤리를 주장한 쇼인 신사라는 점이었다. 즉, 한국을 침략하라며 칼의 윤리를 가르쳤고 침략 전쟁은 필요한 것이라고 가르친 사람(요시다 쇼인)을 참배한다는 것은 사실 한국, 중국 등 이웃 국가에 대한 예의가 아니다.

과거 식민지 지배의 사과보다는 다시 한번 틈만 나면 도전(침략)해 보겠다는 의지로 보였기 때문이다. 물론 이 부분을 두고 일본에서는 한국과 중국이 과잉 대응으로 모든 것을 사사건건 반대하고 나선다고 오히려 우리를 향해 불만을 표시했다.

일본에서는 야스쿠니 신사는 그렇더라도 쇼인 신사 참배까지 반대하는 것은 너무하다고 본다. 그러나 민감한 시기에 칼의 윤리를 주장한 침략 사상의 원조를 참배한다는 것 자체가 이웃 배려에 대한 의지가 없거나 무시한 것으로 본다. 요시다 쇼인처럼 이웃 나라 침략의 의지를 가진 사람은 붓의 윤리인 우리의 적이 될 수밖에 없다. 한국으로서는 지금까지 침략당한 것도 억울하기만 한데 반대조차 못 한다는 것은 수동적 찬성으로밖에 간주되지 않기에 더더욱 민감해질 수밖에 없다. 따라서 적극적인 야스쿠니 신사 참배를 반대하고 나서는 것은 우리가 또 그렇게 침략을 당하지 않겠다는 간접적인 의사표시이다. 우리 한국인으로서는 붓의 윤리인 안중근安重根 의사가 될 것이며 그리고 윤봉길尹奉吉 의사, 이봉창李奉昌 의사가 될 수밖에 없는 것이다.

    요시다 쇼인은 이토 히로부미 등 일본 근대화 주역들의 스승으로 높이 추앙받고 있는데, 한편으로는 정한론征韓論과 대동아공영론 등을 주창하며 경술국치를 기정사실화하여 조선의 식민지화를 포함한 만주, 대만, 필리핀 등을 일본 영토로 편입하려는 제국주의 정책에 이론을 제공한 인물이다. 당시 아베 신조의 '쇼인 신사' 참배는 이웃 국가의 식민지 사과보다는 틈만 나면 당신의 뜻을 이어받아 노력하겠다는 의지 즉, 개헌에 대한 강한 의지를 명확히 드러낸 것으로 풀이되어 우리의 적극적인 반대 표시는 당연하다. 우리는 정의롭지 않은 부분에서는 붓의 윤리로 그들에게 대항하는 논리를 펼쳐야 한다. 그러나 이웃 국가인 일본을 무조건 배척하고 민간인 교류마저 정치적 논리로 접근해서 무조건 일본을 적대시하는 반쪽 논리를 다시 한번 생각을 해봐야 한다.

그들만의 리그, 야스쿠니 신사와 요시다 쇼인

2013년 8월 13일 쇼인 신사 참배 뒤 2013년 12월 26일 당시 아베 신조 총리는 한 걸음 더 나가서 아주 당당하게 한국과 중국의 눈치를 볼 것도 없이 야스쿠니 신사를 참배하였다. 야스쿠니 신사가 어떤 곳인가?

야스쿠니 신사 제1 신위에 있는 요시다 쇼인을 비롯해 1853년 이후 일으켰던 청일전쟁, 러일전쟁, 만주사변, 태평양전쟁 등에서 사망한 246만 명의 넋을 기리고, 그들을 위한 제사를 지내기 위해 마련되었으며, 특히 태평양전쟁 A급 전범인 도조 히데키東條英機를 비롯한 13명의 위패도 보관하고 있다. 일본 나름대로는 선조의 넋을 기리기 위한 공간이지만, 국제정치 속에서 야스쿠니 신사는 늘 큰 논란이 되어 왔다. 그 이유는 바로 야스쿠니 신사 참배가 주는 의미 때문이다. 이곳에 있는 인물들은 남의 나라를 침략하여 그 나라에 고통을 준 사람들이기 때문이다. 이날 아베 신조는 야스쿠니 신사를 참배하면서 태평양전쟁의 A급 범죄자 영령에게 '존숭尊崇'의 뜻을 표했다고 했다. '존숭尊崇'은 존경하여 숭배한다는 뜻이다.

여기에서 등장하는 A급 전범자의 합사는 패전 후 33년이 지난 1978년 최고 전범자로 처형된 도죠 히데키 전 일본 수상 등 14명의 A급 전범자를 군국주의 상징인 야스쿠니 신사에 합사시키며 쇼와 순란자로 취급, 합사시켰다는 것이 문제가 되었다. 이러한 행동은 전범을 미화시키는 행위이며 전쟁 책임을 해소하려는 저들의 칼의 윤리에서 나온 행위였다.

이들 14명은 도조 히데키(東條英機, 육군대신, 총리대신), 고이소 구니아키(小磯國昭, 조선총독 육군대장, 총리대신), 이타가키 세이시로(板垣征四郎, 육군대장), 기무라 헤이타로(木村兵太郎, 육군대신, 육군대장, 버마파견군사령관), 도이

하라 켄지(土肥原賢二, 육군대장 관동군 사령관), 무토 아키라(武藤章, 육군중장, 중국방면군 참모장, 필리핀 파견군 참모장), 마츠이 이와네(松井石根, 육군대장, 상하이 파견사령관), 히로타 코우키(広田弘毅, 외무대신, 총리대신), 우메츠 요시지로(梅津美治郎, 육군대장, 육군참모총장), 시라토리 토시오(白鳥敏夫, 외무성정보부장, 이태리 대사), 히라누마 키이치로(平沼騏一郎, 내무대신, 수상) 토고 시게노리(東郷茂徳, 주독일대사, 주소련대사), 나가노 오사미(永野修身, 해군대장, 연합함대사령관), 마츠오카 요스케(松岡洋右, 남만주철도총재, 외무대신)들이다.

이제는 야스쿠니 신사 참배로 서로 감정을 상하지 않기로 해야 한다. 그것이 일본이 국제 사회를 위한 배려 있는 행동이다. 한국과 중국은 이 14인의 전범만 야스쿠니 신사에서 빼내면 더는 야스쿠니 신사 참배를 문제 삼지 않겠다고 하고 있으니 침략당한 이웃 국가를 배려해서 일본에서는 신속한 처리가 필요하다. 정치적 논리로 이러한 처리도 하지 않는 것은 친구를 포기한 적의 논리이다.

야스쿠니의 A급 전범의 합사와 참배는 전쟁의 사과는 하지 않고 기회만 있으면 침략 사상으로 도전 해보겠다는 의지로 인식된다. 남을 배려치 않는 침략 사상의 원조 참배, 그리고 태평양전쟁 A급 전범이 있는 신사의 참배 등은 한국, 중국, 동남아 국가 등에 조심하여야 한다. 물론, 선량한 일본인들은 이런 사상을 사죄하고 있다. 이런 일본인들은 우리의 친구이다. 그러나 마치 칼의 윤리에서는 당연하다는 논리, 즉 침략을 무시하고 과거의 흐름이니 무시하자는 발상으로는 우리의 친구가 될 수 없다. 그렇다면 많은 한국인은 한국을 지키키 위해 안중근이 될 수밖에 없다. 우리의 친구인 많은 선량한 일본인은 침략 사상보다는 평화를 존중하기에 시민 연대를 통한 협력이 필요하다.

2 급물살 타는 일본의 우경화와 경제 정한론

요시다 쇼인이 근대 이후 일본의 정치계에 끼친 영향력은 말로 표현하지 못할 정도로 크다. 그의 위패는 현재 야스쿠니 신사에 신위 제1호로 있다. 아베 신조는 총리에 취임하자마자 2013년 8월 13일 야마구치현 하기시에 있는 쇼인 신사를 찾았고, 2015년 메이지 시대 산업 혁명 유산으로 군함도 등 23곳과 함께 요시다 쇼인이 세운 학당인 '쇼카손주쿠松下村塾'를 유네스코 세계문화유산으로 올렸다.

일본 제국주의 정책의 이론적 뒷받침을 제공한 요시다 쇼인의 사설 교육기관인 '쇼카손주쿠'가 지난 2015년 7월 5일 제39차 세계유산위원회에서 세계유산으로 등재됐다. 그렇다면 왜 이 시기에 요시다 쇼인이 등장할까? 그리고 아베 신조가 존경한다고 해서 요시다 쇼인의 사상이 엄청난 임펙트가 있는 것일까? 그렇다면 요시다 쇼인의 사상은 무엇일까? 어떤 것이 어떻게 이어졌으며 왜 이것에 긴장하는가?

요시다 쇼인은 『유수록幽囚錄』에서

"에조(蝦夷, 현재 홋카이도)를 개척하고, 캄차카반도와 오호츠크해를 탈취하며 류큐(琉球, 현재 오키나와)를 일본 영토화, 조선을 공략해 일본의 속국화하는 것은 물론, 당시 청나라 영토였던 만주와 대만, 그리고 동남아의 필리핀까지를 일본 영토로 만들어야 한다."

고 주장했다.[25] 즉 태평양 북동부 해안에서 유라시아 대륙 내륙에 걸쳐 일본의 영유를 주장했다. 그 실현을 위한 구체적인 외교·군사 정책을 요시다 쇼인은 물론 기록하지는 않았지만 쇼카손주쿠 출신의 제자들이 메이지 유신 이후 정부의 중심에서 활약하며 대만정벌, 경술국치 등과 만주 점령 등으로 이어진 정책을 취했다. 그래서 요시다 쇼인의 사상은 메이지 시기의 부국강병 정책으로 이어졌다. 그리고 요시다 쇼인의 제자들이 『유수록幽囚錄』의 내용을 차곡차곡 실천하는 바람에 대동아공영권이란 미명 아래 일본의 아시아 침략이 이루어졌다. 그런데 요시다 쇼인이 어렸을 때 아버지로부터 배워서 들었다고 하는 것이 신국 유래인데, 그 내용에서 배가 등장하는 것을 보면 섬나라다운 내용이다.

일본은 신의 나라이며, 신의 수호로 적국의 배는 쳐들어올 수 없다.

....
[25] 則宜開墾蝦夷、封建諸侯、乘間奪加摸察加隩都加、論琉球朝覲會同比内諸侯、責朝鮮納質奉貢、如古盛時、北割滿洲之地、南收台灣呂宋諸島、漸示進取之勢

그런데 여기에서 신국론은 신의 수호나 가호에 놓인 나라라는 의미와 아마테라스 오오미카미天照大神의 후예인 천황이 현인신現人神으로 군림하는 나라라는 의미를 포함한다. 요시다 쇼인만 갖고는 일본의 사상을 이해하기 어렵다. 요시다 쇼인은 정한론과 대동아공영권을 주장했지만 존황론尊皇論, 신국론神國論은 그전에 존재했기 때문이다.

요시다 쇼인의 스승은 사쿠마 쇼잔佐久間 象山이며 쇼잔의 스승은 사토 잇사이佐藤 一斎로, 사토 잇사이의 스승인 나카이 치쿠잔中井竹山으로 올라가다 보니 나카이 치쿠잔 스승인 고이 란슈五井蘭洲까지 가게 된다. 그리고 더 올라가다 보면 사토 나오카타佐藤 直方로 이어졌고 나오카타는 기문학崎門学의 야마자키 안사이山崎闇斎와의 주자학 일파인 기문학崎門学과 스이카 신도로 이어진다. 제자들도 사토 잇사이, 아사미 케이사이浅見絅斎로 이어지는 존왕파와 국학 사상으로 이어진다.

야마자키 안사이와 같은 지역에서 활동하던 이토 진사이伊藤 仁斎와 그의 아들 이토 토가이伊藤 東涯의 고학파와, 아라이 하쿠세키新井白石와 소라이학을 만들었던 오규 소라이荻生徂徠 등으로 일본 중신 사상이 이어지다 보니 주자학 즉 성리학으로만 500여 년간 이어진 조선으로서는 일본을 알기도 어려웠고 알려고도 하지 않았다. 18세기 후반이 되면서 일본의 특수성을 강조하는 국학 사사의 대두와 조선 유학의 동경이 상대적으로 사라지며 일본 유학의 진전으로 조선 경시가 강하게 나타나 정한론적 발상으로 전환하였다.

공식적으로는 조선과 일본이 대등한 외교 관계였지만 임진왜란 후에 일본 스스로가 상국 의식을 확인하려는 듯 에도 막부는 조선통신사에게 도쿠가와 이에야스를 신격화하는 닛코 토소구日光東照宮의 참배를 강요하거나 귀 무덤이 있는 교토의 호코지(도요토미 히데요시가 건립한 절)에 향연을 강요해서 조선통신사가 분한 나머지 이를 갈았다는 사실을 일본인들은 잘 몰랐던 것 같다.

이들은 임진왜란 이후 17세기부터 존황론尊皇論, 신국론神國論과 정한론 등으로 조선 정벌 등을 부르짖었고 임나任那일본부를 주장했는데, 만약 임나任那일본부가 존재하지 않으면 신국론神國論은 존재하지 않는다. 신국론은 712년에 『고사기』를, 720년에 『일본서기』를 지으면서 만들어진 용어였다. 이 두 책에서는 소위 일본인들이 좋아하는 '진구황후神功皇后의 삼한 정벌' 신화가 등장한다. 연대도 불분명하게 등장하는 진구황후가 신라를 정벌하고, 나아가선 고구려와 백제로부터 조공을 받았다는 사실은 중국과 한국에서는 인정하지 않는 기록이다.

그런데 이 '삼한 정벌설'은 틈만 나면 임진왜란의 도요토미 히데요시를 비롯한 사이고 다카모리 등 많은 일본 무사의 최고 정점 선물로서 등장한다. 이러한 삼한 정벌설과 이를 주장하는 우익들의 논리가 20여 년 전만 해도 지나가는 이야기로 한국과 중국 등 주변 국가에 미안한 마음을 가졌던 것도 사실이다. 그런데 최근에는 다시 경제 정한론이 등장하면서 전후의 부국 논리의 일본이 이제는 부국강병富國強兵 사상으로 이어지려는 움직임을 보여 불편하다.

일본 시사주간지 〈주간문춘週刊文春〉은 2013년 11월 14일 '한국의 급소를 찌르다!'란 제목의 기사를 실었다. 이 매체는 "아베 총리의 측근으로부터 '이제는 더 참을 수 없다.'며 새로운 정한론이 제기되고 있다."고 전했다. 아베 총리 측근에서는 이미 한국에 대한 비공식적인 제재 검토에 들어갔다고 밝혔다. 여기엔 한국을 정복한다는 뜻의 단어 '정한론征韓論'이 등장했다. 또 "일본의 금융기관이 한국의 기업이나 경제의 지원·협력을 끊으면 삼성도 하루 만에 무너질 수 있다."는 주장을 실었다.

이 기사가 사실이든 아니든 이것이 6년 뒤에 실현되어 일본이 2019년 8월 2일 한국을 화이트 리스트(수출 심사 우대국 명단)에서 제외하며 반도체 제조에 필요한 품목(플루오린 폴리이미드, 포토레지스트, 에칭 가스)의 한국 수출을 규제하는 조치도 발표했다.

한국과 일본의 갈등이 고조되며 2019년 7월 2일, 일본 상품의 불매 운동이 시작되었다. 한·일 무역 분쟁의 국민적 대응은 특히 한국의 젊은 층의 분노로 시작되었으며 이에, 일본은 한국의 불매 운동이 얼마 가지 않을 것이라고 주장했고, 실제로 선택적 불매 운동으로 이어졌을 때, "한국은 냄비와 같아 금방 뜨거워졌다가 금방 식는다."는 말까지 나오며 한국의 국민성을 거론했다.

20세기의 부국강병 사상, 이 중에 사라진 강병強兵이 슬슬 고개를 쳐들고 있는 분위기가 현재의 일본이다. 고故 김대중 전 대통령의 2006년 10월 11일 전남대에서 개최한 '한반도의 현실과 4대국'이라는 강연회에서 한 말이 생각나며 우리가 다시 한번 상기하여야 할 말이다.

"최근 일본을 보면 일본이 급격히 우경화하고 있습니다. 그것은 일본 사람들이 자기 손으로 민주주의를 안 했기 때문에 그런 겁니다. 전후에, (전쟁 이전에) 군국주의하다가, 갑자기 항복하고 나서 맥아더가 들어와서 민주주의를 하라고 하니까 민주주의를 한 겁니다. 그래서 일본은 민주주의의 주체 세력이 없습니다. 그러니까 과거의 군국주의 시대의 세력이 부활한 겁니다. 외세나 우연에 의해서 민주주의를 하면 그런 것은 오래가지 못한다는 것, 이것을 말씀드리고 싶었습니다."

김대중 전 대통령이 강조하고자 한 말은 스스로 민주주의를 다지고 발전시킨 한국과는 달리 일본은 민주주의를 패전 후에 특히 미국(맥아더)에서 받아들였고 그 주체인 더글러스 맥아더 Douglas MacArthur는 미국으로 돌아가다 보니 민주주의의 주체 세력이 없어졌기 때문에 과거의 군국주의가 부활할 것이라며 일본의 우경화를 예견한 것이었는데 지금은 그 현실이 다가왔다.

김대중 전 대통령의 이 말은 아베 신조 전 총리의 등장 전에 한 말인데 흐름이 그대로 이어지는 것 같아 대단한 예견이라 본다. 우리와 일본의 여러 가지 갈등 요인이 등장하는 부분이 여기에 있다.

필자는 만약 일본이 부국강병富國强兵 사상을 노골화하면 절대로 한국과 일본이 우호적으로 될 수 없다는 결론에 도달했다. 한국과 일본이 친해지려면 한국이 일본 하는 대로 수긍하거나 그렇지 않으면 한국이 강해져서 서로가 비슷한 상대로 가서 토론하거나 협상하지 않으면 안 되기 때문이다. 일단 75세 이상의 일본인들은 특히 그렇다. 대개 일본인은 초등학교 때부터 국학 사상과 황국 사상으로 무장된 교육을 받고 있어 한국과 중국이 보기에 불편하다.

지금까지의 우리는 일본이 패전 75년 흐르는 동안 일부 정치인이 식민지 경험이나 징용공, 위안부 등의 사과를 해도 바로 얼마 뒤 다른 우익 정치인이 망언하는 바람에 앞서 행했던 사과는 형식적으로 변질했다. 한·일 국교 정상화 55년이 되어도 한국에서는 정식 사과를 받은 적이 없다고 여겼고, 일본은 그 정도 사과했으면 됐지 더는 사과할 일이 없다고 발뺌을 하고 있다. 일본이 칼의 윤리를 포기하지 않는 이상 한·일 관계는 결국은 갈등 관계로 갈 수밖에 없다.

3. 인종차별은 공소시효 없는 인류의 죄악

인종차별 상징 인물들의 동상 철거

매년 3월 21일은 UN이 인종차별을 막으려고 정한 '국제인종 차별 철폐의 날'이다. 이 날은 1960년 3월 21일 남아프리카 공화국 샤프빌에서 아파르트헤이트Apartheid에 반대하며 평화적 집회를 열다 경찰의 발포로 69명의 시민이 희생되었던 사건에서 유래했다.

보통 인종 및 인종차별 등의 용어가 처음으로 부각한 것은 제국주의 시대의 식민지 경영 과정에서다. 백인들은 인종 간의 관계를 위계 서열화하여 유색 인종들은 IQ가 낮아서 생물학적으로 열등한 종자이므로 당연히 백인들이 유색 인종을 지배하여야 한다며 식민지 지배를 정당화하였다. 따라서 이런 열등한 야만인 유색 인종들과의 접촉은 피하도록 유색 인종의 생활 구역, 이용하는 교통수단, 식당, 앉는 자리, 취업 분야 등에서 아예 공식적으로 차별적 정책을 만들었다.

제2차 세계대전 중 나치의 유대인 대학살 홀로코스트의 충격에 놀랐던 20세기 중엽의 지식인들은 나치 독일이 아리아인 민족 중심주의에 골몰했다는 점에 착안하여 인종차별 정책을 인류학적으로 거부했다. 이러한 인종차별적, 유색 인종의 차별적 논리를 자문화 중심주의 Ethnocentrism로 인식하면서 문화는 각기 다른 특징을 가지고 있으므로 그 문화를 누리는 구성원의 관점에서 이해해야 하며, 각각의 우열이나 수준을 평가하는 절대적 기준은 존재할 수 없다고 하는 문화적 상대주의 Cultural Relativism가 등장하였다. 어떤 특수한 가치관으로 타문화나 타국가를 평가해서는 안 된다는 인식이 제2차 세계대전의 역사적 아픔을 겪고 난 후 더욱 강조되었다. 가치의 상대성을 강조하면서 상대방을 이해하는 태도를 중시한 것이다.

천재 흑인 피아니스트의 인종차별을 그린 영화 '그린북'과 마틴 루터 킹 Martin Luther King의 인종차별의 투쟁 실화를 다룬 영화 '셀마' 등을 보면 1960년대까지도 인종차별 정책이 일반적으로 행해지고 있어서 분노했는데, 21세기의 미국에서 다시 단돈 20달러의 위조 지폐 때문에 경찰에 목이 졸려 숨진 미국인 조지 플로이드 George Perry Floyd, 46세가 세계를 변화시키고 있다.

2020년 5월 25일 미국 미네소타주 미니애폴리스 파우더호른에서 아프리카계 미국인 조지 플로이드가 백인 경찰관 데릭 마이클 쇼빈 Derek Michael Chauvin, 43세 등에 의해 체포 도중, 경찰관 4명의 가혹 행위로 사망한 충격적인 사건으로 인종차별을 반대하는 시위가 벌어졌다. 이 시위는 흑인에 대한 백인의 차별에 국한되지 않고 모든 종류의 인종차별과 배척을 반대했다. 때로는 시위 방법이 항상 옳은 것은 아니지만, 이 모든 일이 인종차별과 인권 활동으로 이뤄지고 있다는 것을 부인해서는 안 된다.

이러한 인종차별의 흐름은 영국에서도 살펴볼 수 있다. 영국 런던 도클랜드Docklands 박물관에서 지난 2020년 6월 9일 노예무역 상인 로버트 밀리건Robert Milligan의 동상을 철거했다. 런던 도클랜드 박물관은 건물 밖에 설치돼 있던 18세기 노예 무역상인 로버트 밀리건의 동상을 철거했다. 도클랜드 박물관은 "우리는 밀리건이 저지른 범죄의 잔재와 여전히 힘겹게 싸우는 이들의 고통을 외면해 왔다."며 반성의 메시지도 냈다. 로버트 밀리건은 자메이카 사탕수수 농장에서 500여 명의 노예를 부린 상인으로 악명이 높았다. 17세기 노예 무역상 에드워드 콜스턴Edward Colston 동상을 끌어 내린 영국에서는 노예 제도의 유지를 주장하던 정치인 윌리엄 글래드스턴William Ewart Gladstone 전 총리의 동상 철거 논의가 시작됐다.

BBC에 따르면 글래드스턴의 증손자는 이날 성명을 발표하고 "동상을 철거하는 민주적인 결정을 방해하지 않겠다."고 밝혔다. 그러면서 "글래드스턴 전 총리는 민주적인 변화를 위해 지칠 줄 모르던 정치인이었다. 그 역시 자신의 동상이 철거되는 것을 반대하지 않으리라 생각한다."고 했다

미국에서도 신천지 개척자로 평가되었던 콜럼버스Cristoforo Colombo가 재평가되면서 매사추세츠주 보스턴에서는 콜럼버스 동상의 목이 잘린 채 발견됐다. 버지니아주 리치먼드에서는 시위대가 콜럼버스 동상을 인근 호수에 내던졌다. 신대륙의 개척자로 여겨졌던 콜럼버스는 원주민을 탄압하고 학살했다는 역사적 평가가 잇따르며 인종차별의 상징으로 전락한 것이다.

다시 유럽에서는 벨기에 수도 브뤼셀에서는 옛 국왕인 레오폴드 2세의 동상이 페인트와 낙서로 훼손됐다. 앤트워프시는 2020년 6월 9일 빨간 페인트를 뒤집어쓴 레오폴드 2세의 동상을 철거했다. 레오폴드 2세는 17세

기 아프리카 콩고(콩고민주공화국)을 자신의 소유지라고 주장하며 수백만 명의 원주민을 강제 노역에 동원하고 잔혹하게 학살하였다.

인종차별로 인해 국왕, 총리, 대통령 등의 동상이 철거되었거나 철거 논의 중이라는 사실은 인종차별이 글로벌 시대에 맞지 않으며 평화와 자유를 논하는 원칙에 맞지 않기 때문이다. 즉 지나간 역사의 잘못을 뉘우치면서 미국과 유럽에서는 과거에 높이 평가되었던 인물 등이 인종차별주의자로 인식되어 동상이 끌어 내려지거나 목이 잘리며 '인종주의 역사 청산'으로 이어지는 것을 보면 대단한 역사의 변화라고 본다. 인종차별은 전 세계적으로 공소시효가 없는 인류의 죄로서 평가받는다.

인간은 자비와 사랑으로 서로를 존중하고 존경하며 살아야 하고 이제는 과거의 훌륭한 인물들도 반인륜적, 반도덕적인 차별까지도 평가받는 글로벌 시대에 도달한 만큼 인권의 자성이 필요한 시점이다. 그런데 일본에서는 아직도 세계적 흐름을 감지하기는커녕 역행하여 한국인을 슬프게 하는 코 무덤을 일부 찬양하는 분위기도 있다. 코 무덤을 철거하지 않는 이상 일본에 우호적인 감정을 품었던 한국인들도 코 무덤을 보면 피가 거꾸로 흐른다는 것을 일본인들도 알아야 한다. 코 무덤의 빠른 철거만이 한·일 갈등을 피 할 수 있다. 물론 일본 시민들의 노력으로 많이 시정되고 있다.

인권을 역행하는 아픔의 현장, 코 무덤

● 정유재란과 코 무덤

도요토미 히데요시(1537년 출생)보다도 86년이나 앞서 태어난 콜럼버스(1451년)도 서양에서는 인종차별주의자로 평가받는데, 일본은 아직도 도요토미 히데요시를 영웅으로 평가하여 그가 만든 히데요시의 귀 무덤(코 무덤)을 처리하지 않고 있다. 귀 무덤을 없애는 것이 당연하나 그것이 어려우면 한국으로 이전하거나 다른 곳으로 이전하여야 한다. 히데요시의 귀 무덤에 다가가 사죄해야 한다. 히데요시의 귀 무덤耳塚, 히데요시의 동상도 서양 같으면 제거됐을 내용이지만 이들은 오히려 더 자랑스러워하며 과거의 전쟁 분위기를 동경하는 듯한 우익 강경론자들이 존경받는다.

코 베기 전쟁으로 불리는 정유재란은 1597년 8월 이후 왜군이 철수했던 이듬해 1598년 11월까지 집중적으로 이루어졌다. 일본군은 원래 조선군의 수급首級을 도요토미 히데요시에게 보냈는데 수급(목)이 무겁고 크므로 귀로 바꿨다고 한다. 그러나 사람의 귀가 두 개이므로 공적을 크게 포장할 경향이 있어 코로 정했다. 유성룡의『징비록』에서도 "적병은 무릇 우리나라 사람을 붙잡기만 하면 모두 코를 베어 위세를 보였다."고 적고 있다. 이수광의『지봉유설芝峯類說』에도,

정유년에 왜적이 두 번째 침범할 때 평수길平秀吉이 모든 왜에게 우리나라 사람의 코를 베어서 수급首級 대신으로 바치게 하였으므로 왜졸이 우리나라 사람을 만나면 문득 죽이고 코를 베어 소금에 담가서 수길에게 보내었다. 이 때문에 그때 우리나라 사람 중에는 코 없이 살아있는 자들이 많았다.

이런 자료를 보면 코 무덤은 우리를 슬프게 한다. 도요토미 히데요시는 임진왜란 중에 일본군에게 조선군들을 보는 대로 사살해서 그 수급을 모아오라고 명령하여 조선군은 물론, 공적을 높이기 위해 일반 백성들 특히 부녀자의 코를 베어 갔다. 코 베기는 정유재란 때인 1597년 8월부터 1598년 3월까지에 집중적으로 이루어졌는데 왜군 장수들은 코를 자루나 통발에 담아 소금에 절여서 일본에 보냈고, 자루나 통발 하나에는 1000~3000명분의 코가 들어 있었다. 도요토미 히데요시 휘하의 검수관은 코의 수를 세어 확인하고 무장에게 코 영수증을 발행하였고, 논공행상의 자료로 삼았다. 장수들의 전공을 검수관이 감찰하는 제도는 정유재란시의 특징이다.[26]

도요토미 히데요시는 코를 제출한 장수들에게 수고했다는 글을 써 보낸 다음 본인의 무공을 알리기 위해 소금에 절인 코를 일본 전국에 자랑스럽게 순회한 뒤 교토에 묻었는데 이를 코 무덤鼻塚이라 하였다. 에도 시대 초기 유학자 하야시 라잔林羅山이 그의 저서 『풍신수길보豊臣秀吉譜』에서 "코 무덤은 야만스럽다며 귀 무덤耳塚이라고 쓰면."서부터 지금까지 귀 무덤으로 알려졌다.

- '눈 감으면 코 베어 간다' 와 '울면 에비가 잡아 간다'

'서울에서는 눈 감으면 코 베어 간다.'라는 말이 있다. 항상 경계하고 조심하라는 뜻으로 알았는데 사실 이 속담의 유래는 정유재란 당시의 도요토미 히데요시의 명령인 코 베기부터 시작된 슬픔이 담겨 있다.

---

26) 津野倫明, 丁酉再乱時の日本の目的と日本側の軍事行動, 2017년도 학술회의 "정유재란과 동아시아"

정유재란 때 왜군들은 민간인 남녀노소를 가리지 않고 닥치는 대로 코와 귀를 베었다. 심지어는 금줄이 달린 집에까지 들어가서 산모와 갓난아이의 코까지 베었다고 한다. 사람을 죽이고 귀와 코를 자르니 온 천지가 피바다였으며 귀와 코가 잘린 어린애들은 피투성이로 울부짖어 온 산천을 진동하는 아비규환 그 자체였다고 한다. 잠을 잘 때건, 밥을 먹을 때건 잠시라도 방심하고 있으면 어디선가 나타나 코를 베어 간다니, 조심하라는 속담에 담긴 뜻이 슬픈 역사를 대변하고 있다.

어린아이들이 무엇을 만지거나 부모가 어린아이에게 하지 말라는 훈계의 말이 에비이다. 에비는 '아이들에게 무서운 존재'를 뜻하는데 '계속 울면 에비 온단다.', '에비, 이런 거 만지면 안 돼.' '울면 에비(에비야)가 잡아간단다.' 등의 경우로도 쓰인다.

어렸을 때 필자도 많이 듣던 소리이다. 나는 '에비 온단다'고 하여 아버지의 애비(아비)인 줄 알았는데 알고 보니 이 말도 코 베기에서 나왔다니 슬프지 않을 수 없다. 에비는 '이비야耳鼻爺'에서 유래한 것으로 알려져 있는데, 귀耳, 코鼻, 사람爺이 합쳐진 말로, 귀나 코를 베어 가는 사람이라는 뜻이다. 이비야는 조선인들에게 무서운 존재였으며 우는 아이도 멈춘다는 무서운 이비야의 어원이 이렇게 하여 생겨났다는 것이다.

코 무덤에 묻힌 코는 적어도 10만 개 이상이라고 한다. 왜냐면 1597년 8월 16일부터 동년 10월까지만 29,678개인데 그 이후는 통계가 없어 5만 개에서 7만 개로 보는 것이 일본인 학자들의 견해이고, 박삼중 스님, 일본 유학 중 코 무덤에 관심을 가졌던 김문길 교수(부산외대)는 12만 6000개라고 주장한다. 모리 야스유키毛利泰之의 『일향기로보』는 임진왜란, 정유재란에서 코 베기는 10만 명 이상으로 본다. 일부 한국에서는 조선인 18만

5738명, 명군明軍 2만 9014명 등 20만 개 이상으로 보고 있어서 여러 설이 있어 앞으로 연구도 필요하다.

일반적으로 코 무덤은 교토에만 있는 것이 아니고 후쿠오카현 카시이, 오카야마현의 히젠시備前市와 츠야마시津山市, 가고시마성 부근에도 코 무덤이 많이 있다. 일본에는 적어도 10만 개 이상의 코가 일본 전역의 코 무덤에 묻혀 있다. 귀 무덤(코 무덤)의 공양기념비耳塚修營供養碑에는 다음과 같은 내용이 있다. 처음에 이렇게 시작한다.

가까운 적과 전쟁하는 것은 국위를 선양하고자 할 뿐이지 그 사람들을 증오하여 죽인 것이 아니다. 옛 춘추시대 필지전邲之戰의 전쟁 때 초나라 사람이 주청하여 적의 시체를 묻고 승리를 과시하는 무덤으로서의 경관京觀으로 하는 총塚을 만들려고 하였지만 초왕은 허락하지 않았다.

與隣敵交兵欲宣国威而已矣非惡其人而戮之也春秋邲之役楚人請築京觀楚王

여기에서 등장하는 초왕은 장왕莊王을 말하며 경관京觀은 적국의 병사 시체를 사용하여 적국에게는 위협을 주면서 자국은 이렇게 대단하다는 것을 선전하는 무덤이다. 장왕은 덕이 있는 사람이었으므로 적국의 병사라도 그 나라를 위해서 목숨을 버린 인간들이므로 경관을 만들지 않았다. 도요토미 히데요시는 자비로운 마음 근처에도 못 간다.

이들은 그의 행동을 초장왕보다도 훌륭하다며 춘추 5패의 초장왕보다 덕이 있는 행동으로 평가했으니 어이가 없다. 왜냐하면 적국(조선)의 병사를 가엾이 여겨 불교적으로 애도하며 명복을 빌었기 때문이다. 그런데 이 코는 병사들의 코가 아니고 남녀노소, 전쟁에 나가지 않은 이들의 코 무덤인 줄 몰랐던 모양이다.

　피아彼我를 논하지 않고 깊은 자비로운 마음으로 평등하게 공양하는 저 아름다운 풍신수길의 은덕이 해외에까지 미치기 때문인데 또한 교전한 적국에서까지 그 은덕이 미친다. 풍신수길의 이런 마음은 금일의 적십자사의 뜻을 300년 전에 발현하고 있었다고 하더라도 좋을 것이다.
況於交戰之敵国乎推公此心謂之行今日赤十字社之旨於三百年前豈其不可哉

　이런 행동과 해석을 우리는 어떻게 평가하여야 할 것인가? 그리고 계속 이어 내려간다.

　세상에서는 우익, 좌익은 이것을 경관京觀이라고 하지만 절대적으로 아니다. 거의 황폐화한 것을 지금(1898년)에 수리하고 복구하였다. 이 귀 무덤은 일본의 위세 확장의 상징이며, 도요토미 히데요시의 덕이 높았음을 나타내는 유물이다.

　말도 안 되는 논리로 코 무덤을 평가한다. 코 무덤을 타국 일본에서 본다면 피를 끓는 심정이 된다. 칼의 윤리로 세상을 평정하고 그것에 정당성을 부여하는 일본을 향한 감정이 격해진다. 그러나 화나고 울화통이 터지는 그 현장에서 다시 한번 느끼는 생각은 우리의 아픈 역사의 한심함을 딛고 일어서지 못한 자괴감이다. 그러나 코 무덤의 현장을 보고 격한 감정을 끓어 올리는 데서 그쳐서는 안 된다. 우리가 힘을 쌓아야 한다.
　이제는 일본에게 사과하라, 사과하라 앵무새처럼 반복하지 말고 논리와 정당성과 실력을 갖추어 대응해야 한다. 우리는 해방 75년을 맞이하여 세계적 국가로 발돋움했다. 약소국이 강대국에게 칭얼대듯이 사과와 용서를 끊임없이 요구하는 것보다 일본이 자발적으로 나서서 우리에게 진정한 용서를 구하게 만들어야 한다.

지금까지 서로 반목하는 한·일 관계의 삐걱거림은 우리의 능숙한 외교적 수완으로 대처해 나가야 한다. 힘을 키우는 일이다. 감정적으로 격해져 무조건 일본과 척을 지면서 대립하는 양상은 붓의 윤리를 실천해 온 한국의 국격에 맞지 않다. 감정적 반일은 오히려 21세기 글로벌 시대에 맞지 않는 외교 실책이라고 본다.

코 무덤에서 보듯이 자비를 빙자한 야만적 행위를 일본 전국 시대의 무사 정신으로 볼 때는 어쩔 수 없는 행위였다고 하며, 칼의 윤리를 숭상하는 일본인은 그런 역사마저 자랑스러워한다. 나치 독일이 유대인 6백만 명을 죽였는데, 현재 독일은 그 아픈 역사를 인류에게 사과하며 용서를 비는 역사의 현장을 만들었다. 그들의 부끄러운 역사를 참회하는 장소로 말이다. 그런데 일본에서는 이런 태도가 전혀 없다. 한국인들을 화내게 한다.

이런 코 무덤은 한국을 배려해서도 없애야 되겠지만 그대로 놔두며 자랑스러워한다면 우리의 친구가 될 수 없다. 우리의 적이다. 그러나 한국도 문제가 있다. 매일 침략만 당하는 국가를 한국인은 원하지 않는다. 전략적으로 작지만 강한 국가로 나가야 한다.

한국도 일본을 향해 아픈 역사의 현장을 없애려는 노력을 보이거나 아예 그곳을 침략의 역사에 대한 사죄의 현장으로 고치게 만들려는 외교적 노력이 필요하다. 지금처럼 반목하는 두 나라의 외교 속에서는 이런 일을 상상할 수 없다. 서로가 손을 잡고 우호적 관계를 유지하면 매듭을 풀어가야 한다. 이 코 무덤은 한·일 양국이 화해의 수단이나 평화의 수단으로 이용하여 다시는 이런 전쟁이 없어져야 한다는 두 나라의 염원을 담아내야 한다. 한·일 양국 정부에서도 협의하여 이것을 해결할 때 양국의 이해관계는 좁혀질 것이다. 어쩌면 코 무덤은 중요한 화해 수단이 될 수 있다고 본다.

4

승부로 결정하는 칼의 윤리
–명성황후 시해와 박근혜

박근혜 대통령과 명성황후

　일본인은 전쟁에 지면 위안부나 징용공 등의 피해는 당연한 귀결인데 왜 그것을 70년이 넘는 지금에 와서 그러는지 이해하기 어렵다며 한국의 국민성 문제로 치부하고 있다. 미국과 유럽에서는 500년 전의 일도 새로운 역사로 과거를 평가하고 300년 전의 노예 상인도 동상을 파괴하는데 일본은 전혀 그런 움직임을 보이지도 않고 오히려 과거의 영웅으로 취급하려는 경향이 있다.

　2015년 8월 31일, 일본의 〈산케이신문〉의 정치부 전문위원인 노구치 히로유키野口裕之는 대한민국 박근혜 대통령의 중국 전승절인 항일 전쟁 승리 기념 행사 참가를 두고 이웃 국가 대통령에 대한 무례는 그만두고 과거사 사죄나 미안함 없이 마치 한국을 식민지처럼 여기는 악평을 했다.

한국 내부에서도 박근혜 대통령의 중국 전승절 행사 참석에 반대하는 목소리가 작지 않았던 것은 한국 전쟁 때 중공군의 참전 때문이었다. 박 대통령의 전승 행사 참석이 한·중 관계를 새로운 차원으로 발전시켰지만 동시에 동맹국인 미국과 한국을 둘러싼 많은 국가와의 외교에 불편함(빚)과 부담을 안겼다는 점도 문제로 작용하였다. 물론, 중국과 함께 북한 문제를 풀어가고 양국 간 인적·물적 교류를 더 확대하는 것은 대한민국의 국운이 걸린 과제다. 그렇다고 해서 한국이 중국의 전승절 행사에 참석해서 들러리처럼 비치는 것도 좋지 않았다. 한·미 동맹을 강화하면서 한·중 전략적 협력의 틀을 넓혀가고 일본 등 주변국과도 관계를 정상화하는 외교적 난제가 산적해 있기 때문이다.

그런데 이러한 한국 내의 문제점을 〈산케이신문〉의 노구치 히로유키는 '미·중 양다리 외교-한국이 차단하지 못한 민족의 나쁜 유산' 이란 논고에서 이렇게 써 내려갔다.

이씨 조선에는 박 대통령과 같은 여성 권력자가 있었다. 제26대 고종(1852-1919)의 비 민비閔妃(1851~95) 이다. 러시아에 의해 권력을 찾은 후 3개월 뒤에 살해되었다.

마치 박근혜 대통령을 살해당한 명성황후에 비유하여 현재 일본 극우파들의 한국 지도자의 암살을 유도하는 발언과 마치 명성황후를 살해한 것이 정의로운 것처럼 여기는 발언은 국제적으로 용서될 수 없다. 그런데 이런 내용은 일본에서는 별문제 없다고 여긴다.

한 나라의 황후를 시해해놓고서(당시 현직 여성 대통령한테) '당신도 이렇게 죽고 싶지 않으면 일본 편을 들어야 한다'는 식의(100여 년 전의) 논리는 먹히지 않는다. 이렇게 해놓고 어떻게 한·일 협력이 되겠는가?

명성왕후 시해 사건의 주범인 미우라 고로는 생전에 반성은커녕 오히려 일본을 위한 일이라며 죄의식과 미안함은 털끝만큼도 없이 국가가 자기의 행위를 판단한다는 의미로 칼의 윤리를 내세웠다. '조선이 힘없는 국가라서 당했으면 가만히 있는 것이지 뭘 잘했다고 100년이 지난 이야기를 하냐는 듯한 분위기'도 일부 있다. 위안부나 징용공과 창씨개명 때문에 한·일 관계의 악화가 된 것은 아니다. 오히려 코 무덤과 명성황후의 시해 사건 등은 한국인을 더욱 화내게 하는 사건이며, 이를 마치 칼을 중심으로 한 무력의 상징이나 칼의 윤리인 무사 정신으로 표현하여 자랑스러워하는 것은 이웃 국가인 한국에 대한 예의 상실이다.

일본인들은 사과만 했다고 하는데 사과를 했으면 얼마만큼 했는지도 궁금하다. 사과는 상대방이 납득할 만큼 수없이 사과해도 상대방의 마음이 풀어지지 않으면 사과는 이루어지지 않는다. 형식적인 사과와 한국인들을 위협하는 사과는 사과가 아니고 오히려 분함과 분노를 일으키게 한다. 그래서 일본과는 상종하기 어려운 나라로 한국인들도 생각한다. 한·일 관계의 영원한 평행선은 끝나지 않는다. 과거사에 대한 미안함이 없거나 한국을 아직도 자기들의 식민지처럼 발언하는 일본 저널리스트들이 존재하는 날까지 이들은 우리의 적이 된다. 우리의 적이라고 끝까지 날 선 각을 세우는 것도 우리가 할 일은 아니다. 일본의 억지 논리와 비타협적인 해명을 정당하게 짚어내서 압도해야 한다.

15엔 50전(十五円五十錢, 쥬고엔 고짓센)

'十五円五十錢(15엔 50전)을 말해 보라' 관동대지진의 혼란 때 등장한 조선인 폭동의 유언비어 탁음과 장음이 약한 조선인을 색출하기 위한 질문이란다. 관동대지진은 1923년 9월 1일 11시 58분 32초에 일본 가나가와현 사가미만을 진앙지로 발생했던 큰 지진이다. 당시 지진은 규모 7.8을 기록할 정도의 대지진이 5분 이상 계속되며 일대 규모의 화재와 해일, 토네이도로 도쿄의 60%, 요코하마의 80%를 파괴했다.

정부의 조직이 마비되다시피 하여 계엄령을 선포한 일본 내무성은 각 지역 경찰서에 치안 유지에 힘쓸 것을 당부했다. 그런데 문제는 이때 내무성이 경찰서에 하달한 내용에 있었다. 여기에 "재난을 틈타 이득을 취하려는 무리가 있다. 조선인들이 방화와 폭탄에 의한 테러, 강도 등을 획책하고 있으니 주의하라."라는 내용이 있었다. 이 내용은 밖으로 퍼져나가 일부 신문에 보도되었다. 이 보도를 본 시민들은 흥분했고 떠도는 유언비어의 수위는 더욱 강력해졌다. 그리고 이렇게 만들어진 유언비어가 다시 신문에 실리며 점점 더 과격한 내용의 헛소문이 각지에 나돌았다.

조선인들이 폭도로 돌변해 우물에 독을 풀고 방화와 약탈로 일본인들을 습격하고 있다는 내용이 유언비어의 주축을 이루었다. 지진으로 인해 물이 끊긴 상황에다가 화재가 번지는 상황, 조선인들의 소문이 퍼지자 일본의 민간인들은 극심한 두려움을 조선인에게 적개심을 돌렸다. 곳곳에서 일본인들은 스스로 치안을 유지하겠다며 자경단을 만들었다. 자경단은 거리를 활보하며 사람들을 불시에 검문해 조선인으로 확인되면 가차 없이 이들을 살해했다. 이들은 죽창이나 몽둥이, 일본도나 총기로 무장했다.

이들이 불시검문을 한 방식은 이랬다. 우선 조선식 복장을 한 사람은 무조건 죽였다. 하지만 일본인들이 조선인을 학살한다는 사실이 퍼지자 조선인들도 일부러 일본식 복장을 하고 다녔다. 그러자 이런 조선인들을 식별해 내기 위해 불시검문을 할 때 탁음과 장음이 약한 조선인을 색출하기 위해 등장한 단어가 대상자들에게 '쥬고엔 고짓센(十五円五十錢, 15엔 50전)'이었다. 이 말은 조선인에게는 어려운 일본어 발음으로 이루어져 있기 때문이었다. 조금이라도 발음이 이상하면 즉시 죽였다.

그 결과 대한민국 임시정부 산하의 독립신문 특파원이 조사 보고한 바에 의하면, 동경에서 752명, 가나가와현에서 1052명, 사이타마현에서 239명, 지바현에서 293명 등 각지에서 6661명이 피살된 것으로 되어 있다. 그리고 이들 가운데 상당수는 시체조차 찾지 못하였다. 그 외 수백 명의 중국인이 학살됐고, 동북부 지방 주민들도 다수 살해됐다.

2020년 5월에 재일동포 3세인 지인 K 씨를 7년 만에 만났다. 이야기 중에 관동대지진 때의 자기의 할아버지가 다른 일본어는 잘하지 못했는데 어떻게 이런 어려운 쥬고엔 고짓센十五円五十錢 발음을 통과했는지 궁금하다고 했는데 나는 어쩐지 약소국의 설움의 단어라 그 소리를 듣고 슬펐다. 그리고 K 씨와 헤어지면서 조용히 '쥬고엔 고짓센'을 발음해 봤다.

일부 일본 정치인들은 관동대지진에서의 조선인 6천 명에 대한 사죄는 그만두고 추도식조차 반대한다. 선량한 일본인들은 이것을 찾아서 잘 보존하고 다시는 이런 일이 없었으면 좋겠다고 하는 착한 일본인들! 이런 사람들이 우리의 친구이다. 그리고 필자가 귀 무덤(코 무덤)을 방문했지만, 자세히 알지 못한 비문 내용을 일본인 지인 M은 일부러 시간까지 잡아서 필자에게 알려 주었다. 이런 일본인은 한·일 협력을 원하는 사람이다. 전쟁을 싫어하는 필자의 지인은 우리의 친구이다. 이런 일본인들과 서로 화합하여 새로운 이웃 국가를 만들어야 한다.

호랑이보다 더 무서운 순사

한국인들은 어렸을 때 뭐 사달라고 하거나 떼쓸 때 엄마나 할머니의 최후 처방이 "아이고! 무서워라! 왜놈 순사 저기 오네!"라고 할머니가 위급한 목소리로 위협을 가하면 어린이가 놀라서 눈을 동그랗게 뜬다. 어머니가 "순사가 칼 들고 온다!" 빨리 오라고 다그치면 보지도 못한 순사가 무서워서 억지와 떼를 멈춘다. 2~3세 때는 호랑이 온다 하면 그쳤지만, 도시에 호랑이가 없으니 4~5세 때는 순사가 등장한다. 특히 필자의 할머니 충청도 사투리 악센트의 '아이고! 무셔라(무서워라)! 왜놈 순사 저기 오네!'라는 단어는 지금도 생생하다.

일본 강점기 때 '순사巡査'란 지금의 경찰이다. 그 순사가 조선인들에게 얼마나 무섭게 보였기에 어린아이의 떼 처방이 되며 우는 아이의 울음도 그치게 한다는 것인가? 순사는 일제 강점기 시절 일본 경찰을 통틀어 일컫던 단어이다. 순사는 일본 경찰 계급 중 최말단으로 지금의 우리의 경찰 공무원 계급 중에서 순경에 해당하는데 조선인에게 얼마나 심하게 대했으면 이런 단어가 등장했을까?

무단 통치 시기의 일본 육군 헌병 경찰대신 신임 조선 총독 사이토 마코토齋藤實 제독이 내세운 문화통치를 표방하며 일반 경찰을 한반도 치안 유지에 투입했다. 당연히 조선인들에게는 군인의 헌병 못지않은 증오의 대상이었는데, 말이 헌병에서 순사로 바뀌었을 뿐이지, 조선인들에 대한 탄압이 워낙 심하다 보니 이런 현상이 등장했다. 가끔 일본인들은 과거사를 잊고 본인들의 행위를 현재의 잣대로 평가하는 버릇이 있다.

일본의 유력 월간지 〈문예춘추〉 2015년 7월호에는 작가 사토오 마사루佐藤 優가 쓴 '한국, 중국, 러시아의 중고등학교용 역사 교과서를 읽다'는 내용 중 한국에 대한 부분을 살펴보기로 한다.

한국의 역사 교과서는 세계에 유례없는 테러리스트 사관으로 일관하고 있다. 이것은 일본에 대하여 위협적이며, 또한 역사를 바꾸어 말한다든가 중요한 것을 제외하는 것이 한국 역사 기술의 특징이다. 예를 들어 도요토미 히데요시의 조선 출병과 같은 적대敵對의 역사는 수 페이지를 할애하여 쓰면서 조선통신사 같은 우호의 역사는 거의 언급하고 있지 않다. 1908년 장인환, 전명운의 샌프란시스코에서의 친일 인사 스티븐스 저격, 1909년 안중근 의사의 이토 히로부미 사살, 1923년 박열에 의한 일본 국왕 암살 기도, 1928년 조명하에 의한 대만에서의 일본 왕의 장인인 구니노미야 구니히코 습격, 1931년 상하이에서의 윤봉길 의사에 의한 기념식장 폭탄 투척으로 일본의 여러 장군과 고관을 살해한 일, 1932년 이봉창 의사에 의한 동경에서의 일본 왕에 대한 폭탄 투척(이에 대해 상하이의 신문들은 그 실패를 애석해하는 기사를 실었다) 등을 열거하면서 오히려 안중근의 의거보다는 일본 천황 암살을 기도한 것에 대하여 더욱 높이 평가하고 있다. 문명국에서 테러에 의거 현상을 타파하려고 시도하는 일은 있을 수 없으며 한국은 한恨의 문화라고 말하지만 이를 읽고 있으면 피가 역류하는 듯한 분노의 감정이 밑바닥에 흐르고 있는 듯하다.

말도 안 된다. 어이가 없다. 주군인 아사노 타구노가미를 위해 기라의 목을 벤 47인의 야습을 그린 추신구라忠臣藏를 무사도로 평가하는 일본인들이 조선인 입장에서 자기 나라를 빼앗은 일본인의 암살이나 천황의 암살 기도를 우국적 행동이나 의사로 표현하지는 못할망정 테러라고 지칭하는 것은 역사를 모르고 하는 소리이다. 일본은 스스로 문명국을 자처하면서, 정작 우리의 황후를 암살하고 나라를 찬탈했는데 우리가 참고 있기를 바란다는 것인가?

물론 현재의 일본인 각료나 주요 인물 암살은 있을 수 없고 생각할 수도 없는 당연히 테러이다. 그러나 강압적으로 국가를 병합당한 상대국을 향한 암살이나 폭탄 투척은 당연하다고 본다. 서로가 입장을 바꾸어 사고하는 것도 무척 중요하다. 일본 강점기 때의 순사라는 단어가 증명해 주듯이 발을 밟힌 자인 한국인들은 지금도 기억하는데 밟은 자인 일본은 기억하지 못한다. 역지사지라고 거꾸로 일본을 한국이 강제로 합병했으면 어떠한 행위가 나왔을까?

이제는 무사도를 주장하는 일본인들도 조선인 안중근, 윤봉길, 이봉창의 행동은 칼의 윤리다웠다고 평가하며, 명성황후 시해 사건이나 코 무덤 같은 행위를 더 이상 반복하지 말고, 앞으로 한·일 양국의 미래를 이야기하여야 한다. 한국 측도 과거사만 이야기하지 말고 흥분하여 일본에 사죄와 보상을 요구하면 안 된다. 나라를 빼앗기고 황후를 시해당하고 수많은 조선인이 징용당한 것을 간단한 사죄와 몇 푼의 보상으로 해결하려 해서는 안 된다. 보상을 받아서는 안 된다. 만약 보상이 필요하면 한국 정부의 예산으로 해 주어야 한다. 오히려 금전으로 계산할 수 없는 우리의 치욕이기에 사죄받지 말고 용서해 주자, 그러나 잊지는 말자!

5

일본을 제대로
알고서 극복하자

한국 전문가인 친한파 일본인 지인 S는 한국의 역대 대통령 취임식에는 항상 일본을 향해 집착하지 말고 미래를 보고 나가자고 해 놓고서는 기자회견 후에 일본에게 경제 원조나 기술 원조, 사죄 표명을 요구하였으며 그때마다 일본은 한국 측 요구에 응해 타협하고 미래지향적으로 왔다고 한다. 이 말은 일본인 지인 S의 말이니 우리 생각과는 다를 수가 있지만, 친한파인 S가 이렇게 느낄 정도면 신중하게 대일 외교를 준비하여야 한다.

또한 S는 김영삼, 노무현, 이명박, 박근혜 대통령 모두가 취임 초기에는 우호로 시작한 대일 외교를 대통령 임기가 끝날 무렵에는 언제나 반일로 갔다고 했다. 이러한 일련의 행태는 친한파 일본인을 사라지게 만들었고 혐한이란 단어를 생기게 했다며 특히 이명박 대통령의 천황 발언은 한·일 갈등의 큰 원인이 되었다고 하였다.

이명박 대통령은 2012년 8월 14일 충북 청원군을 방문한 자리에서 독도 방문을 어떻게 생각하느냐고 묻는 질문자의 답변에서 뜬금없이 "일왕이 한국을 방문하고 싶다면 우선 지난 일제 강점기 때 저질렀던 악행과 만행을 진심으로 반성해야 한다. 일왕이 독립 투사들 앞에서 고개 숙여 사죄한다면 일왕 방한訪韓도 가능했을 것이다."라며 "통석의 염 뭐가 어쩌고 이런 단어 하나 찾아서 올 거면 올 필요 없다."고까지 했다. '통석의 염'은 다름 아닌 전 천황 아키히토가 1990년에 일본을 국빈 방문한 노태우 대통령에게 과거사와 관련해서 쓴 표현이다. 하지만 우회적 표현을 잘 사용하는 일본에서 상징적 천황이 이 정도로 표현했으면 되는데, 한국 측에서는 단어 자체만 가지고 해석하다 보니 일본을 이해하지 못한 것이라고 했다.

여기에서 이명박 대통령은 한·일 관계를 이루려고 노력했는데 일본 측에서 받아주지 않자 본인의 노력을 일본 측이 무시했다고 생각한 것이다. 그런데 일본에서 패전 후의 천황은 헌법상 정치 기능을 갖고 있지 않은 상징적 존재로 생각해 이명박이 직격탄을 두 번씩 날린 것은 일본 정부가 아닌 일본 국민 전체에게 등을 돌리게 하는 계기였다.

당연히 일본은 이에 대해서 강력히 반발하고 나섰다. 일본으로선 한국의 대통령이 천황의 방한 이야기조차 없던 시점에서 일본의 각료나 총리도 아닌 천황을 향해 고개를 숙이고 사죄를 하라는 것은 그야말로 충격적인 일이다. 이 때문에 독도 문제에 별 관심이 없거나 한국에 우호적인 일본인들도 이 발언에 격분한 사람들이 많았다. 사건의 여파로 한국을 찾는 일본 관광객이 감소하였으며 소수였던 혐한론자들이 다수로 가는데 중요한 흐름을 주었다. 일본 공산당조차도 '부적절한 발언이다'라고 말했는데 그 이유는 다음과 같다.

"지금의 천황이란 헌법상 정치적 권능을 갖고 있지 않다. 그런 천황에게 식민지 지배의 사죄를 요구하는 것 자체가 애당초 이상하다. 일본의 정치 제도를 이해하고 있지 않는다는 것이다. 일본 정부를 향해 식민지 지배의 청산을 요구하는 것은 이해하나, 천황에게 그것을 요구하는 것은 애당초 판단이 다르다."라고 말했다.

그리고 역대 천황 중에서 아키히토는 가장 서민적이고 친화적인 천황이고 평화를 내세우는 천황으로 알려져 있다.

2005년 사이판 방문 당시엔 갑자기 '태평양 조선인 평화탑'에 참배했다. 궁내청 관계자들은 계획에 없던 일이었다고 했을 정도로 한국에 관심이 많았다. 2017년 9월 20일엔 아키히토 천황과 미치코 황후 부부가 사이타마현 히다카시에 있는 고마 신사(高麗神社)를 방문했다. 역대 천황 가운데 고마 신사를 참배하는 것은 아키히토 천황이 처음이라고 한다. 고마 신사는 1300여 년 전 고구려가 멸망하자 일본으로 건너온 고구려 보장왕의 아들이자 도래인인 약광(若光)을 기리기 위해 세워진 신사다.[27] 평화를 사랑하는 아키히토 천황은 1992년 10월 중국 수교 20주년 차로 중국의 베이징을 방문했을 때,

"우리 국민은 다시는 전쟁을 일으켜서는 안 된다는 깊은 반성과 평화 국가가 되겠다는 굳은 결의를 했다."

---

[27] 일각에서는 "아키히토 천황이 퇴위하기 전에 일본 내에서 고구려를 상징하는 의미가 있는 고마 신사를 방문함으로써, 한국에 반성과 화해의 메시지를 보내려는 의도를 내비쳤다."는 관측이 나오기도 했다.

서민적이고 친한파였던 아키히토 천황은 2019년 4월 30일 자신의 맏아들 나루히토 황태자에게 양위하고 생전에 천황 자리에서 물러나 일본에서 근현대적 헌법이 정해진 이후 처음으로 상황上皇이 되었다. 중국을 방문하고 그토록 원하던 한국 방문은 이제 사라진 것이다.

안타깝다. 상징적 존재인 천황에게 많은 것을 기대하거나 요구하지는 말고 받아들일 수 있는 가슴도 요구된다. 만주와 베이징, 상하이, 난징 등 중국의 40% 정도를 일본에게 빼앗겼고 30만 명의 중국인이 학살당했던 난징 대학살(중국에서는 남경대도살이라고 한다)을 경험하여 극도로 일본을 싫어하던 중국도 1992년에 아키히토 천황의 방문을 수락하고 환영하였다. 우리는 조금 더 많은 시간이 필요할지 모른다.

역대 대통령들을 보면 우리나라 대통령 임기가 5년인데 모든 한·일 관계와 과거사를 본인 임기 중에 해결하거나 끝내려고 한다. 그리고 임기 중 최선을 다해 열심히 한·일 관계에 힘을 쏟는다. 그러나 한·일 관계가 쉽게 해결될 문제는 아니기에 칼의 윤리를 내세운 우익 인사의 망언이나 혐한적 발언이 나오면 붓의 윤리에서는 강하게 반발하여 한·일 관계는 극도로 나빠졌다.

일본 정치인들의 중심 인물들은 대개 세습 국회의원이다. 총리 경험자 중 70% 정도는 세습이다 보니 직업으로 하는 노련한 정치인들이고 칼의 윤리인 무사들의 후손이다. 호락호락하지 않는 정치인들이다. 붓의 윤리에서 자란 우리 한국의 정치인들은 진심을 가지고 해결하려고 한다. 이것이 우리의 붓의 윤리이다.

일본은 주군을 위해서 부모를 버릴 수는 있어도 부모를 위해서 주군을 버리지 못하는 칼의 윤리를 내세운 무사 나라이다. 붓의 윤리인 한국에서는 여야의 정치인들이 의견을 달리하나 칼의 윤리인 일본에서는 국내 논리는 의견을 달리하나 외국과의 문제 등은 여야가 없다 오직 일본만이 있다. 이것이 칼의 윤리이다. 우리가 배워야 한다.

김대중 대통령과 노무현 대통령 시기에 이미 천황이란 단어를 사용했는데 갑자기 국왕이란 단어를 사용한 것도 나름대로 정치적 판단이겠지만 국왕 자체가 20년 후퇴한 포퓰리즘의 단어라고 생각한다. 중국에서도 미국, 영국, 독일에서도 전부 천황이라고 부른다. 소극적 판단을 뒤로 하고 크게 보아야 한다. 천황의 명칭은 중요하지 않다. 일본에서는 상징적 존재이기 때문이다.

6 탈일(脫日), 이제는 일본에서 탈피하자

요시다 쇼인의 침략적인 영토 확장 사상은 근대 메이지 유신부터 시작한 것이 아니고 근세의 도요토미 히데요시의 조선 침략부터 이어진 것으로 본다. 왜냐면 특히 필자가 관심 있게 본 것은 요시다 쇼인이 스승인 사쿠마 쇼잔이 난학을 배경으로 대포 주조와 유리와 지진 예측기 개발 성공에 관심을 갖고 난학을 살펴보았더니 근세 이후의 일본 학문의 발전은 얄미울 정도로 정석을 밟았다는 것에 놀랐다.

18세기 중엽부터는 쇄국 정책을 주장했던 조선과 중국을 기술과 재정으로도 앞섰다고 하니 그들의 학문적인 흐름에 감탄하며 다시 우리를 살펴보게 된다. 조선 시대에는 일본을 배우려고 하지 않았으며 성리학으로 모든 것을 판단하며 섬나라 일본을 무시하고 상대조차 하지 않았는데 결국 두 번 다 일본의 침략을 받았다.

이러한 움직임은 지금도 우리 한국이 조심스럽게 염두에 둘 부분이다. 일본은 아직 부강하며 강대국이다. 우리가 조심스럽게 일본을 배우고 또 배워서 일본을 이길 방법을 찾아야 한다.

얼마 전 2020년 10월 25일에 이건희 삼성회장이 사망했는데, 그는 철저하게 일본을 공부하여 알려고 했으며 철저한 지한파, 극일파였다. 삼성이 일본을 배워서 성장하고 세계적 기업으로 발전한 것은 잘 알려져 있다. 이건희 회장의 부친인 이병철 회장 때부터 일본을 배워서 잘 알고 있으면서도 무시하지 않고 끝까지 일본을 배워서 이길 수 있었다.

일본을 이해하여 일본을 이길 방법이 한국이 가야 할 방향이다. 일본 우익 사상의 정치인과 침략 사상을 존경하는 사람 이외의 일본인들은 우리의 적이 아니고 친구이며 같이 나가야 할 협력자이다.

일본 〈산케이신문〉 구로다 가쓰히로黑田勝弘 서울지국장이 쓴 글 중에서 멋있는 말이 있다.

역사는 절대 단선적으로 볼 일도 아니고, 그렇게 진행되지도 않는다. 내가 있으면 남도 있는 법이다. 개인 대 개인의 관계부터 국가 대 국가라는 세계 체제가 그렇다. 상대적이기도 하고 복합적이다. 그런 가운데 서로 갈등하면서도 자유주의와 시장 경제라는 이념적 가치를 공유하고, 경제적으로 시혜자적 위치에 있으면서도 이웃한 국가로서 공존의 가치를 공유해 온 일본, 그리고 한국. 역사적으로나 현대 세계에서나 이만한 국가 관계도 흔치 않은가?

나도 동감한다. 일본은 전후의 복구에서 세계 3위권으로 성장한 대단한 국가이며 한때는 일본적 경영이 세계적으로 회자했으며 도요타 시스템의

도요타 자동차는 아직도 세계의 브랜드 가치에서 선두그룹을 유지하고 있다.[28]

일본의 식민지 경험과 1950년 한국 전쟁을 거치면서 세계 최빈 국가로서 출발한 한국은 1960년 1인당 79달러를 불과 55년 만에 2014년 2만 8천 달러를 기록하였고 불과 50년 만에 민주주의 국가로서도 경제적으로도 정치적으로도 성공했다. 이것만 보더라도 한국과 일본은 상호 대단한 국가이다.

한·일 양국은 동아시아에서 민주주의가 뿌리내려 미국과 안전보장조약을 맺고 있을 뿐 아니라 아시아에서 유일하게 양국만이 OECD 가입 국가이다. 한국은 일본으로서도 18년 연속으로 미국, 중국 다음의 제3의 무역 상대국이며 한·일 양국 간의 왕래인 수는 1000만 명을 넘는 이웃 국가이다. 2020년 1월 26일 한국무역협회에 따르면, 한국은 일본과의 무역에서 191억 6천300만 달러의 적자를 냈다. 이는 한국의 무역 대상국 중 가장 큰 적자 규모이며 일본이 한국의 무역 적자국 1위 자리를 5년 연속 지켰다

2021년 2월 1일 삼성전자 시가 총액이 495조 원으로 253조 원의 도요타 자동차의 두 배가 되었다. 일본의 소니(12조 8061억 엔), 파나소닉(3조 2865억 엔), 히타치(4조 3313억엔), 도시바(1조 5480억 엔), 샤프(1조 1963억 엔) 등 일본 5대 전자업체의 시가 총액 합계는 23조 1682억 엔으로 약 247조 2163억 원에 해당하여 삼성전자의 절반에도 못 미친다.

2020년 현재 한국은 세계 11위권의 경제 대국이며 아시아에서는 한국

---

[28] 삼성의 2019년도 브랜드 가치(611억 달러) 세계 6위이고 도요타는 (562억 달러) 세계 7위를 기록하고 있다.

과 일본만이 선진국 대열인 OECD 회원이다. IMF의 통계로서는 1인당 GNP는 일본 40,256달러 대 한국 31,846달러로 약 80% 정도로 나온다. 이것만 보면 비슷하게 보일 수 있다. 그러나 일본은 아직 대국이다.

노벨상 수상자만 보아도 그렇다. 일본은 24명이 노벨 과학상을 수상하여 세계 5위의 많은 수상자를 배출했는데, 한국은 김대중 대통령의 노벨 평화상 이외에 노벨 과학상은 한 명도 없는 상태이므로 한국 대 일본의 노벨 과학상 수상자는 0대 24로 믿기지 않는 수치이다. 하지만 이것은 현실이다. 이런 것은 우리가 배워야 한다.

지한파인 일본인들이 항상 이야기하는 것이 어떻게 한국인은 정권만 바뀌면 전직 대통령을 감옥에 넣는 것은 물론 국가적인 협정까지 뒤엎는 일을 하느냐며, 필자의 뒤에서는 한국인의 국민성(?)까지를 논한다.

2015년 12월 박근혜-아베 위안부 합의로 탄생한 화해치유재단을 문재인 대통령은 당선 이후 2017년 12월 28일 한·일 위안부 합의를 검토한 조사 결과를 놓고 '절차적, 내용적으로 중대한 흠결'이 있었다며 사실상 파기 선언을 한다. 화해치유재단이 해산되는 걸 보고 일본 측은 위안부 합의를 깬 데에 상당한 불만을 표시하며 수교 이후 최악의 한·일 관계로 발전하게 됨을 두고 하는 소리이다.

문재인 정권 출범 이후 악화 일변도였던 대일對日 외교가 관계 개선으로 방향 전환이 시작된 것 같이 보인다. 문재인 대통령은 2021년 1월 18일 신년 기자회견에서 한·일 양국이 미래 지향적으로 발전해야 한다고 강조하며 일본 정부를 상대로 위안부 배상을 판결한 최근 법원 판결이 곤혹스럽다고 했다. 2015년 12월 한·일 정부 간 위안부 문제에 대한 합의를 정부 간 공식적인 합의였다고 사실상 인정했다.

문 대통령의 발언은 정권 출범 이래 과거사 해결을 완전히 전환된 것으로, 국익에 장기적으로 부합하는 내용이다. 그리고 이것도 국민 감정을 넘어선 나름대로 붓의 윤리 아래에서의 국가 최고 책임자인 대통령이 내놓은 화해 제스처인데 이것을 무시하면 한·일 관계는 최악으로 간다고 생각한다. 물론 이 화해 제스처가 칼의 윤리 아래에서는 마음에 안 들 수도 있다. 따라서 조금 더 시간이 필요할지는 모른다.

앞으로 위안부, 징용공 등의 문제로 양국 정부가, 국익을 놓고 합의하여 좋은 해결책이 나올 것으로 본다. 한·일 관계는 서로 파괴적인 발언과 행동보다는 좀더 건설적이고 치유적인 발언이 필요하다.

우리 한국인들은 일본을 악으로 간주하지는 않는다. 다만 일본이 우리에게 한 행동이 남아 있을 뿐이고 이 행동을 두고 일부 정치인이 형식적인 사과를 했다. 그리고 사과 뒤에 다른 정치인이 한국을 무시하거나 신사참배를 하거나 독도 등의 발언으로 그 진심을 느낄 수가 없었다. 그리고 사과한 뒤 일삼는 망언을 외국인들처럼 사실로만 보자는 논리에 찬성하지 않는다. 그렇다고 한국에서 정확하게 일본을 보는 사람들을 전부 토착왜구土着倭寇로 보는 논리도 찬성하지 않는다. 개인적으로 일본을 좋아할 수는 있다. 그러나 그것을 가지고 정치적 이득을 노리고 상대편 진영을 몰아세우기 위한 토착왜구와 친일파 논리로만 들이대서는 정확하게 일본을 알 수 없고 일본에 대항할 수 없기 때문이다.

여기에서 등장하는 것이 선비 문화로 이어진 붓의 윤리를 가지고 평가한 무사 문화의 칼의 윤리이다. 붓의 윤리로 칼의 윤리를 평가하다 보니 서로가 다르다. 미야모토 무사시宮本武藏는 일본 전국 시대에 태어난 전설적인 검객으로, 일본인들을 흥분하게 하는 검신이다. 그는 13세부터 목숨을 건 결투에 나서 29세 때까지 60여 회 이상 단 한 차례도 패한 적이 없다고 한다. 미야모토 무사시는 승리의 방편으로 상대방의 성격을 이용하여 결투 시간에 한 시간 늦게 도착하는 심리적 전술과 지형 지물을 이용하는 전술, 바람과 햇빛까지 감안한 유리한 자기 상황을 만들어 놓고 싸워 이긴 것이다.

칼의 윤리인 일본에 미야모토 무사시가 있다면 붓의 윤리인 한국에는 율곡 이이李珥가 있다. 그 어렵다는 과거를 9번이나 장원으로 급제하여 9도 장원공으로 불리며 '하늘이 내린' 당대 천재였던 율곡은 3세에 시를 지었으며 7세에 경서를 섭렵하기 시작했고 13세에 진사시에 합격한 천재 중의 천재였다고 한다. 그렇다면 미야모토 무사시와 율곡 이이가 승부했다면 어떻게 되었을까?

율곡 이이 정도의 대 선비가 일반 칼잡이와는 대적하지 않는다. 그러나 미야모토 무사시는 검신이며 무도를 느끼는 사람이라 서로의 장점을 이야기하지 않았을까? 각자의 상상에 맡긴다. 하지만 미야모토 무사시도 율곡 이이도 서로를 존중하며 서로가 이기는 전략을 취했을 거라고 판단한다.

우리는 과거 제도를 중시하여 지금도 학력을 높이 평가하고 대의명분을 중시하는 선비 문화의 바탕 위에서 일본을 붓의 윤리로 평가하다 보니 무시하고 얕잡아 보는 실수를 저질러 두 번이나 전쟁에 져서 치욕을 겪었다. 붓의 윤리로 칼의 윤리를 재단하다 보니 항상 대의명분을 앞세우고 실리實利에서 약한 부분을 보였다. 명분 중심의 사회와 명분보다는 실리 중심의 사회가 서로를 자기 식으로 평가한 것이었다.

우리는 붓의 문화이다. 조선통신사가 일본에 가서 검술로 일본인을 이겼다는 기록을 본 적이 없다. 항상 붓으로 평가하고 붓으로 판단하다 보니

17~18세기에 네덜란드의 난학을 받아들이지도 못했다.

최근에 붓의 윤리와 첨단 기술, 국제적 감각, 통섭統攝을 하다 보니 삼성이 소니를 이겼고 삼성이 세계 제일의 기업으로 성장할 수 있었다. 붓만 중요시하는 붓의 문화도 좋지 않고, 칼만 중요시하는 칼의 문화도 좋지 않다. 우리가 칼의 윤리로 가자는 것은 아니다. 붓의 윤리와 기술 등 두 개가 합해지는 융합, 통섭이라야만 세계에 경쟁할 수 있다는 말이다.

이웃 국가를 모르면 아시아를 모르고 아시아를 모르면 세계를 알 수 없다. 이웃 나라와의 외교에서 실패하면 아시아의 외교도 없고 글로벌 외교도 존재하지 않는다. 이웃집이 싫으면 이사 가면 되지만 이웃 국가가 싫다고 이사 갈 수 없다. 몇천 년을 살아왔고 앞으로도 계속 살아야 한다. 싫은 나라라고 해서 상대하지 않으면 서로가 불편하다. 위안부 문제도 서로가 크게 보고 해결하도록 하고 징용공 문제도 글로벌 시류에 따라서 움직여야 한다. 따라서 싫든 좋든 외교는 필요하다. 일본 역시 마찬가지다. 이제는 한국과 일본은 반일反日도 없고 혐한嫌恨도 없어야 한다. 지일知日과 지한知韓이 존재하여야 하며 친일親日과 친한親韓이 존재하여야 한다.

외교가 국가 이익이라는 큰 틀보다 국내 정치로 채색돼서 움직이면 제대로 굴러갈 수 없다. 이제는 우리 행동에서 일본을 사라지게 하는 탈일脫日이 먼저이다. 일본에서 탈피하여 아시아로 가고 세계로 가야 한다. 협일協日하고 극일克日하고 승일勝日하는 것이 우리가 가야 할 방향이다.

참고 문헌

강성재, 『일본, 일본인, 일본님』, SOFT KINGDOM, 1996.
구태훈, 『일본 문화 이야기』, 재팬 리서치 21, 2012.
김용운, 『일본인과 한국인의 의식 구조 (오늘의 사상 신서 86)』, 한길사, 1990.
김용운, 『한국인과 일본인 1, 2』, 한길사, 1994.
김영명, 『일본의 빈곤』, 미래사, 1994.
김일곤, 『동아시아의 경제 발전과 유교 문화』, 한울아카데미, 2005.
김태영·황혜경, 『일본 문화 이야기』, 보고사, 2019.
김혁, 『일본 체험 사전』, 갤리온, 2009.
니토베 이나조 지음, 양경미·권만규 옮김, 『일본의 무사도』, 생각의 나무, 2004.
루스 베네딕트·라프카디오 헌 공저, 추영현 옮김, 『국화와 칼/사쿠라 마음』, 2010.
박현수, 『일본 문화 그 섬세함의 뒷면』, 책세상 문고, 2001.
서현섭, 『일본은 있다』, 고려원, 1994.
유홍준, 『나의 문화유산 답사기 1 일본 편』, 창비, 2013.
윤상인, 김경균 외 6명, 『일본 문화의 힘, 세계는 왜 J 컬처에 열광하는가』, 동아시아, 2006.
오치아이 노브히코, 『일본의 정체 11막』, 시상연구소 옮김, 시상사, 1994.
이광준, 『일본 그 문화와 사회』, 학문사, 1996.
이어령, 『축소 지향의 일본인』, 문학사상사, 2008.
이지평, 『일본형 자본주의』, 럭키금성경제연구소, 1993.
임건민, 『가까운 나라일수록 비뚤어져 보인다』, 평민사, 1987.
월러스틴 지음, 유재건·서영건·현재열 옮김, 『근대 세계 체제, 중상주의와 유럽 세계 경제의 공고화 1600~1750년』, 까치, 2013년.
이덕훈, 『일본의 기업 사회』, 학문사, 1995.
이덕훈, 『일본의 경제 발전과 무사도』, 비엔엠북스, 2009.
전여옥, 『일본은 없다』, 지식공작소, 1995.
채명석, 『단도와 활』, 미래M&B, 2006.
테사 모리스-스즈키, 『변경에서 바라본 근대』, 산처럼, 2006.
후지모리 미쓰오, 사카키바라 시다오, 사토 야마토 공저, 이덕훈 옮김, 『유교 자본주의 운명과 대안』, 시공아카데미, 1999.

富永健一, 『日本の近代化と社會變動』, 講談社學術文庫, 1995.
藍弘岳, 『漢文圏における荻生徂徠 医学・兵学・儒学』, 東京大学版会, 2017.
舩橋晴雄, 『荻生徂徠の経営学』, 日経BP社, 2010.
ケイト・W・ナカイ, 平石直昭, 小島康敬, 黒住真 譯, 『新井白石の政治戦略 儒学と史論』, 東京大学出版会, 2001.
荒川久寿男, 『新井白石の学問思想の研究 特に晩年を中心として』, 皇學館大学出版部, 1987.
山田雄一, 『稟議と根回し』, 講談社現代新書, 1985.
伊丹敬之, 『人本主義企業』, 筑摩書房, 1987.
E. O. ライシャワー, 『日本近代の新しい見方』, 講談社現代新書, 1965.
土居健郎, 『甘えの構造』, 弘文堂, 1971.
濱口惠俊, 『日本社會は何か?』, NHK BOOKS, 1998.
佐藤誠三郎, 公文俊平, 村上泰亮, 『文明としてのイエ社會』, 中央公論社, 1979.
『別冊 歷史讀本』 8号, 豊臣秀吉の一生, 1994.
『別冊 歷史讀本』 7号, 職田信長, 1994.
権学俊, 「韓国における朝鮮人特攻隊員像の変容」, 立命館産業社会論集 第52巻第4号, 2017.
早乙女勝元, 土岐島雄 編, 『母と子でみる3日本の空襲』, 草の根出版会, 1988.
島尾敏雄吉田満 編, 『新編特攻体験と戦後』, 中央公論新社, 2014.
白石良, 『特攻隊長のアルバム〈改訂版〉』, 元就出版社, 2017.
田中丸勝彦, 重信幸彦, 福間裕爾 編, 『さまよえる英霊たち―国のみたま、家のほとけ』, 柏書房, 2002.
田村洋三, 『特攻に殉ず 地方気象台の沖縄戦』, 中央公論新社, 2004.
豊田正義, 『原爆と戦った特攻兵8・6広島、陸軍秘密部隊の救援作戦』, KADOKAWA社, 2015.
日本戦没学生記念会 編, 『新版きけわだつみのこえ日本戦没学生の手記』, 岩波書店, 1995.
根本順善, 『敷島隊死への五日間―神風特攻隊長関行男と四人の若者の最後』, 潮書房光人新社, 1995
裴淵弘, 『朝鮮人特攻隊員「日本人」として死んだ英雄たち』, 新潮社, 2009.
林えいだい, 『陸軍特攻・振武寮生還者の収容施設』, 東方出版, 2007.
鴻上尚史, 『不死身の特攻兵軍神はなぜ上官に反抗したか』, 講談社, 2017.

佐藤鉄太郎,『帝国国防史論 上巻』, 伊東 俊太郎)科学史技術史 事典. 伊東 俊太郎 編, 弘文堂, 1983.

桐村 晋次,『吉田松陰 松下村塾 人の育て方 』, あさ出版, 2014.

古川薫,『松下村塾と吉田松陰—維新史を走った若者たち』, 講談社学術文庫, 1996.

エドウィン・オールドファザー・ライシャワ,『ザ・ジャパニーズ』, 文藝春秋, 1979. 角川ソフィア文庫, 2019.

エドウィン・オールドファザー・ライシャワ,『ライシャワーの日本史』, 文藝春秋, 1986. 講談社学術文庫, 2001.

Stephen Nash,『Hearts and Minds, The Conflict Between the American way and Japan』, 西部邁譯, 1997.

R. P. Dore, 松居洪道 譯, Education of Tokugawa Japan 1965『江戸時代の教育』, 岩波書店, 1970.

Robert N. Bellah,『Tokugawa Religion: The value of Pre industrial Japan』, Free Press, 1957.

Stanley S. Miller,『Management by Omikoshi: Traditional feature of Modern Business in Japan』, In Paul R. Laurence et al., Organizational Behavior and Administration, Homewood 3, Richard Irwin, 1965.

Bill Emmott,『The Sun also sets』, Random House, 1989.

George Alexander Ballard,『The Influence of the Sea on the Political History of Japan』, E.P. Dutton, 1921.